第二部　安倍晴明と天文家安倍氏

第三部　陰陽道と文献史料

平安時代陰陽道史研究

序章　陰陽道の特質と関係典籍

本書は、前著『平安時代の宗教文化と陰陽道』（岩田書院、一九九六年）に続き、平安時代の陰陽道《おんようどう》およびその関連分野に関する論考を中心にまとめた論集である。この間、周知のように陰陽道に関する社会的関心は高まり、研究状況も大きく伸展してきたといえよう。前著では陰陽道・陰陽師の職務や性格、その世襲氏族である賀茂氏・安倍氏の成立と展開を中心に論じたが、その後もほぼ一五年にわたり陰陽道の成立と展開形態、文献調査を主として検討を加えてきた。本書に収録した各章のテーマと関心はさまざまであるが、ここでは序章として各章で検討する事項を踏まえながら、総論的に古代から中世前半の陰陽道の特質と枠組みを考え、さらに陰陽道を検討する材料になる主要な関連典籍にはどのようなものがあり、かつ現在に残されているか概観したいと思う。

そのさい改めて陰陽道の概念について述べておく必要があろう。これまで一般的に、陰陽道とは中国から伝えられた陰陽五行説に基づく占いや信仰と考える傾向があったが、前著で述べたように平安時代の一〇世紀から史料上に現れはじめる「陰陽道」という言葉は、本来は律令制下の官庁である陰陽寮の陰陽博士・陰陽師らの職務を意味し、暦博士の「暦道」、天文博士の「天文道」などと同様に、人材も含めて朝廷に対して担う職務分野を表す語であった(1)。ここでもその意味で使用するが、そのように予め規定するのには二つの意図がある。

一つは、いわゆる近世陰陽道の多面的展開とのかかわりである。中世以降、賀茂氏（勘解由小路家《かでのこうじ》）・安倍氏（土御門家）などの朝廷や武家の幕府で活動した官人陰陽師のほかに、民間でさまざまな占いや呪術を職務とする宗教者が活動し、その一方で近世には暦注禁忌の書『簠簋内伝《ほきないでん》』や、日用書の『大雑書《おおざっしょ》』が次々と版行され暦日、時間・空間の吉凶意識が民衆間に浸透していく。また現代にも伝わる高知県山間の民俗宗教「イザナギ流」のような地方村落の信仰形態に陰陽道との関連を指摘する声もあり、それらを陰陽道の展開とか変質と捉えていいものかという問題がある。(2)

二つには、陰陽道は占いや呪術作法、暦知識などの中国術数文化、また道教や密教などの宗教と深く関わるが、その何を受け入れ、何を受け入れず成立したかを問うという東アジアにおける文化交流史上、または日本文化形成史上の視点がある(3)（この問題意識は比較文化論のテーマとして、近年中国の研究者とも認識を共通にしつつある）。これらの文化受容や歴史的な展開を考える上でも、成立期であり典型的に存在した平安時代の陰陽道の特質を把握しておくことは、それらの議論の前提になると考えるからである。

そこでこの章では平安時代の陰陽道を展望してつぎの検討を行う。一つには、陰陽道とは何かを知るため平安中期の陰陽道の専門家である陰陽師たちの職務を整理し、これにより呪術宗教としての陰陽道の輪郭を描くこと。二つには、時代を奈良時代に遡り陰陽寮の職務、ついで平安時代前期における陰陽道成立の要因を探り、その意義を考えることである。三つには、陰陽道の祭祀を検討して陰陽道の信仰世界の特質を考えること。そして最後に、陰陽師たちの職務の基盤をなした中国や日本の典籍を概観し、陰陽道研究の検討材料としたいと思う。

一　陰陽師の機能――陰陽道の輪郭――

成立展開期である平安時代の陰陽道の特質は如何なるものであったか。陰陽道の実態はその専門家である陰陽師の活動に体現されているから、それを知るためには平安時代の陰陽師たち、安倍晴明や賀茂光栄などの具体的な活動を検討する必要がある。そこで、説話でも著名な安倍晴明の活動をみることにする（表1参照）。晴明は延

表1　陰陽師安倍晴明の活動

年月日	官職・位階	年齢	活動内容	典拠
天徳4年（九六〇）	天文得業生	40	内裏焼亡により焼損せる内侍所の御剣の図様を勘申す	中右記
応和元年（九六一）6月		41	◆賀茂保憲のもとで霊剣鋳造のため五帝祭に奉仕す	若杉家文書
康保4年（九六七）6月23日	陰陽師	47	○外記局の召しにより政始めの日時を勘す	本朝世紀
天禄3年（九七二）12月6日	天文博士	52	天変により天文密奏を行う	親信卿記
			◆疱瘡の変あるにより四角祭を行うべきことを奏す	同
天延元年（九七三）正月9日		53	天変により天文密奏を行う	同
5月19日			大暴風雨（宮中屋舎転倒す）により勘文を奉る	河海抄
同　2年（九七四）5月14日		54	△賀茂保憲比叡山大乗院の點地を行う、晴明これに従う	親信卿記
6月12日			◆河臨御禊に奉仕す	同
12月3日			天変により天文密奏を行う	同
天元2年（九七九）5月26日		59	『占事略決』を撰す	占事略決奥書
永観2年（九八四）7月29日		64	○文道光とともに御譲位・立太子の日時を勘す	園太暦所引小右記逸文
寛和元年（九八五）4月19日		65	◆藤原実資の女房の産期過ぐるもその気色なきにより解除を行う	小右記
5月29日			○花山天皇御錫紵を除く。晴明復日を避け明日と勘すも用いられず	同
11月			大嘗会において吉志舞を奉行す	園太暦
同　2年（九八六）2月16日	正五位下	66	△太政官正庁に怪あり、これを占う	本朝世紀
2月26日			△太政官正庁母屋に怪あり、これを占う	同
永延元年（九八七）2月19日		67	◆一条天皇凝華舎より清涼殿遷御あるにより反閇を奉仕す	小右記
3月21日			◆藤原実資二条第へ渡るにより反閇を奉仕す	同
同　2年（九八八）7月4日		68	◆藤原実資の小児のために鬼気祭を行う	同
8月7日			○熒惑星御祭を行う日時を勘申す	同
8月18日			藤原兼家、熒惑星御祭を奉仕せざるにより晴明に過状を召す	同
永祚元年（九八九）正月6日		69	△天皇の御悩を占う	同
正月7日			◆天皇の南殿出御により御禊を奉仕す	同
2月11日			◆皇太后藤原詮子の病により泰山府君御祭を奉仕す	同
2月16日			◆円融寺に朝覲行幸あるにより反閇を奉仕す	同
正暦4年（九九三）2月3日	正五位上	73	◆天皇のため奉仕せる御禊、験あるにより加階す	同

同　5年(九九四)5月7日	前天文博士	74	○臨時仁王会の日時を勘申す	本朝世紀
長徳元年(九九五)8月1日		75	蔵人所月奏に賀茂光栄と並び蔵人所に候す陰陽師として所見す	朝野群載
12月19日	主計権助		天文道変異勘文を進むるにより雷の御卜を停むべき由を申す	権記
同　3年(九九七)3月21日		77	○光栄と共に、内膳司御竈神三所のうち平野神々殿造立の日時を勘す	中右記
5月24日			蔵人藤原信経の問いに答え、焼亡せる内侍所御剣を作るべき由を申す	同
6月17日			○東三条院へ行幸あるにより日時・出門の方を勘す	権記
6月22日			◆行幸により反閇を奉仕す	同
長保元年(九九九)7月8日		79	◆天皇一条院内裏北対へ渡御あるにより反閇を奉仕す	同
7月16日			△天皇の御歯痛を占う	同
			○また御祭の日時を勘申す	
9月7日			穀倉院年預の替えにつき藤原行成に申す	同
10月14日			△太皇太后の遷宮の吉凶を占う	小右記
10月19日			太皇太后の病により、光栄と共に遷居の所を実検す	同
11月7日			○防解火災御祭の日時を勘申す	権記
			◆また同祭を奉仕すべき由を命ぜらる	
同　2年(一〇〇〇)正月28日		80	○藤原彰子立后の日時を勘す	御堂関白記
2月16日			○法興院行幸により日時を勘す	同
8月18日			○陰陽寮並びに晴明・光栄に還宮日時を勘せしむ	権記
8月19日	従四位下		△藤原行成宿所の物怪を占う	同
			○織部司の御服機を立つるにより御忌方に当たるや否やの勘申を命ぜらる	同
10月11日			◆天皇の一条院内裏出御および新造内裏入御にさいし反閇を奉仕す	同
10月21日			叙位儀において式部大輔代を勤む	同
同　3年(一〇〇一)6月20日		81	○東三条院藤原詮子の御悩消除のため一万不動像供養の日時、および一宮敦康親王真菜始の日時を勘す	同
閏12月17日			△光栄・県奉平とともに、東三条院の行成第渡御の可否につき占う	同
閏12月23日			○光栄・県奉平とともに、東三条院御葬送の雑事を勘す	同
閏12月29日	散位		◆追儺を停むるも、晴明私宅にこれを行う間、京中響応するが如し	政事要略・小記目録
同　4年(一〇〇二)3月19日		82	諸道と共に、禁中頻りに火事あるにより勘申を命ぜらる	権記
7月27日	大膳大夫		◆天皇のため玄宮北極祭を奉仕す	諸祭文故実抄
11月9日			◆藤原行成のため泰山府君祭を行う	権記

11月28日	左京権大夫		◆行成、晴明の説により日出に泰山府君に紙銭を奉る	同
同　5年（一〇〇三）8月21日		83	△一宮敦康親王の御悩を占う	同
寛弘元年（一〇〇四）2月19日		84	△光栄と共に藤原道長に従い、木幡に三昧堂を立つべき地を定む	御堂関白記
2月26日			○三宝吉日につき行成の問いに答う	権記
6月18日			△光栄とともに、道長の賀茂詣不浄の疑いを占う	御堂関白記
6月20日			○晴明今日滅門日たる由を申すにより、道長作仏を停む	同
7月14日			◆祈雨のため五龍祭を奉仕し、感応あるにより被物を賜る	同
8月22日			△光栄とともに、中宮藤原彰子大原野社行啓の可否を占う	同
9月25日			△多武峰鳴動の怪異を占う	同
12月3日			◆光栄・昌平等と共に、道長のため祭祀を奉仕す	同
同　2年（一〇〇五）2月10日		85	◆道長東三条第へ移徙するにより新宅作法を奉仕す	同
3月8日			◆中宮の大原野社行啓により反閇を奉仕す	小右記
12月16日			晴明没	宮内庁書陵部所蔵陰陽家系図

活動の分類：△―占術（相地を含む）　◆―呪術・祭祀　○―日時・方角の勘申

喜二十一年（九二一）に生まれ、陰陽寮の天文得業生から陰陽師・陰陽少属・天文博士に任じ、その後主計権助・大膳大夫・左京権大夫となり、従四位下にいたり八五歳の長寿を保ち寛弘二年（一〇〇五）に没している。その間、円融・花山・一条天皇や女院・中宮に奉仕し、権力者藤原道長に最も用いられた陰陽師であった。

　これら史料上で判明する安倍晴明に関する事績のうち、天文博士としての職務を除き、陰陽師としての活動例は六五件が知られる。そのうち、記号を付した(1)怪異や病気の原因を占う占術活動が一三件（二〇％）、(2)御禊・反閇《へんばい》や鬼気祭などの呪術・祭祀活動が二三件（三五％）、(3)神仏事や行幸などのさいの日時・方角の吉凶禁忌勘申活動が一七件（二六％）であり、この三分野が陰陽師の基本的職務だったことがわかる。また同時代に活動した陰陽師賀茂光栄（九三九～一〇一五）の場合も、活動記録九九件のうち、(1)占術活動は二六件（二六％）、(2)呪術・祭祀活動は三八件（三八％）、(3)日時・方角の吉凶禁忌勘申活動は三一件（三一％）と、ほぼ同様の結果であり[4]、これらによって陰陽師の一般的な職務は、①占術、②呪術・祭祀活動、③日時・方角の吉凶禁忌の勘申、の三分野にまとめることができる。

つぎにその内容を簡潔に説明しておくと、平安時代から陰陽師の占いはもっぱら六壬式占《りくじんしきせん》が用いられており、晴明がまとめた占書『占事略决』もその解説書であった。[5] 貴族社会では、災害や怪異などのさまざまな災いを神の祟りや咎徴、病気の発生を鬼神・土公神《どくしん》・竈神《そうじん》などの「モノ」の祟りや人の呪詛によるものと考え、その原因を求め対処するために朝廷や貴族は陰陽師を呼び占いを行わせた。晴明の例でも、太政官庁や藤原行成宅で発生した怪異、[6]一条天皇、敦康親王の病の占いが命じられている。陰陽師が作成する怪異の占文には、災厄を避ける謹慎日が指定され、これが物忌日となった。

陰陽師の呪術・祭祀活動は、河臨祓《かりんのはらえ》や七瀬祓《ななせのはらえ》など河原で息災を願い人形《ひとがた》に災禍を移して流す祓、反閇や身固《みがため》などの護身の呪術、そして個別的な祭祀に区別でき、いずれも道教の影響を色濃く受けている。それらは怪異や病気占いによる結果を受けて行われることが多い。陰陽道の祭祀は天変地異・旱魃・疫病流行などの災害をはらう天地災変祭・五龍祭・四角四界祭などの公的祭祀から、天皇や貴族個人の延命・息災・招福を目的とする泰山《たいざん》府君祭《ふくんさい》・属星祭《ぞくしょうさい》・本命祭《ほんみょうさい》などまで、目的に応じてさまざまな祭祀が行われた。[7] 晴明の場合でも、天皇の遷御や行幸のさい頻りに反閇を奉仕し、かつ四角祭・五龍祭、鬼気祭・玄宮北極祭・泰山府君祭などの公私の祭祀を行っている。

朝廷の年中行事や天皇の行幸など臨時の行事、さらに貴族たちの私的な儀礼は、具注暦の暦注も考慮されたが、先例とともに日時や方角の吉凶を陰陽師に調査させてから行うことが例で、晴明も天皇の譲位や立太子、除服、諸神仏事にさいして日時の勘申を命じられている。方角神にも暦注に載る大将軍・天一神、土公などのほか

太白・王相などがあり、出行や遷居・造営などにさいして行動を慎む方忌みや他所へ赴く方違えも頻繁に行われた。(8)

このように陰陽師は、災害・怪異や病気をモノの祟りとして恐れる人びとに、占いでその所在を明確にするとともに、呪術や祭祀の機能をもってこれをはらい、政務や行事には予め日時方角の吉凶を報告して凶害を避けるなどの役割を果たした。長雨・旱魃や疫病流行などの災害は政権の存在にかかわる政治課題でもあり、諸社奉幣や法会などの神仏事や徳政等の政治的措置が講じられ、または怪異や病気は貴族個人にとって日常生活上の脅威であったから、陰陽師の占いはすでに平安時代中期の王朝貴族社会のシステムに組み込まれ不可欠な存在であり、ゆえに陰陽師の活動に具現化された陰陽道は、実質的な役割と機能をもつ一つの呪術宗教とみることができるであろう。

なお前著で指摘したことではあるが、平安時代中頃から摂関貴族政治の展開とともに朝廷のさまざまな役職は特定の貴族の家筋によって世襲されるようになるが、陰陽道では賀茂氏（暦家を兼ねる）と安倍氏（天文家を兼ねる）が陰陽頭・助を独占するようになった。陰陽師の賀茂保憲・光栄や安倍晴明・吉平らは藤原道長・頼通等の権力者にさかんに奉仕して祈禱師的役割を果たし、その関係は子孫に継承された。(9)説話集『古事談』巻六、『宇治拾遺物語』巻十四の十には、安倍晴明が政敵に雇われた法師陰陽師《ほうしおんようじ》の呪詛から道長を護る話しがあるが、官人として天皇や貴族たちの身近にいて占いや祭祀で彼らの厄難を除去し、宗教的に護ることが陰陽師の職務であったのである。

本書の第二部第一章では、そのような安倍晴明の説話にも登場する「土御門の家」の所在地を諸史料の検討からほぼ確定し、ついで同第二章では、この家をめぐる子孫の言説の背景に、家祖晴明を顕彰し賀茂氏に対抗して自家の陰陽師としての正統性を主張する子孫たちの意図が込められていたことを指摘している。なお安倍氏は陰陽師として著名であるが、賀茂氏が暦道に基盤を持ったように、天文博士を世襲した家でもあった。同第三章では晴明に始まる安倍氏の天文家としての職務・学習や天文変異に関する家説、さらに観測記録とその精度に踏み込んで検討している。

二　陰陽寮の職務と陰陽道の成立

このように平安中期以降にみる官人陰陽師の職務分野が陰陽道であり、「災害・怪異や病などの災いをモノの警告や祟りとして占い、祓や祭祀でこれを除くこと」が陰陽道の主要な役割であると考えられるが、ではそれはいつから行われるようになったことであろうか。

本来、「陰陽師」が陰陽寮の官職名であったように、陰陽道が存在する基盤には陰陽寮がある。陰陽寮は中国伝来の術数、すなわち天文や暦・占術など陰陽・五行の変化によって未来の吉凶を判断する技術を掌る役所であった。これらの技能は六世紀頃から日本に伝えられ、『日本書紀』推古十年（六〇二）十月条に百済僧の観勒は暦・天文・地理・遁甲・方術の書をもたらし、天智十年（六七一）に天智天皇は漏剋を新台に設置し、天武天皇はみずから天文・遁甲占をよくしたと言い、占星台を設置したが、「陰陽寮」という官庁名も天武四年（六七五）正月条に初見する。

大宝元年（七〇一）の大宝律令の制定により、陰陽寮は中務省管下の官庁として設けられた。唐の太史局と太卜署の機構にならい組織されたもので、[10] 長官の陰陽頭以下、助・允・大属・少属の事務官僚、技能分野には次の四部門があり、専門家や学生が配されてその職務の国家的利用がはかられた（『令義解』職員令九条、陰陽寮）。

①陰陽部門〈占筮と地の吉凶を占う〉—陰陽師・陰陽博士・陰陽生
②暦部門〈毎年の暦を作り日月食を予報〉—暦博士・暦生

③天文部門〈天文や気象の変異を占う〉—天文博士・天文生
④漏剋部門〈漏剋の管理と時報〉—漏剋博士・守辰丁《しゆしんてい》

学生が修得すべきテキストは、天平宝字元年（七五七）につぎのように定められている（『続日本紀』同年十一月癸未条）。

陰陽生——周易、新撰陰陽書、黄帝金匱《こうていきんき》、五行大義
天文生——史記天官書、漢書天文志、晋書天文志、三家簿讃《さんかぼさん》、韓楊要集《かんようようしゆう》
暦生（大学寮算生と共通）——漢書律暦志、晋書律暦志、大衍暦議、九章、六章、周髀《しゆうひ》、定天論

これらはいずれも中国から伝えられた専門の書である。陰陽生に指定された書は易占の書『周易』（『易経』）や『新撰陰陽書』などの式占・五行説に関する書であり、陰陽部門の職務が占術を中心とする技術的なものであったことと対応している。ところでこのうち、天文・暦の分野では『史記』天官書や『漢書』天文志・『晋書』天文志、『漢書』律暦志・『晋書』律暦志、等の天文・暦学に関する中国正史の諸志が指定されているが、占いの分野で災害や怪異の発生原因を五行説によって体系的に説明している『漢書』五行志・『晋書』五行志などは採用されなかった。このことは、中国で発達した「五行占」が日本でさほど利用されなかったことと関係し、中国的な五行説による自然理解や災害観が日本にはあまりなじまなかったことを示唆している。(11)

陰陽道はこのような陰陽寮を母体として平安時代の前期、九世紀後半以降に成立した呪術宗教の体系である。平安時代に入ると律令制は徐々に崩れ始め、支配機構の改編が図られていく。既述のように、奈良時代の陰陽寮における陰陽部門の職務は占術技能を中心としたが、その延長線上に位置する平安時代の陰陽道は占術ばかりでなく祓・反閇などの呪術や祭祀などを行う宗教であり、さらに本来官職名であった陰陽師も一般職種名となり、やがて民間にも陰陽師が現れるのである。では占術技能から宗教分野への伸展にはどのような理由があったので

あろうか。

奈良時代末の皇位継承をめぐる政治的な混乱を経て桓武朝に入ると、井上内親王（光仁天皇の皇后）や早良親王（桓武天皇の弟で皇太子）などの犠牲者の怨霊が、天皇近親の病や死の原因として畏怖されはじめる。延暦十三年（七九四）の平安京遷都もこれを背景としたものとされるが、それだけでなく長雨・旱魃などの自然災害や天皇近辺で発生する怪異（宮殿に鳥が群集したり、鼠が調度品を喰うなどの不可解な現象）も、山陵や神々の祟りが原因であるとして頻繁に卜占が行われ、天長年間（八二四～八三三）頃から怪異はまた「物怪」とも称されはじめる。物怪は物の気（モノノケ）ではなく、「モッケ」「モノノサトシ」とよみ、モノ＝眼に見えない神・霊・鬼・精などの神霊的存在のサトシ＝お告げ・きざしのことで(12)、すなわち怪異がモノによる災いの前兆として認識されたことを示している。

この祟りや卜占偏重の神秘主義的な動向に対して嵯峨上皇は、承和九年（八四二）七月十五日（『続日本後紀』七月丁未条）に「無レ信二卜筮一、無レ拘二俗事一」と仁明天皇や臣下に遺言して没した。「卜筮を信じるな」とは、「先帝遺誡曰。世間之事、毎レ有二物怪一、寄二祟先霊一。是甚無レ謂也者」（同書、承和十一年八月乙酉条）とあるように、世間では物怪が起こるたびに――卜筮を介して――先霊の祟りの所為としているが、これはまったく理由がないという、嵯峨の儒教的合理主義の立場からの批判であった。天皇家の家父長である嵯峨上皇が遺言で諌めなければならないほど、〈物怪＝祟り〉観は社会を風靡していたのである。しかし、嵯峨上皇の没後に起きた承和の変により権力を掌握した藤原良房は、承和十一年（八四四）八月五日（『続日本後紀』八月乙酉条）に紀伝道の専門家春澄善縄・菅原是善らに諮問のうえ、次のように述べて嵯峨上皇の遺言を翻し、朝議で卜筮を信ずべきことと決した。

今随レ有二物怪一、令二所司卜筮一、先霊之祟、明二于卦兆一。臣等擬レ信、則忤《サカラウ》二遺誥之旨一、不レ用則忍二当代之咎一。

進退惟谷《ココニキワマレリ》。未レ知二何従一。若遺誡後有レ可レ改、臣子商量、改レ之耶以否。（中略）卜筮所レ告、不レ可レ不レ信。君父之命、量レ宜取捨。然則可レ改改レ之、復何疑也。

いま物怪があるに従い、所司すなわち神祇官や陰陽寮をもって卜筮させたところ、先霊の祟りが占いの形象に明らかである。これを信じれば上皇の遺言の趣旨に反し、用いなければその咎徴が仁明天皇に及ぶことになるから進退に窮まっているとして、紀伝道への形式的な諮問を経て、卜筮が告げるところは信じないわけにはいかないと結論づける。

これは、災害やさまざまな怪異現象は祟りであるとし、その祟る主体を明らかにするものは卜占であり、国家的に不可欠な機能を持つとする朝廷の統一見解の宣言だった。その後、摂関貴族政治の展開とともに怪異への恐れは貴族社会全般に広がり、晴明や『小記目録』の例にみるように、やがて日常化していくことになる。もっぱらこれを占うのは陰陽寮官人たちであったから、ここに職業としての陰陽師成立の前提が整うことになるのである。本書第一部第一章ではこれらの災・怪異観念の日本的展開と陰陽道成立の問題について詳論している。なお、嵯峨上皇はその遺詔で、また藤原良房の意を受けた春澄善縄・菅原是善らは答申でそれぞれの思想・文化的立場から各種の漢籍を引用する。本書、付論は陰陽道とは直接に関わらないが、律令制国家支配の変革期である平安時代初期における漢籍利用のあり方として、とくに『春秋』三伝、『史記』『漢書』『後漢書』の三史や北斉劉昼撰『劉子』の政治理念・政策への影響を検討している。

さらに占いでモノの祟りを見抜く力がある陰陽師たちは、それをはらう呪力も期待されることになる。『文徳実録』仁寿三年（八五三）十二月甲子条には、陰陽寮の奏言により『陰陽書』の法に基づき毎年害気鎮めを行うこととし、『三代実録』貞観元年（八五九）八月三日条には、虫害を払い豊作を求めて『董仲舒祭法』による祭礼（のちの高山祭）を行い、同九年（八六七）正月二十六日条には、疫病流行に備えて鬼気祭を行っている。また同七年（八六五）八月二十一日条には、清和天皇が東宮から内裏へ遷御するさい、陰陽寮の奏上により八卦絶命《ぜつみょう》の方を避けて方違えを行っているように、九世紀後半の文徳・清和朝から陰陽・五行家の書や道教呪術をもとに本格的な祭祀・禁忌勘申活動が開始されている。その中心として活動したのは、のちに『今昔物語集』（巻二十四第十三・十四語）にも陰陽師としての話がとりあげられる陰陽頭滋岳川人・弓削是雄らであり、この時期に呪術宗教としての陰陽道の成立を認めることができるであろう。

三　陰陽道の宗教的性格

陰陽道の祭祀は九世紀後半から実施されはじめ、毎年の害気鎮め、虫害を除く高山祭、疫病を除く鬼気祭、年穀を祈願する雷公祭など、災害を除き豊作を求める公的祭祀が中心であるが、個人的にも、貞観六年（八六四）に陰陽師弓削是雄が藤原有蔭の家に出向いて属星祭を行い（『政事要略』巻九十五所引善家異記「弓削是雄式占有二徴験一事」）、また仁和四年（八八八）の紀長谷雄作の本命祭文が残されているように（『卅五文集』）、貴族個々に対する私的な活動も始まっていた。

祭祀の種類は次第に増加して、鎌倉時代までには六〇種類以上が認められる。祭祀の典拠や祭文、祭祀の次第などが明らかなものからその性格を分類してみると、先の高山祭や鬼気祭は董仲舒の説を典拠とする祭祀とされる。一〇世紀からみえる火災祭や代厄祭も『董仲舒祭書』に基づくもので、董仲舒の名を冠した祭祀書が初期の呪術・祭祀活動の主要なより所となったことが知られる(13)。

董仲舒は前漢の著名な儒家で、彼は災害の発生は陰陽の調和が乱れたことによるものとし、実際に雨を求めるため陽を閉ざして陰気に従い、南門を閉じて北門を開くなど、陰陽五行説にもとづく術を行い効果をあげたという（『漢書』巻五十六董仲舒伝、『春秋繁露』）。『董仲舒祭法（書）』はこのような董仲舒の令名に仮託した後代の書と推測されるが、祭祀の次第が明らかな火災祭では、東・南・西・北・中央の五方の防解火災神と河伯神（水神）・朱童神（火神）を勧請して、祭文では「河伯神は水精なり。朱童は火なり。水剋火と云うは、則ち水は火に勝つなり」（『祭文部類』[14]）と読み上げるなど、五行説の理論が濃厚であり、「董仲舒」系陰陽道祭祀の特徴を伝えるものとみられる。

このほか土公祭では東方青帝・南方赤帝・西方白帝・北方黒帝・中央黄帝の土公神、五土将軍、五土諸神など、百怪祭では東方葙《しょう》甲乙、南方葙丙丁、西方葙丙丁、北方葙壬癸、中央葙戊己、百怪諸霊など、呪咀祭でも東方・南方・西方・北方・中央・四季・天上地上主の呪咀君、執法・収法・門法・推法・除法・散法・滅法八部将軍、田地貴人など、五方の諸神を祀り諸種の災いを防ぐものであり、これらは〈五行の論理による攘災型の祭祀〉とまとめることができるであろう（本書、第一部第二章を参照）。

もう一つの大きな要素は道教の影響である。中国では八世紀後半以降、密教と道教信仰とが融合して道教で司命神とされた北極星・北斗七星、冥官神の泰山府君等の信仰を取り入れた多数の道密混淆仏典が作られ、それらの多くは正純密教経典とともに九世紀の入唐僧により日本に移入された。陰陽道の星祭と密教の星宿法の双方に共通の要素が多数みられるのは同様なテキストを用いたことによるが、とくに注目される経典は盛唐密教の大家の一行に仮託した『梵天火羅図《ぼんてんからず》』、およびこれを方曼荼羅化した『火羅図』[15]である。これは個人の吉凶を支配する九曜や北斗七星の図像・真言等を記すものだが、その中に北斗七星・本命元神を供養することによる効験や儀式次第を記した「葛仙公礼北斗法《かっせんこうれいほくとほう》」を載せている。この葛仙公とは呉の道士葛玄のことであり、よって道密の混淆は明らかである。

陰陽師は九世紀後半から属星祭や本命祭を行いはじめ、一〇世紀に入ると密教でも北斗法・本命供・本命元神供・尊星王法を行うなど星宿法が盛んになる。天台密教の修法書『阿娑縛抄《あさばしょう》』巻百四十二北斗には、「葛仙公礼北斗法、梵天火羅図(16)」を北斗法の依拠経典とするとあり、一方で、陰陽師賀茂保憲も応和元年（九六一）の東密・東大寺の僧法蔵との論争のさいに『梵天火羅図』引用の「葛仙公礼北斗法」などに基づき、

因レ茲真言師修二元神供一、陰陽家行二本命祭一、幷用二此説一、流伝於レ世行来已久。（『白宝口抄《びゃくほっくしょう》』巻百六十本命星供(17)）

と述べている。これらによって密教の北斗法や本命元神供、陰陽道の本命祭が同じ道教系の経典に依拠してはじめられたことが知られる。なお、その後も陰陽道と密教の関係は深く進行し、『阿娑縛抄』巻百四十四妙見(18)には、尊星王法に関して、

彼行儀非二真言家所レ為、以二陰陽家作法一為二依馮一歟。象〔禹カ〕歩云事有之。又外書中殊奉二崇之一、陰陽周易術道等皆所レ崇也。或俗形束帯、或童子形、或童女形、皆是外法所二崇敬一像歟云々。

とあり、その祭儀に陰陽師が行う反閇の禹歩が採用されたようだが、妙見（尊星王）の形像についても、とあり、仏教以外の「陰陽周易術道」などで崇めるものとし、さらに俗形の束帯・童子・童女形などもあり、それらは「外法」で崇拝する像かとする(19)。津田徹英氏は一〇世紀末成立の尊星王法の本尊尊星王菩薩や、一一世紀末成立の東密六字経法の本尊六字明王の各図像で右足を引き上げ左足で片立ちする姿は禹歩・反閇を表わすものとしている(20)。さらに中世にかけて、陰陽道の式盤様のものに歓喜天やダキニ天を加えて主尊として祀る聖天式法や頓成悉地法《とんじょうしっちほう》、五大明王を主尊とする五大尊式法などの秘儀が修せられるなど、さまざまな陰陽道の要素が秘密修法に取り入れられることになる(21)（本書、第一部第四章を参照）。

つぎに、陰陽道で祀る神格の問題からその性格を考えると、息災・延命などを祈願する泰山府君祭では〈閻羅《えんら》天子《てんし》、五道大神、泰山府君、天官、地官、水官、司命、司禄、本命神、開路将軍、土地霊祇、家親丈人《かしんじょうじん》〉などを

祀る。天曹地府祭も〈天曹、地府、水官、北帝大王、五道大王、太山府君、司命、司禄、六曹判官、南斗好星、北斗七星、家親丈人〉の一二神を祀り、本命祭も〈天曹、地府、司命、司禄、河伯水官、掌籍・掌算之神〉、招魂祭でもほぼ共通した〈皇霊、后土、司命、司禄、掌算、掌籍、東王父、西王母〉を祀る。これらは中国の天地自然を神格化した神や司命神、冥官の泰山府君など、とくに道教の神々を多く祀るところに特徴がある。前述の星祭とともに、道教や密教経典の影響下に成立したこれらの祭祀は〈個人の現世利益祈願型祭祀〉と呼ぶことができるだろう。

さらに、祀る神々の問題は祭祀形態にも反映している。陰陽道の祭祀は、寺院や神社のように特定の宗教施設はなく、本来貴族の邸宅の庭や河原などで臨時に祭壇を設け、神々を勧請して行われた。それも時間は夕刻から未明、夜間（とくに戌刻＝午後八時頃）が多かった。冥官神・星神・鬼神などは夜・闇の世界で活動する存在であり、彼らを祀る時間は星空の下、夜がふさわしいからである。[22]なお『不動利益縁起絵巻』など陰陽師の祭祀を描く絵巻の場面で、庭に祭壇を設け御幣を立て陰陽師が祭文を読み、その脇に篝火が焚かれているのもここに理由がある。これらの問題は本書、第一部第二章で詳述している。

特定の怨霊鎮祭、死者追善に関わらないことも陰陽道の特徴である。陰陽師が病気の占いで霊気・邪霊（物の気）の祟りと判定すると、これを調伏するのは密教験者の加持であった。また陰陽師は葬送儀礼にも関与するが、それも葬送の日時・方角や葬地の吉凶判断であり、葬地の鎮祭は行うが、土地神を鎮めることが目的で死者の祭祀供養が目的ではなかった。このように陰陽師は特定の死者霊祭祀に関与しなかったが、それは陰陽道が現世利益を目的とする宗教で、死後の世界、来世観を持たなかったことによるのであろう。賀茂氏や安倍氏の陰陽師が晩年を迎えると出家するのもそのためである。

本書の第一部第三章では、院政期以降における陰陽道祭祀の社会各層、地域的浸透をうかがうとともに、陰陽師自身の信仰生活を検討し、陰陽道の神々も仏菩薩の変化・垂下とする顕密仏教の世界観に包摂される存在であったことを述べている。また同第五章では、具注暦に記載され陰陽師が祀る方角神の大将軍神が、院政期までに市井の人々に信奉され大将軍堂に祀られ常住の神となるあり方に、陰陽道の中世的な展開をみている。

四　陰陽道の基本的文献

推古十年（六〇二）に百済僧観勒が暦本、天文・地理・遁甲・方術の書をもたらして以降も、使節の往来とともに中国や朝鮮半島から術数関連の専門書が伝えられ、それらは陰陽寮の陰陽・暦・天文・漏剋の四部門に関わる職務の基盤を形成したと考えられる。天平七年（七三五）に帰国した遣唐留学生下道（吉備）真備は経典・史書等とともに大衍暦経や天文観測具の測影鉄尺などを伝え（『続日本紀』四月辛亥条）、上述のように学生が修得すべきテキストも天平宝字元年（七五七）に定められている。いかに多数の典籍が日本に伝えられたか、その一端は九世紀末編纂の『日本国見在書目録』から知られ、天文家の項に八五部・四六一巻、暦数家の項に五五部・一六七巻、そして五行家の項には一五六部・九一九巻の書を著録しており、しかも現行本の天文家・五行家の項は省略されたものであるから実数はこれを上回るものであった。主要なものは陰陽寮の蔵書となったと推測され、その中から選択されて、『董仲舒祭法』や『陰陽書』のように職務の裏づけとなるいわゆる「本書」として用いられたと考えられる。

一方で陰陽道の成立をみる九世紀末以降、滋岳川人をはじめとして賀茂氏や安倍氏の官人陰陽師による著作が現れる。川人の書はそのままでは伝わらないが、陰陽道の世襲氏族となった賀茂・安倍両氏は平安中・後期以降、鎌倉・室町時代までに多数の著作・勘文・記録・抄物を残した。応仁・文明の乱などの混乱と勘解由小路家の断絶を経て湮滅を免れたそれらの史料は、明治初年に土御門家、その配下の若杉・皆川家などに分蔵されていたが、ついで前者の多くは宮内庁書陵部所蔵土御門本となり、後者は現在京都府立総合資料館所蔵若杉家文書、京都市左京区の大将軍八神社所蔵皆川家文書となっている。とくに書陵部土御門本とともに大きな史料群である若杉家文書が一九八四年に公開されたことなどもあり、近年陰陽道の典籍・史料に関する研究も活性化しつつある。中村璋八著『日本陰陽道書の研究』（汲古書院、一九八五年、改訂増補版、一九九八年）をはじめとして、村山修一編著『陰陽道基礎史料集成』（東京美術、一九八七年）、詫間直樹・高田義人編著『陰陽道関係史料』（汲古書院、二〇〇一年）などによる陰陽道史料の翻刻・影印と研究はその代表的なものである。

　では現在、陰陽道関連の史料は、どのようなものが残されているのであろうか。それらを確認しておくことは、陰陽道を研究する上で基本となることでもある。そこで陰陽寮のテキストや陰陽道で用いた中国の典籍を含めて、中世以前の陰陽道の主要な関連典籍を示したのが表2である。これにより、比較的に祭祀や日時・方角の禁忌の概説書が多く残されていることがわかるが、その他の未刊史料もあり、それらの検討を踏まえて陰陽道研究のさらなる進展が望まれる。本書の第三部第一章では、現存史料を中心に各文献の解説を行っている。このうち第三部第二章で陰陽師の記録としてばかりでなく歴史史料としても有益な『承久三年具注暦』の解説と翻刻を行い、第三部第三章・第四章では暦道関係で具注暦作成と造暦の基本書である『大唐陰陽書』や『宣明暦』についてその概要と伝本の伝来過程の検討を行っている。

　ところで、中国から伝来し陰陽道で用いられた典籍の考察が重要であることはいうまでもないが、伝来しながら史料上利用された形跡のない典籍の存在も、陰陽道の性格を考える上で注意しなければならない。そこで安倍氏のもとに伝えられ、現在は若杉家文書の中にあり『雑《ざつ》卦《か》法《ほう》』との書名を付された一つの占術資料に注目したい。この資料は、前後の脈略を欠くものの五行占と図をともなう気象占・彗星占の断簡を集めたものであり、日暈を多数とする気象図や諸種の彗星形状図は中国の長《ちょう》沙《さ》馬《ま》王堆《おうたい》三号漢墓出土帛書の「天文気象雑占」の図を彷彿とさ

○は現存する典籍

＜日本の典籍＞			
10世紀以降の賀茂・安倍氏等の著作			
○占事略決*3	○六甲占抄*4		
	○小反閇幷護身法*5 ○反閇作法幷作法・反閇部類記*6 ○文肝抄*7 ○陰陽道祭用物帳*8 ○祭文部類*9		
暦林	○陰陽雑書*11 ○陰陽略書*13 ○陰陽博士安倍孝重勘進記*15 ○陰陽吉凶抄*17	○方角禁忌*12 ○日法雑書*14 ○暦林問答集*16 ○建天全書*18	
○宣明暦*19 ○符天暦日躔差立成*21	○定注付之事*20		
	○安倍泰親朝臣記*23	○家秘要録*25 ○天変地妖記	
＜日記＞	○養和二年記*28	○承久三年具注暦*29	○在盛卿記*30

19…本書第三部第四章
20…『宣明暦　注定付之事の研究』（大東文化大学東洋研究所、1997年）
21…鈴木一馨「『符天暦日躔差立成』とその周辺」（『駒沢史学』51号、1998年）
22…中村璋八『日本陰陽道書の研究』
23…『史籍集覧』雑部所収
24…中村璋八『日本陰陽道書の研究』、太田晶二郎「『天地瑞祥志』略説」（『太田晶二郎著作集』第1冊所収、吉川弘文館、1989年）、水口幹記『日本古代漢籍受容の史的研究』（汲古書院、2005年）
25…水口幹記『日本古代漢籍受容の史的研究』
26…『若杉家文書『三家簿讃』の研究』大東文化大学東洋研究所、2003年）
27…小林春樹・山下克明編『「若杉家文書」中国天文・五行占資料の研究』（大東文化大学東洋研究所、2007年）
28…山下克明『平安時代の宗教文化と陰陽道』（岩田書院、1996年）
29…本書第三部第二章
30…『史籍集覧』日記部所収

表2　古代・中世陰陽道の基本的文献

	＜中国伝来典籍＞	
分　類	陰陽寮のテキスト(757年指定)	9世紀以降に利用された典籍
陰陽【占】	○周易(易経) 　新撰陰陽書 　黄帝金匱*[1] ○五行大義*[2]	
【祭祀】		董仲舒祭書 　梵天火羅図(葛仙公祭法)
【日時・方角】	新撰陰陽書	○大唐陰陽書(巻32・33)*[10] 　尚書暦 　群忌隆集 ○宿曜経
暦	○漢書律暦志 ○晋書律暦志 　大衍暦議 ○九章 　六章 ○周髀 　定天論	長慶宣明暦 　暦例 　符天暦
天文	○史記天官書 ○漢書天文志 ○晋書天文志 ○三家簿讃*[26] 　韓楊要集(天文要集)	○天文要録*[22] ○天地瑞祥志*[24] ○乙巳占
＜伝来するも利用が知られない書＞ ○雑卦法(五行占、気象・彗星占書)*[27]		

〈参考文献〉

1…西岡芳文『卜筮書（唐初鈔本）について』(『三浦古文化』54号、1994年)、小坂眞二「『黄帝金匱』について」(『東アジアの天文・暦学に関する多角的研究』大東文化大学東洋研究所、2001年)

2…中村璋八『五行大義校註』(汲古書院、1984年)

3・4…小坂眞二『安倍晴明撰『占事略決』と陰陽道』(汲古書院、2005年)

5・7・9…村山修一『陰陽道基礎史料集成』(東京美術、1987年)

6…山下克明「若杉家文書『反閇作法并作法』『反閇部類記』」(『東洋研究』165号、2007年)

8…小坂眞二「陰陽道祭用物帳」(『歴史と民俗』6号、1980年)

10…中村璋八『日本陰陽道書の研究』(増補版、汲古書院、1998年)、本書第三部第三章

11・13・14・16…中村璋八『日本陰陽道書の研究』

12・18…『続群書類従』雑部所収

15・17…詫間直樹・高田義人『陰陽道関係史料』(汲古書院、2001年)

15…山下克明「『陰陽博士安倍孝重勘進記』の復元」(『年代学（天文・暦・陰陽道）の研究』大東文化大学東洋研究所、1996年)

せるもので、また五行占は『隋書』経籍志五行類に著録され、敦煌で写本の断簡が発見されている六朝期の占書『地鏡』の逸文を多く含んでいる。(23)おそらくこの資料は、奈良時代に遣唐使により請来された五行占や天文占に関する数本の典籍が伝来過程で破損し、その断片をまとめたものが『雑卦法』の名で安倍氏に伝えられ、それを鎌倉時代に書写したものと考えられるが、しかし平安時代以降の陰陽道で五行占が行われた形跡はあまりみられないようである。

さきに天平宝字元年の陰陽生のテキストで、災害や怪異に関して五行説による解釈・占いを記した『漢書』五行志・『晋書』五行志は採用されなかったこと、その理由は五行説による中国的な災異の理論的理解が日本になじまなかったことを指摘した。『雑卦法』が安倍氏の文庫に埋もれ用いられなかったのもそのためであったと考えられる。そこには災害や怪異の発生を五行説により自然秩序の変調と捉える中国的理解と、カミや鬼神・怨霊の仕業、モノの祟りとして陰陽師に占わせる日本人の災い観との本質的な相違があり、またそこに占いと祭祀でモノに対処した陰陽道が存在し得た理由があると考えられるのである。(24)

本章では筆者が従来陰陽道に関して検討してきたいくつかの問題点を、陰陽師の機能と宗教的性格、関連典籍の視点から概括的にとりあげた。陰陽道とは何かという問題は、陰陽師の存在理由を問うことに他ならないが、「災害や怪異・病をモノの警告・祟りと考え、占いと祭祀で対処すること」に陰陽師、陰陽道の本質があると考えている。災いを畏れそれを免れることを願う人びとの期待に沿い、六壬式占や日時・方角などの暦数・天文の専門知識、さらに宗教的文化的に整えられた儀礼祭式を用いて陰陽道をリードしたのが滋岳川人や賀茂氏・安倍氏などの官人陰陽師たちであったといえよう。中世後期以後の民間の存在はそのバリエーションといえるのか、古代末から中世の密教に濃厚にみられる陰陽道の諸要素、神祇信仰との接触や関連など、いまだ日本の宗教文化に関わる問題は多い。

（1）山下克明『平安時代の宗教文化と陰陽道』第一部一章（岩田書院、一九九六年）参照。
（2）そのような陰陽道に関する多面的な理解については、林淳・小池淳一編『陰陽道の講義』（嵯峨野書院、二〇〇二年）、斎藤英喜・武田比呂男編『安倍晴明の文化学』（新紀元社、二〇〇二年）等を参照。
（3）筆者も参加した日本道教学会第五三回大会シンポジウム「陰陽道と道教」（二〇〇二年十一月九日、於大阪府立大学）は、そのはじめての試みであろう。
（4）山下前掲註（1）書（第二刷以降）、第一部一章参照。
（5）小坂眞二「古代・中世の占い」（『陰陽道叢書』四巻特論、名著出版、一九九三年）、同『安倍晴明撰『占事略決』と陰陽道』（汲古書院、二〇〇四年）等を参照。
（6）怪異は人に不安を感じさせるさまざまな自然現象であり、後述のように物怪とも称し、カミやモノの警告であり災いの前兆と認識されていた。
　では貴族たちはどのような出来事を怪異・物怪とみていたか、右大臣藤原実資（九五七～一〇四六）の日記『小右記』の詳細な分類目録である『小記目録』からうかがうことができる。その第十六には「怪異事」という部立てがあり、一六二件の記事

表３　『小記目録』にみる怪異の種類

怪異の種類	件数	割合
獣類（犬10、鹿７、牛・狼各５、狐４、猪３、馬２、その他）	43件	28%
鳥類（鷺11、烏８、雉５、鳩３、大鳥２、小鳥２、その他）	38件	25%
建造物・墳墓等の鳴動・倒壊（内裏３、多武峯３、その他）	13件	8.5%
気象（虹７、熱暑・雨・雪・雲各１）	10件	6.5%
植物（樹顛倒４・非時花４）	8件	5.2%
器物・車	8件	5.2%
蛇	7件	4.6%
人異・鬼	5件	3.3%
異光（光３、人魂２）	4件	2.6%
虫	4件	2.6%
音	2件	1.3%
夢	1件	0.7%
不明	7件	

が集められている。怪異に分類された内容をみると、冒頭の「天元元年八月廿三日、烏咋二返左仗左大将座一怪事」、すなわち烏が内裏の左近衛陣で左大将の座に喰いついてひっくり返した怪、あるいは犬が同じ陣の奥座に糞をしたとか、牛や馬が外記庁に入ってきたとかの鳥類・獣類の行動、賀茂社で大木が転倒したとかの植物、虹が立つなどの気象現象、あるいは人魂をみたとか鬼の声を聞いたとか、実にさまざまな異常な現象が記されている。怪異占にいたるには貴族や陰陽師個人の判断もあるから、実際そこにみえる怪異のすべてが占いの対象になったわけではないが、貴族たちがどのような現象を怪異と考えていたかは知ることができる。そこで怪異とされた事柄を分類して件数をあげると表3のようになる（怪異の実態が不分明な九件を除いて基数を一五三とする）。多様な現象の中でも、とくに犬や鹿、鷺や烏、蛇などが目立ち、これら動物に関するものが過半を占めていること、そのほかでは建造物・墳墓等の構造物の震動・鳴動や倒壊、気象現象では虹などが多いこともわかる。

表4　『小記目録』にみる怪異の発生場所

怪異の種類	件数	割合
内裏	51件	33%
官庁（大内裏2、東宮1を含む）	16件	10%
寺社	28件	18%
自邸（小野宮第など）	13件	8.5%
藤原氏・摂関家	12件	7.8%
その他の貴族の家など	12件	7.8%
諸国	4件	2.6%
京内	2件	1.3%
不明	12件	

『小記目録』の怪異記事をその発生場所からみると、表4のように分類できる。まず、内裏が三割を占め、これに平安宮内の官庁を合わせると全体の半数近くを占めていることが注目される。内裏で発生する怪異は国家の主権者である天皇の安危に関わることであり、怪異を恐れる貴族官人たちの警戒心が天皇とその周辺に集中していたことを反映している。信仰の場所である神社や寺院は、神仏の意思が最も現れやすいところである。とくに、伊勢神宮や平安京に隣接する賀茂社などの、朝廷の守護神的性格をもつ神社で発生した怪異は神職らによってしきりに報告された。実資個人の記録であるから自邸の怪異も書きとめられたが、藤原道長・頼通などの摂関家に関するものも多い。彼らは貴族の首座を占めるとともに藤原氏の長、すなわち氏の長者であったが、その管理下には氏社である春日大社・大原野神社・吉田神社や興福寺などの寺院、大学生の教育寄宿施設である勧学院、あるいは多武峯の祖廟等さまざまな氏族施設があり、そこで発生した怪異は氏の長者の元に報告されることになっていた。これらの怪異の発生場所によって、軒廊御卜・蔵

人所御占・藤氏長者占が行われたことは、小坂註(5)論文を参照。

(7)　時代は降りるが、若杉家文書八六五号の『文肝抄』は鎌倉時代中期に成立し、賀茂氏が行っていた陰陽道祭祀を記した書である（村山修一編著『陰陽道基礎史料集成』東京美術、一九八七年、に影印所収）。つぎに同書に記載する陰陽道祭祀の種類と、その実修目的を記すものはそれを括弧内にあげておく。

五帝幷四海神祭（為二御願成就一、並被レ作二神器・重宝等一時祭レ之。）　北極玄宮祭（為二御願成就一被レ行レ之、又天変地妖幷御薬時被レ祭レ之。）

三万六千神祭（怪消滅、天下太平、君臣延年也。）　天地災変祭（子細同前）　地震祭（大地震時祭レ之。）　属星祭　雷公祭（霹靂時幷為二天下豊饒一被レ行レ之。）　風伯一名風神（大風幷為二天下豊饒一祭レ之。）　海若祭一名海神（甲子歳被レ行レ之也。）　五龍祭（為二祈雨一於二神泉苑一祭レ之。）

天曹地府一名六道冥官祭、又冥道祭　泰山府君一名七献上章　大土公（造作・移徙・病事・産事時祭レ之。）

小土公一名謝土公（犯土・造作・病事・産事時祭レ之。）　防解火災（造二御所一之時。）　大鎮（遷幸幷公私造作・移徙之時祭レ之。）

七十二星鎮　西嶽真人鎮　石鎮　炭鎮　堂塔寺鎮　井霊祭　厩鎮　大将軍祭（遷幸・移徙幷其方解除時祭レ之。）

王相祭（子細同前）　代厄祭（節分重厄時祭レ之。）　鬼気祭一名続命祭　河臨祭（息災御祈也。）　大中臣祓（諸事行レ之、或千度祓、産祓、諸病祓行レ之吉。）

呪咀祭（息災幷病事、産事時祭レ之。）　霊気祭一名霊気道断祭、一名天獄祭（息災幷病事時祭レ之。）　九曜祭羅睺星・土曜・水曜・金曜・日曜・火曜・計都星・月曜・木曜、（九曜之天変幷当二其年星一時祭レ之。日蝕・月食時、日曜・月曜祭レ之。）　百怪祭　招魂祭　夢祭（解二悪夢一祭。）

竈神祭　荒神祓　八鬼祭　大散供　水神祭　痢病祭　本命祭　大歳八神祭（私造作・移徙之時祭レ之。）

小児祭号加利底母祭（少子病時祭レ之。）　卌二座呪咀祭　鷺祭（鷺居二人居一之時祭レ之。）　八卦諸神祭　和合祭

宇賀祭

(8)　日時・方角禁忌の勘申に関する分野では、平安後期から鎌倉初期の陰陽師の撰著・勘文に『陰陽略書』『陰陽雑書』『陰陽博士安倍孝重勘進記』などがある。『陰陽略書』を例にとってその内容をみると、①「一、星宿」として五星・五行・七曜・廿八宿などの簡単な説明、②「一、諸神禁忌法」として大将軍をはじめとする方角諸神の遊行法と禁忌内容の詳しい解説、③「一、暦注諸神吉凶」として具注暦所載の歳徳・天恩日・母倉日など禁忌項目（これらも神であることに注意されたい）の説明、④「一、択日吉凶」として、神仏事や造作など個別的な行事・行動に即した日次の吉凶をあげ、①と③を除き方角神や日次の吉凶の説明は他の二書でも詳しい。さらにその「択日吉凶」は吉日を選ぶべき事項

をあげたものであるから、陰陽師が貴族に対して行った吉日勘申の大体の項目が知られる。つぎにそれをあげておこう。

神吉日、三宝吉日、犯土造作日、立寝屋日、立雑舎日、立門日、堀井日、移徙日、嫁娶日、着座日、入官日、出行日、乗船日、造船日、入学日、奏書日、妊者着帯（以下五項目は産雑事）、沐浴日、蔵胞衣、着衣日、剃髪日、祠祀日、除服日、造車日、冠帯日、裁衣日、剃髪日、売買日、農耕日、問病弔喪日、雑事吉日

(9) 山下前掲註(1)書、第一部三章参照。また賀茂・安倍両氏による陰陽寮主要官職の独占については、木村純子「陰陽寮における賀茂・安倍両氏掌握の一過程」（『日本女子大学大学院文学研究科紀要』八号、二〇〇一年）、繁田信一『陰陽師と貴族社会』第八章（吉川弘文館、二〇〇四年）、中村晃子「陰陽頭と「陰陽道第一者」」（『文化学年報』五四輯、二〇〇五年）等も参照。

(10) 厚谷和雄「陰陽寮の成立について」（『大正大学大学院研究論集』一号、一九七七年）参照。

(11) 『漢書』にはじまる五行志は、『尚書』（『書経』）洪範篇の木・火・土・金・水の五行と、君主のあるべき姿勢や態度に関わる貌・言・視・聴・思の五事、皇極（君主の中正）の一一項目のもと災異の五行説的分類、董仲舒・劉向・劉歆・京房らの儒者の解釈を引用して為政者の不徳と実際の災異事象との関係等を指摘するものであるが、六朝期にはさまざまな変異・怪異現象ごとに対応する吉凶を記した『地鏡』『天鏡』のような簡潔な五行占書も行われた。日本でも八世紀に一部これが用いられたことは、慶雲・和銅年間（七〇四〜一五）の陰陽師文広麻呂が「五行占」の知識を持つとされ（正倉院文書「官人考試帳」、『大日本古文書』第二四巻、五五二頁）、また天平十二年（七四〇）九月に大宰府で反乱を起こした藤原広嗣の上奏文に（『松浦廟宮先祖次第幷本縁起』所載）に、「十二年二月、陰獣登レ樹、奪二陽鳥之巣一也。以二五行伝一按レ之、恐有二賊人一奪二君位一之象乎」と五行占の例をもって政治批判を展開していることからも知られる（なお同上奏文の真実性に関しては細井浩志『古代の天文異変と史書』Ⅰ、三の付論「藤原広嗣上奏文」の真偽について」吉川弘文館、二〇〇七年、参照）。しかしその後はみられず、たとえば牛馬が「一体両頭」「両頭八足」を産むなどの動物に関する異常・怪異は五行志に国家的変事の前兆としてしばしばとりあげられる事項であるが、日本では『日本紀略』延喜十六年（九一六）八月二十二日条に肥前国で「頭両分、胸腹合体、前足有レ四、後脚有レ両」という子牛が生まれたとき、朝廷は大宰府に命じて卜筮を行わせており、怪異に関して神の祟りを想定する日本と為政者

の失政による自然秩序の変調を考える中国双方の対応の違い示している。
(12) 森正人「モノノケ・モノノサトシ・モッケ・怪異」(『国語国文学研究』二七号、一九九一年)参照。
(13) 山下前掲註(1)書、第一部三章、参照。
(14) 「若杉家文書」四四四号、村山修一編著『陰陽道基礎史料集成』(前掲)に影印所収。
(15) 前者は『梵天火羅九曜』として『大正新脩大蔵経』二十一巻(長谷寺本による)、『大正新脩大蔵経』図像部七巻(玄証筆高山寺本影印)所収。後者の『火羅図』も『大正新脩大蔵経』図像部七巻に影印所収。前者について武田和昭氏は、長谷寺本の原本である高山寺本の表題に「梵天火羅図」とあること、諸書の引用名も同様であることから、本来の書名は『梵天火羅図』とすることが妥当であるとし、またこれに文殊菩薩を中尊に『宿曜経』その他の要素を加えて曼荼羅化した『火羅図』は、一二世紀前半仁和寺の寛助周辺の手によって成立したとみている(同『星曼荼羅の研究』第五章、法蔵館、一九九五年)。
(16) 『大正新脩大蔵経』図像部九巻、四五二b。
(17) 『大正新脩大蔵経』図像部七巻、三三四b。
(18) 『大正新脩大蔵経』図像部九巻、四六二c・四六三a。
(19) 京都市上京区の大将軍八神社は、平安時代中期から鎌倉時代にかけての八〇体にのぼる大将軍神像を伝えることで知られている。その形像は武装神像五〇体・衣冠束帯像二九体・童子像一体であり、前宮司の生嶋暢氏は、武装神像は妙見菩薩、また衣冠束帯像は大阪府久米寺の星曼荼羅(北斗曼荼羅・平安時代末)に描く北斗七星のいくつかが束帯像であることから北斗七星を表したものと解釈されている(「京都守護と星神信仰」、大林太良編『スサノオ信仰事典』戎光祥出版、二〇〇四年)。北斗曼荼羅では北斗七星を「俗形持笏」で描くことが多く、また白河院政期から木像で五七躰の北斗曼荼羅が作られているから(天仁二年二月二十七日「法勝寺北斗曼荼羅堂供養願文」、『江都督納言願文集』一所収)、その可能性は残ると思われる。
(20) 津田徹英「禹歩・反閇と尊星王・六字明王の図像」(『日本宗教文化史研究』二巻二号、一九九八年)。
(21) 西岡芳文「式盤をまつる修法」(『金沢文庫研究』三一八号、二〇〇七年)、金沢文庫展示図録『陰陽道×密教』総説

（西岡芳文氏執筆、二〇〇七年）等を参照。

(22)『隋書』経籍志四、道経には「而又有二諸消災度厄之法一、依二陰陽五行数術一、推二人年命一書レ之、如二章表之儀一、幷具二贄幣一、焼香陳読。云下奏二上天曹一、請為中除厄上、謂二之上章一。夜中、於星辰之下、陳二設酒脯麪餌幣物一、歴二祀天皇太一一、祀二五星列宿一、為レ書如二上章儀一以奏レ之、名之為レ醮」とあり、道教には災厄を除くため、人のその年の運命を推量し、法に従い書を認め進物を供え焼香してこれを読み上げ、天曹に奏上して除厄を願う上章という儀礼と、また夜中に星の下で酒や脯・餅などの進物を供え、天皇、太一、五星、星宿を祀り書を上章の儀のごとく認めて奏上する醮《しょう》という儀礼があるという。陰陽師が夜に戸外で臨時に祭壇を設けて供物を並べ、神々の来臨を請い行い祭文を読み上げ利益を請う陰陽道の祭祀は醮の形式にならうものと考えられる。なお小坂眞二氏も、泰山府君祭・天曹地府祭に関して夜間の祭祀であること、本来は南庭で行うものが室町時代に陰陽師宅を用いる例が多くなったことを指摘している（「天曹地府祭」『季刊悠久』九五号、おうふう、二〇〇三年）。

(23)「若杉家文書」八三号、小林春樹・山下克明編『「若杉家文書」中国天文・五行占資料の研究』（大東文化大学東洋研究所、二〇〇七年）一二五頁以下。

(24) 山下克明「若杉家文書『雑卦法』の考察」（前掲註(23)書所収）。

第一部

陰陽道の成立とその展開

第一章　陰陽道の成立と儒教的理念の衰退

はじめに

陰陽道は、かつて陰陽五行説にもとづく俗信であり、中国より伝来した文化であるとされてきたが[1]、陰陽道という名称は日本以外に通用しておらず、陰陽五行説・占術・暦・天文・道教信仰などの中国文化を主要な構成要素としながら、平安時代前・中期に独自に成立したとみるのが近年の研究動向であろう[2]。その成立の基盤となったのは、律令制下の官庁の陰陽寮であり、陰陽寮官僚が職務とした占術、暦・天文占などの未然の吉凶を予測する術（術数と総称される）に、これを補完する不祥や凶兆を攘《はら》う呪術・祭祀を取り込んだ呪術的宗教として、陰陽道は九世紀後半から一〇世紀にかけて成立する。それにともない官職である「陰陽師」は職種名化し、民間にも陰陽師を称する宗教者が現れるのである。

よって陰陽寮職務の宗教化が陰陽道成立の指標になり、九世紀後半の貞観年間から五行家説の『董仲舒祭書』や道教経典などの伝来書を典拠として祭祀活動が本格化していったことが注目される所以である。しかしそのような現象面にとどまらず、宗教化の過程は、陰陽寮という官衙の令制とは異なる職務上の営為であることを考慮すれば、それを要請し促した朝廷・貴族層の思想的な動向にも十分に注意を払わなければならないであろう。そこで本章では、陰陽道成立の前提条件として、災害や怪異、占術や祟りをめぐる平安時代前期の支配層および儒家官僚の理念的側面の検討を行って、なぜ陰陽道が成立したのか、その背景や要因を考えたいと思う。

まず、陰陽道とは何を行い、陰陽師とはどのような存在であったのか、それを明確にするため、令制の陰陽寮の職務と、陰陽道成立後の平安中期の代表的陰陽師である安倍晴明（九二一〜一〇〇五）が実際に行った職務とを対比しておこう。

一　陰陽師の職務

本来、陰陽師が律令制下の役所、陰陽寮の一官職名であったことからもわかるように、陰陽道成立の母体は陰陽寮である。陰陽寮には頭・助等の寮務を統括する事務官僚のほかに、陰陽師、陰陽博士、暦博士、天文博士、漏剋博士等の技官がおり、そのもとに学生などが配されていた。のちに陰陽・暦・天文・漏剋の四部門のうち、陰陽科が陰陽道へ、暦・天文科が暦道・天文道へ展開することになる。令制での陰陽師の職務は「占筮・相地」（「職員令」九条）、すなわち占術と地相の吉凶選定であり、その勤務評価の対象も「占候医卜、効験多者、為二方術之最一」（「考課令」四十一条、義解に「陰陽曰レ占」とある）、「占卜効験多者最」（『大日本古文書』第二十四巻「官人考試帳」）とあるように占術であり、よってその基本的性格は占術技術者であったとしてよい。天平宝字元年（七五七）十一月、大学寮・典薬寮・陰陽寮の学生が任官するさいに修得しておくべき書が定められ、陰陽生には『周易』『新撰陰陽書』『黄帝金匱』『五行大義』が指定された（『続日本紀』同年十一月癸未条）。『周易』は易占の書（『易経』）、以下の三書も日時の吉凶禁忌や式占・五行説に関する中国伝来の専門書であり、陰陽部門の職務が占術、術数を中心とする技術的なものであったことと対応している。

それに比して陰陽道成立後の陰陽師の活動はどのようなものだったのだろうか。序章でみたように安倍晴明の陰陽師としての活動例は六五件が知られ、そのうち、(1)占術活動は一三件（二〇％）、(2)呪術・祭祀活動は二三件

（三五％）、(3)日時や方角の吉凶禁忌勘申活動は一七件（二六％）であり、この三分野が陰陽師の基本的職務だったことがわかる。また晴明のライバルとされる賀茂光栄（九三九〜一〇一五）の場合でも、活動記録九九件のうち、(1)占術活動は二六件（二六％）、(2)呪術・祭祀活動は三八件（三八％）、(3)日時や方角の吉凶禁忌勘申活動は三一件（三一％）であり、ほぼ同様の結果を得ている。[3]

陰陽師が用いた占法は、小坂眞二氏が明確にしたように六壬式占であり、占うべき主要な事項は災害や怪異、および個人の病気の原因を求める怪異占と病事占であった。[4]古代・中世では、眼にはみえないが人びとの身辺にあって身体や生活にプラス・マイナスの作用を及ぼす神・仏・鬼・霊・精などの霊妙な存在をモノと称した。災害や不可解な自然現象である怪異・物怪《もっけ》[5]はモノの啓示や警告とされ、病気は鬼神・土公神・竈神や霊気・北辰・社神などのモノの祟り、あるいは人の呪詛によるものと考えられた。怪異の占文には災厄を避ける謹慎日が指定され、これが物忌日となった。朝廷の年中行事や天皇の行幸など臨時の行事、さらに貴族たちの私的な儀礼は、先例とともに暦注や日時・方角の吉凶を陰陽師に勘申させてから行うことが例で、方角神には太白・天一・王相・大将軍神などがあり、出行や遷居・造営などにさいして行動を慎む方忌みや他所へ赴く方違えも頻繁であった。これらも禁忌を犯せば凶事を招く諸神、モノの一つといってよいであろう。

陰陽師の呪術祭祀活動は、河臨祓や七瀬祓など河原で息災を願い人形《ひとがた》に災禍を移して流す祓え、出行などのさいに邪気を制し身体を護る反閇・身固などの呪術、そして個別的な祭祀に区別でき、いずれも道教の影響を色濃く受けている。陰陽道の祭祀は虫害を払う高山祭、疫鬼を追う鬼気祭などが九世紀後半に創始され、晴明の頃には天地災変祭・五龍祭・四角四界祭など天変地異・旱魃・疫病流行等の災害を攘う公的祭祀から、泰山府君祭・属星祭・代厄祭等の個人の延命・除病息災・招福を目的とするものまで、三〇種近くの祭祀が行われ、さらに鎌倉時代までには六〇種以上の祭祀が実施されるにいたっている。

陰陽師の職務はこのように、占術、呪術・祭祀活動、日時・方角の吉凶禁忌の勘申、の三分野にまとめられるが、そのことはまた、平安中期の藤原明衡（一〇六六年没）の『新猿楽記』に描かれた「陰陽の先生賀茂道世」に関する記述からも知ることができる。

陰陽道が成立していた平安中期、災害・怪異や病気をモノの警告・祟りとして恐れる人びとに対して、陰陽師は怪異占や病事占を通して祟る主体を明らかにするとともに、呪術や祭祀の機能をもってこれを攘い、政務や公私の諸行事には日時・方角の勘申を行って予め凶事の発生を避ける機能をもつなど、すでに王朝貴族社会のシステムに組み込まれ不可欠な存在となっていたのである。これをまとめれば、貴族社会のモノへの畏怖を土壌に、占いと呪術・祭祀という手立てでモノに対処し、現世の息災・福徳を得ることが陰陽道の基本的な役割であり、また仏教や神祇信仰とも異なる特質ということができるであろう(6)。

二　陰陽道の成立と怪異

（1）　災害・怪異と祟り

それでは、陰陽寮官人が積極的にモノに対処するようになったのはいつ頃からか。彼らは平安時代に入る頃から次第に呪者としての活動を取りはじめる。ここに陰陽道成立への胎動があるが、その背景には政治権力をめぐる混乱や律令制公民支配が後退していくなかで、貴族支配層における儒教の合理的理念の後退と、災害や怪異を神や怨霊などのモノの祟りとして畏怖する意識の定着があった。そこでまず、古代の災害観や対応を概観しておこう。

律令制の精神的支柱をなしたのは儒教の徳治理念であるが、その一環として展開した災異思想において、〈災〉とは、大雨・旱魃・蝗害・飢饉・疫病流行などの実害をともなう広範囲な自然災害であり、〈怪異〉とは、動物の異常な行動、季節外れの植物の開花、樹木や建物の突然の倒壊、陵墓の鳴動等人に不安を懐かせる異常現象をいう。中国では前漢の武帝期に、春秋公羊学者董仲舒の建策により儒教が国家の正統教学となる。その学説は陰陽五行説の影響を濃厚に受けたものであり、彼は支配者の不徳失政が自然界の陰陽の調和を乱し、これが天に感応して支配者を懲戒するため災、ついで怪異を降ろし、なお改めることがなければこれを滅ぼすと主張した。この災異思想は易家の京房や劉向・劉歆などの儒家に継承されて儒教と一体となって展開し、災・怪異の発生は政治の責任とされ、生起すれば皇帝は徳治善政を行い天責に応えるべき施策や詔を発し、また宰相はその責任をとってしばしば更迭された。(7) そのさい、『京房易伝』などの五行占書をもって災・怪異の原因や変事の前兆を判断することもあるが、それはあくまでも為政者に対する天の譴責とされたから、占具を用いる卜占という方法をもって吉凶を判断することはなすべきことではなかった。(8)

それに対して日本の在来の考え方では、『古事記』『風土記』の伝承にみえるように、社会的に広範囲な被害を与える災いや個人的な災いである病気は神の祟りであり、(9) 託宣や卜いで祟る神を明らかにし、神祭りをもってこれに対処していたが、七世紀末から律令国家の形成にともない政治思想として儒教的徳治理念が風靡し、災異が発生すると天皇は天の譴責にこたえ自身の不徳を恥じ善政を模索する詔を出すことが例となった。(10)

しかし、律令制支配の破綻が顕著になる奈良時代末頃から、このような儒教的な建てまえは変化しはじめる。六国史によると、宝亀三年（七七二）、西大寺の塔が震動したさい、卜いによりそれが小野社の木を伐り造塔したことによる祟りとされ、延暦元年（七八二）に災異・妖徴が頻りに起こったことは、神祇官・陰陽寮の亀筮により伊勢神宮および諸神社の祟りとされた。大同元年（八〇六）には、日が赤く光りがないこと、また京近郊の大井・比叡山等で発生した山火事を卜筮で賀茂社の祟り、天長九年（八三二）五月には、旱魃が卜筮により伊豆国の神の祟りとされたように、八世紀末から災害や怪異の発生のさい陰陽寮が神祇官とともに卜占を行い、個別的な神の祟りとすることが多くなるのである。(11) 現象面からみれば日本的災い観への回帰であるが、さらに九世紀には、神の祟りだけでなく、怨霊思想の盛行とともに災害や怪異を山陵の祟りとする例がさかんにみられるようになる。

桓武天皇の弟で皇太子の早良親王は、延暦四年（七八五）九月、桓武の腹心で長岡宮造営責任者だった藤原種継の殺害事件に連座して皇太子を廃され、淡路国へ配流の途中に没した。その後、桓武の夫人藤原旅子、母高野新笠、皇后藤原乙牟漏、夫人坂上又子などの近親者の死が続き、また延暦十一年（七九二）六月には、早良に替わって皇太子に立てられていた子息の安殿親王の病気が、卜いで早良の祟りの仕業とされてから、早良は怨霊として恐れられるようになる。桓武はまた、みずからの皇位継承の犠牲となった光仁天皇の皇后井上内親王・皇太子他戸親王母子の怨霊も恐れ、延暦十九年（八〇〇）七月には早良を崇道天皇と追称し、井上を皇后に追復して両者の墓を山陵となし、のちに寺を建て怨魂を慰めるなど、その死の間際まで怨霊への畏怖に苛まれていた。

桓武朝においてこれほど怨霊が問題化した要因は、在来神祇の祟り神としての性格や仏教の死者追善の影響があるとされることが多い。実際に、最澄が『大同四年始修法華長講願文』以下の四種願文で、諸神祇をはじめ一切の死者の霊が苦悩を離れ仏果を得て、ついで善智識とともに日本を守護することを求め、弘仁九年（八一八）四月の旱魃のとき、『伝述一心戒文』の敬白文で特定の怨霊をその原因とみて済度しようとしたように、仏教でも怨霊の鎮撫が大きな課題となっていた。(12) しかしそれらだけでなく、桓武朝における中国文化の影響を考慮すれば、儒教の霊魂観、なかでもかつて藪田嘉一郎氏が指摘したように、『春秋左氏伝』の怨霊に関する記述が一つの有力な典拠となったものと考えられる。(13)

古代中国では、人は「魂」と「魄」によって成り立っているという霊魂の二重構造論的観念があった。『礼記』郊特牲第十一には「魂気帰二于天一、形魄帰二于地一」とあり、また祭義第二十四には「衆生必死、死必帰レ土、此之謂レ鬼。骨肉斃二于下一、陰為二野土一。其気発二揚于上一、為二昭明一」とあり、人は死ねば身体の活力をつかさどる魄は地中にとどまるが、精神をつかさどる魂は天上に帰るものとされた。この魂を祀るのが廟で、魄を蔵すのが墓（陵）であり、これらを祀るのが子の親に対する孝であり礼であった。しかし子孫が絶え、死後祀るものがいない者、さらに強死、すなわち非業の最後を遂げた者も人に害をなす厲鬼《れいき》になるとされた。『礼記』祭法第二十三には、王は七祀、諸侯は五祀、大夫は三祀を立てそれぞれ泰厲・公厲・族厲を祀るが、疏にそれらは古の帝王・諸侯・大夫の継嗣のない霊で「此鬼無レ所二依帰一、好為レ民作レ禍」、それ故これを祀るとする。[14] 左氏伝にもそのような話しがいくつか載るが、とくに詳しいのは昭公七年の鄭の相、子産の話であり、その内容はつぎのようなものである。

かつて鄭の伯有は不義により殺されたが、その後関係者が相次いで死に、国人はその霊の仕業として恐れた。そこで子産は伯有の後嗣を立て死者の霊を安撫すると、祟りは収まった。子産はその理由を「鬼有レ所レ帰、乃不レ為レ厲、吾為二之帰一也」[15]と述べたという。さらに強死した者の祟りについて、つぎのように述べている。

人生始化曰レ魄。既生レ魄、陽曰レ魂。用物精多、則魂魄強。是以有二精爽一至二於神明一。匹夫匹婦強死、其魂魄猶能馮二依於人一、以為二淫厲一。況良霄、我先君穆公之冑、子良之孫、子耳之子。敝邑之卿、従二政三代一矣。鄭雖レ無レ腆。抑諺曰、蕞爾国。而三世執二其政柄一、其用物也弘矣。其取精也多矣。其族又大所レ馮厚矣。而強死、能為レ鬼、不二亦宜一乎。[16]

身分が高く精美なものを多く取り入れた者ほど非業の死をとげれば祟りをなす。東野治之氏の指摘があるように、『春秋左氏伝』『春秋公羊伝』をしきりに詔勅に引用してみずからの権威のより所とした桓武とその朝廷が[17]、左氏伝のこの著名な逸話を桓武の近親の急死や病と結び付けたのは自然なことであろう。そこで早良親王や井上内親王の霊魂の落ち着き先をつくり、丁重に祀って祟りを防ごうとしたのである。

だが、ひとたび貴族層の心底に刻みこまれた怨霊への畏怖は、これを契機として桓武およびその他の先霊（山陵）が祟るという観念を展開させていった。[18] 怨魂は関係者に災いを与えるだけでなく、大同四年（八〇九）七月には旱魃が吉野山陵（井上内親王）の祟りとされ、陵内の掃除と読経を行わせたように、広範囲な災害の原因とされた。さらに翌年七月には桓武の皇后で嵯峨天皇の生母、藤原乙牟漏の高畠山陵の祟りで嵯峨天皇が病気になったとしてこれを鎮祭し、天長八年（八三一）十二月には「相楽山陵」が祟りをなしたとして陵内を清掃して、読経を行わせた。これは淳和天皇の外祖父藤原百川の相楽墓のことであろう。[19] そのほかにも承和八年（八四一）五月に、旱魃が卜いで例貢物の闕怠による神功皇后山陵および香椎廟の祟りとされるように、怨霊への畏怖を契機として祟る理由の見当たらない山陵、すなわち天皇の近親を含めた祖霊が神と同様に天皇の病気や災害を起こ

図１　桓武天皇関係系図
（太字は史料上で祟りをなすとされた者）

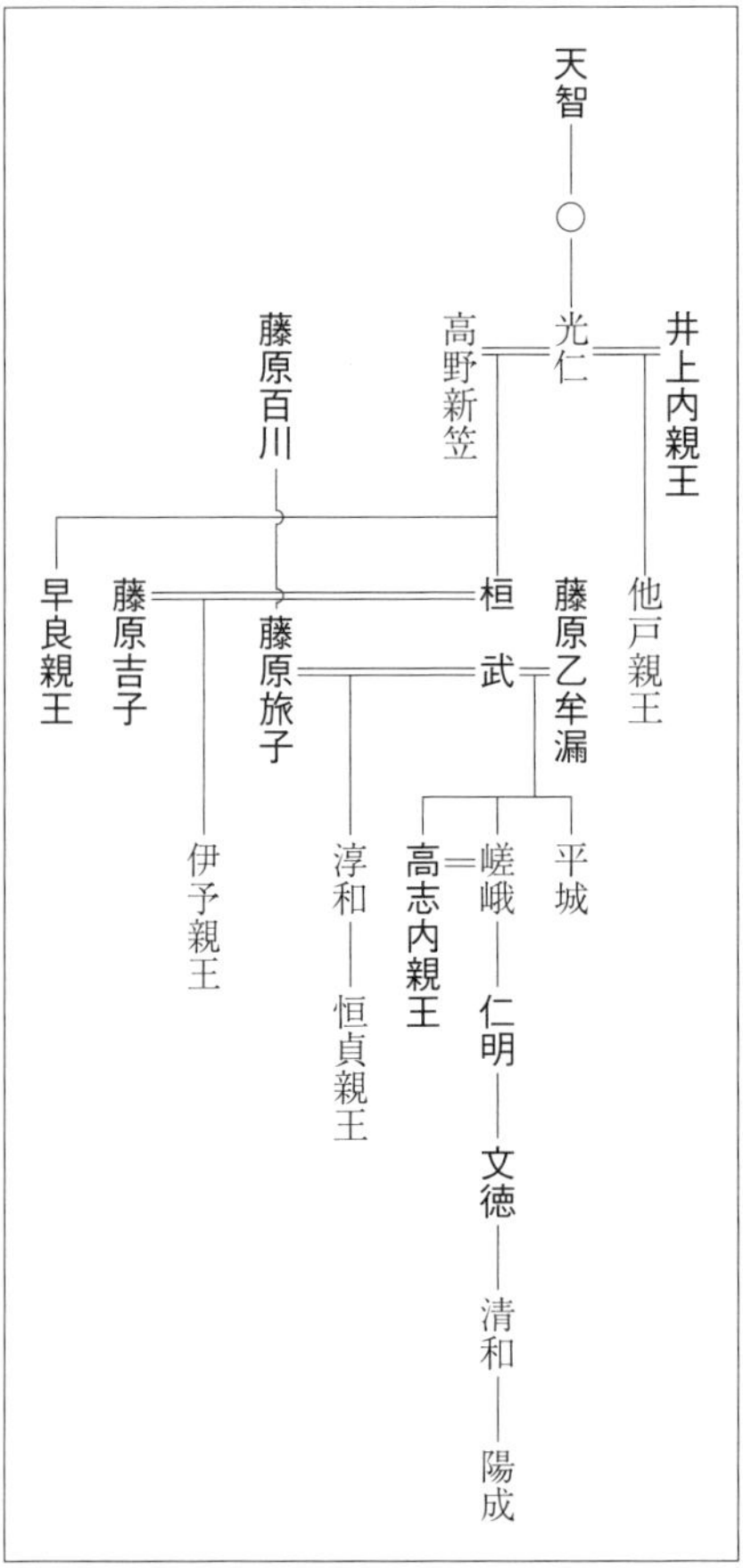

す原因とされることになる。まさに天皇家にとって祟りの連鎖の招来である（図1）。

さらに、淳和天皇の天長年間から「物怪」という表現が多く用いられるようになる。[20] 天長八年（八三一）六月二十日に、内裏の物怪により柏原・石作両山陵に遣使し、二十六日には物怪を防ぐために両山陵に読経せしめた。これは、一例をあげると嘉祥三年（八五〇）三月十二日、内裏で鈴印《れいいん》の櫃が鳴り、また膳部の履や内印の盤褥を鼠が喰い損ずるなどのことがあり、二日後の卜占でこの間の「物怪」が柏原山陵の祟りとされたように、物怪を卜占し、その結果山陵の祟りと判明し、祟りを謝すため遣使・読経を行うという手順を踏んだものとみられる。

ここで問題となるのは、天皇の病だけでなく、中国の儒教的理念では為政者の不徳失政を戒める目的で天が降ろすとされた災・怪異（物怪）までもが卜占を介して山陵や神の祟りとされ、それが常態化しはじめたことである。表1は、『続日本紀』以下の国史の災・怪異・物怪と卜占関連記事を掲げ（天皇・皇太子の病に関する卜占記事は除く）、次項でとりあげる〈淳和上皇の遺詔〉〈嵯峨上皇の遺詔〉〈卜筮を信ずるべき朝議〉などのエポックメーキングなできごとを記したものであるが、時代を追って卜占記事が頻繁になる様子がうかがえるであろう。

表1 国史にみる災異・怪異・物怪と卜占関連記事

年月日	記事内容	卜占	原因（ ）内は前兆	対応
《続日本紀》				
天平2年（七三〇）閏6月17日	神祇官に霹靂	官卜	畿内七道諸社に奉幣	
宝亀3年（七七二）4月29日	西大寺西塔震す	卜	小野社の木を伐り造塔の祟り	小野社に戸二烟を充つ
8月6日	風雨異常	卜	伊勢国月読神の祟り	奉馬、荒御玉命等を官社に入る
延暦元年（七八二）7月29日	災異妖徴しきり	亀筮	諒闇の間吉凶混雑による伊勢神宮および諸社の祟り	百官の釈服
《日本後紀》				
延暦15年（七九六）7月22日	肥後国阿蘇山神霊池涸減	卜筮	（旱疫）	賑恤、読経他
21年（八〇二）正月8日	駿河国富士山燎く	卜筮	（旱疫）	駿河・相模両国鎮謝、読経

大同元年（八〇六）	3月23日	日赤く光なく、大井・比叡等の山焼く	卜筮	賀茂神の祟り	
4年（八〇九）	7月3日	亢旱		吉野山陵（井上内親王）の祟り	陵内掃除、読経
弘仁7年（八一六）	6月28日	神祇官高畠山陵（藤原乙牟漏）に祟り見ゆ由を言す	亀兆	同山陵の樹を伐る	これを禁ず
9年（八一八）	9月10日	地震	亀筮	時行の咎	国分寺に金剛般若経転読、禊法
天長7年（八三〇）閏	12月24日	物怪を謝す			金剛般若経奉読、神祇官解除
天長8年（八三一）	2月2日	物怪あり	卜筮		
	6月20日	内裏に物怪あり			柏原（桓武）石作山陵（高志内親王）に遣使
	6月26日	物怪を防ぐ			柏原・石作山陵に読経
	12月10日	相楽山陵（藤原百川）を清掃		同山陵の祟り	
9年（八三二）	5月19日	亢旱	卜筮	伊豆国神の祟り	
《続日本後紀》					
承和3年（八三六）	10月10日	内裏に物怪あり			十三箇寺に読経
4年（八三七）	正月18日	豊楽殿御座の辺に物怪あり			降臨を止む
	7月3日	内裏に物怪あり			常寧殿に読経悔過
5年（八三八）	7月11日	物怪あり			柏原山陵に読経
	7月25日	怪異あり			七大寺、紫宸殿に仁王経を講ず
6年（八三九）	4月25日	旱災を畏る		神功皇后山陵の木を伐る	同山陵に勅使
	7月5日	禁中に物怪あり			紫宸・常寧殿に大般若経転読
	8月23日	物怪あり			常寧殿に息災法を修す
7年（八四〇）	**5月6日**	**〈淳和上皇遺詔〉**			
	6月5日	内裏に物怪見ゆ		柏原山陵の祟り	同山陵に遣使祈禱
	7月26日	皇朝に物怪あり	卜	出羽国大物忌神の祟り	叙位、神封を奉る
	9月23日	伊豆国上津島海中焼く	卜	阿波神冠位を欲す	10月4日叙位
8年（八四一）	3月28日	肥後国阿蘇郡神霊池涸減	蓍亀	（旱疫）	寺ごとに斎戒、社ごとに奉幣他
	5月3日	肥後国阿蘇郡神霊池涸減 伊豆国地震の変 また物怪多し	卜	（旱疫の災、兵革）	神功皇后陵に宣命使 山科（天智）・柏原山陵に宣命使を遣し祟りに賽いる

	5月12日	旱	卜	神功皇后山陵、香椎廟の祟り	同山陵に宣命使
	6月22日	肥後国阿蘇郡神霊池涸減	卜	(旱疫の災、兵革)	伊勢神宮、賀茂御祖社に宣命使
		伊豆国地震の変			
		また物怪多し			
	閏9月15日	物怪を謝す			常寧殿に読経
9年(八四二)	5月27日	物怪あり	卜	(疫気)	五畿七道諸国太宰府に疫神を祭らしむ
	6月5日	物怪(前件の物怪か)	寮占	(疫気あり)	伊勢大神宮に奉幣祈攘
	7月15日	**〈嵯峨上皇遺詔〉**			
	7月19日	炎旱、秋稼焦枯	卜筮	伊勢神宮、八幡宮の祟り	神祇伯祈禱
10年(八四三)	5月8日	内裏物怪並びに日異			清涼殿に薬師経読経他
	8月24日	物怪を攘う			大極殿に大般若経転読他
11年(八四四)	**8月5日**	**〈卜筮を信ずるべき朝議〉**			
	11月4日	王臣家百姓等取る鹿豕を鴨川水上に洗う	御卜	賀茂上下大神宮汚穢の祟り	これを禁ず
12年(八四五)	3月6日	物怪あり			紫宸殿等に大般若経転読他
	5月9日	山城国綴喜・相楽郡に虻虫に咬まれ牛斃多し	卜	綴喜郡樺井社および道路鬼の祟り	遺使祈謝
14年(八四七)	3月11日	物怪を鎮む			清涼殿に大般若経転読他
嘉祥3年(八五〇)	3月14日	物怪あり	卜	柏原山陵の祟り	同山陵に宣命使を遣わす
《文徳実録》					
仁寿元年(八五一)	6月3日	霖雨	卜	伊勢神宮、賀茂社等春祭使に穢れ	遣使祈禱
天安2年(八五八)	3月12日	怪異	卜	深草山陵(仁明)の近辺汚穢	遣使
《三代実録》					
貞観4年(八六二)	11月20日	鼠内印の盤褥を嚙む	官卜	触穢の人神事に供す祟り	建礼門前大祓
5年(八六三)	7月2日	去月の流星	官卜	天照大神の祟り	伊勢大神に祈る
6年(八六四)	8月5日	駿河国富士山に火あり	蓍亀	浅間名神禰宜等斎敬を勤めず	甲斐国に奉幣解謝を命ず
	12月26日	肥後国阿蘇郡神霊池沸騰	太宰府司亀筮	(水疫の災)	

7年(八六五)　2月14日	天変地災、肥後国阿蘇郡神霊池沸溢 また物怪多し	卜	(兵疫の事)	宇佐八幡宮奉幣
8年(八六六)　正月20日	陸奥国ある鹿嶋神宮苗裔諸神、本社の奉幣絶えるにより祟りの物怪多し			太政官、鹿嶋神宮司に陸奥国に出入りして諸社奉幣を許す
4月14日	去月の応天門火災	蓍亀	(火気見ゆ)	五畿七道諸神に奉幣
4月17日	京師に怪異しきり	寮言	(臨国の兵来窺あるべし)	大宰府に警固を命ず
4月18日	若狭国印公文収納庫、兵庫鳴る	寮言	(遠国の人来投、兵乱、天行)	国司に警固を命ず
6月29日	炎旱	官卜	楯列山陵守樹木を伐る	陵守、諸陵司を勘罪、遣使
7月6日	去る応天門火災、その後物怪しきり	官寮占	(天皇疾、火災、兵事)	伊勢大神宮、南海道諸神奉幣
8月18日	去る応天門火災	卜	田邑山陵(文徳)犯穢 (火災、疾病)	諸山陵に遣使、陵守を勘罪
11月17日	怪異しきり	蓍亀	(新羅賊兵間隙をうかがう)	能登から大宰等国府をして諸社に班幣
10年(八六八)閏12月10日	摂津国地震	卜	広田・生田両社ふしごる	両社に奉幣、叙位
11年(八六九)　12月14日	新羅賊船到来し貢調を奪い、大宰府楼に大鳥の怪異	卜	(隣国の兵革)	伊勢大神宮奉幣
12年(八七〇)　6月13日	肥前国杵島郡兵庫震動	蓍亀	(隣兵を警すべし)	越前・肥前国等戒慎
13年(八七一)　5月16日	去る4月出羽国飽海郡大物忌神社山上火あり泥水溢れ苗稼流損の災異	蓍亀	彼国名神に祈るも賽いず 冢墓骸骨その山水を汚す	報賽、鎮謝
14年(八七二)　3月23日	今春以後内外怪異しきり	寮占	(蕃客不祥のこと)	諸社に金剛般若経転読
7月29日	駿河国、蛇仏経を呑む異	官卜	(当国失火、疫癘の災)	国司鎮謝
15年(八七三)　3月19日	外変息まず咎徴しきり	卜筮	(兵革)	因幡から大宰等国府警固
5月5日	雨雹の怪	官寮言	賀茂・松尾等神の祟り	奉幣、走馬
10月6日	物怪しきり	占	(天皇病)	賀茂・松尾等に奉幣
16年(八七四)閏4月4日	日体常に変ず	卜筮	(天皇驚事)	伊勢大神宮に奉幣

	7月2日	薩摩国開聞神山に火あり	蓍亀	封戸の神願、神社汚穢の祟り	封戸を奉る
17年（八七五）	6月8日	旱災	卜	春日社に斎女を奉らず	奉幣、斎女を奉らんとす
	6月15日	旱災	官言	深草山陵の樹を伐る祟り	山陵に過を謝す
18年（八七六）	5月8日	物怪あり	卜	（失火）	柏原山陵に遣使
	10月5日	去る4月の大極殿火災	卜	（火災、兵事）	五畿七道諸社に班幣
元慶元年（八七七）	7月3日	比月炎旱		倉下に喫肉、陵木を伐るによる神功皇后楯列山陵の祟り	守倉人・諸陵官人に科罪、遣使して謝す
2年（八七八）	2月27日	気比神宮に失火なくして火見ゆ	寮占	神社の穢れによる祟怪（彼国疫癘、風水の災）	国司に掃汚、読経を命ず
	8月4日	出羽夷賊に官軍敗績	蓍亀	大物忌神ら三神の神気賊に帰す	爵級を増す
	9月7日	肥後国八代郡倉上に大鳥集まり宇土郡の河水変ず	官寮卜筮	（彼国風水、疫疾）	
4年（八八〇）	2月28日	隠岐国兵庫振動、皷自鳴	寮占	（北方より兵賊）	因幡から隠岐国警固
5年（八八一）	8月14日	去る6月兵庫鳴る	蓍亀	（北境東垂兵火）	北陸道諸国警固
7年（八八三）	7月13日	去る6月大極殿に鷺集まる、霖雨洪水	寮占	（天皇病、天下に風水）	伊勢神宮以下に奉幣
8年（八八四）	正月4日	雷、暴風雨雹	占	（春穀不作、夏旱蝗）	
	9月29日	出羽国に石鏃降る	寮占	（彼国兵賊、疾疫）	10月2日出羽国警固
仁和元年（八八五）	正月8日	紫宸殿前版上に犬屎を遺す	寮占	（兵火）	
	10月9日	去る7・8月肥前・薩摩国に粉土の怪	官卜 寮占	（彼国疾疫） （大宰府東南の神隣国に遷去）	両国諸神に奉幣
	11月21日	去る6月出羽国に石鏃降る	寮言 官言	（兵乱） 大物忌神等不敬の祟り	国司に諸神を祀り、警固せしむ
2年（八八六）	5月26日	石清水八幡宮鳴る	官卜 寮占	大菩薩の心願あり （兵事）	陸奥、出羽国警固
	8月4日	去る5月安房国雷鳴、地震、砂石粉土地上に遍満	寮占	鬼気、御霊の祟り（彼国疫癘、兵賊）	安房、下総、上総国警固
3年（八八七）	8月4日	達智門上に羽蟻の異	寮占	（大風、洪水、失火等の災）	
	8月12日	朝堂院・豊楽院楼上に鷺集まる	寮占	（失火）	

註：『日本後紀』は『訳注日本史料』本、他は『新訂増補国史大系』本による。

（2）嵯峨・淳和両上皇の遺詔

このような儒教的な災異思想、徳治理念と異なる事態の進行は、嵯峨・淳和の二人の上皇に、その死にさいして深刻な心情を吐露する遺詔を発せさせる理由となった[21]。

承和七年（八四〇）五月六日、淳和上皇は子息の皇太子恒貞親王に対して、『礼記』檀弓上第三の一節を引用して「葬者蔵也、欲二人不一レ観」と、葬は隠すことであるから人にみせないようにと、薄葬を行うべきことを指示するが、さらに重ねてつぎのように命じた（『続日本後紀』五月辛巳条）。

予聞。人没精魂帰レ天。而空存二冢墓一、鬼物憑焉。終乃為レ祟、長貽《ノコス》二後累一。今宜三砕レ骨為レ粉、散二之山中一。

右の「人没精魂帰天」も『礼記』郊特牲第十一からの引用であり、魂魄論を前提としたものだが、注目されるのは魂の抜け殻である冢墓（山陵）を残せば、これに鬼物が取り憑いてみずからが鬼となり、現世に長く祟りの禍を残すとし、そのために山陵を造らず遺骨を粉とし山中に撒くように命じていることである。これは魂を重視する儒教理念において究極の薄葬であるが、その一方で祭祀を絶つことは、本来帝王として許されない、孝と礼からなる社会秩序からの離脱を意味する行為であり、遺詔に対して中納言藤原吉野が、天皇の散骨や山陵を造らない例はなく、また山陵は宗廟でありこれがなければ臣子は何処を仰げばいいのかと抗した所以である。

淳和は嵯峨とともに文章経国理念を鼓吹し、良吏を用い、大学寮教育を振興して儒教的徳治を具現化しようとした天皇だが、この遺詔は、仏教の無常観・浄土思想の影響を想定し得るにしても[22]、災・怪異を山陵の祟りとする当時の風潮に抗って、死とともにその屍を抹消して現世に祟りの原因を残すことを避けようとする心情の表明であり、自身の父・母・妻・叔父・外祖父と続く祟りの連鎖を断ち切ることを意図する遺言であったと考えられる。

淳和は遺詔の用棄を嵯峨の裁可に委ね、五月八日に崩じた。ついで十三日に葬送が行われ、遺言に沿い山陵は造られず遺骨は大原野西上嶺上に散ぜられた。そのためか、後世、淳和が祟りの主体として史料に表われることはない。

このとき嵯峨上皇は淳和上皇の遺詔を遵守したが、同年六月五日にも内裏に物怪が現れて柏原山陵の祟りとされ、中納言藤原愛発らを派遣して祈禱を行い、同八年五月三日にも山科・柏原両山陵の祟りに賽《むく》い、十二日にも前述のように旱魃が卜により例貢物の闕怠による神功皇后陵および香椎廟の祟り、十月二十九日にも仁明天皇の病が卜により柏原山陵の木を伐ること並びに犯穢の祟りとされたように、淳和の意向もこの風潮を止めることはできなかった。

そして承和九年（八四二）七月十五日に、今度は嵯峨上皇が長文の遺詔を留めて崩じた（『続日本後紀』七月丁未条）。この遺詔は、すでに指摘があるように西晋の学者皇甫謐（二一五〜二八二）が子息に遺した葬送の制「篤終」（『晋書』巻五十一皇甫謐伝）を下敷きに書かれたものである(23)。皇甫謐の「篤終」は、『礼記』の魂魄論的立場や、盗掘を招く恐れなどから厚葬することの無益を述べ、没後は棺槨を設けず、纏斂を加えず不毛の地を選んで速やかに葬ること、墓坑の幅などを具体的に指示する。ついで、

無レ問二師工一、無レ信二卜筮一、無レ拘二俗言一、無レ張二神坐一、無二十五日朝夕上レ食。礼不二墓祭一。但月朔於レ家設レ席以祭、百日而止。臨必昏明、不レ得レ以レ夜。制服常居、不レ得二墓次一。夫古不レ崇レ墓、智也。今之封樹、愚也。

と、師工に問わず、卜筮を信ぜず、俗言を用いず、神坐を設けずなどと世俗的な行為を否定し、墓祭は礼に適わず、封樹すなわち土を盛り木を植えて墓を造ることを愚行とする。なお「師工」は適切な用例がなく不明であるが、造墓の工人のことであろうか。そして最後に、

若不レ従レ此、是戮二尸地下一、死而重レ傷。魂而有レ霊、則冤《ウラミ》二悲没世一、長為二恨鬼一。王孫之子、可二以為一レ誡。

死誓難レ違、幸無レ改焉。

と、この制に従わなければ魂が傷ついて冥界で悲嘆し、ながく恨鬼となる、故に子として違うことのないように命じている。

　さて、嵯峨もみずからの遺言を「送終」と名付け、まず生涯を回顧し生死に関する素心を述べるとともに、「漢・魏二文、是吾之師也。是以欲二朝死夕葬一」とし前漢の文帝、魏の文帝に倣い薄葬を行うことを命ずる。実は皇甫謐の「篤終」も、文面から魏の文帝の遺詔「終制」（『三国志』巻二、魏書二、文帝紀）の影響を受けているとみられるが、嵯峨は帝王として、また文章経国の理念でも私淑した魏の文帝の薄葬を強く意識したものと考えられる。魏の文帝の遺詔は、『礼記』の魂魄二元論と墓に対する廟の重視、死してなお人を煩わすべきではないとする儒教的憐民思想、そして繰り返される山陵盗掘から、山林不食の地を陵となし、かつ副葬品を簡略にし、死者に含ませる飯含や珠襦・玉匣は「諸愚俗所為也」と述べて俗事として廃することを命じ、終わりに、

魂而有レ霊、無レ不レ之也。一澗之間、不レ足レ為レ遠。若違二今詔一、妄有レ所二変改造施一。吾為レ戮二尸地下一。戮而重レ戮、死而重レ死。臣子為レ蔑二死君父一、不忠不孝。使二死者有レ知、将レ不レ福レ汝。其以二此詔一蔵二之宗廟一。副在二尚書、秘書、三府一。

と、魂は行かないところはなく、死者も知があるから必ずこの旨を守るように命ずる。嵯峨上皇の「送終」もこれらに準拠して『礼記』を引用し、さらに、

衣衾飯含、平生之物、一皆絶レ之。復斂以二時服一、皆用二故衣一。更無二裁制一、不レ加二纏束一。着以二牛角帯一。択二山北幽僻不毛之地一、葬限不レ過二三日一。無レ信二卜筮一。無レ拘二俗事一。謂二謚誄飯含呪願忌魂帰日等之事一。

と山北の僻地に葬すこと、また「篤終」に倣い(a)「無信卜筮」、そして(b)「無拘俗事」、飯含等の俗事を廃すこと、さらに葬事の簡略化や国忌を配せざること等を命ずる。終わりに、

後世之論者、若不レ従レ此。是戮二屍地下一、死而重レ傷。魂而有レ霊。則冤《ウラミ》二悲冥途一、長為二怨鬼一。忠臣孝子、善述二君父之志一、不レ宜レ違二我情一而已。他不レ在二此制中一者、皆以二此制一、以レ類従レ事。

と述べる。これも「篤終」に措辞して、この制を遵守し遺命を守らなければ魂が怨鬼となると述べるのである。
　このように嵯峨の遺詔は皇甫謐の「篤終」と魏の文帝の遺詔「終制」にもとづくところが多いが、前述した当時の災害・怪異＝祟り観の浸透を考慮すれば、ことは単なる措辞の問題でないことは明らかであろう。淳和は鬼物が取り憑くから山陵を造らず、嵯峨は遺命を守らなければ怨鬼になるという。相ついで没した二代の天皇が、その死にさいして「鬼」となり世に祟りを残さないよう言い置くのであり、その意味するところは重いものがある。

　しかし、この嵯峨の切実な遺言も、その後相次いで反故にされることになる。一つめは(b)「俗事に拘わること無かれ」という命である。翌年の承和十年七月十五日壬寅の日は嵯峨の周忌斎会に当たったが、太皇太后橘嘉智子と仁明天皇は丙寅が本命日で忌みがあるため、有司は前日の七月十四日辛丑に移し行うべきことを奏した。これに対して嵯峨の皇子、中納言源信、参議源弘らは俗事に拘わるなとの遺詔を盾に反対するが、勅により大納言藤原良房と諸公卿に議定せしめ、結局は遺詔に反して十四日に周忌斎会が行われたのであった（『続日本後紀』七月辛丑条）。

（3）〈卜筮を信ずるべき朝議〉

　嵯峨上皇のもう一つの遺命は、(a)「卜筮を信ずること無かれ」というものであった。『続日本後紀』の記事は(b)では俗事の具体的内容は注記に明らかだが、(a)に説明はない。国史編者（藤原良房・春澄善縄）が意図的に削った可能性があるが、しかしその内容は、嵯峨が没して二年後の承和十一年八月五日乙酉の『続日本後紀』の記事と対応することは明らかである。それによると、この日、紀伝道の文章博士春澄善縄と大内記菅原是善らは大納言良房の宣を蒙って答申を行う。その宣とはつぎのようなものであった。

先帝遺誡曰。世間之事、毎レ有二物怪一、寄二祟先霊一。是甚無レ謂也者。今随レ有二物怪一、令二所司卜筮一、先霊之祟、明二于卦兆一。臣等擬レ信、則忤《サカラウ》二遺詰之旨一、不レ用則忍二当代之咎一。進退惟谷《ココニキワマレリ》。未レ知二何従一。若遺誡後有レ可レ改、臣子商量、改レ之耶以否。

これによって嵯峨の遺詔が、「世間では物怪がある毎に、これを先霊（山陵）の祟りであるとするがそれは理由がない」というものであったことがわかる。前述のように、八世紀末以降、災・怪異（物怪）があるごとに神祇官や陰陽寮の卜占が行われ、山陵や諸神の祟りとされてきた。それらは卜筮によりはじめて祟りの有無が判明する。よってこの遺詔は「卜筮を信ずること無かれ」の内容を説明したものとみなければならない。遺詔に対して良房は、物怪を卜わせるとその卦・兆、すなわち陰陽寮の占と神祇官の卜に先霊の祟りは明らかであり、これを信じようとすれば遺詔に逆らい、卜占の結果を信じなければ咎が仁明天皇におよぶことになるとし、そこで紀伝道の春澄善縄と菅原是善に典故の調査を命じたという。卜占を行うこと自体が祟りの存在を前提とした行為であるから、この諮問自体が矛盾を含み、良房の意図が遺詔の改変にあったことは明らかであるが、これに応えて両儒家は、つぎの古典の文章をとりあげて改めるべき証拠とした（出典ごとに番号を付す）。

(1)昔周之王季、既葬後有レ求而成レ変。文王尋レ情奉レ之也。先霊之祟不レ可レ謂レ毋。

(2)又有二幽明異レ道、心事相違者一。如二北斉富豪梁氏一是也。臨レ終遺言、以二平生所レ愛奴一為レ殉。家人従レ之。奴蘇言。忽至二官府一、見二其亡主一。々曰。我謂。亡人得レ使二奴婢一。故遺言喚レ汝。今不二相関一。当二白レ官放レ汝。々謂二家人一、為レ我修レ福云々。

(3)又春秋左氏伝。魏武子有二嬖妾一、無レ子。武子疾、命二其子顆一曰。必嫁。病困《クルシミ》則更曰、必以為レ殉。魏顆択

レ之、従二其治一也。謂二病未レ至レ困也。遂得二老夫結一レ草之報一。

(4)尚書曰。女〔汝〕則有二大疑一。謀及二卿士一。謀及二卜筮一。

(5)白虎通曰。定二天下之吉凶一、成二天下之亹々一、莫レ善二於蓍亀一。

(6)劉梁弁和同論曰。夫事有二違而得一レ道、有二順而失一レ道。是以君子之於レ事也、無レ適無レ莫。必考レ之以レ義。

これもすでに指摘があるように、(1)は『論衡』や『呂氏春秋』などにみえる話しで、周の文王の父、王季の墓が漏水で崩れて棺の一部が露出したさい、文王は亡父が群臣百姓をいま一度みたがっているものと考えそれを人びとに拝させたというもの。(2)北斉の富豪梁氏の話しは、梁氏は遺言で日ごろ愛した奴を殉死させたが、冥界ではともに生活できないので冥官に願い出て奴を蘇生させたというもの。仏教説話集の『冥報記』巻下や『法苑珠林』巻三十六にみえる。(3)は『春秋左氏伝』宣公十五年七月の話しで、魏武子は病になり愛妾を再嫁させるように子の魏顆にいうが、病が篤くなると殉死させるよう命じた。顆が父の正常時の遺言に従うと、顆はのちに戦場で一人の老父が草を結い大力の敵杜回をつまずかせたのでの捕らえることができた。夢にその老人が現れて、女の父親であり、再嫁させてくれたお返しだといったという。(4)は『尚書』洪範篇の、(5)は『白虎通』蓍亀篇に引く『周易』繋辞伝の文である。(6)は『論語』里仁篇の「子曰、君子之於二天下一也、無レ適也、無レ莫也、義之與比《シタシム》」にもとづく、『後漢書』巻八十下、劉梁伝の文章である。(24)

春澄善縄と菅原是善とがこれらの典拠を引用して可能な主張は、(1)(2)(3)から、死者には霊があって変化や奇異をなし、現世の人びとに意思を伝え影響をおよぼすことがあるということ。(4)(5)から、謀や吉凶を定めるために卜筮は有用であること。(6)から、道理を全うするために君子は不偏不党の立場で義を考えるべきこと、などであろう。

しかし、嵯峨が掣肘しようとしたことは、災・怪異（物怪）を占って先霊の祟りとすることであり、何故かといえば災・怪異は儒教の立場によれば政治の失策や為政者の不徳によりもたらされる天の譴責であり、そのさい卜占を行うことなく、徳治善政をもって天譴に応えるべきものとされたからで、まして先霊の祟りとみなすべきことではなかったからである。嵯峨の意図は、災・怪異（物怪）を卜筮を用いて先霊の祟りとするような術数重視の神秘主義的な動向を止めることにあり、そのため「卜筮を信ずること無かれ」といったのである。

　ところが紀伝道の勘文は直接これに応えるものではなく、霊やその祟りを示す典拠、卜筮の有効性を示す典拠を個別にあげるのみであった。それは古典に災・怪異を占って先霊の祟りとする例は見出し難かったからである。しかしながら両人はこれらの古典を引用したあと、

　卜筮所㆑告、不㆑可㆑不㆑信。君父之命、量㆑宜取捨。然則可㆑改改㆑之、復何疑也。

と強引な結論を出し、さらに「朝議従㆑之」として嵯峨の遺詔に反して〈卜筮を信ずるべき朝議〉が決せられることになった。

　この〈物怪→卜筮〉の公認は大きな意義を有したと考えられる。災・怪異・物怪を神や霊の祟りとする日本的な災異観念が確立し、政策的にも卜占が重視され、それは陰陽寮官人の職域の拡大につながる問題でもあった。物怪の卜占化は朝廷にとどまらず、平安中期までには貴族社会、やがては民衆にまで拡散し、それによって陰陽師の職域自体も広がっていった。陰陽師は陰陽寮の官僚であるから、民間では法師陰陽師《ほっしおんようじ》（僧陰陽師）等の民間宗教者がその役割を担ったが、職種としての陰陽師の成立、すなわち陰陽道への展開も、この物怪卜占化の公認が一つの契機となったものと考えられる。

　そして物怪の卜占化は、右の経過から藤原良房の主導で行われたことが知られる。この時点における大納言良房の上位には嵯峨皇子の左大臣源常、右大臣橘氏公がいたが、皇太子恒貞親王の廃立を目的とした承和九年の承和の変によって、仁明天皇の皇太子にはその皇子で良房の妹順子所生の道康親王が立てられ、実質的な権力は彼

が握っており、その後道康（文徳天皇）が即位すると人臣では前例がない太政大臣に昇り、さらに清和朝には幼帝に代わって政務を総覧して摂政に任じ、藤原氏摂関家の基礎を固めていった。

では、良房にとって物怪の卜占化はどのような意味をもったのであろうか。前述のように、儒教の理念によれば災・怪異は不徳・失政に起因する天譴であり、責任は皇帝とともに政治を主宰する宰相にあり、前漢では末期に災異の発生の責任をとってしばしば宰相は罷免されていた。日本の律令国家でもその認識は同様であり、職員令で太政大臣の職掌に「燮二理陰陽一」とあるのは、自然秩序、災害にも責任をもたなければならないことを理念的に表したものであった。良房および彼に同調する貴族にとり卜占を用い災・怪異・物怪を神や山陵の祟りに帰することは、律令制支配が困難となる政治状況の中で、その原因を神や山陵への祭祀の闕怠や不敬神行為とすることにより、自身の政治責任を回避し曖昧にするために極めて都合のよい論理であり、そこに〈災異思想の日本化〉のひとつの狙いがあったと考えられるのである。

三　文章博士たちの分裂

（1）「陰陽」を信ずる春澄善縄

紀伝道の春澄善縄と菅原是善は、藤原良房の思惑に従い物怪を卜占して神や山陵の祟りとする日本的なあり方を容認したが、そのような動向は、平安前期の国家において経国・経世を担う存在だった儒家たちの間に微妙な対立を生むことになる。つぎに、この問題に絡んで、異なる対応を示した春澄善縄と都良香という二人の儒家のあり方を検討してみよう。

春澄善縄は良房に加担して物怪の卜占化を認めた人物である。『三代実録』貞観十二年（八七〇）二月十九日条の薨伝によると、伊勢国員弁郡の出身で祖父は同郡少領、父は周防国大目という下級官僚であったが、自身は従三位参議にいたるという地方豪族出身者として破格の高位に昇った。大学で紀伝道に進んで研鑽を積み、文章得業生、少内記から大内記に任じ、天長十年皇太子恒貞親王の東宮学士を兼ねたが、承和九年（八四二）承和の変に遭遇し、一旦は周防権守に左遷されることになる。しかし翌年には文章博士に任ぜられ、さらに刑部大輔兼右京大夫、貞観二年に参議となり、貞観十二年二月七日病篤きによって従三位を授けられ、同月十九日に七四歳をもって薨じたという。彼の経歴でまず注意されるのは、承和の変に連座しながら翌年には復帰して紀伝道の顕職である文章博士に任じたこと、その在職中に従五位上から従四位下までに位階を進め、その後参議・式部大輔までいたったということである。その順調な昇進は、権力者良房との特別な関わりに求められる。両者はともに『続日本後紀』の撰者であったし、病篤きにより従三位に除されたさい、内裏の直廬にあった太政大臣良房は朝服を脱いで善縄に与えた。『三代実録』には「時人栄レ之」と記し、両人の並々ならぬ関係を示している。

ところで、この善縄の性格について、薨伝にはつぎのように記している。

為レ人信二陰陽一、多レ所二拘忌一。毎レ有二物怪一、杜《フサギ》レ門斎禁。不レ令二人通一、乃至二一月之中門扉十閉一。亦其家宅不レ治二垣屋一、口罕《マレ》レ言レ死、弔聞遂絶。及レ登二公位一、斎忌稍簡。

善縄は陰陽・術数を信じてその忌みに拘泥することが多く、物怪があるごとに門を閉ざして忌み籠もり、人の参入を禁じ、それが一か月のうち一〇日にも及んだという。家の垣屋を修理しなかったのは、地神や方角神の禁忌を恐れてのことであろう。そのような人物だから死をいうことはまれで、弔問にも出かけなかったという。

この記述は平安中期の貴族社会で頻繁に行われた物忌や方忌みを彷彿させるものがある。そこでは物怪があると陰陽師が占いを行い、その占文で物怪の原因や慎むべき凶事、謹慎日が指定され物忌が行われた。善縄の行為はこれらに当たるものとみられ、まさに彼は時代に先んじた一個の陰陽師としての観を呈している。してみると〈卜筮を信ずるべき朝議〉での答申も、日頃の彼の志向と一致した主張とみることができる。

善縄はまた、前述のように貞観十一年成立の国史『続日本後紀』を撰修したが、この国史は祈雨や疫病などの災異、あるいは物怪の発生等による諸社・山陵奉幣や読経に関する記事が多く、物怪記事だけでも一八件の多数を数えることを特色とし、坂本太郎氏は「物怪恐怖症の善縄が撰者として存在した」[25]ことの意味を認めている。もっとも、物怪の語は『日本後紀』の天長七年（八三〇）からみえはじめるもので『続日本後紀』に限る語ではないが、怪異・物怪への畏怖心の高まった時代相と陰陽を信ずる善縄の思考が合致し、国史に多数とりあげられたものと考えられるのである。

（2）「儒骨」を評する都良香

ところが、つぎの国史『文徳天皇実録』になると物怪の表記はまったくみられなくなり、それに代わり次のような簡潔な表現が多くみられる。

嘉祥三年四月癸丑、有㆓魚虎鳥《カハセミ》㆒、飛㆓鳴於東宮樹間㆒。何以書㆑之、記㆑異也。

同年五月己卯、大風。折㆑木殺㆑草、記㆑災。

仁寿元年十二月、冬温。何以書㆑之、記㆑異也。

とくに「何以書之、記異（あるいは災）也」の文は、すでに坂本太郎氏が指摘したように『春秋公羊伝』にみえる特徴的な書法であった[26]。板野長八氏は、公羊伝にとり災異は人道の世界を監視する天の啓示であるとし、日原利国氏は公羊伝の災異観は未だ〈災異応験〉にいたらず〈災異自戒〉の域を出ないものとするが[27]、このような書法をもって災異の意味を自明のこととし王者・為政者の自戒を促したのである。『文徳実録』はその前後の国史に多数みられる物怪の語をまったく用いていないのみならず、概して災異・卜占関連記事が少なく（表1参照）、また記したとしても、たとえば斉衡元年（八五四）七月庚戌条に、

是日、暴風、発レ屋抜レ木。須臾甚雨、洪水汎溢。当時有識甚有二疑怪一。

とあるように、客観的事実を記すにとどまり、あるいは「何以書之、記異也」との書法を用いるのみである。これらは、物怪・祟り記事に傾斜した前史『続日本後紀』を意識した大きな特徴といってよいと思われる。

『文徳実録』はまた、それまでの国史の薨卒伝が上級貴族に偏っているのに対して、四・五位の中下級貴族官僚、とくに国司経験者の卒伝を多く載せその具体的な治績を評価している点でも注目されているが[28]、その中でも仁寿二年（八五二）二月壬戌条の越前守藤原高房の卒伝は興味深い。高房は「不レ拘二細忌一」という人で、美濃介のとき安八郡の陂渠《ひきょ》の堤防が決壊していたためこれを修復しようとした。しかし、土地の者はこの陂渠には神がいてこれを欲せず、逆らえば死ぬと述べ、それにより前代の国司は修復を行わなかったという。だが高房は、「苟利二於民一、死而不レ恨」として身を捨てる覚悟で遂に民を率い修復を完成させ、これにより民は今にいたるまで彼を称えたという。また、席田郡に妖巫がおり、民衆を捉えて害毒を及ぼし、先々の国司も畏怖して手を出さなかったが、高房は単騎で入部してその類を捕らえ処罰したという。

天安二年（八五八）六月己酉条の大学助山田春城の卒伝では、春城が駿河介のとき部内の駿河郡に伊豆国から移ってきた神があり、その禰宜等が奇異の事をもって国司・庶民をたばかっていた。春城は着任後これを糺したため以後妖言は絶えたと言い、その人となりを「春城雖レ長レ自二寒門一、而性甚寛裕。言詞正直、無レ所二阿枉一。無レ好二小芸一、不レ拘二忌祟一。頗得二儒骨一也」と評し、忌みごとに囚われない儒家としての気骨を称揚している。

災異に関する贅言を排した客観性と、これらの卒伝の「不レ拘二細忌一」「不レ拘二忌祟一。頗得二儒骨一」との評言は、「為レ人信二陰陽一、多レ所二拘忌一」という春澄善縄が編纂した『続日本後紀』に対抗して、『文徳実録』が儒教的な合理主義をもととする価値基準により編まれたものであること明らかにしている。

その『文徳実録』の編者は文章博士都良香と考えられる。『文徳実録』の序文には、貞観十三年に右大臣藤原基経、中納言兼民部卿南淵年名、参議左大弁大江音人、大外記善淵愛成、少内記都良香、散位嶋田良臣等に撰修を命じたが、その後進捗せず、陽成朝に入り南淵年名、大江音人が没したため、元慶二年（八七八）に参議刑部卿菅原是善をして都良香、嶋田良臣とともに編纂させることとした。とくに都良香は「愁二斯文之晩成一、忘二彼命之早殞一、注記随レ手、亡去忽焉」とある。良香は元慶三年二月二十五日に卒し、その年の十一月十三日に右大臣藤原基経、参議刑部卿菅原是善、大外記嶋田良臣の名をもって『文徳実録』は奏上されることになるが、『三代実録』元慶四年八月三十日条の是善の薨伝に「是善撰二文徳実録十巻一、文章博士都朝臣良香預レ之」とあり、『二中歴』第十一にも「右大臣基経奉レ勅、実都良香撰レ之」とあるように、実質的編纂者は都良香であったとみられる。(29)

よって上述の『文徳実録』の特徴は、都良香の信条・理念を反映したものとみてよいと思われるが、このような彼の志向は学術と政治とが不可分な関係にあった当時、紀伝道の最高国家試験である方略試の策問にも影響していた。

春澄善縄は貞観十一年（八六九）六月二十九日に対策に応じた文章得業生都言道（のち良香と改名）の問頭博士で、その策問は「神仙」「漏尅」の二題であり、善縄の学問的傾向を反映して神仙・老荘説や方伎に関するものであった。(30)この時の良香の対策文が傑出したもので、後世良香が善縄の侍女と通じて策文の草を盗み見て作ったとする俗説を生み、その章句は『和漢朗詠集』に採られ人口に膾炙した。

これに及第した良香は、方略試の問者として貞観十二年（八七〇）三月二十三日に文章得業生菅原道真に「明氏族」「弁地震」の二条を、貞観十五年（八七三）五月二十七日に尾張掾滋野良幹に「僧尼戒律」「文武材用」の二条を、貞観十六年七月二十三日には文章得業生藤原佐世に「決群忌」「弁異物」の二条を、また年月未詳であるが元慶二年（八七八）以前に文章生菅野惟肖に「分別死生」「弁論文章」の二条を課している（『都氏文集』巻五）。

一般的に方略試の策問は、儒学を中心に思弁的哲学的命題に漢籍の典故や音韻を踏まえて文章の美麗を競うものとみなされ、その歴史的意義は軽視されがちであるが、儒家官僚が律令政治の一翼を担っていた平安前期において、未完に終わったとはいえ、菅原道真が貞観十五年に編纂に着手した『治要策苑』の序文（『菅家文草』巻七）で、誇学的で華美な文章にながれがちな方略策の策問を、現実的に政治を反映したものにしなければならないと主張したように、(31) 時勢に真摯な眼差しを向ける問者の策問も少なくなかったはずである。その視点で注目したいのは、良香の「決群忌」と「分別死生」である。

良香が藤原佐世に課した「決群忌」は、多くの忌みごとがあるが、その物を忌む心意の適否を述べよとのことで、策問の大意はつぎのようなものである。「吉凶は人事の自然、禍福は同根で天の意志であり、達人はあれこれ憂うことはないが、野俗の少知の人は一人で物忌の心配をあれこれ考える。それにより死生存亡の議論は広く取り沙汰され、陰陽推歩家はいろいろな説を立て、末葉にいたってその弊害はますます明らかである。そこで人の動作・言葉は方術に依拠し、人倫のみならず禽獣のことにも及んでいる。さまざまな忌みごとや動物の動きの意味は神経・怪牒（緯書や陰陽災異書の類）をもって推知すべきであるが、孔子の教えによると富貴は天にあり、王文山（後漢の人、「王文山集二巻」がある）の通説でも物事の兆しは聞くところがない。これによれば偏旁の説は虚しく、成敗の機は人智では計り知れない。のみならず呉季高（呉雄、季高は字）は巫を信じなかったが慶びは三代に及び、陳伯敬は死を忌んで口にしなかったが俄に命を落とした（両者とも後漢の法家、この話しは『後漢書』巻四十六、郭陳列伝による）。そこでいま、訛俗の失をただし、忌みに拘泥する人の疑いを絶つため、適切に是非を決しなさい(32)」。

巫を信じなかった呉季高の話しは、『文徳実録』が称揚した藤原高房や山田春城を、死を忌んで口にしなかった陳伯敬のことは春澄善縄の姿を彷彿とさせるが、この良香の策文は吉凶禍福に拘泥し、モノの祟りを恐れ、占術や暦注等の日時・方角の禁忌に囚われていた当時の朝廷をめぐる情況を、儒家としての立場から問題視としたものとみるべきであろう。

菅野惟肖に課した「分別死生」は、人として不可避な死生についてその見解を問うものである。この策問の内容は、死生や物の盛衰の根源を質したのち、身体の形（肉体・魄）と神（精神・魂）とについて述べ、人は死したのち精神は体を去り、知のない肉体は地下に留まる。精神は旅人のようなものであり、これを迎える肉体は旅館の証である。むやみに旅人のいない旅館（屍）を飾りたてても何の利益があり、すでに去った旅人（精神）を礼しても誰がこれを知るであろうか。いま墳墓を建てず、葬送・供物を出さないようにしようと思うが、その良否について意見を述べよ、というものである。

この策文も『礼記』や『春秋左氏伝』にみられた魂魄二元論と、魄よりも魂を重視して薄葬を命じ、三十数年前の朝廷で大きな議論を起こした淳和・嵯峨両上皇の遺詔を意識したものであろう。それは実質的に良香が編纂した『文徳実録』に特徴的な災異認識とも通底し、儒教の合理主義的な理念をもって、物怪あるごとに山陵や神の祟りとして鎮謝・奉幣を繰り返す当時の情況を念頭に置いて出題されたものと考えられるのである。

（3）　菅原道真と三善清行の対立

都良香と同様な儒家としての認識は、菅原道真にもみることができる。道真が元慶年間に文章得業生高岳五常に課した策問は「叙澆淳」「徴魂魄」の二題であり（『菅家文草』巻八）、後者は良香の「分別死生」と同様に精神を主る魂と肉体を主る魄を問題とし、魂魄論から古典にみえる祠廟の主や精霊の変異等の示すところの説明を求めたものである。また元慶四年（八八〇）の文章得業生三善清行に対する策問は「音韻清濁」と「方伎短長」であったが（『菅家文草』巻八）、「方伎短長」も、未然を推し量る天文・易筮・暦数等の方伎について多数の説、数術が行われているが小道に拘わりやすく、ゆえに異端の害をなす恐れがある。そこで「民に施し政治に用いるには、短長を寸心に差すことなく、物に被むり身に関わるには、深浅を淵慮に決すべし」として、儒家の政道に資す立場から、方伎への対処の仕方を問うている。このような魂魄論や陰陽術数、方伎に関する策問が良香、道真と続いて出されたのは、彼ら儒家にとってそれらが政治的社会的に緊要な問題であったことを意味している。しかし前述のように、淳和・嵯峨両上皇亡きあと卜占への依存が決せられ、神霊・モノの祟り観が貴族社会を風靡し、清和・陽成天皇といった幼帝を抱えた良房・基経の執政期にはすでにその流れは抗し難いものとなっていた。

またその一方で、春澄善縄のように権力者に接近し、陰陽吉凶説を実践し禁忌になずんだ儒者も存したが、その方向性を継承したのは三善清行であった。清行は前述のように道真から「方伎短長」の策問を与えられた。その対策文は残らないが、このとき道真によって不第とされ、三年後の元慶七年五月に改判して丁第に処された。周知のように道真はのちに右大臣という高位に昇り、左大臣藤原時平らにより昌泰四年（延喜元年・九〇一）正月二十五日、醍醐天皇の廃立を企てたとして大宰権帥に左遷させられるが、この事件に緯書の辛酉革命説をもって積極的な役割を演じたのは当時文章博士となっていた清行であった。彼は前年の十月十一日に道真に辞職勧告の書を呈したが、そこで「某、昔遊学の次に、偸かに術数を習う。天道革命の運、君臣剋賊の期、緯候の家、論を前に創め、開元の経、説を下に詳らかにす。其の年紀を推すに、なお掌を指すが如し」と述べて、翌年辛酉の年が緯書にいう変革動乱の期に当たるゆえ、その凶禍に遭わないよう止足の分をわきまえて辞職するように主張し（『本朝文粋』巻七、奉菅右相府書）、その一か月後に所謂革命勘文を朝廷に奉り、暗に道真の追放を上申した。

道真が方略試で清行に「方伎短長」の策文を与えたのは、「某、昔遊学の次に、偸かに術数を習う」とあるように清行が学生のころから術数に深い関心を持っていたことを知っており、彼を不第としたのは、これに傾倒していた清行の対策文が道真の意図した儒家としての客観・合理性を逸脱した内容であったからとみるのは、うがち過ぎであろうが、両者の志向・性格が異なっていたことが背景にあったことは十分考えられよう(33)。いずれにしても方伎の是非を問うた道真が方伎・術数によって追放されたことは、時代思潮の側面を物語るものとして注目される。さらにまた彼の没後、都に祟りをなす怨霊神として恐れられるにいたっては、個人の理念を押し返して対岸へ導く歴史の皮肉といわざるを得ない。

おわりに――三善清行と陰陽師説話――

嵯峨朝を中心とした九世紀前半は文章経国思想が興隆し、律令官人と政教を担う詩人としての儒家との一体化が標榜され、儒教的な合理主義が政治の基調であった。しかし藤原良房が権力を握った九世紀後半にはその意義は薄れ、「文人相軽んず」というように、権勢に接近した実務派的儒家、所謂「通儒」と前代の政教的意義を担う「詩儒」が反目し合い、やがて道真の追放を転機として儒家は経国の理念を放棄し、もっぱら修辞をこととする文人貴族へと転化していく(34)。災害や怪異の原因を神・山陵などのモノの祟りとして、卜占に依存し、諸禁忌の採用が架上されていくなかで、良香や道真が意識した災異観や方伎・術数に関する儒教の合理的理念は退色し、儒教は一旦日本の政治社会における主要な役割を失っていく。それと反比例するかのように、陰陽寮官僚の活動は活発化する。怪異への恐れは貴族社会全般に広がって、やがて日常化していくことになり、もっぱらこれを占う職業としての陰陽師成立の前提が整うのである。その過程で、占いによりモノの祟りを見抜く力がある陰陽寮官人たちは、それを攘う呪力も期待された。

仁寿三年(八五三)十二月に陰陽寮の奏言により、『陰陽書』の法にもとづいて毎年害気鎮めが行われ、貞観元年(八五九)八月には陰陽権助兼陰陽博士滋岳川人を大和国吉野に派遣し、虫害を攘い豊作を求めて『董仲舒祭法』による祭礼(高山祭)を行い、同九年正月には疫病流行に備えて鬼気祭を行う。また貞観七年、清和天皇が東宮から内裏に移るさい、陰陽寮の奏上により八卦絶命の方を避けて方違えを行うように、九世紀後半の文徳・清和朝から陰陽家・五行家の書や道教呪術をもとに本格的な祭祀・禁忌勘申活動が開始される。その中心として活動したのは、のちに『今昔物語集』にもとりあげられる陰陽頭滋岳川人・弓削是雄らであるが、この時期に呪術宗教としての陰陽道の成立を認めることができる。

滋岳川人は陰陽権允、権助兼陰陽博士から貞観十年（八六八）頃それまでほとんど貴族官僚が任じられていた陰陽頭に任じ、弓削是雄も陰陽師から允・権助を経て仁和元年（八八五）陰陽頭にいたった陰陽寮出身の技術官僚である。とくに川人は多くの著作を残し、その活動歴から藤原良房政権のもとで、陰陽助笠名高等とともに陰陽寮の呪術祭祀活動を担う存在であったことが知られる。

ところで、院政期に成立した説話集『今昔物語集』には、安倍晴明をはじめ多くの陰陽師の話しが載せられているが、九世紀に遡る初期の陰陽師の話しは、巻二十四の第十三「滋岳川人、地神に追はれし語」と、第十四「天文博士弓削是雄、夢を占ひし語」の川人と是雄の二話である。平安時代後期には、この二人がいわゆる陰陽師の先達とみられていたことになる。是雄の話しは、属星祭を行うため近江介の家に赴いたとき、役目を終えて帰洛しようとする穀倉院交易使と同宿となり、彼の悪夢を占って、留守宅で妻が懇ろになった男とともに彼を殺そうと待ち受けていることを言い当て、その命を救うという内容である。この話しは三善清行が記した『善家異記』の「弓削是雄式占有二徴験一事」（『政事要略』巻九十五）と同内容であることから、『今昔物語集』の話しはこれを原拠としたことが知られる。『善家異記』（『善家秘記』ともいう）は、現在は逸文として七つの話しが伝わるのみだが、清行が晩年にそれまで見聞してきた神秘・怪異な事柄を記した書である。

『今昔物語集』の川人の話しは、川人が大納言安倍安仁らとともに文徳天皇の山陵を点定したとき、誤って地神の怒りを買い追跡され命を狙われるが、川人の呪文によって身を隠し難を免れたというものである。実際に川人が山陵を点定したことは『文徳実録』『三代実録』天安二年九月二日条にもみえる。説話の原拠は明らかでないが、他にも、清和天皇の母で染殿の后といわれた藤原明子が鬼に化した修験者と夫婦の様に戯れる話しなど、『善家異記』の逸文七話中の四話が『今昔物語集』に採られていることからすると[35]、川人の怪異譚も同時代に生きた清行の『善家異記』が種本だった可能性が極めて高いのではなかろうか。

三善清行が神秘的な方伎・術数になじみ、春澄善縄とともに陰陽道成立の理念的側面を担うような存在だったことは先にみてきた。滋岳川人や弓削是雄などの顕著な活動のもと、実質面で呪術宗教としての陰陽道の成立がみられるのであるが、それとともに、清行の文筆活動を端緒にして陰陽師の験力が語られ、社会的に認識されるようになったことも注目しておきたい。

（1）斎藤励『王朝時代の陰陽道』（甲寅叢書刊行所、一九一五年、水口幹記解説　名著刊行会、二〇〇七年）、村山修一『日本陰陽道史総説』（塙書房、一九八一年）など。

（2）野田幸三郎「陰陽道の成立」（『宗教研究』一三六号、東京、一九五三年）、「陰陽道の一側面」（『歴史地理』八六巻一号、一九五五年、ともに『陰陽道叢書』第1巻所収、名著出版、一九九一年）、小坂眞二「九世紀段階の怪異変質に見る陰陽道成立の一側面」（竹内理三編『古代天皇制と社会構造』所収、校倉書房、一九八〇年）、「陰陽道の成立と展開」（『古代史研究の最前線』第4巻所収、雄山閣出版、一九八七年）、山下克明『平安時代の宗教文化と陰陽道』（岩田書院、一九九六年）など。

（3）斎藤英喜『安倍晴明』（ミネルヴァ書房、二〇〇四年）、繁田信一『陰陽師と貴族社会』（吉川弘文館、二〇〇四年）、同『安倍晴明』（吉川弘文館、二〇〇六年）なども参照。賀茂光栄の活動は、山下前掲註（2）書（第二刷以下）参照。

（4）小坂眞二「物忌と陰陽道の六壬式占」（『後期摂関時代史の研究』所収、吉川弘文館、一九九〇年）、「古代・中世の占い」（『陰陽道叢書』第四巻所収、名著出版、一九九三年）、『安倍晴明撰『占事略决』と陰陽道』（汲古書院、二〇〇四

年)、また西岡芳文「六壬式占と軒廓御卜」(今谷明編『王権と神祇』所収、思文閣出版、二〇〇二年)参照。

(5) 物怪は「もっけ」「もののさとし」と読み、怪異のことである。森正人「モノノケ・モノノサトシ・物恠・怪異」(『国語国文学研究』二七号、一九九一年)参照。

(6) 陰陽道の宗教としての性格については、山下克明「陰陽道の宗教的特質」(本書第一部第二章)参照。

(7) 日原利国『漢代思想の研究』(研文出版、一九八六年)、影山輝國「漢代における災異と政治」(『史学雑誌』九〇編八号、東京、一九八一年)参照。

(8) この理念を歴代正史のなかに著わしたのが、『漢書』以降の五行志である。『漢書』五行志は、漢初の伏勝の『洪範五行伝』、その影響を受けた漢末劉向の『洪範五行伝論』などにより班固がまとめたものであり、『尚書』(『書経』)洪範篇の五行(木・火・土・金・水)、五事(貌・言・視・聴・思に関する君主の態度)、皇極の一一項目のもと災異の五行説的解釈と春秋戦国から漢代にかけてのさまざまな災害変異を分類している。五行家説および五行占と陰陽道については、小坂前掲註(2)「九世紀段階の怪異変質に見る陰陽道成立の一側面」、小林春樹・山下克明編『「若杉家文書」中国天文・五行占資料の研究』(大東文化大学東洋研究所、二〇〇七年)などを参照。

(9) 古橋信孝「災いと法」(同『ことばの古代生活誌』所収、一九八九年)、佐藤弘夫『アマテラスの変貌』(法蔵館、二〇〇〇年)。なお、北條勝貴氏は「古代の災害」(北原糸子編『日本災害史』所収、吉川弘文館、二〇〇六年)で、「〈祟り神〉言説の中国的特徴は、王に降る災いを意味し」「史書や経書の文章表現でも、卜占―祟のセットが一般化することになった」、日本の「祟り神言説の形式は明らかにそれを踏襲するもの」とするが、管見では、中国では病の原因としてトいや巫言で山川の神霊や故人の祟りとする例は多いが、経書・史書では災害を卜占して神の祟りとする例はほとんどみえないようである。

(10) 松本卓哉「律令国家における災異思想」(黛弘道編『古代王権と祭儀』所収、吉川弘文館、一九九〇年)、山下克明「災害・怪異と天皇」(『岩波講座天皇と王権を考える』第8巻所収、岩波書店、二〇〇二年)。

(11) 小坂眞二氏は前掲註(2)「九世紀段階の怪異変質に見る陰陽道成立の一側面」で、「災異の卜占化は、神の凶応の有無を目的としたものであり、いわば災異思想の日本化を意図したもの」と評価する。なお卜占について補足しておくと、

「職員令」一条神祇官の伯の職掌とする「卜兆」について義解が「卜者、灼レ亀也」、九条陰陽寮の陰陽師の職掌「占筮相地」に義解が「占者、極レ数知レ来曰レ占也。筮者、蓍曰レ筮也。相者、視也」、「考課令」四一条の「占候医卜」に義解が「陰陽曰レ占。天文曰レ候。療病曰レ医。灼レ亀曰レ卜也」とそれぞれ記すように「卜」「亀」は神祇官、「占」「筮」は陰陽寮のうらないを指した。大江篤氏は「陰陽寮と「祟」」（同『日本古代の神と霊』所収、臨川書店、二〇〇七年、初出は二〇〇三年）などで、九世紀前半では陰陽寮の占いと「祟り」が結びつく例はほとんどなく、それが登場するのは『日本三代実録』元慶二年（八七八）二月二十七日条の神祇官の卜いの関与がみえない気比神宮火災の陰陽寮占からだとするが、後掲表1からも知られるように、神祇官の卜い記事が確かに多いものの「亀筮」「卜筮」、すなわち神祇官の亀卜と陰陽寮の筮占並修による神の祟りが四例みられる。また、祟りの存在を前提とした物怪（怪異）記事であるが、天長八年（八三一）二月辛未（二日）条に「召二卜徒及陰陽寮於内裏一、卜二筮殿庭版位下一、有二物怪一故也」（『類聚国史』巻一〇七）ともあり、八世紀末頃から陰陽寮が災・怪異占に関与し、祟りを占申しはじめたことがうかがえ、それらのことは積極的に評価されるべきであろう。

(12) 田村圓澄「神宮寺と神前読経と物の怪」（同『日本仏教史』第二巻、法蔵館、一九八三年）、八重樫直比呂「空と勝義の孝——古代仏教における怨霊救済の論理——」、笠井昌昭「縁起神道の成立」（ともに石田一良編『日本精神史』所収、ぺりかん社、一九八八年）。

(13) 藪田嘉一郎「御霊信仰の成立と念仏」（同『日本古代文化と宗教』所収、平凡社、一九七六年、のちに柴田實編『御霊信仰』収録、雄山閣出版、一九八四年）。

(14) 江頭廣『古代中国の民俗と日本』（雄山閣出版、一九九二年）参照。

(15) 同文は、天承二年（一一三二）の疫疾流行にさいして明経道の中原師元が提出した勘文「天下不レ静間事」（『朝野群載』巻二十一）に「春秋曰。神〔鬼〕有レ所レ帰、乃不レ為レ厲也」と、疫神祭祀のいわゆる本文として引用されている。

(16) 小倉芳彦訳『春秋左氏伝』下（岩波文庫、一九八九年）から口語訳を掲げておく。「人が生まれて耳目・手足のはたらきが始まるのを魄といい、この〔陰なる〕魄につれて陽なる魂（精神のはたらき）が生じます。精美な物を多く摂り入れていると魂魄のはたらきも強まり、精神が神明の域に達するものです。〔しかるに〕匹夫匹婦でも非業の死をとげると、その魂魄は他人にとりついて、余計な祟をします。良霄（伯有）といえば、我が先君穆公の後裔、子良（公子去疾）の孫、子耳（公孫輒）の子にして、敝邑の三代続いた卿の家柄の人物。鄭は小国ですが、諺にも「ちっぽけでも国は国」と申すように、三代にわたって政権を執っておれば、使った物は豊かに、撮り入れた精美は多くなります。一族は強大、仲間も多勢のところへ、非業の死に遭ったとなれば、祟をするのも当然でしょう」。

（17）東野治之『遣唐使船』（朝日新聞社、一九九九年）、同「日本古代の『春秋』受容」（『文学』隔月刊第一巻第四号、二〇〇〇年）。

（18）佐藤弘夫氏は前掲註（9）書で、天皇陵の祟りは、王権を守護する皇祖の祖霊の全体をいうカミとしての「天皇霊」の観念を背景に成立したものとみるが、西山良平氏は「〈神〉・怨霊・山陵」（斎藤英喜編『アマテラス神話の変身譜』所収、森話社、一九九六年）で、山陵の祟りは怨霊に触発されたものとする。

（19）西山前掲註（18）論文。

（20）物怪とは怪異に対応する和語であり、正体の明らかでない神・霊・鬼・精などの超自然的な存在であるモノが「人間の振る舞いに怒りや不快を覚えていることを告げ知らせる、あるいは後に大きな災いが起きるであろうことを予告するための変異」（森前掲註（5）「モノノケ・モノノサトシ・物恠・怪異」）である。そのことはこの時代に、怪異を儒教的な天譴観ではなく、日本的な神霊の祟りとして捉えることが主流となりはじめていたことを示している。

なお、近世の写本、テキストの表記や注釈により、物怪を「もののけ」とよむ例がいまだ多いが、平安中期に盛んになる「物の気」は特定の死霊の祟りであり、物怪＝怪異とは異なり、この理解が平安時代の文化、ことに陰陽道の考察では不可欠となる。ついで、怪異と物怪が同一事象の別表現であることを示す史料をあげておこう。『本朝世紀』天慶五年四月十日条に「此日、有二御卜之事一。仍召二神祇官・陰陽寮等、於日本紀所一、令レ卜二占伊賀・出雲両国言上物怪等之事一」、この件を述べた十四日条の伊勢神宮への宣命に「又近曾伊賀・出雲国等有二怪異一之由」とある。『類聚符宣抄』第三、怪異事、所載の万寿三年三月二十三日付け大宰府解では、宇佐八幡宮が豊前国に伝えた御幣殿東方の柞の木が俄かに枯れたことや、鴨一双が南楼上に集まったという「物怪」を、「言上八幡宇佐宮怪異状」として官裁を請うている。同様なことは万寿四年九月四日付けの大宰府解、同年十一月二日付けの太政官符にもみえる。

(21) 嵯峨・淳和両上皇の遺詔については、和田軍一「上代における薄葬思想の展開」（『史学雑誌』四七編四号、東京、一九三六年）、中川久仁子「淳和天皇――遺詔を通してみる人物像――」（佐伯有清先生古稀記念会編『日本古代の社会と政治』所収、吉川弘文館、一九九五年）、西山良平「〈陵寺〉の誕生」（大山喬平教授退官記念会編『日本国家の史的特質』古代・中世所収、思文閣出版、一九九七年）、山田邦和「淳和・嵯峨両天皇の薄葬」（『花園史学』二〇号、一九九九年）などがあるが、本章では儒家思想の視角から検討する。

(22) 三橋正氏は、『本朝皇胤紹運録』淳和天皇の項にみえる「先御出家」の記事から、淳和の「臨終出家」を推定し、薄葬・散骨の遺言も仏教信仰によるものとする（『平安時代の信仰と宗教儀礼』第二篇第四章「浄土信仰の系譜」、続群書類従完成会、二〇〇〇年）。

(23) 藤原克己「『続日本後紀』の嵯峨遺詔」（池田温編『日本古代史を学ぶための漢文入門』所収、吉川弘文館、二〇〇六年）。

(24) 藤原前掲註(23)論文。また、村岡良弼『続日本後紀纂詁』（明治書院、一九一二年）参照。(2)の『冥報記』巻下は『大正新脩大蔵経』第五一巻、『法苑珠林』巻三十六は同第五三巻所収、説話研究会編『冥報記の研究』第一巻（勉誠出版、一九九九年）参照。なお、(4)は(5)の前文として『白虎通』著亀篇にみえる。

(25) 坂本太郎『六国史』（吉川弘文館、一九七〇年）。

(26) 坂本前掲註(25)書、松崎英一「日本文徳天皇実録」（『国史大系書目解題』下巻所収、吉川弘文館、二〇〇一年）。

(27) 板野長八「『公羊伝』による『春秋』の図書化」（同『儒教成立史の研究』所収、岩波書店、一九九五年、初出は一九七八年）、日原前掲註(7)書。

(28) 坂本前掲註(25)書、野口武司「『文徳実録』良吏伝の検討」（林陸朗先生還暦記念会編『日本古代の政治と制度』所収、続群書類従完成会、一九八五年）。

(29) 遠藤慶太『平安勅撰史書研究』第一二章「『文徳実録』と春秋」（皇学館大学出版部、二〇〇六年、初出は二〇〇四年）では、『文徳実録』の撰者を都良香と推測する坂本太郎説を批判して、『三代実録』にみえる勘奏で都良香は『春秋』の「穀梁伝」「左氏伝」を引用しているが「公羊伝」は引いていないこと、「公羊伝」および注疏の引勘は明経家の善淵永貞・愛成兄弟が行っていることから、『文徳実録』の撰者を「善淵愛成の周辺」とする。しかし、愛成が進捗をみた元慶二年の第二次撰者からはずされているのは不審であるし、良香が「穀梁伝」「左氏伝」に通じていれば、三伝の一つ「公羊伝」も解したと推測して問題はないであろう。

(30) 川口久雄氏は、善縄の作品から彼は老荘の造詣が深く、列仙伝、神仙伝など六朝志怪小説に関心があったとする（『三訂　平安朝日本漢文学史の研究』上篇、明治書院、一九七五年）。両者の策問・対策文は『本朝文粋』巻三、また対策文は『都氏文集』巻五所収。

(31) 藤原克己『菅原道真と平安朝漢文学』Ⅲ1「詩人鴻儒菅原道真」（東京大学出版会、二〇〇一年、初出は一九八三年）。

(32) 中村璋八・大塚雅司『都氏文集全釈』（汲古書院、一九八八年）の訳文を参考に意訳した。

(33) 清行は仁和二年五月、文章得業生藤原春海に策問「立神祠」を課している（『本朝文粋』巻三）。それは、古来聖人が礼に則って山川を望祀し、神はその恭敬を嘉してきたが、にもかかわらず、その後由緒なき多数の神、無数の乱神の祀りが起こるのは何故か。舜の賢妃皇英や周の廉士伯夷叔斉が死後に淫奔・貪欲な神となったというが、それは「死生は道を殊にして、情状俄かに変ずるか、はた古今年久しくして、神意遂に訛るゆえか」、と古典によりながら神霊の祟りを問題としている。その意識は後述の彼の著作『善家異記』とも通じるものがあろう。

(34) 後藤昭雄「文人相軽」（同『平安朝漢文学論考』所収、桜楓社、一九八一年、初出は一九七三年）、藤原前掲註(31)書、佐藤宗諄「貴族政治の展開」（『講座日本歴史』2所収、東京大学出版会、一九八四年）など参照。

(35) 怪異史料研究会「三善清行『善家秘記』注解（その七）」（『続日本紀研究』三七四号、二〇〇八年）の「善家秘記解題」を参照。

第二章　陰陽道の宗教的特質

はじめに

陰陽道は、律令制下の官庁の陰陽寮を基盤に、陰陽寮官人が職務とした占術だけでなく、祓や反閇などの呪術や祭祀を取り入れて平安時代の九世紀後半から一〇世紀にかけて成立した呪術宗教である。陰陽道の成立とともに、陰陽寮の一官職名だった「陰陽師」は陰陽道の専門家の職種名として用いられ、陰陽師の活動や陰陽道の禁忌意識は、朝廷や貴族社会だけでなく、しだいに中世から近世にかけて都市や地域で民衆生活にも浸透し、日本の宗教文化に大きな影響をおよぼしたことは、近年、国文学・民俗学・宗教学などの分野からもあらためて注目されているところである(1)。

しかし、陰陽道の本格的な研究は緒についたばかりであり、これまでの研究で陰陽道・陰陽師の影響の多様性は展望できても、陰陽道とは何か、仏教や神祇信仰などの他の宗教とどう異なり、何を目的としてどのような機能を果したかという根幹に関わる問題は十分に検討されてこなかったといってよい。そこで本章では、陰陽道の本質を明確にするために、陰陽道の成立・展開期でありその典型を示したと考えられる古代・中世前期を中心に、陰陽道祭祀の特質や陰陽師の性格を検討したいと思う。

まず、陰陽道の宗教的な特質を検討する前提として、陰陽道成立後における陰陽師の職務の概要を述べておこう。その活動は、⑴占術、⑵日時・方角の吉凶禁忌の勘申、⑶呪術・祭祀活動、の三分野にまとめられる。(2) 平安時代から室町時代まで、陰陽師が行う占法はほとんど六壬式占に限られていた。(3) 占う主要な事項は災害・怪異や病気の原因を問うことであり、災害や怪異は神・霊などの祟りや警告、病気も鬼神・土公神・竈神などのモノ（神・仏・鬼・霊などの霊妙な存在の称）の祟りや人の呪詛によるものとされ、朝廷から貴族の家まで陰陽師が呼ばれて盛んに占いが行われた。怪異の占文には災厄を避ける謹慎日が指定され、これが物忌日となった。また、朝廷の年中行事や天皇の行幸など臨時の行事、さらに貴族たちの私的な儀礼は、先例とともに日時や方角の吉凶を陰陽師に調査させてから行うことが例で、方角神には太白・天一・王相・大将軍神などがあり、出行や遷居・造営などにさいして行動を慎む方忌みや他所へ赴く方違えも頻繁であった。

陰陽師の呪術祭祀活動は、河臨祓や七瀬祓など河原で人形《ひとがた》に災禍を移して流す祓、出行などのさいに邪鬼を制し進退の安全をはかる反閇・身固、そして個別的な祭祀に区別でき、いずれも道教の影響を色濃く受けている。その祭祀は天地災変祭・五龍祭・四角四界祭など天変地異・旱魃・疫病流行などの災害を攘《はら》う公的なものから、泰山府君祭・属星祭・代厄祭などの個人の延命・息災・招福を目的とするものまで多彩で、院政期から鎌倉時代にかけてその種類は増加傾向にあった。

このように陰陽師は、災害・怪異や病気をモノの祟りとして恐れる人びとに、占いでその原因を明らかにするとともに、呪術や祭祀の機能をもってこれを攘い、政務や行事には凶神を犯さないよう日時方角の勘申機能をもつなど、すでに平安中期以降の貴族社会では不可欠な存在となっていた。すなわち、貴族社会のモノへの畏怖を背景にして、モノに対処することが陰陽道の基本にあったといえるであろう。

一　陰陽道祭祀の特質

（1）陰陽師と祓

一般に祓は神道固有の行事と考えがちであるが、古代で神祇官人が関与したのは大祓や朝廷・天皇（および中宮・東宮）の神事の場合のみで、彼らが貴族の家に出入りして私的な祓を行うことはなかった。ちなみに、神官が個人の祈願や祓を行い始めるのは平安末期から鎌倉時代のことである[4]。

しかし、宮廷から広がった穢れを忌避する観念のもとで、平安時代に入ると貴族から庶民にいたるまで祓の機能を求め、やがて習慣化するようになるが、これをもっぱら担ったのが陰陽師であった。さらに陰陽師はたんに罪・穢れを除き神事や除服のときに行う一般的な祓だけではなく、除病・安産・呪詛返却などの目的で、道教呪術の解除の系譜を引き、人形と刀剣をもってモノの祟りを退ける積極的な呪法も行った。これを河臨祓と言い、河原で陰陽師が依頼主の衣を撫物として用い、人形や船形・車形・馬形などに災禍を移して流し祓った。その効果を高めるためにこれを鴨川の二条・大炊御門・中御門・近衛御門・土御門・一条の末、川合の順に北上して七か所の瀬で実施するのが七瀬祓である。地域を拡大して、都の周辺の水辺の霊所である川合から耳敏川・松崎・石蔭・東鳴滝・西鳴滝・大井川の七か所で行うのが霊所七瀬祓であり、『師光年中行事』[5]には一一世紀中頃の後冷泉天皇のときから隔月で行われるようになったという。

平親信の日記『親信卿記』天禄三年（九七二）十二月十日条[6]には、つぎのように円融天皇のためになされた河臨祓記事がある。

十二月十日、早旦、供二御浴一。午刻内蔵寮官人供二御贖物一。七種、五寸人形、盛二折敷一、居二高坏一。御等身人形七枚、裹二小筵一枚一、々々。侍臣伝取、候二朝餉間前一。々女房伝取供レ之。式於二昼御座方一供レ之。返給、々二官人一、給二御衣一、給二御蔵小舎人一。入レ筥裹レ之、令二仕人持一レ之、相副参二向河原一云々。

勅使到二其所一、（中略）
可二召仰一諸司。
所名香二両、墨七挺。　作物所車七、木・鉄・錫、五寸人形各七、仰二豊明一。以レ紙可二彫造一、作物所請取彫云々。理須二絵所絵了、作物所彫一。又可レ度二絵所一、可二彩色一。而作物所彫次、度二絵所一令二彩色一云々。　内蔵行真。　絵所
牛・馬・犬・鶏各七、仰二常則一。　主殿御湯等、正岳。　大蔵千尋。　木工董舒。　掃部真行。　内作〔匠カ〕榑事可レ度二作物所一。　検非違使秋郷。　道光宿禰
御衣一領。

身体の災いを贖い祓う贖物として、「七種、五寸人形」「御等身人形七枚」などが天皇に献じられたあと、返されて河原にもたらされたことや、内裏の作物所が車や人形を、絵所が牛・馬・犬・鶏を作成したことなどがみえる。絵所は絵馬の類を描いたのであろうが、これらは人形とともに祭祀遺跡からしばしば出土する木製や石製の車形・馬形・犬形などと同じ役割を持つ祓具であり、天皇が身に負った不祥や災い・モノの祟りを載せて川に祓い流し異界へ送る形代であった。[7] このうち御等身、すなわち等身大の人形を用いたということに注目したい。鎌倉時代後期の賀茂氏の祭祀書である『文肝抄』河臨祭の条[8]には、

一　七瀬者　川合、一条末、土御門末、近衛御門末、中御門末、大炊御門末、二条末、而勤レ之。
公家之御祈之時ハ、用途無レ之。其外人有レ之。（中略）主人令レ向之時、不レ用二撫物一、以二人形・大奴佐・大人形・幡一、令レ撫二于主人一者也。船一艘、車形一両、六畜四本、馬形・牛之〔形カ〕・鶏・九〔犬カ〕、大奴佐一、可二用意一也。

とあり、河臨祭・七瀬祓の祓具に人形・大奴佐・大人形・幡などを用い、これを主人になでさせるという。また、室町時代の安倍氏の『祭文部類』[9]に載る、文明六年（一四七四）三月八日付の河臨祭文にも、「諸神殊垂二冥助一、尚饗、所レ献以代レ命、代レ病、代二呪咀一、代二厄衰一、栢人・桐人・楊人・楸人・桃人・蒲人・茅人等才智相備、及其船・車・牛・馬・鶏・狗等之尊、忽替二御身一、将レ除二其禍厄厭呪之咎一」などと読み上げた後、「礼畢、大人

形幷幡撫呪」を唱えるとみえる。この大人形も等身大の人形と思われる。

さらに、夫に捨てられた女が鬼と化して恨みをはらすことを主題とした室町時代の謡曲『鉄輪《かなわ》』にも、陰陽師清明（安倍晴明）が祈禱を行い鬼女の恨みを転じる場面で、「茅の人形を人尺に作り、夫婦の名字を内に籠め（中略）肝胆を砕き祈りけり」[10]と、人尺＝等身大の人形を身代わりにしている。芸能にも登場するのであるから、陰陽師の祭具として大人形は広く知られた存在だったと思われる。

人形は、『祭文部類』に「忽替二御身一、将レ除二其禍厄厭呪咎一」とあり、『鉄輪』にも「このうえはなんとしても御命を転じ変えてまいらしょうずるにて候」とあるように、災厄を移して本人の命を転じ長らえることを可能にする形代であったが、等身大の人形は、その形状からもまさに本人の身代わりと意識されたことであろう。ところで、陰陽師晴明の呪力を示す話として知られる『泣不動縁起』は、死期の迫った高僧の寿命を若い弟子の命と移し替えるため晴明が泰山府君祭を行うという内容である。この若い弟子は高僧の身代わりに他ならないが、通常の泰山府君祭はそれを必要とする祭祀ではない。そこには等身大の人形を用いる陰陽道特有の祓儀礼に関するイメージと、人の命を移し替え、コントロールするとされる陰陽師たちの機能が投影されているのではなかろうか。

(2)　陰陽道祭祀の性格

陰陽道の祭祀は九世紀後半からさかんに実施されはじめる。仁寿三年（八五三）十二月に陰陽寮の奏上により『陰陽書』の法にもとづいて毎年害気鎮めを行うようになり（『文徳実録』十二月甲子条）、天安二年（八五八）から『董仲舒祭法』を典拠に五穀豊穣のため虫害を除く祭祀（のち高山祭という）が（『三代実録』貞観元年八月二日条）、貞観九年（八六七）正月には疫病流行の兆しにより疫鬼をはらう鬼気祭が（同、正月二十六日条）、元慶年間には年穀を祈願する雷公祭がなされるなど（故実叢書本『西宮記』巻七裏書所引『醍醐天皇御記』延喜四年十二月十九日条）、災害をはらい豊作を求める公的祭祀がさかんになされるようになる。その一方で、貞観六年に陰陽師弓削是雄が近江介藤原有蔭の家に出向いて属星祭を勤めたように（『政事要略』巻九十五所引『善家異記』）、貴族に対する私的な活動も始まっており、本命祭も『卅五文集』(11)に仁和四年（八八八）の祭文が残っているからこれ以前から行われていたことがわかる。

延長五年（九二七）に完成した『延喜式』巻十六陰陽寮には、天皇のため年六度、御本命祭を行い、また三元祭・庭火幷平野竈神祭の実施を規定している。雨を祈る五龍祭も延喜二年（九〇二）六月に始めてみえて以降（『日本紀略』六月十七日条）、これも頻繁になされ、延喜十五年六月には京内の神泉苑で五日間阿闍梨観賢らに請雨経法を修させるとともに陰陽寮に五龍祭を行わせ（同、六月二十四日条）、その後は旱魃のさいにこれらを並修することが例となった。延喜九年十一月七日には老人星祭が行われている（『日本紀略』『扶桑略記』）。五龍祭は唐の法制書『大唐六典』に祭祀を取り仕切る祠部がなす祭としてみえ、老人星祭も唐の開元二十四年（七三六）に実施された記録がある（『旧唐書』礼儀志）。三元祭は『大唐六典』に道教寺院の道観ごとに三元斎を行うものとし、本命祭も本命醮としてさかんに道教の経典にみえるところであり、これらが中国の諸祭祀の影響を受けて成立したことは明らかである。

このほかにも、延喜十四年（九一四）には四角四界祭が行われている（『西宮記』巻七）。これは宮城の四隅と山城国境の逢坂・竜華・大枝・山崎の四か所で一斉に鬼気祭を修し都への疫鬼の侵入を防ぐものであり、天慶二年（九三九）五月十六日には陰陽権助文武兼が、東国の平将門の乱鎮圧のため八省院で太一式祭を修している（『貞信公記抄』）。天徳四年（九六〇）九月に内裏が炎上して村上天皇は冷然院に移るが、翌年の十月、新造内裏還幸に備え火災除けの火災祭を行い（『日本紀略』応和元年十月十三日条）、康保元年（九六四）にはその年の干支甲子が革令の慎み年に当たるとしてこれを避けるため大歳祭・海若祭を行っている（『革暦類』[12]）。

その後、陰陽道の祭祀は鎌倉時代までに六〇種類余りが実施され、実に多彩となるが、つぎに祭祀の典拠や祭文、祭祀の次第などが明らかなものからその性格を分類してみることにしよう。

九世紀後半から十世紀にかけて始められた高山祭・鬼気祭（四角四界鬼気祭）・火災祭・代厄祭などの初期の陰陽道祭祀は、『董仲舒祭法』『董仲舒祭書』や「董仲舒」の説を典拠とする祭祀であり、董仲舒の名を冠した祭祀書が初期の祭祀活動の主要なより所となったことが知られている[13]。董仲舒は前漢の著名な儒家であり、彼は『春秋』の例から災害の発生は陰陽の調和が乱れたことによるものとし、実際に雨を求めるため陽を閉ざして陰気に従い、南門を閉じて北門を開き、また五行説により五色の龍を祀るなど、陰陽五行説にもとづく呪法を修し効果をあげたという（『漢書』董仲舒伝、『春秋繁露』）。日本に伝えられた『董仲舒祭法』などは、董仲舒の令名に仮託した後代の五行家の書と考えられるが、これを典拠とした祭祀のなかで次第が明らかなものに火災祭がある。

火災祭は正式には防解《ぼうかい》火災祭と言い、内裏・御所新造などのさいに鎮宅儀礼とともに、あるいは火事が恐れられるときなどに火伏のために行われた。祭祀の次第は、『文肝抄』防解火災祭の条によって知られる。同書はこの祭祀を象徴する水神の河伯神と火神の朱童神像を載せていることも注目されるが、その次第についてはつぎのように記している。

於二壬方一可レ勤二行之一、無二便宜一者癸方向之。

河伯神像打二寝殿四角一。水星神符毎屋丙方打レ之。壬癸両方船二艘、可レ安二置寝殿之上一。壬方一艘、丙方一艘。河伯神可二桐札書レ之。水星符桃札五枚書レ之。件符向レ南避レ火。腸人入二瓶一口一埋二壬方一、景天草入レ瓶同埋レ之。

（下略）

これによると、祭祀は北の壬《みずのえ》方か癸《みずのと》方で行うという。いうまでもなく五行説では北は水、南は火を象徴する。

ついで寝殿の四隅に河伯像を、屋舎ごとの丙方《ひのえ》に水精符を打つ。船（模造品）二艘を寝殿のうえ、壬方と丙方に安置する。これらの符は南に向け火を避けるとするなど、五行説により呪物を施していることがわかる。

さらに『祭文部類』所収、大永五年（一五二五）十月十四日付の「防解火災之祭文」では、東・南・西・北・中央の五方の防解火災神と河伯神・朱童神を勧請したあと、

謹啓、（中略）河伯神者水精也。朱童者火也。水剋レ火云、則水勝レ火也。神者依二正直一互不レ違二其理誠人一。可レ令レ消二除火災之咎祟一也。殊斯舎宅等成二海浮船一也。（下略）

と、「河伯神は水精なり。朱童は火なり。水剋火と云うは則ち水は火に勝つなり。（中略）殊にこの舎宅等海に浮かぶ船となるなり」と読み上げるとする。祭祀次第・祭文とも五行相勝説の理論が濃厚であり、ここに初期の董仲舒系の陰陽道祭祀の特徴を認めることができるのではなかろうか。

表1は、祭文が残る陰陽道祭祀のなかで、個々の祭祀で勧請される神々をあげて分類したものであり、火災祭のほかに『董仲舒祭法』『董仲舒祭書』を典拠とした祭祀はみえないが、土公祭・百怪祭・呪咀祭・荒神祭・霊気道断祭などは祭文に五行相勝説はみえないものの五方の諸神を祀るものであり、また個人の祈願というよりモノの災禍を避けるという点で共通した目的を持っている。このうち荒神祭や霊気道断祭のように成立が院政期から鎌倉時代に下るものもあるが、これらは一応、〈五行説を背景とする攘災型の祭祀〉と性格づけすることができるであろう。

陰陽道祭祀のもう一つの大きな要素は道教の影響である。中国では八世紀後半に密教と道教信仰とが融合して、道教で司命神とされた北極星・北斗七星、冥官神の泰山府君等の信仰を取り入れた多数の道密混淆経典が作られ、それらの多くは正統な密教経典とともに九世紀の入唐僧により日本へもたらされた[14]。密教の星宿法と陰陽道の星祭の双方に共通の要素が多数見られるのは同様なテキストを用いたためだが、なかでも注目される経典は

表１　陰陽道の祭祀（祭神による分類）

Ａ五行家系

防解火災祭…東方・南方・西方・北方・中央防解火災神、河伯神、朱童神

土公祭………東方青帝・南方赤帝・西方白帝・北方黒帝・中央黄帝土公神、五土将軍、五土諸神、土姥土家子孫土府官属

百怪異祭……東方蕕甲乙、南方蕕丙丁、西方蕕丙丁、北方蕕壬癸、中央蕕戊己、百怪諸霊

呪咀祭………東方・南方・西方・北方・中央・四季・天上地上主呪咀君、執法・収法・門法・推法・除法・散法・滅法八部将軍、田地貴人

荒神祭………東方・南方・西方・北方・中央・上方・下方・四維大小荒神、多婆天王、那行都佐神、天潜尾命、（下略）

霊気道断祭…東方・南方・西方・北方・中央・四角四維道断神、（下略）

地鎮祭………五方五龍王、東南西北中央青赤白黒黄帝、土公将軍、五土諸神、土府官属

Ｂ１道教神系

泰山府君祭…閻羅天子、五道大神、泰山府君、天官、地官、水官、司命、司禄、本命神、開路将軍、土地霊祇、家親丈人

天曹地府祭…天曹、地府、水官、北帝大王、五道大王、太山府君、司命、司禄、六曹判官、南斗好星、北斗七星、家親丈人

本命祭………天曹、地府、司命、司禄、河伯水官、掌籍、掌算之神

招魂祭………皇霊、后土、司命、司禄、掌算、掌籍、東王父、西王母

河臨祭………天地霊神、司命、司禄、河伯父君、名山大川諸神祇

Ｂ２道教星神系

玄宮北極祭…北極玄宮無上無極大帝天皇

属星祭………北斗七星魁罡府君第一貪狼星、第二巨門星、第三禄存星、第四文曲星、第五廉貞星、第六武曲星、第七星破軍星

太陰祭………太陰之精、奎・婁・胃・昴・畢・觜・参星

歳星祭………歳星之精、亢・角・氐・房・心・尾・箕星

盛唐密教の大家の一行に仮託した『梵天火羅図』[15]（『梵天火羅九曜』）である。これは個人の吉凶を支配する九曜や北斗七星の図像・真言等を記すものだが、その中に北斗七星・本命元神を供養することによる効験や儀式次第を記した「葛仙公礼北斗法」を載せている。また、『諸祭文故実抄』所載、長保四年（一〇〇二）の玄宮北極祭文[16]にも「側聞二葛仙公祭法一、予推二帝王暦数一、若当二厄運災気一、須下祈二北極之天帝一、以延中南面之遐齢上」とあり、「葛仙公祭法」が玄宮北極祭の典拠だったことが知られる。この葛仙公とは呉の道士葛玄のことであるから、道密の混淆は明らかである。

陰陽師は九世紀後半から属星祭や本命祭を行いはじめ、一〇世紀に入ると密教でも尊星王法・北斗法・本命元神供などの星宿法がさかんになる。台密の『阿娑縛抄』[17]には、「葛仙公礼北斗法、梵天火羅図」を北斗法の依拠経典とするとある。一方、陰陽師賀茂保憲も応和元年（九六一）に『梵天火羅図』引用の「葛仙公礼北斗法」などに基づき「真言師修二元神供一、陰陽家行二本命祭一、并用二此説一、流二伝於世一行来已久」（『白宝口抄』[18]）と述べており、これらによって密教の北斗法や本命元神供、陰陽道の本命祭が同じ道教系の経典に依拠してはじめられたことが知られる。

陰陽道祭で祀る神格の問題からこれをみると、たとえば息災・延命などを祈願する泰山府君祭では、閻羅天子・五道大神・泰山府君・天官・地官・水官・司命・司禄・本命神・開路将軍・土地霊祇・家親丈人などの一二神を祀る。天曹地府祭では、このうちの天官・地官を天曹・地府とし、いくつかの神を星神に入れ替えて一二神を祀る。招福を祈る本命祭でも、天曹・地府・司命・司禄・河伯水官・籍掌之神を、除病や息災のために行う招魂祭でも皇霊・后土・司命・司禄・掌算・掌籍・東王父・西王母を祀るなど、いずれも天官（天曹）・地官（地府）・司命・司禄・河伯水官や星神など多彩な神々、天地自然を神格化した神や泰山府君などの冥界の神、とくに道教の神々を多く祀るところに特徴がある。星祭とともに道教や密教経典の影響下に成立したこれらの祭祀は、

〈個人の現世利益祈願型祭祀〉と呼ぶことができるだろう。

災害を祓うことを目的にするものと、個人的な延命招福を祈願するもの、五行家系と道教系とは成立期以来の陰陽道祭祀の基本形態といえるのではないか。

（3）　祭祀の場と時間

祀られる神々の性格は、祭祀の形態にも反映している。陰陽道の祭祀は陰陽師が出向いて行うもので、寺院の金堂・本堂や神社の神殿・本殿のような常設の宗教施設はなかった。依頼主のもとで勤める反閇や身固はもちろん、祭祀や祓は陰陽師が臨時に出向いて行われた。具体的には祭祀の種類によって祭場は異なるが、天皇のためになされる祭祀の場合は八省院、貴族個人の祭祀は寝殿の前庭で行うことが多かった(19)。

公的なものでは、雷公祭は雷神を祀る霊所である北野の右近馬場、五龍祭は水辺の霊所で龍神の棲家ともいわれる神泉苑で行われた。疫神が家内へ進入することを防ぐ鬼気祭は、貴族の場合はその邸宅の門前で、公的祭祀の場合は内裏の南門、建礼門の前で、これを空間的に広げ大規模にした四角四界祭は、前述のように宮城・京の四隅や山城国境の逢坂・竜華・大枝・山崎の四か所で一斉に行い、祓や、呪詛返却の祓である呪咀祭は河原で修された。それぞれ祭場では棚・祭壇を設け供物を調え、御幣を掲げて神々の来臨を請う、すなわち陰陽道の祓や祭祀は戸外で行うことを特色とするのである。それは『不動利益縁起絵巻』で晴明が祭祀を勤める場面や、『北野天神縁起』『山王霊験記』等の絵巻で陰陽師が祓・祭祀を行う場面が露座であることからもわかる。また、これらの絵画資料では、陰陽師は束帯・衣冠で祭場に臨んでいるが、束帯・衣冠は官人の正装であり、宗教家でありながらも本来的に陰陽師は官人であったことを再認識させてくれる。

前項で陰陽道の祭祀は、東・南・西・北・中央の五方の神や道教で神格化された天神・地神・水神・星神・山岳神（泰山府君）などの自然神を祀るところに特徴があると指摘したが、祭祀を戸外で行うのも、これらの神々が本堂などに鎮座する存在ではなく、陰陽師の招請に応じ時空を超えて祭場に来臨すると考えたからであろう。

このような神々の性格は祭祀を行う時間とも深く関わっている。陰陽道の祭りの多くは夜間にとり行う、夜祭りだったのである。

鎌倉時代に賀茂氏がまとめた祭祀書である『文肝抄』には、玄宮北極祭・三万六千神祭について「御精進三ケ日、斎籠第三日暁祭㆑之」、天地災変祭に「子細同前」とある。また、属星祭は「斎籠三ケ日、毎夜祭㆑之」、雷公祭は「於㆓北野社右近馬場㆒勤㆓仕之㆒、斎籠第三日夕祭㆑之」、五龍祭は「為㆓祈雨㆒、於㆓神泉苑㆒祭㆑之、斎籠三ケ日毎夜祭㆑之」、風伯祭も「同三ケ夜斎籠也」とある。風伯祭は鎌倉幕府でも寛喜三年（一二三一）にはじめて行われたが、『吾妻鏡』六月十五日条に、「戌剋、於㆓由比浦鳥居前㆒、被㆑行㆓風伯祭㆒」とあり、これらの祭祀が夕刻、夜間、未明すなわち暗闇が支配する時間に実施するものだったことがわかる。

このほかの祭祀も、記録に昼夜の別を記している場合は夜とあり、時刻を記す場合は戌の刻、すなわち午後八時ころが多い。以下、祭祀ごとに具体例をあげることにしよう。

〈泰山府君祭〉

戌剋、以㆓奉平宿禰㆒令㆑修㆓泰山府君祭㆒。余出㆓祭場㆒従㆑礼。（『小右記』寛弘二年［一〇〇五］二月十八日条）

今夜、以㆓吉平朝臣㆒令㆑行㆓泰山府君祭㆒。余出㆓祭場㆒従㆓奠礼㆒。此間小雨、以㆑人令㆑指㆑笠、致㆓拝礼㆒。予戯云称㆓雨衣㆒。被㆓大掛於吉平朝臣㆒。（同　長和二年［一〇一三］二月二十五日条）

今夜、自㆓大宮御方㆒為㆑余有㆓泰山府君祭㆒。余自㆑内退出後沐浴。祭始程着㆓衣冠㆒下㆑庭、両段再拝、取㆑笏候。祭了間自㆓祭所㆒人来云、祭已了。余聞㆑之昇了。身祈猶如㆑此可㆑有也。故御堂御時、如㆑此祭時必有㆓御拝㆒。晴明勤㆓仕星祭㆒時、星下也。仍給㆓御衣㆒云。見㆓文殿記㆒。（『殿暦』長治元年［一一〇四］十二月十六日条）

今明両夜、於二泰親私宅一、修二泰山府君祭一。余不レ臨レ之。（『台記』久寿二年［一一五五］五月十四日条）

『小右記』の長和二年の例では、当夜雨が降りながらも藤原実資は祭場に出て、従者に笠を指させて拝礼している。ずぶ濡れになったようで、雨衣と自嘲しているところに、せっかくの泰山府君祭を星空の下で行えなかったことの悔しさが滲んでいる。『殿暦』長治元年の藤原忠実の例は、祭場はおそらく陰陽師安倍泰長の家で、祭りの間忠実は自邸の庭に下りて泰山府君に拝礼し、使者が祭りの終了を告げるまで控えていた。忠実は、先祖の道長の時にも必ず自身で拝礼したし、安倍晴明が星祭を勤めたときも道長は星の下に伺候したという。これが摂関家の例であるというのであろう。

〈鬼気祭〉

今暁、小児従二義理宅一還二小野宮一。今夜、晴明朝臣為□行二鬼気祭一。（『小右記』永延二年［九八八］七月四日条）

今夜、公家於二五个処一被レ行二鬼気祭一、羅城門・京極四角云々。陰陽頭文高朝臣所二申行一云々。
（同　長元三年［一〇三〇］六月九日条）

前者は実資の小児の病のため晴明に鬼気祭を行わせたもの、後者はこの年春以来の疫病流行のため、陰陽頭惟宗文高の申請によって平安京の正門と四隅で鬼気祭を実施し、疫鬼の侵入を防ごうとしたものである。

〈招魂祭〉

小児所悩極重、（中略）今夜、以二奉平一令レ行二招魂祭一。（『小右記』正暦元年［九九〇］七月七日条）

招魂御祭、自二今夜一三箇夜可二奉仕一之由、仰二資成一了。（『春記』長暦四年［一〇四〇］九月十二日条）

古代では魂が身体から遊離することが病の原因の一つと考えられていたから、招魂祭は除病・息災のために行われた。前者は実資の小児の病により陰陽師の県奉平に行わせたもの。『春記』の例は、長暦四年（長久元・一〇四〇）は旱魃があり疫病も流行し、七月には大風で伊勢豊受大神宮の正殿、大内裏八省院等の顚倒と災害が続き、九月九日の菊花の節会の日には京極内裏が炎上して神鏡も焼けた。日ごろ病がちであった天皇のショックは大きく、その息災のため三か夜の招魂祭が修された。

（『小右記』正暦元年十二月十四日条）

〈土公祭〉

今夜、以二陳泰朝臣一令レ祭二土公一。

今夜、建礼門院御祈土公御祭、大輔殿参二六波羅殿一令レ勤給畢。息災御祈也。

（『養和二年記』養和二年［一一八二］正月十二日条）

地神を鎮める土公祭は、造作のさいや病の原因としての土公の祟りが占われたときなどに行う。前者は前月来行われていた実資の小野宮第に続く東家の寝殿造作と関係があろう。後者の『養和二年記』は、鎌倉時代前期の陰陽頭安倍泰忠の日記とみられる。[20] 大輔殿は泰忠の父、大蔵大輔であった陰陽師安倍泰茂で、安徳天皇の母建礼門院平徳子の息災のために土公祭を勤めている。

〈代厄祭〉

今夜、行二代厄祭一。孝秀於二南庭一祭レ之。

（『小右記』長元四年［一〇三一］八月七日条）

代厄祭も除病・息災などを目的とする祭祀だが、実資は陰陽助巨勢孝秀をもって自邸の南庭で勤めさせている。

〈地震祭〉

今日戌剋許、行二地震祭一。於二三条亭一有二此事一、陰陽師家栄。従二今日一余精進。但服レ魚、籠祭也。職事顕行為レ使籠二祭庭一。

（『殿暦』永久二年［一一一四］七月四日条）

この年六月七日・十九日と京都では大きな地震が続いた。忠実は関白として地震の災いを攘うため三条第で精進し籠って、陰陽助賀茂家栄に地震祭を行わせている。

〈辰星祭〉

自二明暁一三ヶ日被レ行二辰星御祭一、須二夜陰被レ行也。而御精進三ヶ日、不予之間有二其煩一。仍毎暁被レ行レ之、且是陰陽師保栄所二定申一也。

（『兵範記』長承元年［一一三二］九月十九日条）

辰星は水星のこと。この年中宮藤原聖子は一二歳で、水星が当年の吉凶を掌る当年属星（属曜）であった。この頃聖子は病であり、回復祈願のために行われたのであろう。陰陽師賀茂保栄の申請により、星祭であるから夜陰に行うべきだが中宮の病のため未明に勤めることとしている。

〈月曜祭〉

自二去夜一、若宮聊御悩。仍戌尅、於二御所南庭一、被レ行二月曜祭一。大夫泰貞奉二仕之一。

（『吾妻鏡』貞応元年［一二二二］三月八日条）

若君は、鎌倉幕府三代将軍源実朝の死後、後継として京都から迎えられた九条三寅（頼経）であり、その病の回復のために月曜祭が行われている。頼経はこの年五歳で当年属星は日曜。月曜祭を行ったのは三月十五日に皆既月食が予報されていたことと関係があろう。

〈呪咀祭〉

今夕、被レ行二呪咀御祭一。長有盛具二御衣一向二河原一。御中門末。祭物別納所出レ之。

（『兵範記』長承元年［一一三二］十二月十五日条）

今日酉剋許、賀茂中殿相知給女房呪咀御祭、於二川合瀬一令二勤行一畢。

（『養和二年記』養和二年［一一八二］正月二十九日条）

呪咀祭は息災・除病などのために他人の呪詛の気をはらうもので、そのさい河臨祓と同じように人形に悪気を移し流したから、祭儀も河原で行われた。

〈百怪祭〉

西刻、近日前浜腰越等浦々死鴨寄来之間、依二彼怪一、於二前浜一、被レ行二七座百怪祭一。

（『吾妻鏡』貞応元年［一二二二］四月二十六日条）

百怪祭は怪異がさかんに発生したときこれをはらう祭祀で、右は鎌倉幕府の例。

〈天曹地府祭〉

今夜、仁和寺中納言法橋女子不例祈天曹地府祭、於二里第一勤行了。

（『養和二年記』養和二年［一一八二］三月十六日条）

天曹地府祭は、泰山府君祭とともに寿命延長・息災を祈願する祭祀で院政期からみられ、陰陽師安倍泰忠は私宅でこれを行っている。

〈宅鎮の諸祭祀〉

陰陽頭賀茂在憲朝臣勤二仕高倉殿鎮祭事等一。兼日召二支度一、下二行用度一。毎時巨多、式目在二別紙一。晩頭在憲参入。先レ是令二人夫一、掘二穿大鎮穴一。在憲殊検二知其穴一。四方中央、其外大門、西二、東二、北一。中門三所、東西北各中央。又寝殿南階際、中央、（中略）

先七十二星鎮。灯明供二七十二灯一、其外供祭物等、毎物厳重。祭礼如レ常歟。

供鎮封二櫃中一、置二寝殿天井上一。

次西嶽真人鎮。有二封物一、納レ瓶歟。

同置二寝殿天井中央上一。

次大鎮。中央以下、毎二穿穴一埋二五色玉等瓶一。

次大将軍祭。奉レ懸二形像一鋪一、一幅図絵。

有二御鏡一。安レ机置レ前。

次王相祭。引二立黄牛一頭一、召二坂戸牧一。有二御鏡一。如二大将軍祭一。
次土公祭。其儀如レ常。已上南庭、皆調備祭レ之。
次火災祭。引二立赤馬一、召二楠葉牧一。於二北面一修レ之。
　打二挿簡一如レ例。
次井霊祭。有レ鶏政所儲レ之。

（『兵範記』保元三年〔一一五八〕八月二日条）

『兵範記』の記主平信範は関白藤原忠通の家司でもあるが、新造なった忠通の高倉殿を鎮めるためにこの日の夜、陰陽頭賀茂在憲により諸祭祀が行われたことを記している。まず建物を鎮めるため七十二星鎮・西嶽真人鎮を寝殿天井の上に置き、宅地の四方・中央などに地鎮の供物を埋める大鎮を行う。ついで方角神・地神の厄難を避けるため大将軍祭・王相祭・土公祭を勤め、火災よけの火災祭・井戸の神を祭る井霊祭を修し家鎮めのための祭祀を終えている。

以上の祭祀のうち呪咀祭・百怪祭は夕方に行われている。それは祭場の河原や前浜が夜間危険なことによるのであろうが、その他の一般的な陰陽道の祭祀は夜間、未明までに行われていたことがわかる。日の出後の昼間は人が活動する時間だが、泰山府君などの冥府の神々、北極星や属星（北斗七星）・属曜（九曜）など星の司命神、そしてこの世とあの世を行きかう鬼神や霊などは、夜・闇の世界で活動し威力を発揮する存在であり、それらを祀る時間は星空の下、夜が最もふさわしいからであろう。三時（初夜・後夜・日中）、六時（日中・日没・初夜・中夜・後夜）と昼夜兼行で勤める密教の修法は別として、日中に法会・祭礼を行うことが多い仏教や神祇信仰との違いをみることができる。

二　陰陽師の性格

(1) 陰陽道と葬送儀礼

このように祭祀の内容、その場所や時間には、道教系の神格化した自然神などに福徳延命を祈願し、祓や反閇の機能をもってモノの祟りを防ぎ退けるという陰陽道の宗教としての特質が示されているのであるが、それとともに陰陽道の宗教的な特質を考える上で重要なのは死後の問題、他界観の有無である。

陰陽道はどうかというと、独自の来世観、死後の世界への展望はないといってよい。それは陰陽道が死者の鎮魂や追善、特定の物の気や怨霊鎮祭にかかわらなかったことと表裏の関係にある。たしかに陰陽寮は葬送儀礼に関与しており、官僚陰陽師の職務に占筮とともに相地があり、それは都城や山陵などの土地の吉凶を選定する知識であった。延暦元年（七八二）八月には治部卿壹志濃王・陰陽頭紀本らのほか六位以下の陰陽を解するもの一三人を大和国に派遣して、光仁天皇を改葬して山陵となすべき地を相《み》せしめ（『続日本紀』八月己未条）、また天安二年九月に大納言安倍安仁が陰陽権助滋岳川人・陰陽助笠名高らを率いて山城国葛野郡田邑郷に文徳天皇の山陵の地を点定し（『文徳実録』、『三代実録』九月庚申条）、葬送後の十月二十三日に理由は不明であるが、笠名高が山陵に鎮謝している[21]（『三代実録』）。また、山陵点定のさい滋岳川人が誤って地神の怒りに触れ、地神に追いかけられて命を狙われ隠れた話しは『今昔物語集』巻二十四第十三にみえる。

そこでつぎに具体的に貴族の日記から、天皇の葬送儀礼における陰陽師の役割をみることにしよう。

一条天皇は寛弘八年（一〇一一）六月二十二日に一条院で崩じた。『権記』によると、六月二十五日に院司らは陰陽師の大炊頭賀茂光栄を召して御葬送雑事の日時を勘申させ、当日中の造御棺日時・御沐浴日時・御入棺日時と、翌月八日の地鎮日時・初行山造日時・縫素服日時・著素服日時・御出行の方位と日時などを定めた。二十八日に光栄は中宮権大夫源俊賢らと葬送の地を実見し、のちにその地は変更されるが、七月八日の寅刻には葬送に先立ち葬地の地鎮を奉仕している。同日亥刻に一条院で権僧正慶円が呪願、大僧都院源が御導師のことを行い、ついで遺骸は運び出され、北山長坂野の葬所で中納言源俊賢・院源らが荼毘に奉仕した。葬送は翌日卯刻に終わり、遺骨は円成寺に移されている。

一条天皇の皇子、後一条天皇の葬送次第は『左経記』の「類聚雑例」に詳しい。長元九年（一〇三六）四月十七日に後一条天皇が内裏に崩ずると、十九日に関白藤原頼通の直廬で定めがあり、ついで二十一日には陰陽助安倍時親を呼んで一旦天皇の遺骸を移す場所や葬送の日時・方角などを諮問し、その結果葬儀は五月十九日に行うことに内定した。時親は翌日正式に御葬送に奉仕し、至急勘文を進めるよう命ぜられ、同日遺骸は上東門院の東対に遷された。五月十三日にも関白のもとで定めがあり、葬送の方角や場所について議され、安倍時親と検非違使が候補地に派遣された。時親は巡検ののちに、神楽岡の東の地に山作所《やまつくりどころ》を作り、近辺の浄土寺に遺骨を安置するように答申している。葬送前日になると、時親は山作所の地鎮祭文について上申し、葬送当日の十九日寅刻には山作所鎮めを行っている。その日の晩に前大僧正慶命・権僧正明尊が御導師・呪願を勤め、壊された上東門院の東の墻から遺骸を乗せた御輿が運び出され、葬列は検非違使らに作らせた行路・橋などを通って山作所にいたった。ついで御導師慶命、権少僧都斎祇らの行事のもと荼毘に付され、その間僧正尋光、権少僧都延尋・良円らは念仏を行った。荼毘ののち慶命らは土沙を呪して散じ、遺骨を壷に納めたあと呪砂を加え納め、真言書一巻を壷の上に結び、遺骨は浄土寺に渡された。このようにして葬儀は終了したが、その一か月後に時親は、天皇の母の上東門院彰子より、天皇の墓所に三昧堂を建立する日時を勘するように命じられている。

これらの例からもわかるように、葬儀にさいして陰陽師は遺骸を移す場所からはじめて葬送全般の日時・方角・場所の吉凶判断を取り仕切り、また山作所・葬地の鎮祭なども行った。しかし、これらの行為は死者のためではなかった。日取りに関しては、現在でも葬式の日に六曜の友引を忌むのと同様に、送る側の人にとっての吉凶の問題であり、鎮祭も、土地神の祟りを鎮め祭り陵墓を安んずることが目的で、直接死者霊の祭祀・追善が目的ではなかった。死者を鎮めるのは導師・呪願を勤める僧侶の役割であり、陰陽師の葬送関与は、あくまでも生者の厄難を恐れる立場からなされたものであったといえよう。

（2）物の気に関与しない

また、死者霊というと、怨みを持つ人の死霊や生霊がその関係者個人にとり憑き、病気や死にいたらしめるという物の気の問題がある。平安時代中期の貴族社会では、天皇の外戚の地位を巡って藤原氏内で露骨な争いが展開し、敗れた故人の物の気がしきりに取りざたされた。現在では一般に小説や漫画の影響もあり、陰陽師安倍晴明が怨霊や物の気と対決するイメージが浸透しているが、史料上、晴明のような官人陰陽師たちにそのような例はない。

先述のように、病気はさまざまなモノの祟りと考えられた。陰陽師が病事占で霊気・邪霊（物の気）の祟りと判定すると、これを調伏するのは密教験者の加持であり、陰陽師の出番はなかった。厳しい山林修行を行って密教の法理と験力を備えた験者にしてはじめて、現世の遺恨に執着し死後も相手に取り憑くという物の気・怨霊を退けることができた。それは仏教が現世と死後の世界にわたる膨大な説明体系を持っていたからであろう。

万寿二年（一〇二五）八月五日に道長の娘、東宮妃の嬉子が亡くなったとき、上東門院の東対の屋根の上で陰陽師中原恒盛が命ぜられて魂喚の法を修した。魂を呼び還すことによる死者復活の儀礼であり、儒教経典の『礼記』『儀礼』にもみえる復（たまよばい）の作法である。ところが後日これを聞いた陰陽道の上官たちは、陰陽道の典拠にない行為であるとして恒盛に罰を科そうとしたという（『左経記』八月二十三日条）。陰陽師の職務行為はこれを裏付ける典拠・テキストが必要であり、『礼記』『儀礼』は儒学（明経道）のテキストであっても陰陽道のテキストとはされなかった、などのことが知られるが、それとともに死者にかかわる祭祀を陰陽道では扱わなかったことも恒盛の行為が責められた理由ではなかろうか。[22]

ただし、まったく死者霊にかかわらないかというとそうではなく、院政期から始まる霊気道断祭は息災や除病のために冥界への入り口とされる嵯峨六道の辻で行われ、不特定の死者霊の祟りを避けるものだったようである。さらに官僚機構の延長線上にある陰陽道の規制にとらわれることのない民間陰陽師の場合は、その境界は曖昧だったようである。『今昔物語集』巻二十四第二十「人妻悪霊となり、其の害を除きし陰陽師の語」は、捨てた妻が死んで悪霊となり復讐されることを恐れた男が、陰陽師に呪文を読んでもらい、そして陰陽師の教えの通りに一晩中妻の髪をつかみ、遺体に馬乗りになって暴れるのを押さえつけたことにより悪霊から開放されたという話しである。

他にも、院政期には陰陽道の祖にまつりあげられた吉備真備も、聖武天皇の妾の霊鬼から身を守り、藤原広嗣の悪霊に取り殺されることなく説得して悪霊をとどめたという話しもある（『今昔物語集』巻十四第四、巻十一第六）。これらの死霊や悪霊を退ける話しは、とくに民間で求められた宗教者のあり方を反映したものと考えられ、実際に室町時代には、陰陽師の職務を兼ねた民間宗教者の唱門師《しょうもんじ》（声聞師）は「あずさ神子」など死霊の口寄せを行っていたが、江戸時代に入って幕府の認可を得てそれらの民間宗教者を全国的に編成しようとした土御門家は、配下の陰陽師にたいして、憑き物落としや死霊降ろしなどは陰陽道の職分ではないと禁じている。[23]土御門家は自家の陰陽道を天社神道と唱えたこともあるが、これも基本的に死者の祭祀には関与しないという陰陽道本来の伝統的な認識によるものであろう。

このように陰陽師は特定の死者霊祭祀に関与しなかったが、それは陰陽道が現世利益を目的とする宗教で、死後の世界、来世観を持たなかったことによる。怨霊や物の気は対立した相手への恨みと現世への執着により生じるが、陰陽師は霊鬼を一旦は退けても、無常観による悟りや即身成仏を説く顕密の仏教でなければ解脱という精神的な問題は解決できないと考えたからであろう。

浄土教の浸透により平安中期以降、貴族たちは人生の終末が近づくと出家するようになるが、賀茂氏や安倍氏の多くの陰陽師もそれに倣っているし、後生のため仏堂を建立する者もいた(24)。彼らにとっても陰陽道は現世の職業、信仰であっても、来世を約束する宗教ではなかったのである。

おわりに

陰陽寮官人が盛んに呪術・祭祀活動を行いはじめるのは九世紀後半からであり、ここに呪術宗教として陰陽道は成立する。それは本来の職務である占術を行使しながら、日本在来の神観念や道教信仰を基盤に、自然界の変異・異常現象、疫病の流行や個人の病をさまざまなカミ・モノの祟りや警告と考え、占術により祟りの原因や凶兆を予測してこれを避け、一方では災いの因をなすモノを遂却する祓や祭祀を行うという独自の補完的機能を獲得したことによるものであった。

このように陰陽師は占い師であり、かつ息災や除病などを祈願する特異な宗教家として機能したが、しかし、宗教としてのあり方にさまざまな特質が認められた。以下に簡単にまとめておこう。

陰陽師は祟りの消除、祈願の目的に応じて五行説による東・西・南・北・中央の五方の神や、道教の天・地・水・山岳のさまざまな神を招請して五行家説系・道教神系の祭祀を行った。祭祀の場は、依頼者の邸宅の庭や河原などの屋外であり、陰陽師はそこに棚・祭壇を立て御幣や供物をのせて神々の来臨を請い、束帯・衣冠の正装で祭文を読み祈願した。時間は夜間が基本であり、それは星神・鬼神・冥官神などが闇の世界で活動する存在だからであった。さらに陰陽道は死後の展望、来世観を持たないため、本来陰陽師が死者の祭祀や追善供養を行うことはなかった。すなわち陰陽師はさまざまな災いを取り除くため神やモノの祟りをはらい、陰陽道は現世に生きる人の願望を満たす世俗的な宗教であったのである。

（1）そのような近年の研究として、林淳・小池淳一編『陰陽道の講義』（嵯峨野書院、二〇〇二年）、斎藤英喜・武田比呂男編『〈安倍晴明〉の文化学』（新紀元社、二〇〇二年）等がある。
（2）山下克明『平安時代の宗教文化と陰陽道』第一部一章（岩田書院、一九九六年）。
（3）小坂眞二「古代・中世の占い」（『陰陽道叢書』第四巻所収、名著出版、一九九三年）、同『安倍晴明撰『占事略決』と陰陽道』（汲古書院、二〇〇四年）。
（4）岡田荘司「私祈禱の成立」（『神道宗教』一一八号、一九八五年。のちに『陰陽道叢書』第二巻、一九九三年に収録）。三橋正『平安時代の信仰と宗教儀礼』（続群書類従完成会、二〇〇〇年）。
（5）『続群書類従』第十輯、公事部、所収。
（6）『大日本史料』第一篇之十四、天禄三年十二月十日条。
（7）『今昔物語集』第二十四巻十五「賀茂忠行道を子の保憲に伝へし語」には、幼い保憲が父の忠行にせがんで祓の場に連れて行ってもらい、祓殿で恐ろしい容姿の鬼たちが「その造り置たる船・車・馬などに乗てこそ散々に返」るのをみたという、祓の臨場感を伝える話しがある。
（8）村山修一編著『陰陽道基礎史料集成』（東京美術、一九八七年）所収。
（9）同右書、所収。
（10）新潮日本古典集成『謡曲集』上による。
（11）『続群書類従』第十二輯上、文筆部、所収。
（12）『大日本史料』第一篇之十一、康保元年六月二十七日・八月二十一日条。

(13)　山下前掲註(2)書、第一部第二章。
(14)　同右書、第三部一章。
(15)　『大正新脩大蔵経』第二十一巻所収。
(16)　『大日本史料』第二篇之四、長保四年七月二十七日条。
(17)　『大日本仏教全書』第五十九巻、二七七頁。
(18)　『大正新脩大蔵経』図像部第七巻、三三四頁。
(19)　院政期の陰陽頭安倍泰長・泰親父子は、みずから陰陽師としての正統性を主張するため家祖晴明を顕彰し、その手段として晴明の故地である自邸を「霊所の祭庭」と宣伝して、そこで貴族たちの祭祀を行おうとした。ここに陰陽道世襲氏族の形成による祭祀形態の変質がみられる。晴明の家地の霊所化については、本書第二部第二章参照。
(20)　山下前掲註(2)書、第一部第五章。
(21)　陰陽寮官人による山陵鎮祭は、それ以前では延暦十九年七月己未に近衛少将兼春宮亮丹波守大伴是成が陰陽師・衆僧を率いて淡路国の崇道天皇山陵を鎮謝し（『類聚国史』巻二十五、帝王五）、大同五年七月辛亥にも嵯峨天皇の病が生母で桓武皇后であった藤原乙牟漏の高畠山陵の祟りによるものとして右大弁藤原藤継、陰陽頭安倍真勝等が派遣され山陵の鎮祭を行っている例がある（同、巻三十四、帝王十四）。これが鎮魂儀礼に関するものか地神の鎮祭に関するものかは不明であり、前者である可能性もあるが、つぎに検討するようにそれ以降は陰陽師が死者祭祀にかかわらなかったとみられる。それはおそらく仏教による死者供養の社会的な浸透が大きく影響したものと考えられる。
(22)　山下前掲註(2)書、第一部第二章。
(23)　木場明志「近世日本の陰陽道」（『陰陽道叢書』第三巻所収、名著出版、一九九二年）。
(24)　例を示すと、陰陽頭惟宗文高は中御門の末に寺を作り（『小右記』寛仁二年五月二十六日条）、天文博士安倍宗明は出家して「天文入道宗明法師」と称され（『長秋記』長承二年八月十三日条）、陰陽頭安倍泰親・天文博士業俊父子も没する前に出家している（宮内庁書陵部所蔵『陰陽家系図』）。

第三章　陰陽道信仰の諸相——中世初期の貴族官人・都市民・陰陽師——

はじめに

一一世紀中頃の藤原明衡の撰『新猿楽記』は、猿楽見物をする一家の男女三〇人に擬えてさまざまな職業を語る当時の職人尽くしであるが、そこには平安京の宗教者として次の四人がみえる。

はじめに「四の御許」の覡女《かんなぎ》であり、卜占・神遊《かぐらあそび》・寄絃《よりづる》・口寄の上手で、その舞や歌に優れ、琴の音は地祇影向を垂れ、鼓の声は野干必ず耳を傾ける、つまりその弾く琴の音にカミは姿を現し、叩く鼓の音に人に取り憑いた狐もいうことを聞くという。つぎに「十の君の夫」の陰陽の先生賀茂道世であり、覆物を占えば目にみる如く、物怪《もっけ》を推せば掌を指すが如く占術に優れ、式神を使い反閇や祭祀・解除に験があり、暦注や天文・宿曜にも明るいという。そして修法に験あり、護摩・天供に阿闍梨を勤める大験者・真言師の「次郎」、天台宗の学生大名僧で、法華三十講に請ぜられ将来は天台座主を期すという「五郎」と続く。ここに顕密の僧侶や民間の巫女とともに陰陽師が、平安時代後期における都の宗教者として信仰世界の一端を担う存在であったことが知られる。

陰陽道は律令制下の官庁、陰陽寮が職務とした占術に、祓や祭祀などの宗教的機能を備えて平安前期の九世紀後半に形成された呪術宗教とするのが近年の研究動向である(1)。その成立の前提には、災いはカミやモノの祟りとする在来の神観念をもとに、八世紀末以降の律令制国家の崩壊による貴族支配層の精神的動揺を背景とした災異・怨霊信仰の盛行があり、陰陽寮官人は支配層のため怪異占で災害や怪異の原因を求め、祓や祭祀でこれを防ぎはらう補完機能を有したところに陰陽道の成立がみとめられる。(2)一〇世紀に入る頃から密教でも国家の安穏のみならず貴族の攘災為福のための修法が行われるが、陰陽師たちも官人として朝廷・天皇の祭祀だけでなく貴族のために奉仕し、ここに職務分野としての陰陽道、その専門家の職名としての陰陽師は貴族社会に定着し、しだいに各社会層へ影響していった。また市井にも陰陽師を名乗る僧、法師陰陽師などの民間宗教者が出て、その一部は貴族の祓に奉仕したことが知られる。では、陰陽道は当時の信仰世界において如何なる機能を果たし、位置を占めたのであろうか。

前章では陰陽道祭祀の性格や陰陽道の宗教としてのあり方を検討し、つぎのことを指摘した。(3)⑴陰陽道の祭祀は、五行家系の五行の論理により災害を防ごうとする攘災型と、道教系の諸神に個人の福徳長寿を祈る現世利益祈願型に区別できる。⑵祀る神々はそのような五行―五方（東西南北と中央）の神や道教で神格化された天・地・水・星・山神など多様な天地自然神、冥官神で、堂社などの恒常的宗教施設はなく、祭祀は庭・河原・門前（境界）などの戸外に臨時に祭場を設け神々の来臨を願い行われた。⑶祓は河原で夕刻に行うが、祭祀は夜間に行うのが例であった。それは星神・冥官神・モノなどが昼間ではなく闇の世界で活動する存在であったことによる。⑷陰陽道に独自の他界観・来世観はなく、そのため陰陽師は死者祭祀や追善は行わず、あくまでも現世の人の攘災招福を祈願する現世利益の宗教であった。追善は僧侶の役割であり、よって多くの陰陽師もその死の前に出家した。

本章では院政期から鎌倉時代前期までの中世初期を対象に陰陽道信仰の展開を検討するが、そのさい、従来利用されることの少なかった陰陽師自身の日記である『養和二年記』(4)『承久三年具注暦』(5)から、この⑴に関連して貴族官人社会における陰陽道祭祀浸透の様相をうかがい、また『養和二年記』から⑷の陰陽師自身の信仰生活を検討し、ついで(2)と(3)にかかわり一二世紀初頭の『東山往来』から平安京の市井における陰陽師や巫女の活動と方角神の大将軍神信仰の展開を考え、これらをもって中世初期における陰陽道信仰の一面を明らかにしたいと思う。

一　貴族官人社会における陰陽道祭祀の浸透

『新猿楽記』にみる賀茂道世の活動内容は、占いに優れた力があり、呪術・祭祀の上手であり、暦注すなわち日時や方角の吉凶に明るいという三つの職務分野にまとめられるが、それは実際に陰陽師の職務として貴族日記からも裏付けられるところである。災いはカミの祟りであるとするのは日本在来の神観念であるが、中国文化の一環として伝来した五行説による自然秩序の調和と破綻、暦に可視化された循環する時間・方位の吉凶観、道教信仰等による魂魄・鬼神・土公・星神などの多彩な神観念は平安貴族の精神生活に深い影響を与えた。陰陽師は災害や怪異の発生をカミやモノの警告として、病気を社神・地神・鬼神・竈神・霊気・精などのモノの祟りとして祟る主体とその咎徴、対処法を占った。祓や祭祀はこれを除く手段であり、日時や方角の勘申は禁忌を犯せば祟りをなす大将軍や王相などの方位を避け公私の行事を円滑に導く貴族の優越的行為であり、それらの祟りを避け貴族たちを護ることが陰陽師の基本的役割であった。

これらの機能のうち、陰陽道信仰の側面を端的に表すのが呪術や祭祀であり、祭祀は九世紀後半から行われはじめ、一〇世紀以降次第に種類を増して四〇種余り、そして鎌倉時代には六〇種以上の祭祀が行われる(6)。その展開を辿ると、仁寿三年（八五三）十二月に陰陽寮の奏上により『陰陽書』の法にもとづいて毎年害気鎮めを行うようになり、天安二年（八五八）から『董仲舒祭法』を典拠に五穀豊穣のため虫害を除く祭祀（のち高山祭という）を行い、貞観九年（八六七）正月には疫病流行の兆しにより疫気をはらう鬼気祭が、元慶年間には年穀を祈願する雷公祭が修され、雨を祈る五龍祭も延喜二年（九〇二）六月に初見し、延喜十四年（九一四）には宮城の四隅と山城国境の四か所で都への疫鬼の侵入を防ぐ四角四界祭が実施されている。さらに応和元年（九六一）十月には、前年の内裏炎上後の新造内裏への還幸に備え火災除けの火災祭を行うなど、災害を払いまた豊作を求める五行家系の公的祭祀が盛んに行われるようになる。

その一方で、貞観六年に陰陽師弓削是雄が近江介藤原有蔭の家に出向いて属星祭を勤めたように貴族個人に対する活動も始まり、本命祭も仁和四年（八八八）の紀長谷雄の祭文が残され、延長五年（九二七）成立の『延喜式』巻十六陰陽寮には、天皇のため年六度、御本命祭を行い、また三元祭・庭火并平野竈神祭の実施を規定している。三元祭は『大唐六典』に道教寺院の道観ごとに三元斎を行うものとし、本命祭も本命醮として道教経典にみえるところで、これらが中国の道教系祭祀の影響を受けて成立したことは明らかであろう。陰陽道の祭祀に関する分類はそれぞれに観点は異なるが小坂眞二・岡田荘司両氏の見解があり[7]、また筆者は陰陽道祭の祭神や典拠を勘案してつぎの分類を試みている[8]。

(a)道教神系――天官（天曹）、地官（地府）、司命、司禄、河伯水官や星辰など天地の自然を神格化した道教的な神や泰山府君などの冥官を祭る。個人の現世利益祈願型。〔泰山府君祭、天曹地府祭、本命祭、招魂祭など〕

(b)道教星神系――星祭り。(a)(b)共に道教や密教経典の影響下に成立。個人の現世利益祈願型。〔玄宮北極祭、属星祭、太陰祭、歳星祭など〕

(c)五行家系――東南西北中央の五方神を祭る。防解火災祭の五方防解火災神、土公祭の五方土公神など。『董仲舒祭書』を主要な典拠とするものか。五行の論理による攘災型。〔防解火災祭、土公祭、百怪祭、呪咀祭、地鎮祭など〕

このように陰陽道の祭祀は五行の論理により災いをなすカミ・モノを鎮め祓う攘災型の祭祀と、道教の自然・

冥官・星神に息災延命を願う現世利益祈願型に大別できる。攘災と道教系諸神への祈願が陰陽道祭祀の機能であったとすると、貴族たちが陰陽道の信仰に求めたのもこの二つであったことを意味する。既述のように占術は怪異や病気の原因としてモノの祟りの有無を判定するものであり、日時・方忌等の勘申行為も、大将軍・天一神など方位神や凶会日などの暦注諸神はこれを犯せば祟りをなすモノ・凶神であり、陰陽師はその凶害を避けて行事を無事に導く役割を果たした。そのような災いを避ける機能とともに密教修法の展開とも深く関わり、道教系の諸神、特に星神や冥官神を拝して富貴延命を計る祭祀を行うことにより、陰陽道は天皇・貴族の期待に応える宗教としての様態を深めていった。

　陰陽師はこれらの宗教的機能をもって貴族たちに奉仕したが、ではどのような祭祀と方法がとられたのであろうか。そのさい災害や怪異・病気などのときに対処する臨時の祭祀と、毎年一定の時期に行う恒例祭祀の別を考慮する必要がある。

　『小右記』にはさまざまな陰陽道祭祀がみえ、天皇と朝廷のためには代厄祭・防解火災祭・熒惑星祭・天地災変祭・高山祭・海若祭・四角四界祭・五龍祭・招魂祭・鬼気祭等が行われ、記主藤原実資とその家族のためには、永延二年（九八八）七月四日条に病気のなか小野宮第に帰還した女児のために安倍晴明に鬼気祭を勤めさせたように、主に病気平癒の目的などで臨時に鬼気祭・招魂祭・土公祭や泰山府君祭が行われている。その一方で長和二年（一〇一三）八月十三日条の頭書には「今夜当気〔季カ〕鬼気祭、文高、西門」とあり、これを初見として当季すなわち四季ごとに自邸の門前で鬼気祭を行った記事が五例あり、[9]四季の鬼気祭を恒例としていたことがわかる。その鬼気祭を奉仕したのは陰陽頭惟宗文高であり、恒例祭祀は貴族の陰陽道祭祀の日常行事化とこれを請負う特定陰陽師との親密な関係を示す指標となる。

　天皇のために行う恒例祭祀の初見は、先述の『延喜式』に規定された庭火幷平野竈神祭、三元祭、御本命祭で、とくに御本命祭は年に六度の天皇の本命日（生年干支と同じ干支の日）に天曹、地府、司命、司禄、河伯水官、掌籍、掌算の神などに対して天皇の益算を祈るものであった。また藤原忠平の『貞信公記抄』には、公家のため四角祭・内裏属星祭・太一式祭・五龍祭・鬼気祭等の祭祀執行記事がみえるが、自身のためには属星祭・七献上章祭（泰山府君祭の旧名）が各一件、本命祭が八件あり、本命祭は延喜十八年十二月一日条を初見として忠平の本命日庚子ごとに行われている。その曾孫藤原道長の『御堂関白記』でも、道長の本命日丙寅ごとに賀茂光栄の本命祭・本命元神祭や宿曜師の仁統に本命供を勤めさせている。

自身の本命日に祭祀・祈禱を行うことは摂関家の例だったようで、その後も陰陽道祭ではないが藤原忠実の『殿暦』天仁元年（一一〇八）五月九日戊午条に、「今日本命日也、仍精進、北斗念珠千遍、定事也」と北斗念誦を恒例とし、九条兼実の『玉葉』には二五種にのぼる祭祀がみえるが、本命日には「本命日泰山府君祭」を信頼する陰陽師の安倍泰親、ついでその子息の泰茂、その没後には賀茂在宣に行わせている。[10]泰山府君祭は閻羅天子、五道大神、泰山府君、天官、地官、水官、司命、司禄、本命神、開路将軍、土地霊祇、家親丈人の一二神に息災延命を祈るもので、その中に本命神も含まれ、また天官（天曹）、地官（地府）、水官（河伯水官）、司命、司禄の五神も本命祭で請ずる神と重複しており、その他土地神や祖先神などを招聘し息災延命の祈願を増幅したものであった。

このほか兼実は毎月十八日の泰山府君祭を恒例としており、また治承二年正月二十二日条には、「恒例代厄祭」とあり代厄祭も恒例としたようである。他の恒例祭祀をみると、『殿暦』にも「毎四季呪咀祭」とあり、一三世紀に入って藤原家実の『猪熊関白記』には「四季泰山府君祭」「毎月八日恒例呪咀祭」、上級貴族ではないが藤原定家の『明月記』に年末の「恒例鬼気祭」などがある。[11]

このように平安中後期の貴族社会では臨時の祭祀のみならず、定期恒例の陰陽道祭祀を行う者もあった。しかしそれは王家・摂関家を中心とするもので、中下級の貴族層では、藤原行成の『権記』、源経頼の『左経記』、藤原資房の『春記』、藤原宗忠の『中右記』などをみても公家や摂関家に関するものは別として、自身のためのものとなると除服・精進・六月の祓などはみられるが祭祀は少ない。それは除病や昇進祈願のなどの特別な祭祀とされたからで、まして祭祀の恒例化は上記の一部に限られていたようである。

しかし、一二世紀末以降になると陰陽師自身の記録から貴族社会と陰陽師の関係の具体相が大分明らかとなる。『養和二年記』は陰陽師安倍泰忠の日記と推定され、養和二年（一一八二、五月に寿永と改元）正月から三月までの記録が残る。ここには祖父安倍泰親、父安倍泰茂と自身を含む陰陽師の活動がみられる。その要綱を日付順にあげてみよう。なお泰親は当時七三歳、安倍氏の最上臈で官は大膳権大夫、この年の四月陰陽頭となる。泰茂は四三歳で大蔵大輔兼陰陽大允、すでに右大臣藤原兼実に信頼されていた安倍氏中堅の陰陽師であり、泰忠は二六歳、のちに陰陽頭兼天文博士となるが当時はまだ貴族の日記に登場しない若輩の陰陽師であった。季弘は泰親の長子である。

正月十二日　泰茂、建礼門院御祈りの土公御祭（於六波羅殿）
　十五日　泰忠、三位中将殿毎月御祈りの泰山府君御祭（於里第）
二十八日　泰茂・泰忠、穢れにより建礼門院の長日泰山府君幷御招魂祭の撫物を渡されず（於女院）
二十九日　泰忠、賀茂中殿相知る女房の呪咀御祭（於川合瀬）
　季弘、右大将息三位侍従（平清宗）不例の御祈りの霊気御祭（於嵯峨六道）
　泰親、同御祈りの鬼気御祭（於六波羅）
　泰茂、同御祈りの泰山府君御祭（於里第）
二月　三日　泰親、禁中五体不具の穢れにより長日の御祭等の撫物を渡されず

三月　五日　泰親、後白河法皇今熊野社参詣精進始の御祓（於法住寺殿御精進屋）
　　　七日　泰親、後白河法皇新日吉社参籠精進始の御祓（於法住寺殿御精進屋）
　　十一日　泰忠、三位中将殿御祈りの巳日御祓（於川合瀬）
　　十五日　泰忠（泰茂の代官）、内裏毎月泰山府君御祭（於里第ヵ）
　　　　　　泰忠（泰茂の代官）、建礼門院長日泰山府君御祭・招魂御祭（同）
　　　　　　泰忠（泰茂の代官）、左兵衛督（藤原光能）の祭（同）
　　　　　　泰忠、三位中将殿毎月御祈りの泰山府君御祭（同）
　　　　　　泰忠、仁和寺中納言法橋女子不例の祈りの泰山府君祭（同）
　　十六日　泰忠、仁和寺中納言法橋女子不例の祈りの天曹地府祭（於里第）
　二十三日　泰忠、三位中将殿御祈りの下巳日御祓（於里第）
　　　　　　泰忠（泰茂の代官）、右大臣殿（藤原兼実）代厄御祭
　　　　　　泰忠（泰茂の代官）、建礼門院下巳日御祓
　二十六日　泰忠、税藤兵衛息小童不例の祈りの鬼気祭
　二十九日　泰忠、藤内母尼公不例の祈りの土公祭

わずか三か月間の日記であるが、これから泰親は後白河院、泰茂は建礼門院平徳子や右大臣兼実、参議左兵衛督光能、泰忠は「三位中将」など、それぞれの陰陽師としての位次に応じて朝廷貴族層に奉仕する関係を結んでいたことがわかる。とく泰茂は内裏毎月の泰山府君御祭や建礼門院のため長日の泰山府君並びに御招魂祭、泰忠は三位中将殿毎月の御祈りの泰山府君御祭を請負い、陰陽道祭祀が権門貴族層の日常の信仰に溶けこんでいること、そして泰忠が賀茂中殿の相知る女房の呪咀祭、仁和寺中納言法橋女子の不例の祈りの泰山府君祭、税藤兵衛

子息小童の不例の祈りの鬼気祭、藤内母尼公の不例の祈りの土公祭など、神職・僧の縁者、下級官人の家族のためにその依頼に応えていることも知られ、陰陽道信仰の着実な社会的広がりを知ることができる。

それから四〇年後の承久三年（一二二一）に、もうひとつの陰陽師の日記が残されている。天理大学附属天理図書館所蔵の『承久三年具注暦』である。この暦は巻頭の暦序と正月一日から十月二十六日までを存すが、間明《まあ》きのない具注暦の行間に日記が書き込まれており、七条院・右大臣をはじめとする貴顕から「越後守殿」「式部大夫殿」「冷泉左衛門志」などの受領・諸大夫・武官にまで泰山府君祭・招魂祭・代厄祭などの祭祀や祓を行う記事が多数あり、記主名は特定できないが賀茂氏か安倍氏の陰陽師の日記であると推測される。この年は五月から七月にかけていわゆる承久の乱が勃発した年で、都は戦乱の場となるが、日記にもその様子を伝え記主が直接見聞した記事があり、またおそらく他見を憚って墨で塗りつぶした箇所もあり、当時の朝廷方官人の緊迫感を伝える興味深い史料でもある。同暦には七五件の陰陽道祭祀関係記事があり、とくに七条院藤原殖子と推測される「御所」への奉仕は頻繁であるが、その中で恒例であったことを示す祭祀と日付をあげる。

西洞院殿姫宮月次招魂御祭（二月十日、宮月次招魂御祭〈三月十四日〉も同じか）
西洞院殿姫宮月次泰山府君御祭（三月二十日、五月二十六日、□宮毎月泰山府君御祭〈二月二十七日〉も同じか）
防城宮月次呪咀御祓（四月二十六日）
堀河月次泰山府君祭（三月十四日、五月八日）
右大弁殿（藤原資頼）月次泰山府君御祭（三月二十日、四月二十九日、五月二十二日、八月十八日、十月十八日）
五辻殿月次泰山府君御祭（三月二十四日、五月二十四日、七月二十四日）
冷泉左衛門志月次泰山府君祭（二月二十五日、三月二十九日、四月十日、五月八日）
東御方四季代厄御祭（二月二十六日）

三条富小路藤右衛門尉四季泰山府君祭（三月六日）
二条右衛門□四季泰山府君祭（四月十三日）
権藤右衛門尉四季泰山府君祭（四月二十六日、八月十四日）
二条烏丸四季天曹地府御祭（十月十三日）

このように祭祀奉仕の対象は、右大弁などの官職以外は第宅の所在をもって記すことが大部分で、よってこの陰陽師が奉仕した対象者の確定はできないが、「西洞院殿」は摂政藤原家実の土御門西洞院殿、「防城」は他に「山桃防城宰相中将」ともみえるので参議左中将藤原国通の楊梅防城家、「五辻殿」は当時五辻三位を称した非参議従三位藤原知家のことと推測される。さらに「冷泉左衛門志月次泰山府君祭」「三条富小路藤右衛門尉四季泰山府君祭」などの幾人もの下級武官も恒例祭祀を執り行い、その多くが福徳と長寿を求める泰山府君祭であったこと、また三月九日条には「二十一人御祈始之」とあって多人数の祈禱をはじめており、一人の陰陽師の活動が広範囲にわたり、社会的にも陰陽道の信仰が一層浸透していた様子を伝えている。

赤澤春彦氏は、一二世紀以降賀茂・安倍両氏の官人陰陽師数が右肩上がりに増加することを指摘し、その原因として陰陽師がかかわる朝廷行事・祭祀などが一一世紀末以降多様化・大規模化したこと、さらに貴族の「家」の急速な分立・増員により奉仕先が広がり、陰陽師の需要も高まったことをあげている。(12)『養和二年記』とともに『承久三年具注暦』はその時期の陰陽師の幅広い活動を示すもので、権門貴族のみならず下級の官人たちも陰陽道の恒例祭祀を求めたことが知られ、陰陽師の増員の背景に官人社会で現世における福徳延命を希求する陰陽道信仰の広範な展開があったことを明らかにしている。

二　都市民と陰陽師、大将軍信仰

このように陰陽道の信仰と祭儀は官人陰陽師を担い手として貴族から下級官人層へ浸透度を増していったが、それは貴族官人の家族や奉仕者、出入する職能者などを介して市井にも広がっていったと考えられる。一〇世紀末頃に民間の陰陽師である法師陰陽師（僧陰陽師ともある）が出て、宮廷女房たちのために祓を行っていたことは『枕草子』などの記事から知られる。『枕草子』第百九段には、見ぐるしきものとして、「法師陰陽師の紙冠して祓したる」とみえる。官人陰陽師の装束である衣冠・束帯にならい、法体剃髪の僧侶も仮の紙冠を着けることにより陰陽師に変貌し祓を行った。『紫式部集』にも、「弥生のついたち、河原に出でたるに、かたはらなる車に、法師の紙を冠にて博士だちたるを、憎みて」とあり、三月の上巳祓で賀茂の河原に出ると、傍らの車の人たちが紙冠を着けた法師陰陽師を使い祓をさせていたところに出くわしている。

このように宮廷女房たちが日ごろ目にするほど法師陰陽師は普通の存在であった。陰陽寮出身の官人陰陽師の職務行為は、占術であれ、祭祀であれ中国伝来の関係典籍を本書・本条・本文と称し典拠とするもので、それに反する行為は正統性を疑われ祭祀などは処罰の対象となることもあったが[13]、法師陰陽師の場合それと学術的基盤を同じくしたとは考え難く、民間ルートで伝わった呪法を交えながら禊祓を主体とする職務を行ったと考えられる。

民間陰陽師の輩出は、貴族官人層や庶民のケガレ・禁忌意識の普及、それにともなう禊祓儀礼の需要拡大などを要因とするものであり、また陰陽寮出身の官人陰陽師の人数が限られていたことにも原因がある。繁田信一氏は、平安中期の史料にみえる八十数名の官人陰陽師の官歴を抽出し、同一の時期に活動した官人陰陽師の数は二五名前後であり、その中で天皇、藤原道長のような貴顕は「陰陽道第一者」「陰陽道第二者」（位階・臈次の上位者）を用いたが、藤原実資・行成のような上級貴族の中間層は「第三者」以下を選ばざるを得ないこと、中級以下の貴族層を含め当時の貴族社会の成員の多くは官人陰陽師を使うことができずすべて法師陰陽師を用いたこと、法師陰陽師の数は一〇〇人を下らない現役の中級貴族層の需要を満たすだけでも一〇〇人以上必要であったとする。(14)なお、永承二年（一〇四七）の「藤氏長者宣」では在国の者を含むとはいえ四・五位の氏人は三六六名おり、(15)他氏族の存在もあるからこの数理的根拠は揺らぐ。民間の場合、自称すれば陰陽師になりうるルーズな存在でもあるが、(16)筆者は法師陰陽師の数がそれほど多いとは考えていない。天皇や摂関家などは頻繁に上位の陰陽師を使うが、平安時代中期では『左経記』などにみるように中・下級の貴族官人が陰陽師を利用する生活上の局面は祓などが主で貴族上層部より限定的であったと考えられるから、それほど多くもない官人陰陽師や陰陽寮の学生・得業生、法師陰陽師を都合をつけながら用いたとするのが実情に近いのではなかろうか。

その状況も需要の拡大とともに変化する。一二世紀前半成立の『今昔物語集』には、さまざまな民間陰陽師が都や地方で活動していた話しがみえる。話しの内容が平安中期に遡る内記の上人寂心（慶滋保胤）が法師陰陽師の破戒行為を責める話しや（巻十九の三）、安倍晴明と播磨国の陰陽師智徳法師の話し（巻二十四の十六、十九）は置くとして、巻二十四の二十には、捨てた妻が死んで悪霊となり復讐されることを恐れた男が、陰陽師に呪文を読んでもらい、そして陰陽師の教えの通りに一晩中妻の髪をつかみ、遺体に馬乗りになって暴れるのを押さえつけ悪霊から開放されたという話しがある。巻二十六の十二には、能登国の鳳至《ふげし》の孫の怪を占った陰陽師の話し、二十一話は、若い修行僧が自分は「陰陽の方」もよく知り、霊験あらたかなる祭もできる。それを行えば病気はなく自然に金持ちになり、神の祟りもなく夫婦の間もよく、万事思い通りになると語り、祭のために狩人の妻を山中に誘い、結局のところ妻を犯そうとし、帰ってきた夫に殺される話しである。これらの話しから平安時代後期に、市井や地方で活動する陰陽師、僧侶などを介して、カミの祟りを除き富貴長命の現世利益の願いに応えるかたちで陰陽道の祓や祭祀が普及していく様をうかがうことができる。

一三世紀に入っても、『法然上人絵伝』巻十九には、法然に従い念仏を唱えた者に阿波介という陰陽師がおり、

「阿波介、極めて性鈍、その心愚かなれど」念仏の行い厚く、ために二連の数珠を考え出したとあり[17]、彼は下層の民間陰陽師だったと思われる。北伊勢地方の有力武士とみられる藤原実重の『作善日記』には、元仁二年（一二二五）から仁治二年（一二四一）まで毎年実重が行った多数の神仏事を記録するが、そのなかに陰陽道の祭である「たいさんふくんのまつり」（泰山府君祭）九例、「きけのまつり」（鬼気祭）二例、「とくうまつる」（土公祭）七例、「ほしのまつり」（星の祭）などがみえ[18]、さきの阿波介のような民間の陰陽師によって地域社会にも浸透していたことが知られる。

赤澤春彦氏は、記録上で法師陰陽師の存在は一一世紀末以降一人も確認できず、それは当該期における官人陰陽師の増員、とくに賀茂・安倍両氏博士家陰陽師の増加が最末端に位置する法師陰陽師の活動の場を喪失させたことが原因であるとする[19]。ただしそれは記録を残す貴族層の場合で、市井や地方ではかえって彼らの活動は活発であったのではなかろうか。その後も法師陰陽師が活動したことは、一二世紀初頭の成立とされる『東山往来』第四十一状「僧不レ可レ成二陰陽師一状」[20]につぎのようにみえる。なお、本書は清水寺別当定深（〜一一一九）の撰とされ、東山の師僧が西洛の檀越の日常における信仰・習俗などの問いについて答えた往来物で、『東山往来拾遺』もこれに続いて撰せられたという。

言上　案内事

右所二言上一者、某之諸子中、有二一小法師一。幼童之時、随二師縁一出家之後無二指事一。其為レ躰、襟不レ隠レ頸、眉不レ曲レ尾、時骨有二術気一。万人皆曰、此子似二陰陽師一耳。某思二此事一、不レ劣事也。又渡世之風、無レ過二於斯一。仍勧二此子一、欲レ入二此道一。是可レ爾也。但以レ誰可レ為レ師。只随二貴房之被レ示、可二送付一者也。謹言。

師僧に対して、自分の息子の小法師は僧としての見込みはなく、その風体から皆が陰陽師に似ているというので、渡世の事を考えると陰陽師にしたいが如何であろうかと問うている。これに対して師僧は、僧が外法を行うのは永く仏制に背く行為であり、僧尼令には違犯すれば還俗させることになっている。さらに「而此云二陰陽師一者、不レ知二陰陽内外之怪異一、只為レ求レ利、以二祭神一為レ事。帰二十二獣、三十六禽一、為二所レ敬之尊一。但神怖二僧形一故、致二祭礼一時、抛二袈裟一置二佗処一、少紙冠着二円頭一。豈非二還俗一耶。尤是悪道因縁」と、陰陽師は怪異の意味を知らず利を求めて祭を行い、十二支・三十六禽を尊崇し、祭礼のときは袈裟を脱ぎ紙冠を着けるなど悪道の因縁であると批難している。

　また一二世紀末成立、中山忠親撰の『貴嶺問答』[21]は、当時の朝廷の制度儀式や世相、貴族の生活を伝え、その大概を令文を引用して説明するものが多いが、そこにも「抑播磨君珍昭有レ志参入。殊可レ被二召仕一之由所レ申也。陰陽極二淵源一云々。下官多年相二馮之一、度々向二彼祭庭一。致二蘋蘩礼一之時、先着二紙冠一。頗雖レ驚レ目、於レ事有二効験一。挙達如件」とあり、播磨君珍昭は陰陽は淵源を極める者で、自分は長年彼を頼みとしてその祭庭で祭礼を行っている。彼は紙冠を着し異様であるが効験は確かであると、陰陽師として用いることを推す書状を受ける。これに対して、紙冠を着けることが仏典にみえるなら信じられるが、そうでないなら僧尼令に違犯し罪科があるから頼むことはできないと返答している。このように批判の対象となりながらもその存在がとりあげられていることは、紙冠を着す法師陰陽師がなお人びとの宗教的要請に応ずる存在として活動していたことを示している。

　では、この時期の平安京の都市民の陰陽道関連の信仰はどのようなものであったのであろうか。前述のように『東山往来』は貴族層と想定される俗人檀越の疑問に僧が該博な経典の知識をもって答える形式のものであるが、内容は院政期社会の習俗や災い観、陰陽師や巫女などの市井の宗教者の活動をみることができる興味深い史料でもある。陰陽師に関するものは、先引の第四十一状のほかに、第十八状「百日依レ祓還不吉状」につぎのような問答がある。

　この夏より秋にかけ百日間、一家の祈りのため一人の陰陽師に毎日祓を修させたが、その後かえって不快のことがあり、一家は不静である。聞くところでは百日の祓を修する輩は皆不吉というが如何であろうか。この問いに師僧はつぎのように答えている。

所二令レ問給一百日祓、還而物悪之条者、時不二相応一之所レ致也。今様之作法、陰陽師早朝到来作レ祓。是尤不快事也。何者、密宗之諸神供、外道之祭祀等、皆許二日中以後乃至人定時一。所以依二冥憙一レ陰云云。仍宜応レ用二夕部一。又人家作法、早旦開レ門時、先応レ作二吉事一。而人家作レ祓、頗不吉之象也。依レ凶作レ祓、未レ見二吉家作一レ祓。而則早朝之祓、旁有レ憚。若有二不快事一者、応レ修二仁王講一、可レ被レ令レ転二読金光明典一、若爾者、神祇随レ之、凶悪為レ福。謹言。

師僧はその理由として、陰陽師が今様の作法で早朝に祓を行ったからであり、冥神は陰を喜ぶから密教の諸神供や陰陽道など外道の祭祀は日没ないしは人定時（深夜）に行うべきとする。(22) 陰陽道の祭祀が夜祭りであったことは前述した。

また、第十九状「小児不レ可レ着二紅蘇芳等衣一状」には、先日紅の単衣を着て夕方門庭で遊んだ子供が病となり祈禱を委ねられた師僧は、鬼神は色に耽るから小児七歳以前は紅蘇芳などの色衣を着せるべきではないとし、さらにつぎのように述べている。

僧律云、日暮時、不レ可レ遊二門前・水辺・橋下・屠処・祭処等一。是則鬼臨之時処也。若遊レ此者、非分得レ病。以制二止僧衆一、況於二凡人一哉。是故夕部遊レ門、不レ可レ作事也。（中略）奉二為小君御悩対治一、於二其門前一、臨レ夕被レ修二如法散供一者、御恙可二平癒一者也。今様作法、陰陽師以二糟糠一為二散供物一。是大麁悪事也。縦一搏物、可レ被レ用二正米一者也。不レ可二以レ香入一レ水。其如法事、紙上難レ尽。可二参啓一。謹言。

夕刻に門前や水辺などで遊んではいけない。それは鬼がいる時間と場所だからである。小君の病気のためには夕刻に門前で陰陽師の散供を行わせると平癒するが、その供物は今様の作法で陰陽師は糟糠を用いるが、それは粗悪な行いで、正米を用いるべきであるとする。前条では今様の作法で早朝に祓を行う陰陽師、ここでもまた便宜的に今様の作法で糟糠を供物となすこの陰陽師は、官人の正規な陰陽師というよりも市井の存在を念頭において語られたものであろう。

これらの話しは一家や小児の病の原因が鬼神にあり、これを避ける場所と時間、陰陽師の祓・散供に関するものであるが、このほか陰陽道関連として暦注や方角禁忌などについての問答もみられる。また、陰陽師以外の巫女などの民間宗教家に関しては、第六状「地心経不レ用状」に、

日来怪異頻示、内外如レ浮。占人云已多、或云二地之祟一、或云二霊之強一也云々。勧云、三七日許、奉レ転二読地心経一者、尤是吉方術也云々。

と、怪異が頻りに起り、占人のいうには、地の祟り、あるいは霊の祟りが強いとして二一日間『地神（心）経』の転読を勧められたがどうか、という問いに答えて師僧は、「抑地心経者、日域凶人、為レ弭二仏教一、為レ求二利養一、自偽作也」と、これは日本で撰述された偽経であるから読むことはできないとした。『地神経』は、これを受持することにより犯土造作による五龍王や堅牢地神等がもたらす諸災難の除去に効力があることを説く、中国あるいは朝鮮撰述の偽経とされ、日本では琵琶盲僧などの民間宗教者が読み、またその釈文は中世以降各地の民俗信仰に取り入れられて多彩な展開を示した(23)。よってこの占人は、『新猿楽記』にみえる卜占・神遊・寄絃・口寄を行った覡女（巫女）の如き民間宗教者と考えられる。

巫女の活動は第十一状「巫女妄指レ祟増レ悩状」にもみえ、

小女此日来不例。仍一日比、乳母女房、向二巫女一問レ祟之処、占云、大将軍祟云々。聞二其占一以来、児之悩気弥増。則失二為方一。而則請二験者一、令二加持一之間、大将軍託宣、我心也云々。爰某等廻二思慮一、神道無二横切一、亦以二正理一。家中无レ所レ犯、而有二其祟一矣。

と、幼い女が病になり乳母の女房がこれを巫女に問うと、大将軍神の祟りと占い、それ以後病は重くなった。そこで験者に加持を行わせると大将軍が託宣して我が心であるという。家中でその禁忌を犯したことはないのにどうしたことであろうかと問う。それに対して師僧は、

抑自今以後、不レ可レ用二偽巫一。何者、冥道随二人言一、賢者検二真偽一。上代占女、指レ実停レ祟、近来巫女、指レ虚致レ狂。若占レ実者、病則減差。若以レ偽妄称二某神之祟一者、神謂レ入二其分一、則着増レ病。是以知二真偽一耳。爰占女朝夕、敬レ神弁レ供、叩レ鼓作レ咀云、吾之出言、神成二真実一云々。神受二其養一、随レ言着レ彼、如レ是誑二惑諸人一。

と述べて、冥道の神は人に憑いてものを言い、賢者が真偽を決する。上代の占女は事実を指して神の祟りを止め、近代の巫女は虚妄を指して祟りの狂乱を請来する。だから事実を占えば病は減少し、妄言である神の祟りだといえば神は取り付いて病を重くさせるものであるから、偽巫は用いるべきではないとする。

大将軍は具注暦に記される暦神八将神の一つで、『陰陽雑書』[24]に「暦例云、大将軍者太白之精、天之上客、太一紫微宮、方伯之神、不レ居二四猛一、常行二四仲一、以正二四方一、三歳一移、百事不レ可レ犯云々。尚書暦云、移徙・嫁娶・喪送・作屋・起土不レ可二触犯一、大凶」とあり、三年ごとに四方を廻り起土造作などでその方位を犯せば祟りをなす方角神であった。院政期に大将軍の方位に関する禁忌が盛んであったことは、『中右記』長承三年（一一三四）正月三日条に、節分の夜にあたり翌日立春に大将軍が三年ぶりに所在の方位を替えるので、鳥羽院・待賢門院や大殿藤原忠実・関白忠通をはじめ「万人が方違す」との状況を記していることから知られるが、それのみならず当時すでに民間の覡女が奉ずる神となっていたことがわかる。

『東山往来』にはこの他にも、第十状「供二養神像一用二仏眼真言一状」につぎの話しがある。この俗人の邸で大将軍神像供養を行ったとき導師を務めた師僧が仏眼真言を用いたのに対して、これを参観した北山供奉は外法神

には開神眼呪を用いるべきとした。師僧はこれに対して、仏眼真言を用いたのは大将軍神など神祇が具有する仏性を覚醒させるためであると答えている。『東山往来拾遺』第三十四状「大将軍神遊内状」では、「就㆓大将軍神遊行㆒、言㆓遊内㆒者、指㆓何内㆒哉」と、大将軍神の方位を問題としている。同第三十九状「灸治時神祟不㆑可㆑被㆓焼籠㆒状」には、

　右家中雑使、如㆔日来有㆓所労㆒、竊令㆓灸治㆒。而間神母女出来、叩㆑鼓云、件所労、我大将軍之所㆑為也。而被㆓焼籠㆒不㆑可㆑去云々。此事不審、若神之有㆘被㆓灸籠㆒理㆖耶。

とあり、家の雑使が病となったときに、「神母女」がやってきて鼓を叩き神下ろしを行うと、大将軍神が託宣し自分の所為としたという。神母女とはその行為から巫女であることは明らかであろう。同第三状「大将軍神像不㆑可㆑入㆓金眼㆒状」にも、「神母」＝巫女の説として大将軍神像を造るには金眼を入れるべきというがどうであろうかと問い、それに対して師僧は諸天・鬼神の像が尊ばれるのは人相を具すからで、金黄眼を入れるのは獣類だけで、これは無知な巫女の妄説であると答えている。

　巫女が大将軍神の祟りを占い、その託宣を受け、造像のとき金眼を入れることを主張し、また僧が神像を供養して遊行の方位の問題に答えている一方、ここには陰陽師の関与はみられない。一二世紀初頭に大将軍神の存在は暦神・方角神の一つから都市民の間に浸透し祀られる存在となっていたことがわかる。

　これより少し早く、祇園感神院に牛頭天王とともに大将軍が祀られていたことは『扶桑略記』延久二年（一〇七〇）十月十四日の祇園社火災記事、十一月十八日条の「官使検録」記事から知られ、天神＝牛頭天王像は取り出したが、その後八王子像四躰や蛇毒気神、大将軍神像などの焼失の実否について官使の検注があったという。このことは『玉蘂』承久二年（一二二〇）四月十五日条の外記勘例「祇薗社焼亡例事」に引く延久二年十月二十七日の「官使検注」に詳しく、それによると、本堂・宝殿の焼失に際し八王子像一躰は取り出したが、鎮火後に

大壁に埋もれた牛頭天王と婆梨女は足を損じながら抱え出した。それは六尺余の像であったという。八王子は三尺許りで三躰は所々焼損しながらも発見されたが、八王子四躰と蛇毒気神、大将軍神の御躰はみな焼失したという。鎌倉末期から室町前期の成立とされる『簠簋内伝』では八王子は暦の八将神で、大将軍と蛇毒気神はその中に含まれている。当時は別の尊像とされたようであるが、疫神牛頭天王、八王子とともに大将軍神が祇園社で奉祭されていたことは共通する性格を有していたからであろう。

また、藤原師通の『後二条師通記』寛治六年（一〇九二）三月十六日条に、

　陰陽師道時〔言〕朝臣奉二暦下巻一了。南方大将軍方也。奉レ安二置大般若経一、為レ之如何。画像者不レ可二以憚一、但木像者有レ憚云々。於二御経一者不レ可二以忌一之由所レ申也。

とあり、大将軍の所在方位が南方であるので大般若経を安置したいとし、そのことの可否を陰陽師賀茂道言に問うと、道言は、画像は憚りないが木像は憚る。経典は忌む必要はないと答えているが、ここで引き合いに出された画像・木像は大将軍神像のことであろう。

『殿暦』永久二年（一一一四）六月二十五日条には、前斎院の正子内親王がこの二、三日不例で病が重くなり、その間みずから大将軍の祟りと示すことがあった。その南に大将軍堂があるので、前斎院は今夜急いで他所に移られた、とみえる。七月十七日条には、忠実は心身不快、霍乱の如くでその後快復したが、「自二今夜一、此未申角座給二於大将軍一、令二転読一」とある。記事が簡略で詳細は不明であるが、大将軍に座を給うとは神像を安置して経典を転読したということであろうか。さきに師通が大将軍方に大般若経を安置したこととも通じるが、忠実の行為は自身の病を大将軍の祟りとみてその供養のための転読を行ったのであろう。同様なことは『玉葉』元暦元年（一一八四）九月二十九日条に、「邪気快渡、然而神心猶無レ減、日数浅之故也。此日以二在宣一令レ行二大将軍祭一」とあり、自身の邪気＝物の気の病にさいして、陰陽師賀茂在宣をもって大将軍祭を行わせており、病がそ

の祟りとされたようである。

陰陽道の大将軍祭は鎌倉時代の賀茂氏の祭祀書『文肝抄』に「十二座、魚味、撫物鏡、神像　一鋪長三尺」「遷幸・移徙幷其方解除時祭レ之」とあるように、転居や犯土にさいして方角の禁忌を祓うために行うことが多く、また神像を掲げることも大きな特徴であった。しかし上記の例により、院政期には方位を掌り知らず知らずの侵犯により人に祟りの病をなす神として知られ、その造像も盛んに行われたことがわかる。

これを祀る大将軍堂も先引の『殿暦』の記事にみえたが、『山槐記』治承二年（一一七八）十一月十二日条には、中宮平徳子の御産にさいして御誦経を行う社四一か所のなかに「大将軍堂」があり、後白河法皇の『梁塵秘抄』第二には「神のめでたく現ずる　金剛蔵王・はゝわう大菩薩・西宮・祇園天神・大将軍・日吉山王・賀茂上下」と霊験を示す神として歌われ、鎌倉中期の『拾芥抄』諸寺部第九には、大将軍堂が「上、一条北、西大宮西」、「中、高辻北、万里小路東」、「下、七条北、東洞院西」の三か所に存在したことを記している。京都市上京区の大将軍八神社はこの上大将軍堂の後身であり、現在も平安中期から鎌倉時代にかけての多数の神像を安置していることで知られている。

陰陽道の大将軍祭のみならず、院政期には都市民が大将軍像を造って僧がこれを供養し、また摂関家でもこれを安置して読経し、巫女がその祟りを占い、これを祀って常にその霊異を仰ぐ大将軍堂が築かれていた。前述のように陰陽道は特定の宗教施設は持たず祭祀は戸外で臨時に行ったから、その存在は陰陽道から発しながら、それとは別に新たな貴族を含む都市民の信仰形態を反映したものであり、大将軍堂も草創期の北野社や祇園社のように、僧侶や市井の宗教者・市井の人びとにより信奉された施設と考えてよいのではなかろうか。現在、大将軍八神社には一二世紀を中心に八〇軀の武将形・束帯形の神像を存している。(25)これらは上述の院政期における大将軍信仰を反映する神像群と想定してよいであろう。

三　陰陽師たちの信仰

人びとに陰陽道祭祀の利益を説き、これを職務とした陰陽師たちは如何なる信仰を有していたのであろうか。冒頭で指摘したように陰陽道には来世観はなく、よって陰陽師たちは死者の冥福を祈り追善を行うことはなかった。彼ら自身も多くは老齢または死の前に出家し、『小右記』寛仁二年五月二十六日条に、「従㆓行願寺㆒退帰之次、見㆓陰陽頭文高宿禰寺㆒、中御門末、随分之勤、尤可㆑感也」とあり、陰陽頭惟宗文高のように寺を建てるものもあり、後生は仏教に頼った。記主の実資もこれを異とせず好感をもって記している。では陰陽師の日常はどうだったのであろうか。それを知る重要な史料も『養和二年記』であり、つぎに陰陽師安倍泰茂・泰忠父子の信仰形態を示す事項と記事をあげておこう。

正月十一日　御前（泰茂室ヵ）祇園社に参詣。

十四日　賀茂上社に参詣。「云㆓寿命㆒、云㆓福禄㆒、云㆓官位㆒、無㆑疑令㆓成就㆒歟。深奉㆑仰㆓大明神㆒者也。感応如㆑思。」

十五日　賀茂下社に参詣。

十八日　行願寺御仏（観音）に正月分供進す。「観音定令㆑垂㆓加被㆒御乎。」

十九日　大輔殿（泰茂）御方で毘沙門講、大輔殿と御前ともに広隆寺参詣。

二十二日　女房（泰忠室ヵ）日吉社に参詣（翌日帰還）「十禅寺〔師〕定令㆑垂㆓加被㆒御歟。長命・多福・無病歟。」

二十四日　山王講恒例の如し。

広隆寺御仏に正月分供進す。「薬師如来必定令㆑垂㆓哀憐㆒御、無㆑病一家中無事歟。」

二十五日　大輔殿（泰茂）御方で地蔵講例の如し。
二十六日　感応寺・鞍馬寺に参詣、行願寺に参詣。
二月　三日　大輔殿御方で毘沙門講例の如し。
二十二日　大輔殿御方で地蔵講。
二十八日　鞍馬寺に参詣。「福徳成就之中、又家君《（泰親）》不食之病悩平癒之旨、能々祈申了。定有㆓感応㆒歟、命延長御畢。」
行願寺に参詣。
三月　三日　大輔殿御方で毘沙門講、等身絵像を供養す。「願文ニ云、為㆓福寿成就、天下飢饉除払㆒也云々。」
十五日　大輔殿日吉社に参詣。
十七日　行願寺不断常灯始に油炊料を奉る。「年来願漸似㆓成就㆒、観音定垂㆓加被㆒了。」
二十七日　鞍馬寺・行願寺に参詣。
二十八日　年曾の五寸の地蔵菩薩、臨時三寸の毘沙門天王造立料を尾張講師に下行す。「今年菩薩五寸也。泰山府君御本身モ深相存奉㆑造㆓立之㆒、定令㆑垂㆓加被㆒御乎。」
三十日　地蔵菩薩・毘沙門天を供養す。

泰忠の寺社参詣は正月十四・十五日の賀茂上下社からはじまり、上社参詣のさいに寿命・福禄・官位の疑いない成就を祈り、賀茂大明神への深い帰依を述べている。十八日には行願寺皮堂の観音に、二十二日には広隆寺薬師如来に正月分を寄進して加護を祈り家中の無病と無事を願い、鞍馬寺・行願寺の参詣は毎月恒例としていた。二月二十八日には早朝卯の一点に徒歩で鞍馬寺に参詣し、自身の福徳成就と家君泰親の病平癒・寿命延長を祈願し、黄昏戌時に行願寺に参っている。泰親の日頃の後白河院への奉仕は病を押してのことだったようで、四月に泰親は陰陽頭となるも翌年出家の後に没している[26]。その間泰忠は自身の女房に日吉社へ参らせ日吉七社十禅師の加護による長命・多福・無病を祈願し、山王講も例としていた。また父の泰茂方でも毘沙門講と地蔵講を毎月行い、自身や室が日吉社・祇園社に詣でるなど、一家の寺社、神仏への尊崇は極めて篤かったことがわかる。

第一節で引用した『養和二年記』にみたように、安倍泰茂・泰忠父子は権門貴族・官人の要請に応じてその除病・息災・福徳のために盛んに陰陽道の祭祀を行っており、陰陽師という職業的宗教家としての役割を考えるとこの神仏への依存とは好対照をなし、陰陽道はあくまで職業で、信仰は別にあったのであろうかと少しとまどいをもつ。しかしそれは矛盾することではなかった。三月二十八日に泰忠は年来の願いであった五寸の地蔵菩薩と、臨時に三寸の毘沙門天王造立料を尾張講師に下行し、三十日に両像を供養した。その地蔵菩薩造立に関して、「泰山府君の御本身も深く相存じてこれを造立し奉る。定めて加被を垂らしめたもうか」と述べている。泰山府君の御体も深くともにあるとして地蔵菩薩を造立したと言い、すなわち地蔵菩薩と泰山府君を同体とみていたことが知られる。

『覚禅鈔』巻七十一、地蔵上[27]には『大集経』を引用して、「地蔵菩薩為二閻魔王一也。使者是五官神也。是閻魔王所レ領神」とある。地獄で衆生を救う地蔵菩薩は冥界の王である閻魔王と同体とされたが、東密の閻魔天供は、眷属として太山府君や五官神＝五道大神を祀る。そもそも閻魔天と太山府君の関係は深く、九世紀に伝えられた胎蔵界曼荼羅の最外縁の外金剛部院には地獄の主神閻魔天のもとに太山府君が描かれている。閻魔天を祀って除病・息災・延寿を請う閻魔天供は、眷属として太山府君、五道大神、司命、司録、荼吉尼天《だきにてん》、遮文荼《しゃもんだ》などを配して真言を誦すもので、台密ではこれを冥道供ともいう。『阿娑縛抄』百五十四閻魔天[28]には「焔羅王供行法次第ニ云。是法ハ疫病気病一切病悩時宜レ修〇到二疫病之家一多誦二太山府君一」とあり、病者の家に出向くときは泰山府君の真言を誦したと言い、閻魔天との一体化が泰山府君の本地を地蔵菩薩とみる観念のもとにあったと考えられる。

そのような閻魔天と泰山府君の認識は貴族たちにも影響を与え、『小右記』永祚元年（九八九）二月十日条に、円融法皇は夢想により一条天皇のため尊勝法・焔魔天供と陰陽道の代厄御祭を行うことを奏せしめたが、翌日摂政藤原兼家は天台座主に尊勝法、安倍晴明に泰山府君御祭を奉仕するように命じている。(29) 尊勝法は除病・息災を祈る法として知られ、陰陽道の代厄祭は『文肝抄』に「節分、重厄時祭レ之」とあり、厄を除くのもであった。泰山府君祭は前述のように閻羅天子、五道大神、泰山府君、天官、地官、水官、司命、司禄、本命神、開路将軍、土地霊祇、家親丈人の一二神を祀るもので、主要な神格は焔魔天供と共通し、これも息災延寿のために修した。摂政兼家は密教では尊勝法を、陰陽道は代厄祭より焔魔天供と同様な機能を持つ泰山府君祭を最も効果的な修法・祭祀と考え、それぞれを延暦寺を代表する座主で弟の尋禅と陰陽道の上﨟安倍晴明に行わせたのであろう。

『覚禅鈔』巻百十八焔魔天法の裏書には、(30)「泰親師主僧正（勝賢）申云、炎魔天・太山府君・司命・司禄、悉皆星所レ変云々。慥是承也。法務次第可レ見レ之」とあり、安倍泰親は閻魔天も泰山府君も司命・司禄もみな同じように星の変化と述べたと言い、星の垂下神とみていた。『阿娑縛抄』巻百四十二、北斗(31)には、平等房次第に云うとして、北斗七星の貪狼星は大白衣観音、あるいは千手観音、巨門星は馬頭観音、禄存星は不空羂索観音、廉貞星は水面観音・深沙大王、武曲星は阿嚕力迦観自在菩薩《あろりきかかんじざいぼさつ》、文曲星は独諦観音・十一面観音、破軍星は虚空蔵菩薩に配当されている。また安倍氏の口伝等を抄録した承元三年（一二〇九）以降の成立の『陰陽道旧記抄』(32)には、日月星の三光について「□〔日〕観世音為二宝光一、月得大勢作二名月一、星虚空蔵号二普光一」とし、また『須弥四域経』等を典拠として、天地開闢のとき阿弥陀仏が宝応声・宝吉祥の二菩薩を第七天に遣わし七宝をとり、日月星辰二十八宿を造り天下を照らしたとの説を載せており、僧侶も陰陽師も日月星辰の本地は仏菩薩としていた。

泰忠は地蔵菩薩と泰山府君を同体とみていたが、それは神々は仏菩薩の変化・垂下とする顕密仏教の世界観のなかにあり、陰陽道の諸神もその秩序に組み込まれる存在と考えていたのである。

『玉葉』文治元年（一一八五）正月十二日条には、彗星の変異をめぐり泰親の星辰観を示すつぎのような話しがある。去る正月元日に東方に赤気があり、司天の輩の間で執論があった。泰親はすでに没していたが子息の季弘、業俊、泰茂たちはこれを彗星とし、安倍氏他流の広元、資元らは蚩尤旗《しゆうき》とし、時晴、晴光らは客気と申した。記主の九条兼実は泰茂が来たので天変の事を問うと、泰茂は彗星に異議のない由を申した。そこで兼実は星の本体がみえないのに彗星とするのはどういうわけかと質すと、泰茂は、

　申云、去治承元・二年所レ現之彗、又以無二本星一、然而泰親申二彗之由一、季弘称二蚩尤旗一、相論之間、泰親朝臣仰レ天而請二天判一、若泰親申レ非レ彗、申レ彗者可レ蒙二天罰一。季弘乖レ父申レ非レ彗、若訛者又可レ蒙レ罰云々。而不レ経二幾程一、受二重病一及レ危レ命、于レ時泰親自書二祭文一、修二祭祀一、申二請天一。即病癒。然則、彼時事切了。

　全不レ可レ依二星有無一。

と述べたという。すなわち治承元年・二年（一一七七・八）に同様な変異があり本星はなかったが泰親は彗星とし、長子季弘は蚩尤旗と主張し相論となった。そこで泰親は天を仰いでいずれの説が誤りか天判を下すように天判を請うと、ほどなく季弘は重病になり、泰親の正しいことが証明された。ついで泰親は祭文を書して天に申請したので季弘の病は平癒した。だからこのことは決着がついたことであるとする。

天文家安倍氏は陰陽師でもあり、彼らが毎夜観測し、変異があれば祀る星も神に他ならない。中世史料によくみられる「天運」は神仏の加護と、「天罰」は神仏の罰と結びついているとされるが[33]、この「天判」を請われて「天罰」を下し、また「祭文」に書き上げられた神仏も星と同体、その本地としての仏菩薩天とみてよいであろう。

陰陽道で祀る泰山府君・五道大神や北辰・北斗・宿曜などの星神は、密教の閻魔天曼荼羅や星曼荼羅でも仏菩薩天を囲繞する構成要素であり、また中世の起請文でも陰陽道の神々は梵天・帝釈天・四天王のあと日本の神祇

の間に位置づけられる存在であった[34]。陰陽道はカミやモノの祟りを避け福寿を求める人びとの現世利益の要請に応える呪術宗教として影響力をもち、社会的にも大きな役割を果たした。そこに職業的宗教者陰陽師が存在し得る場があったが、独自の世界観、来世観を持つことはなかった。陰陽道の信仰は、究極的には顕密仏教のコスモロジーの枠中に位置づけられていたといえるであろう。

おわりに

本章では、院政期から鎌倉前期までの陰陽道信仰の問題を、貴族官人社会における恒例祭祀の展開、都市平安京の人びとと民間の陰陽師の活動、大将軍信仰とのかかわり、そして陰陽師自身の信仰という観点から考えてきた。貴族層のみならず下級官人も毎月・四季の泰山府君祭などの恒例祭祀を必要とするほど陰陽道の信仰は社会的に定着し、また暦神・方角神としての大将軍神が霊異を持つ神として都市民に信仰造像されるなど、陰陽道由来の信仰が民衆間に浸透するのは中世的な展開といってよいであろう。

陰陽道自体も鎌倉時代には和合祭、山神祭、宇賀神祭、荒神祓などが行われるように神祇信仰や密教からの影響を受け変容していることも指摘されている[35]。また鎌倉幕府でも安倍氏を中心に多数の官人陰陽師が下向し、幕府将軍やその体制の安泰のためにさまざまな祭祀を行い、地域社会でも、北伊勢地方の有力領主藤原実重の『作善日記』に泰山府君祭・鬼気祭・土公祭などといった記事が多数みえることにより、民間陰陽師などの活動によって陰陽道祭祀が普及していった様子を知ることができる。陰陽道は朝廷・貴族層を擁護する呪術宗教として九世紀後半から成立するが、以上のような諸相をもつ中世陰陽道信仰展開の転換期は、官人のみならず民間宗教者も関与して院政期にあったといってよいであろう。

(1) 水口幹記「『王朝時代の陰陽道』と陰陽道研究」（齋藤勵『王朝時代の陰陽道』解説、名著刊行会、二〇〇七年）、赤澤春彦『鎌倉期官人陰陽師の研究』序章「陰陽道研究の現状と課題」（吉川弘文館、二〇一一年）などを参照。

(2) 山下克明『平安時代の宗教文化と陰陽道』（岩田書院、一九九六年）、本書第一部第一章。

(3) 本書第一部第二章。

(4) 『歴代残闕日記』巻三〇所収。山下前掲註(2)書、第一部第五章「養和二年記について」に解説と校訂翻刻がある。また赤澤前掲註(1)書でも検討されている。

(5) 本書第三部第二章で日次記の翻刻を行っている。

(6) 鎌倉時代の文献から実際に行われた陰陽道の祭祀名をあげる。
『吾妻鏡』には、天曹地府祭、泰山府君祭（別に如法泰山府君祭、月次泰山府君祭あり）、御当年星祭、属星祭、熒惑星祭、太白星祭、歳星祭、塡星祭、月曜祭、日曜祭、計都星祭、羅睺祭、天地災変祭、鬼気祭（別に如法鬼気祭あり）、水神祭、土公祭（別に大土公祭、小土公祭あり）招魂祭、百怪祭、三万六千神祭、地震祭、四角四境祭、四方四角祭、呪咀祭（別に如法呪咀祭あり）、霊気祭、疫神祭、鷺（白鷺）祭、風伯祭、代厄祭、霊所祭、痢病祭、夢祭、七十二星西岳真人符、大歳八神祭、井霊祭、防解火災祭、大将軍祭、王相祭、宅鎮祭、石鎮、厩鎮、竈神祭、大鎮、堂鎮、北遊（極カ）御祭、など四三種の陰陽道祭がみえる。

鎌倉初期の安倍氏の『陰陽道祭用物帳』（宮内庁書陵部蔵、土御門本）には、この他の祭祀として赤痢病祭、山神祭、灰鎮御祭、宇賀祭がある。

鎌倉中期の賀茂氏の『文肝抄』（村山修一編著『陰陽道基礎史料集成』東京美術、一九九一年）には他に、五帝幷四海神祭、北極玄宮祭、雷公祭、海若祭一名海神、五龍祭、河臨祭、招魂祭、竈神祭、荒神祓、八鬼祭、大散供、本命祭、小児祭号加利底母祭、卌二座呪咀祭、八卦諸神祭、和合祭などがみえる。

(7) 小坂眞二氏は、祭物や撫物、祭祀主体などを考慮しながらつぎのように分類している。①国家攘災の祭祀——高山祭、雷公祭、五龍祭、海若祭、天地災変祭、地震祭など。②天皇のみに行われる祭祀——北極玄宮祭、大属星祭、老人星祭、太一式祭、三万六千神祭など。③天皇、上皇、臣下を通して行われる祭祀——ⅰ攘厄系統に、代厄祭、鬼気祭、火災祭など。ii個人祈禱系統に、属星祭、九曜星祭、泰山府君祭など。iii鎮祭系統に、禊祓（「祭・祓と陰陽道の祭祀部門」『陰陽道叢書』第四巻特論、収録論文解説、名著出版、一九九三年）。

また岡田荘司氏は、神祇祭祀とのかかわりという視点からつぎのように区別している。⑴年穀成育のための国家祭祀――高山祭、雷公祭、五龍祭など。⑵道、堺の祭――邪鬼を祓う鬼気祭、四角四堺祭など。⑶祓と鎮の祭祀――七瀬祓、河臨祓、地鎮、宅鎮の祭法。⑷星辰と冥府の祭――星祭、泰山府君祭、天曹地府祭（「陰陽道祭祀の成立と展開」『陰陽道叢書』第一巻古代、名著出版、一九九一年、初出は一九八四年）。

（8）本書第一部第二章。

（9）『小右記』治安三年七月十七日・同年十二月二日・万寿元年十二月六日・長元元年十二月二十二日条。また長元四年二月二十九日条に「今夜鬼気祭、西門、為高〔文カ〕称ㇾ病、仍以二陰陽属恒盛一令ㇾ祭、」とあるのもそれで、文高の病により陰陽師を中原恒盛に替えて四季の鬼気祭を行ったものと推測される。

（10）『玉葉』承安元年四月二十五日己巳・文治四年八月六日己巳条等参照。

（11）『殿暦』天仁二年十二月十五日条、『猪熊関白記』建久八年四月八日・七月六日条、建仁元年十月八日条、『明月記』天福元年十二月二十九日条等。

（12）赤澤前掲註(1)書、第一部第二章「鎌倉期の朝廷と陰陽師」。

（13）山下前掲註(2)書、第一部第二章「陰陽道の典拠」、初出は一九八二年。

（14）繁田信一『平安貴族と陰陽師』第二章「法師陰陽師」（吉川弘文館、二〇〇四年）。

（15）『造興福寺記』（『大日本仏教全書』寺誌部、所収）。なお山下克明「書評、繁田信一著『平安貴族と陰陽師』」（『歴史評論』六七七号、二〇〇六年）参照。

（16）『今昔物語集』巻二十四の十八に「隠れ陰陽師」が登場し、巻二十六の二十一には若い修行僧が「己は陰陽の方もよく知」るとして祭を行う場面がある。

（17）『法然上人絵伝』中、続日本の絵巻2（中央公論社、一九九〇年）。

(18)『四日市市史』第一六巻、第一章第四節「藤原実重の信仰と生活」（西垣晴次氏執筆）（四日市市、一九九五年）。
(19)赤澤前掲註(1)書、第一部第三章「鎌倉期の貴族社会と陰陽師」。
(20)『続群書類従』第十三輯下消息部、『日本教科書大系』往来編第一巻（講談社、一九六八年）所収。
(21)『群書類従』第九輯消息部、前掲註(20)書、所収。
(22)『行林』第七十九神供（『大正新脩大蔵経』巻七六、四八九頁c）に「人定修レ之」とみえる。
(23)増尾伸一郎「『地神経』と〈五郎王子譚〉の伝播」（『日本文学』四七巻七号、一九九八年）、同「『地神経』変奏」（『国文学』四六巻一〇号、二〇〇一年）、等参照。
(24)中村璋八『日本陰陽道書の研究』増補版、所収（汲古書院、一九九八年）。
(25)『大将軍神像と社史』（大将軍八神社、一九八五年）参照。
(26)宮内庁書陵部蔵『陰陽家系図系』に、「寿永二・九・十、年七十四、去月廿六日出家、以或本加之」とある。
(27)『大正新脩大蔵経』図像部第五巻、一二一頁a。
(28)『大正新脩大蔵経』図像部第九巻、四九六頁c。
(29)斎藤英喜『陰陽道の神々』第二章「冥府と現世を支配する神」（思文閣出版、二〇〇七年）でもこの指摘がある。
(30)『大正新脩大蔵経』図像部第五巻、五五〇頁b。また、同書巻百一北斗法の裏書（同巻四一五頁a）にも「師主権僧正勝ー云、炎魔王即星也。泰山府君同之。天文師泰親談会事也云々」とある。
(31)『大正新脩大蔵経』図像部第九巻、四五四頁c。
(32)詫間直樹・高田義人編著『陰陽道関係史料』所収（汲古書院、二〇〇一年）。
(33)上横手雅敬「戦争の勝因と敗因」（藤井忠俊・新井勝紘編『人類にとって戦争とは3　戦いと民衆』東洋書林、二〇〇〇年）。
(34)佐藤弘夫『起請文の精神史』（講談社選書メチエ、二〇〇六年）。
(35)室田辰雄「『文肝抄』所収荒神祓についての一考察」（『仏教大学大学院紀要』三五号、二〇〇七年）。

第四章　密教修法と陰陽道

はじめに

本章では平安時代における密教修法の成立と陰陽道とのかかわりを、これを利用した政治権力の影響を考慮しながら検討したいと思う。平安時代にともに大きな展開をとげる密教と陰陽道は、その専門家が密教は出家の僧侶、陰陽道は陰陽寮出身の官人という聖俗の別はあるが、それぞれ国家的・社会的に宗教としての機能を果たしながらも、平安中期の一〇世紀頃から密教側を主体として深くかかわっていく。

密教修法と陰陽道の融合問題に関しては、これまでも中臣祓《なかとみのはらえ》等を取り入れた六字《ろくじ》河臨法《かりんほう》や土公供、泰山府君（太山府君）を祀る焔魔天供や道場の結界にさいしての禹歩儀礼の導入など、密教行法中における道教・陰陽道的要素を指摘した村山修一・三崎良周・野本覚成氏などの研究があり(1)、また近年でも西岡芳文氏が鎌倉時代後期の称名寺の聖教から陰陽道の占具である式盤を模したものを本尊とする、いわゆる式法・盤法が行われていた事実を明らかにしている(2)。これらの検討はあるものの、従来陰陽道の研究がたち遅れていたこと、また陰陽道とかかわる密教の行法は秘法とされ正統的観念から問題視されることが多く、史料も断片的であることなどから未だ個別的事例の検討段階にとどまり、今後の研究を俟つところが多いと思われる。

そこで本章では星宿法を中心に密教修法と陰陽道との関係の具体相を掲げ、平安時代中後期におけるそれらの修法の成立や展開と要因、その政治・社会的背景を考えたいと思う。そのさい検討したい課題はつぎの三点である。一つは、一〇世紀における密教と陰陽道の融合例で、本命供・北斗法などの密教の所謂星宿法の成立に陰陽師が関与したこと。第二には、一一世紀に園城寺が独自の秘法とした北極星を至尊とする尊星王法の展開で、行法・経典・曼荼羅の成立に陰陽道の影響がみられること。第三には院政と密教修法の関係に着目し、一一世紀末から一二世紀初めの白河院政期における特異な修法の展開とその要因を考えたいと思う。

一　密教星宿法の成立

(1)　陰陽師と密教僧

まず陰陽道とは何かというと、中国の陰陽五行説にもとづく占術、暦にかかわる時間や方角の吉凶説、宗教的には道教の神観念や呪法・祭法などを基盤とし、律令制官庁の陰陽寮の官人陰陽師を活動主体として九世紀後半から一〇世紀にかけて成立した呪術的宗教の体系といえるであろう(3)。陰陽師は、朝廷・天皇や貴族のためにさまざまな職務を奉仕するが、その概要は、一一世紀中頃に藤原明衡が撰した『新猿楽記』(4)にみえる陰陽師賀茂道世像にうかがうことができる（職能ごとに箇条書きにした）。

十の君の夫は、陰陽の先生賀茂道世なり。

①金匱経・枢機経・神枢霊轄等不審するところなし。四課三伝明々多々なり。覆物を占うことは目に見るがごとし。物怪《もつけ》を推すことは掌を指すがごとし。十二神将を進退し、三十六禽を前後す。

②式神を仕ひ、符法を造りて、鬼神の目を開閉し、男女の魂を出入す。凡そ覩覧反閇に術を究め、祭祀・解除に験を致す。地鎮・謝罪・呪術・厭法等の上手なり。吉備大臣七佐法王の道を習ひ伝へたる者なり。

③しかのみならず、注暦・天文図・宿曜・地判経、またもて了々分明なり。

所以に形は人体を稟けたりといへども、心は鬼神に通達す。身は世間に住すといへども、神《たましい》は天地に経緯たり。

ここに記される陰陽師の職務は概ね『小右記』などの貴族の日記にもみることができるが、それは(1)六壬式で怪異を占う、(2)呪術・祭祀を行う、(3)暦注・天文に精通している、の三点にまとめることができる。彼らは貴族たちが恐れる怪異や病の発生にさいして、式盤を用いる六壬式なる占法をもって怪異の場合は神の咎徴を占ってその結果により謹慎すべき物忌日を指定し、病の場合はその原因となる霊・鬼神・土公神・竈神などのモノの祟りを占い、これを退けるために祓や、道教に由来する北辰・北斗や本命神・泰山府君等の祭祀を行って福徳延命を祈願するなど、天皇・貴族のために辟邪・延命の法をなし現世の利益をはかる呪術宗教家であった。

一方、九世紀初頭に空海らによって伝えられた密教は、宇宙の理法を体現する大日如来と行者の身・口・意にわたる三密を一体化させることにより即身成仏が得られ、護摩修法を行い本尊と一体となりその慈悲をこうむる加持祈禱により、さまざまな災害・厄難をはらい息災・増益や国家安泰の願いが叶えられるとした。空海の奏請により承和元年（八三四）に唐の内道場に準じて宮中真言院が造られて天皇安穏・鎮護国家などを祈願する後七日御修法が行われ、また、入唐僧の常暁が伝えた鎮護国家の修法である太元帥法は承和七年（八四〇）より行われ、円仁は嘉祥三年（八五〇）に文徳天皇が即位すると、熾盛光法《しじょうこうほう》の始行と皇帝本命道場の建立を奏上している。それらの護国修法だけでなく、密教では貴族政治の展開とともに九世紀末から貴族個人の延命安穏や除病・御産のために普賢延命法・不動法などの私的修法も行い始める。(5)

宗教性は別として、貴族たちにとっては密教僧も現世利益の奉仕者であり、その役割は陰陽師に通じるものがある。『小右記』永祚元年（九八九）二月十日条では、円融上皇は夢想悪しきにより一条天皇のために尊勝法・焰魔天供と陰陽道の代厄御祭を行うことを奏上させたが、翌日摂政藤原兼家は尋禅に尊勝法、安倍晴明に泰山府君御祭を奉仕させることとした。尊勝法は除病息災を祈る法として知られ、陰陽道の泰山府君祭は焔魔天供と共通し息災延命のために修するものであったから、兼家は密教では尊勝法を、陰陽道では焔魔天供と同様な機能を持つ泰山府君祭を最も効果的と考え、それぞれを代表者する延暦寺座主尋禅と陰陽道上﨟の安倍晴明に修法・祭祀を勤めさせたのである。また、同記長和四年（一〇一五）七月二十一日条には、三条天皇の眼病平癒の目的でなされた修法の効験が不調であったことに関して、記主の藤原実資は「非二練業者一、非二陰陽師一、修二何法一行二何祭一、可レ令二除癒一乎」と批難の言葉を発している。密教と陰陽道の行法の別はあれ、貴族たちが密教僧と陰陽師を現世利益をはかる宗教家として同様に認識していたことが知られる。

（2）密教星宿法の形成と陰陽道

　そのような密教と陰陽道が直接にかかわる修法が星宿法である。一〇世紀に入ると、個人の息災延命を図る修法として北斗法・本命供などの星宿法が盛んになる。星が人の運命を支配するとの信仰は洋の東西を問わず古くからみられるが、その対象と性格は異にしていた。

　インドでは二、三世紀頃からギリシア・バビロニア起源のホロスコープ占星術の影響を受け、個人の誕生時刻により定まる黄道十二宮および二十七（八）宿上の本命宮・本命宿と惑星との位置関係により運勢が占われ、そのさい生じる厄難を除くことも密教の課題とされた[6]。一方中国では、道教による司命神としての北極星＝北辰信仰や北斗七星信仰が盛んで、北辰は晋代失訳の『七仏八菩薩所説大陀羅尼神呪経』第二に[7]「我北辰菩薩名曰二妙見一。今欲下説二神呪一擁中護諸国土上。所作甚奇特故名曰二妙見一。処二於閻浮提一。衆星中最勝。神仙中之仙。菩薩之大将」とあるように、早く仏教に取り入れられ妙見菩薩と称された。また北斗七星はその枡形の先から星ごとに貪狼・巨門・禄存・文曲・廉貞・武曲・破軍星との名が付され、道教では個人の生年十二支により属星として配当しその寿命を支配する星とされ、日本でも平安初期の嵯峨天皇の頃から元旦四方拝の一環として属星を拝した。これらの密教・道教の両要素は八世紀後半から展開する唐代後期密教において融合し、(8)『北斗七星念誦儀軌』『仏説北斗七星延命経』などのような道教色の濃い雑密経典が作られ、これらが九世紀に入唐僧等によって日本に伝えられた。すでに九世紀末頃から陰陽師は属星祭や本命祭を行い始め陰陽道は呪術宗教として成立するが、この段階では密教の星宿法は未成立であり、それが行われるようになったのは熾盛光法の盛行が一つの契機となったと考えられる。

速水侑氏が指摘するように、円仁が伝えた熾盛光法は一〇世紀以降律令国家の衰退と貴族支配層の精神的動揺を背景として、災厄として畏怖された天変を消除する目的で盛んに修された。(9)しかし熾盛光法の本来の目的は、その経典・儀軌である不空訳『熾盛光息災陀羅尼経』(10)に「若有二国王及諸大臣一所居之処及諸国界、或被二五星陵逼一、羅睺・彗孛妖星、照二臨所属本命宮・宿及諸星位一、或臨二帝座一於レ国於レ家及分野処、陵逼之時」とあり、慧琳訳『大聖妙吉祥菩薩説除災教令法輪』(11)（別名『熾盛光仏頂儀軌』）に「若有二国界日月薄食一、或五星失レ度、形色変異、或妖星彗孛陵二押王者貴人命宿一、或日月虧二損於本命宮中一、此時応レ用二此教息災護摩一」と説くように、単なる天変一般ではなく彗星・妖星等が個人の十二宮・二十八宿中の本命宮・本命宿を侵すことから発生する個人の災厄を防ぐことにあった。

この熾盛光法の盛行とその理解を通して、天皇・貴族の寿命と生涯の吉凶禍福を支配する星辰信仰が盛んになるが、さらに道教に由来した北斗七星信仰を説く唐代後期密教の雑密経典の採用と陰陽師の影響のもと、密教本来の本命宮・本命宿だけでなく北斗七星の一星を個人の本命星として祀る本命供・本命元神供・北斗法や、北極星を祀る尊星王法などの道教色の濃い星宿法が行われることになる。

延暦寺の永範撰『成菩提集』巻四之二、(12)勧修寺の覚禅（一一四三～一二一三頃）撰『覚禅鈔』巻百一、北斗法(13)に

よると、興福寺の増利（〜九二八）は延喜九年八月十六日に北斗七星の真言を蓮祐に伝授したという。また後述の『北斗護摩集』や静然撰（一一五三）『行林抄』第七十二、北斗法下[14]によると、天慶五年（九四二）三月十六日に東寺より真言を付した円形の「北斗護」が朱雀天皇に献ぜられたというから、この頃より密教の北斗信仰が行われるようになったことが知られる。陰陽師の修法への関与では、延暦寺の承澄（一二〇五〜一二八二）撰『阿娑縛抄』巻九十四、大白衣[15]に、

澗底隠者記云、天慶三年東西賊乱之時、近江国司馬賀茂忠行奏二公家一言。被レ行二白衣観音法一者、兵革降滅、其法名曰二九曜息災大白衣観自在法一云々。時闍梨等無レ知二此法一。隠者私案レ此、則攘災決中別出之文。（中略）恵什本名最朝闍梨云。将門乱逆時、九条殿陰陽忠行ニ乱逆ハ朝大事也。何為レ之耶令レ問給。忠行申云、可下令レ修二白衣法一給上。件法攘難至極也。云々

とあり、東西で勃発した平将門・藤原純友の反乱にさいし、九条師輔の諮問に答え陽師賀茂忠行はその鎮圧のため白衣観音法を行うべき事を奏上したという。白衣観音法は天変怪異を除く目的で修されるが、典拠とされる「攘災決」、すなわち『七曜攘災決』[16]は貞観七年（八六五）に入唐僧宗叡が伝えたもので、毎月の二十八宿上における九曜の位置を記し、命宿（本命宿）に七曜が侵入したさいの吉凶災厄と攘災法を説く占星術書であった。

兵乱鎮定のため朝廷では諸社奉幣、護国経典の転読や太元帥法などの密教修法が行われ、陰陽道でも『貞信公記抄』天慶二年五月十六日条に陰陽権助文武兼が八省院で太一式祭を行い、十二月三十日条には賀茂忠行も藤原忠平に召され、もし祈禱の功があれば勧賞のあることを告げられている。忠行は自身も陰陽道の祭祀を行ったとみられるが、それのみならず天皇の星厄を除くとともに災難除去の法としてこの密教修法の実修を進言しており、星宿関係の修法に関して両者が極めて親しい関係にあったことがうかがえる。

その後、天変や天皇・貴族の星厄を除く法として星宿法が盛んになるが、その事例をつぎに示す。

第一部　陰陽道の成立とその展開

天慶八年（九四五）　五月十一日　尊星王法　延暦寺義海（『天台座主記』）
天暦五年（九五一）　本命供　（『行林抄』第七十一所収祭文）
＊天暦年中（九四七～九五六）、寛空、内裏で北斗曼荼羅を掲げて勤行（『玄秘鈔』）
天徳四年（九六〇）　十二月十七日　北斗七星法　延暦寺尋真（『村上天皇御記』）
天徳四年　十二月二十一日　本命元神供　延暦寺賀静（『村上天皇御記』）
応和元年（九六一）　二月二十二日　本命元神供　延暦寺賀静（『村上天皇御記』）
応和元年　閏三月二十四日　計度星形像供法　東大寺法蔵（『村上天皇御記』）
＊同年七月、法蔵・賀茂保憲による本命供論争（『小野類秘抄』『白宝口抄』）
応和二年（九六二）　五月十九日　本命元神供　源高明のため）
応和二年　七月二十日　本命元神供（同）　石山寺長敷（石山寺文書）
応和三年（九六三）　四月二十三日　月曜供　延暦寺長敷（石山寺文書）
康保三年（九六六）　六月二十二日　北斗法　延暦寺賀静（『村上天皇御記』）
康保二年（九六五）　正月十一日　太白星供　延暦寺賀静（『村上天皇御記』）
応和三年　五月三日　熒惑星供　延暦寺賀静（『村上天皇御記』）
永観元年（九八三）　七月三日　北斗法　観音院（寺門派）余慶（『小記目録』）
長保元年（九九九）　七月七日　御本命北斗供　東大寺覚縁（『権記』）
寛弘三年（一〇〇六）　三月七日　尊星王法（敦康親王のため）　園城寺明肇（『権記』）
寛弘五年（一〇〇八）　三月二十四日　尊星王法（藤原行成女人のため）　園城寺叡義（『権記』）

このように星宿法の実修例を参照すると、一〇世紀中頃の天慶・天暦年間（九三八～九五六）から延暦寺を中心

126

に本命供・本命元神供・北斗法などが行われ、ついで東密でも石山寺などで始められたことが知られる。また尊星王法は天慶八年に初例がみられるが、その後は続かず実質的には一一世紀初頭からもっぱら園城寺の僧が行うものとなる。

では星宿法はどのような経軌を典拠としていたのであろうか。『覚禅鈔』巻百一、北斗法や、『阿娑縛抄』巻百四十二、北斗、第八経軌事(17)には北斗法の典拠として、「北斗七星護摩秘要儀軌一巻。大興禅寺翻経院灌頂阿闍梨述」「葛仙公礼北斗法」「梵天火羅図」などをあげている。「葛仙公礼北斗法」は『梵天火羅図』（『梵天火羅九曜』）に引用されるものであり、北斗法が『北斗七星護摩秘要儀軌』『梵天火羅図』(18)などに依拠したことが知られる。しかし両者とも道教の三尸《さんし》信仰に関する「録命書」を引用し、また後者引用の「葛仙公礼北斗法」は北斗・本命元神信仰を説く道術書であり、密教の北斗祭祀においても道教色は免れ得ないものであったことがわかる。

星宿法の実習例では天暦頃が画期とみられたが、修法次第も東密では淳祐（八九〇～九五三）撰『要尊道場観』巻下(19)に「北斗道場観」があり、また寛助（一〇五二～一一二五）撰『別行』第七(20)に、「本命星供作法淳祐内供次第」による供物・真言・星位次第〈北斗七星、本命宿、当年属星〉・祭文などを記す。また寛空（香隆寺僧正、八八四～九七二）に「香隆寺北斗指尾法」(21)があり、醍醐寺の実運（一一〇五～一一六〇）撰『玄秘鈔』巻四、北斗法(22)に北斗方曼荼羅を掲げて、「三院分二諸星一、並内院四隅安二十二宮一事等、依二香隆寺伝一。即天暦年中、於二内裏一被二勤行一曼荼羅大略如レ此。但二十八宿次第依二孔雀経一図レ之」とあり、寛空は天暦年中に内裏で北斗曼荼羅を掲げて勤行したと言い、これも北斗法とみられる。

台密では『行林抄』に引く天暦五年の本命供祭文が初例であるから、やはり一〇世紀中頃を本命供・北斗法などの星宿法成立の時期と考えてよいと思われるが、そのような当時の北斗信仰に関する僧侶の認識を示すものとして重要なのが潤底隠者撰『北斗護摩集』一帖である。潤底隠者とは延暦寺東塔南谷の僧薬恒のことと考えられ、彼は『本朝法華験記』（逸書）の撰者でもある。[23] 本書は一〇世紀中頃の成立であり、その断片的な引用は『覚禅鈔』『阿娑縛抄』などの諸聖教にみえるが、東寺観智院金剛蔵に鎌倉初期の写本を蔵す（第二六五箱1）。ここで薬恒は多くの書を引用しながら、北斗属星信仰・儀礼、関連事項の説明を二三段にわたり行っている。

「北斗護摩集一巻　澗底隠者集」（各段のカッコ内には引用する文献名を記した）

一、北斗護摩供養法（本儀軌〈＝北斗七星護摩秘要儀軌〉）
二、北斗真言随身法（北斗陀羅尼）
三、応二取用一属星命木穀等法（天地瑞祥志、属星妙文、類聚方）
四、倶生神常白二天帝一、陳二人罪悪一減二算寿一法（北斗軌、本願薬師経、摩訶止観、抱朴子）
五、天盤之中置二北斗一者、北斗七星是一切衆生属命之処也（葛仙公礼北斗法、大唐開成四年暦、抱朴子）
六、北辰并北斗居二天之中一、不レ出二没東西一（晋書天文志、天地瑞祥志、千字文義疏、七仏八菩薩所説神呪経）
七、北斗七星処二天之中一、運二転四方一（五行大義、天地瑞祥志、天文要録）
八、北斗七星運二転于天一、一夜之内歴二五辰一法（五行大義、天地瑞祥志）
九、見二輔星短一知二人死生一法（属星妙文、抱朴子）
十、北斗七星主二領七曜廿八宿等一
（北斗護摩軌、属星妙文、七仏八菩薩所説神呪経、晋書天文志、黄帝簿讃、天文要録、五行大義）
十一、北斗七星神名姓字（五行大義）
十二、天逢等九神、是北斗七星変現（遁甲経）
十三、以二北斗九星一配二九宮九州等一（千字文義疏、五行大義）
十四、以二北斗九星一配レ人、為二九竅一（五行大義）

十五、若作レ除二秘釈一者、北斗九星即是大歳八神（梵天火羅図、天台張行巳宿曜新術、智度論、五行大義、九曜秘暦、有記）

十六、式盤中央置二北斗一者、北斗七星是衆星之主、万物之精（晋書天文志）

十七、式天盤上以二十二月将神一、為二内眷属一（五行大義、地心経）

十八、式地盤上置二十干十二辰一（五行大義）

十九、式地盤上以二廿八宿一、為二中院一（遁甲経、孔雀経）

二十、式地盤上以二卅六禽一、為二外院眷属一（五行大義、摩訶止観、智度論、大集経、十輪経）

廿一、以二北斗九星一配二於九宮一（五行大義）

廿二、式地盤上置二八卦於八方一、為二最外鎮将一（五行大義、晋書楽志）

廿三、知二行年五鬼所在一、攘二救災害一法（玄中七政録）

まずこの各段の構成や引用文献から注目されることは、第一で北斗七星に「災難解脱寿命延長」を祈り、「一字頂輪王召二北斗七星一供養護摩之儀則」として『北斗七星護摩秘要儀軌』を「本儀軌」とし、第二の北斗真言随身法で北斗の真言陀羅尼を記すほかは、『五行大義』『抱朴子』『天地瑞祥志』『晋書』天文志などの五行家・道家・天文家説を引用して北斗の運行やその眷属とされる七曜・二十八宿などの説明が多いということである。第五では、北斗信仰の眼目となる北斗七星が人の命を所管することを説くが、その典拠は「葛仙公礼北斗法」と「大唐開成四年暦」中に出るとする「皇帝謁二北斗七星一図并所属星」なる文であり、それらは道術・暦書であった。

　このほかにも第十二では、遁甲の九神は北斗七星の変化であるとして、「隠者私云、陰陽之家、出行之時、口呼二九星一禹歩而行」と、陰陽師が行う辟邪の呪法である九星禹歩に言及し、第十五では、「陰陽之家十二神中、

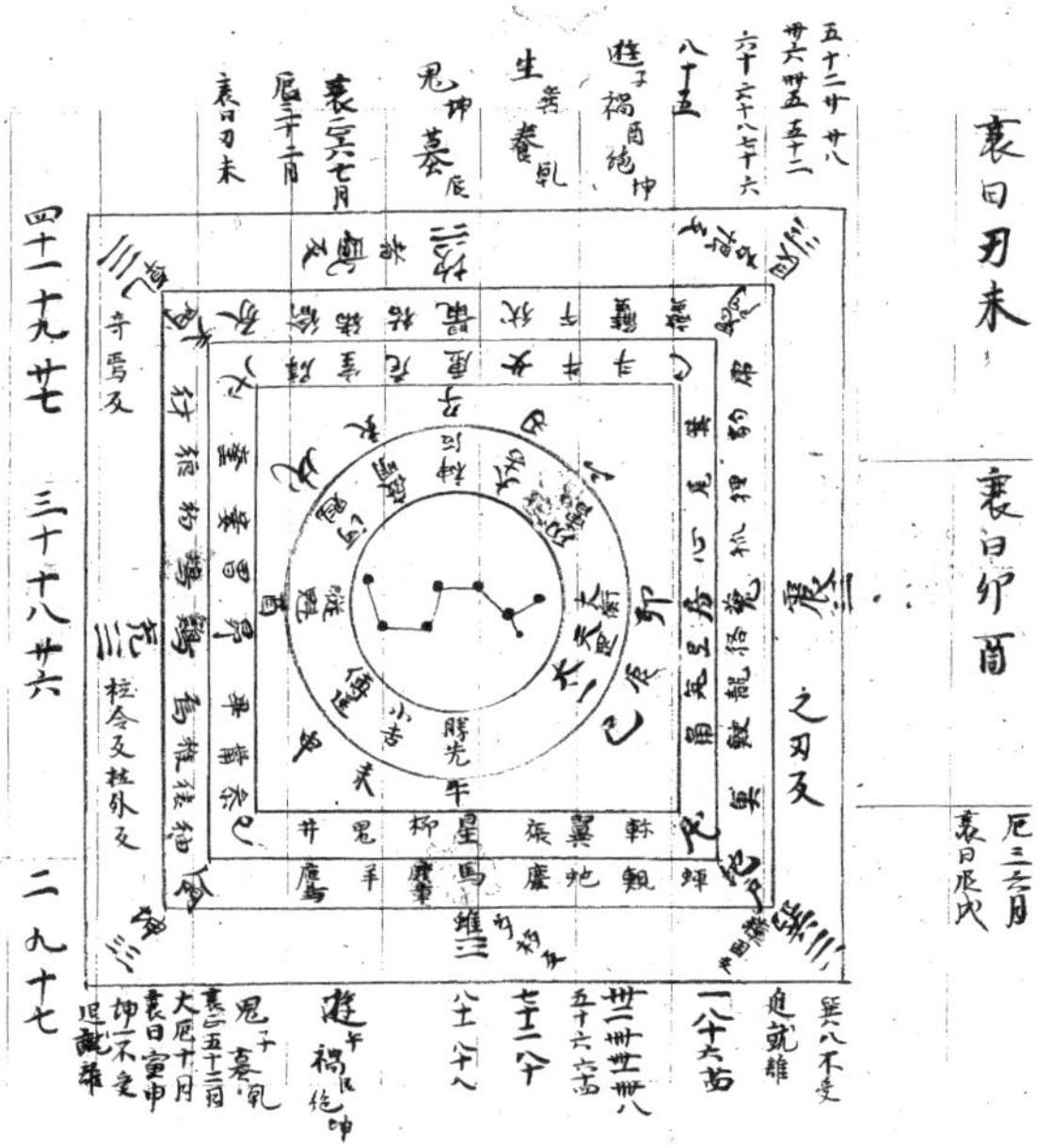

図1　六壬式盤図（東寺蔵『北斗護摩集』）

以二河魁・天岡二神一、而為二悪毒猛将之神一。封レ式厭鎮之時、以二此二神一為二猛将一也」とあり、陰陽師が使役する式神が彼らが操作する式盤の十二月将であること、そのうち河魁・天岡の二神がことに威力を持つ猛将であることなど、従前の文献にはまったく知られていない式神信仰の核心を述べている。第十六では北斗七星は衆星の主、万物の精であるとして、北斗七星を天盤の中央に配す陰陽道の式盤について述べ、「今此式盤是也。諦外曼荼羅、除二伽行人一不レ可レ不レ知矣」と、式盤を「諦外」（＝仏教真理の外）、すなわち世俗の曼荼羅として図を引用し（図1）、以下の各段でも天盤の十二月将、地盤の十干十二支・二十八宿・三十六禽、八卦などの諸神の説明を行っている。

従来、陰陽道の六壬式盤は、日本にはその図も残されていないとされていたが、それがはじめて知られた貴重な例であり、薬恒が密教の北斗信仰をまとめ上げようとするさいに、道教・陰陽道の諸知識を援用しなければ定立し得ないと認識していたことを如実に示している。

しかしここで薬恒が北斗にかかわる修法次第に言及せず、式盤を世俗の曼荼羅に擬して詳述していることは、この段階では北斗法や北斗曼荼羅が未成立であったことを示唆している。寛空は既述のように天暦年中に内裏で北斗曼荼羅を掲げて勤行したとされるが、その北斗曼荼羅は、大原の長宴（一〇一六～一〇八一）が師皇慶の口決を記した『四十帖決』[24]巻七に「北斗曼荼羅本法ニ不レ説レ之。故ニ諸説不同也。随二意楽一也」とあるように、元来北斗曼荼羅を説く経軌はなく創作されたものであった。その創作のさい参考になったのは、薬恒が「諦外の曼荼羅」と述べたように北斗七星を中心に十二月将・二十八宿・三十六禽を天盤・地盤に配した式盤だったのではないであろうか。淳祐の「北斗道場観」や「本命星供作法」、寛空の「香隆寺北斗指尾法」の成立はその少し後のことであろう。

密教の本命供は本命星・本命宿・本命宮を祀り、北斗法はそれに当年属曜・行年曜を加えて修した。しかし、本命星信仰はもともと道教に由来したから、その過程で陰陽家の説が採用され取り込まれていくことになる。その具体例が本命元神（辰）供である。小野僧正仁海（九五一～一〇四六）の『小野六帖』第六、宿曜私記[25]には、

元辰供作法
駕（賀）司馬之所伝。世人元辰云云不同所未レ知。前一衝後一衝也。秘以勿レ伝レ之。假令甲子歳生人、甲子日供レ之。餘以准レ之。陽命子寅辰午申戌、前一衝云ハ謂二子年一者。（中略）未方仏菩薩天等供二養之一云云。（中略）是一座。
二者属星北斗七星中所属星也。仮令子歳生人貪狼星。
三者当年行年所属神。見二火羅図一也。

とある。本命元神供は「賀司馬」の伝による「本命元辰」と、『梵天火羅図』にいう北斗七星のうちの属星（本命星）、行年曜を供すとするが、この賀司馬とは陰陽師で近江国司馬（権少掾）賀茂忠行のことである。また本命供に関しても、『行林抄』第七十一、北斗法上[26]の本命供次第に、

右次第持明房説也。付二保憲様一聊被レ加二潤色一歟。私云。是天文道作法也。

とみえ、「保憲」の様式に潤色を加えたもので天文道の作法とする。これも忠行の子息で陰陽頭・天文博士の賀茂保憲のことであり、密教の本命元神供、本命供が陰陽道の説を取り入れて成立していることを明らかにしている。その融合の要因は、日本で受容した唐代後期の密教がとくに道教の星辰・冥官信仰を取り込み、それらの道密混交の雑密経典・儀軌をもとに修法が行われたからで、陰陽道と宗教的基盤が共通していることにあった。

しかしその一方で、密教本来の正純経典を堅持する立場からこの動向に反対する僧もおり、応和元年（九六一）に村上天皇のために修す本命供をめぐり賀茂保憲と論争した東大寺の僧法蔵はその一人である。論争の主題はこれを行う本命日とそのさいに祀る本命宿に関するものであったが、本命日について勧修寺の寛信（一〇八四～一一五三）撰『小野類秘抄』別巻(27)には法蔵の勘文をつぎのように引いている。

応和元年七月〔十〕二十五日僧都法蔵勘文云、天文博士保憲以二生年日一為二御本命日一、以二生日宿一為二御本命宿一。皆不レ当二道理一、各々有レ難。先依二火羅図一以二生年日一為二本命日一有二五難一。（中略）第四難云。火羅図云レ祭二本命元神一、不レ云レ供二本命曜宿一。明知、彼図云二俗典祭礼一、非二真言之儀式一。（中略）今宿曜道法、万事皆用二生日一、不レ用二生年一。何引二黄帝玄女之祭説一、定二中本命曜宿供日一乎。

法蔵は密教による宿曜道の法は生日干支をもって本命曜宿を供するもので、『梵天火羅図』などに依拠して生年干支の日を本命日として本命供を行うことは「黄帝玄女の祭説」、陰陽道の祭儀で真言の儀式ではないと主張する。

一方、賀茂保憲はこれより先、十月十九日に勘文を提出した。東寺の亮禅（一二五八～一三四一）編『白宝口抄』巻百六十、本命星供(28)に引くその勘文では「葛仙公礼北斗法」や他の道術文献を引用して、保憲はつぎのように述べている。

右件等文、以二生年之日一為二本命宿〔日〕一、所レ指之文已以明矣。因レ茲真言師修二元神供一、陰陽家行二本命祭一、幷用㆓此説㆒、流㆓伝於世㆒行来已久、有㆓何説㆒哉。

保憲は密教側でも依拠する『梵天火羅図』などにもとづき、密教僧は本命元神供を、陰陽師は本命祭を行うことがすでに恒例となっていると主張している。つまり陰陽道も密教もそれまで同じ道教的な儀軌にもとづいて修法・祭祀を行っていたことを明らかにしているが、この論争はついで吉野の日蔵により裁定され、本命日に関しては保憲の説が認められ、このあと本命供・北斗法は東密・台密とも恒例となるのである。

結局この村上天皇の本命供をめぐる論争は、法蔵により陰陽道・密教の異宗教間の問題として区別すべきことを主張されながらも、本命日の取り方については陰陽道の賀茂保憲の説が採用されることになった。その要因には、星辰祭祀は密教・陰陽道とも道教信仰の影響の下に形成され、生年干支をもって本命日とすることが先例化していたことにあるが、それとともに前引『小右記』の藤原兼家や実資の言動にみたように、密教であれ陰陽道であれ貴族たちは同じように効力を期待したことも影響したであろう。村上天皇の本命供に関しては、承平・天慶の乱とそれに続く天徳四年の内裏炎上が象徴する国家支配体制の衰勢を、天皇の護持安泰を図る本命星と北斗祭祀を通して防ごうとする支配層共通の志向があり、そこに教義の純粋性を重視した法蔵を除いて大多数の東密・台密僧が世俗権力の意向を迎え入れた理由があると考えられる。

二　尊星王法と園城寺

北辰・妙見を尊星王として攘災・延命を祈願する尊星王法は、天慶八年に天台座主の義海が修して以降しばらく実修例は知られず、延暦寺からの寺門派分裂をはさんで寛弘三年（一〇〇六）から明肇・叡義・慶祚ら園城寺の僧が行い、その後は園城寺のみがもっぱら修す秘法とされた。よって天慶八年の例は寺門派僧のそれと異なる可能性が大きい。その依拠経典は、『覚禅鈔』巻百、尊星王[29]に本書として、(1)「妙見菩薩神呪経一巻七星護摩法」、

(2)「妙見菩薩陀羅尼経一巻出七仏諸尊神呪経」、(3)「北辰菩薩神呪別行法一巻」、(4)「北辰北斗抄一巻」などをあげる。また『阿娑縛抄』巻百四十四、妙見、第八経軌事には、[30] (5)「北辰菩薩経一巻」、(6)「北辰妙見尊星王菩薩所説陀羅尼経一巻出七仏八菩薩所説神呪経」などをあげ、(5)には、

・出レ自二七仏所説神呪経第二一云云。
・帖ニ云。北辰菩薩所説経ト者、即妙見之本法也。即尊星王是也。文
・山門ニハ此経許伝授之。三井寺ニハ軌等甚多シ。本体トハ今経ノ奥ニ不レ得レ心事共多書入テ用レ之云々。

との注記を付す。これらによると妙見・尊星王法は一見多彩な経典儀軌を有するが、(2)(5)(6)はその注記から妙見の利益を説く『七仏八菩薩所説神呪経』第二に依拠するものであり、泉武夫氏は『七仏八菩薩所説神呪経』以外は偽経であろうとする。[31] (5)の注記によると、この経のみを伝授する山門に対して、尊星王法を重視した園城寺(三井寺)では儀軌を含め多様なものが創作されていたことが知られ、増尾伸一郎氏は名古屋市七寺(長福寺)一切経の中に伝わる『三星大仙人陀羅尼経』もその一つとして検討しており、[32] よって尊星王法は『七仏八菩薩所説神呪経』第二をもとに尊星王の利益を強調して改変を加えた日本撰述の経軌によっていたと考えられる。

尊星王法は、後冷泉天皇の護持僧であった園城寺の長守が天喜三年(一〇五五)に修したさい、『諸祭文故実抄』[33] 第十五妙見祭所収のその祭文で「令二阿闍梨権少僧都長守一、修二此秘法一、抑此法者、一門修レ之、他家不レ伝、本誓奇特、必応二祈請一」とあるように、当時すでに園城寺のみが修し得る秘法として喧伝されていた。同法が園城寺で秘法とされたことは、『阿娑縛抄』巻百四十四、妙見にも「此ノ法ハ三井寺ノ秘法也。尊星王法是也」とみえるが、同書にはさらに続いて、

但シ彼ノ秘書一結持レ之。彼行儀非二真言家ノ所為一。以二陰陽家ノ作法一為二依憑一歟。象歩〔禹〕ナト云事有レ之。

とあり、同時にその行儀は真言家のなすところにあらず、陰陽家の作法に依拠して禹歩《うほ》を行っていると指摘され

ている。妙見・尊星王の形像についても、

又外書中殊奉レ崇レ之、陰陽周易術道等皆所レ崇也。或俗形束帯、或童子形、或童女形、皆是外法所二崇敬一像歟云々。

とあり、外典中にみえて「陰陽周易術道」などで崇めるものであり、外法（＝道教・陰陽道など）で崇敬する像であるとしている。

このように尊星王法の行儀は陰陽家の禹歩をともなったようであるが、九星禹歩は道教で辟邪の歩行法である禹歩と、北斗信仰による北斗七星に輔弼星を加えた九星を象るステップを踏む歩《ほ》岡法《こうほう》（岡＝北斗）とが融合したもので、陰陽師が行う出向儀礼である反閇の主要部をなすものであった。[34] 既述のように園城寺では『七仏八菩薩所説神呪経』を改変して尊星王の利益を強調した経典儀軌が作られたが、その一つとされる『尊星王経』や『尊星王軌』の逸文にも道教・陰陽道にかかわる神格がみられる。『園城寺伝記』三之四「新羅明神在尊星王事」や同五之六[35]には『尊星王経』を引用し、その前者に、

尊星王経云。妙見菩薩者文殊也。七百大劫間、住二閻浮提一、領二四天下一。除レ死定レ生、滅レ罪増レ福、延レ寿除二災奸一、風雨順レ時、穀禾豊熟、疫気消除、無二強敵一、人民安楽、擁二衛国界一、守二護国土一。五方星、廿八宿、六甲将軍、十二神王、一千七百善神。異口同音、随二妙見菩薩一、九横消除、悪業消滅。文

とあるように、人びとの滅罪増益、除災延寿から国土守護までの利益を持つ尊星王（妙見）に従う諸神として五方星、二十八宿、六甲将軍、十二神王、一千七百善神などの道教的な神々をあげている。先引『諸祭文故実抄』第十五所収の天喜三年の祭文にも、

敬（白脱カ）、真言教主、大日如来、十方三世、諸仏善逝、諸大菩薩、一切賢聖、声聞縁覚。本尊界会、慈悲奇特、擁護衆生、尊星王大士、并釈梵四王、司命天曹、五方星王、八方星王、廿八宿、六甲将軍、十二府君、三十六

禽、一千七百善神王等、山王三聖、新羅明神、守宮神、鎮護国家、諸大明神、申給、（下略）

とあり、この祭文にみられる司命天曹、五方星王、八方星王、廿八宿、六甲将軍、十二府君、三十六禽、一千七百善神王等の諸神と、『尊星王経』に尊星王に従うとする諸神とはほとんど符合している。そのことは少なくとも天喜三年、一一世紀中頃以前に道教的な諸神を加えて尊星王の利益を強調した『尊星王経』、あるいは類似の経典が作られていたことを推測させる。

また、尊星王曼荼羅と尊星王像に関しても、『覚禅鈔』巻百、尊星王法では『尊星王軌』を引き、曼荼羅についてつぎのようにその図様を記す。

尊星王軌云。当二中央一画二大月輪一、中画二菩薩像一。左手持蓮華、々々上作二北斗七星形一。右手作二説法印一、五指並向レ上。以二大指捻頭一指二頭側一、掌向レ外。天衣瓔珞荘二其身一。五色雲中結跏趺坐〇又画二七小月輪一、北斗七星神形為二内院衆一。西南画二貪狼星一。小赤黒色。左手持レ日。西画二巨文星一。身面少白黄色。右手持レ月。西北禄存星。小赤青色。左手持二火珠一。珠火焔起。次北方月輪画二文曲星一。面小青黒色。左手掌向レ外。五指垂下。掌中流出水。々流下形。東北方月輪画二廉貞星一。身面黄色。右手持二玉衡一。東方月輪画二武曲星一。色小青色。左手持二柳枝一。次東南月輪画二破軍星一。其色少白赤色。右手持レ刀。是諸星皆作二薬叉形一、頭髪赤色、天冠瓔珞荘二厳其身一。菩薩像前置二輪宝形一。次外院東方寅位画二甲寅将軍一、虎頭人身、右手持レ棒。次卯位画二丁卯従神一、兎頭人身、左手持レ棒。次辰位甲辰将軍、龍頭人身、手持鉄レ鎚。次巳位丁巳従神、蛇頭人身、持レ戟。次午位甲午将軍、馬頭人身、持レ戟。次未位丁未従神、羊頭人身、持レ槌。次申位甲申将軍、猴頭人身、持レ刀。次酉位丁酉従神、鶏頭人身、持レ刀。次戌位甲戌将軍、狗頭人身、持レ槌。次亥位丁亥従神、猪頭人身、持二鉄鈎一。次子位甲子将軍、鼠頭人身、持レ鈎。次丑位丁丑従神、牛頭人身、持レ槌。此諸神等、著二天衣瓔珞一、坐二磐石上一。四維四門、以レ星為レ界。四維空処、応レ画二花瓶一。応レ以二其像一、懸二北壁上一。北辰別行法万茶羅大略同レ之。(36)

これらによると尊星王曼荼羅は、中央の大月輪に五色雲中に結跏趺坐する尊星王菩薩を描き、その周りに内院衆として西南から東南方までの八方に、小月輪に夜叉形の貪狼星以下の北斗七星と前方（南方）に輪宝形を置く。その外側を外院として東方寅位から始めて虎頭人身の甲寅将軍、卯位の兎頭人身の丁卯従神と、十二支の六甲将軍・六丁従神を配し、四維には花瓶を描くとする。六甲将軍は『尊星王経』にも尊星王の従神としてみえたが、この特異な形態をもつ図像は、心覚（一一一七〜一一八〇）撰の『別尊雑記』第四十八、[37] 妙見や『諸尊図像』[38]に載せる「妙見曼荼羅」と同一であり（図2）、それらが『尊星王軌』等にもとづく尊星王曼荼羅の遺例とみてよい。

また、尊星王像についても『覚禅鈔』には続いて、

乗龍像

北辰別行法云。（中略）立㆓馳走青龍背㆒引㆓上右足㆒。

又像実相房図本

図2　尊星王曼荼羅（『別尊雑記』）

図3　尊星王像（『別尊雑記』）

像乗二五色雲上一、龍背立。具二四臂一。左右掌有レ山、其上有二日月一。又左右二手執二錫杖鉾一。界道十二箇、符六箇、日月三個赤色。三個白色。鹿虎狗等六箇獣有レ之。有二三重界道中一。輪青色外二輪白色。尊身黄色。上青下裳赤色。云々

とある。この「実相房図本」による龍の背に乗る図像は、『別尊雑記』などにみえる四臂で日月、錫杖鉾を持ち、龍の背に乗り右足を引き上げる姿勢の尊星王を中心に、六箇の呪符を記した内円、星宿を記した中円、日月を六つの獣類が抱えまたは背にする図と呪符を配した外円の三重の円を描く図像（図3）とほぼ同様である。

泉武夫・林温両氏はこの実相房とは園城寺実相房僧正心誉（長元二年［一〇二九］没）のこととし(39)、津田徹英氏は実相房図本とは心誉の活動拠点となった実相房に伝来したものとするが(40)、それらによればこの呪符・獣類を備える特異な様態を備える尊星王像が一一世紀前半に成立していたことになろう。

このように尊星王法は一一世紀初頭以降園城寺で盛んに行われ、長守が修した天喜三年の祭文では園城寺のみが伝える秘法とされていた。また同祭文の内容から一一世紀中頃以前に『七仏八菩薩所説神呪経』をもとに道教的な諸神を取り込み尊星王の尊貴性を高めた『尊星王経』『尊星王軌』などが成立しており、それに相応するように行法に辟邪の禹歩、さらに六甲・十二獣・呪符を取り込む特異な図像の尊星王像・尊星王曼荼羅が造られたと考えられる。

このような陰陽道の諸要素の導入の背景には、前節でみたような密教と道教の星辰信仰の本源的なつながりと本命供や北斗法への陰陽師の関与にみられる親近性が考えられるが、それとともに園城寺の政治・社会的な立場も考慮されるべきであろう。延暦寺内で慈覚大師円仁派と確執があった智証大師円珍門徒は、正暦四年（九九三）に余慶の天台座主就任をめぐって合戦におよび下山してついで園城寺により、その後も天台座主補任や戒壇の別立問題が続き山門との確執は深刻化した。永保元年（一〇八一）日吉祭の妨害を契機に園城寺は焼き討ちされ、一二世紀にも三度山徒のために焼かれるなど危機にさらされ続けた。尊星王法はそのような園城寺の寺勢を

支える修法として、天皇・貴族の信頼を獲得すべく行われたと修法と考えられ、津田氏は、尊星王法は一〇世紀末から一一世紀初頭に山門の熾盛光法に対抗すべく行われ、尊星王の図像は宋代の図像を参考に創像されたもので、陰陽道の禹歩儀礼を導入し、左足で立ち右足を引き上げる姿は禹歩の踏み出しを表したものとする(41)。

また、尊星王法は東密・台密の北斗法に対抗して行われたとみることも可能であろう。『覚禅鈔』には「実相云」として「尊星王帝王也。北斗大臣也」とあり、『園城寺伝記』五之六には「北辰星不動、是天子位。衆星ハ臣民ノ象。衆星拱二北辰一、臣民従君喩レ之。廿八宿幷衆星囲遶渇二仰尊星王一也」とあるように、園城寺では天の中心に位置する尊星王を帝王、これを廻る北斗七星などの衆星は臣民に擬えていた。尊星王は人の運命を左右する星神の中でも最高の尊格であり、そこに尊星王法を秘法とする園城寺の優越性が含意されていたものと考えられる。

一一世紀以降、園城寺の僧は寺勢向上のため王権との密着度を深め、延暦寺・東寺の高僧と並んで天皇の聖体安穏、宝祚延長を祈願する護持僧に任ぜられ、とくに後冷泉・後三条から院政期にかけて東寺を凌ぎ、延暦寺に伍して複数の護持僧を輩出した(42)。その帰依をつないだのが三井寺の大法とされた尊星王法であり(43)、とくに白河院以降三代の院によって御願の尊星王堂が建立・供養されている。

『寺門伝記補録』第八、尊星王堂北院条(44)に、承暦四年（一〇八〇）に法務前大僧正隆明は園城寺北院内に白河天皇御願の尊星王堂（羅惹院）を創建し、勅により阿闍梨三人が置かれ、その回禄後の寛治四年（一〇九〇）に復興供養がなされ阿闍梨五人が添え置かれたという。また、同尊星王堂中院条に、中院の平等院は村上天皇の第三皇子入道悟円親王の創建にかかり、以後皇子皇孫が相継ぐ霊場で歴代天子・功臣の帰依は厚いが、とくに鳥羽天皇は廊内に尊星王菩薩像を安置して長日不断の護摩供を修せしめ鎮護国家の道場となし、譲位後の大治二年（一一二七）に三口の阿闍梨を置き、天承元年にまた三口を平等院に置いた。ついで後白河院も鳥羽院に倣い尊星王菩薩に帰依して平等院を興隆し、永暦二年（一一六一）四月に尊星王堂の供養を行い譲位後に臨幸したとあり、承安三年（一一七三）には覚忠より灌頂を受けている。

園城寺平等院は小一条院孫の行尊以後、白河皇子の行慶、鳥羽皇子の道恵法親王、後白河皇子の円恵・定恵両法親王の入室が続くが、この尊星王堂の建立以降、園城寺内において代々の法親王が尊星王による「国家鎮護」を祈念する体制が整備されていった(45)。このほかにも、『本朝世紀』久安四年（一一四八）四月五日条に、長吏覚宗が鳥羽院の御願寺として白河房の地に尊星王堂（＝大吉祥院）を建立し、この日阿闍梨三口が置かれるが、その像は『覚禅鈔』に「二像背合立之、即背合云々」「秘法尊星王像背合歟」という特異なもので、これも秘法とされたようである。

鳥羽院の尊星王信仰に関しては『阿娑縛抄』巻百四十四、妙見につぎの話しがある。鳥羽院の眼病により、藤原忠実の命によって延暦寺の聖昭が妙見供を修した。しかし、鳥羽院の意向は「妙見ハ尊星也。三井ノ人可レ令レ修之由思食タルヤラム、可二計申一」と、妙見は尊星王であるから三井寺（園城寺）の僧に行わせることにあり、忠実もこれに従い交替させたところ修中に病は平癒し、霊験掲焉の院宣があったという。鳥羽院の尊星王への深い帰依と園城寺との関係が知られる逸話である。

三　院政と密教修法

（1）白河院と密教修法

院政は、摂関家を外戚としない後三条天皇についで即位した白河天皇（在位一〇七二～一〇八六、一〇九六落飾、一一二九没）のもとで開始される。白河院政期では承徳三年（一〇九九）に関白藤原師通が没すると、その後六年間関白は断絶するなど摂関家の勢力は弱体化した。さらに、嘉承二年（一一〇七）の堀河天皇没・鳥羽天皇即位のあと、永久元年（一一一三）に対抗勢力であった弟の三宮輔仁親王の失脚などを契機として白河院の権力は確立することになる。

その過程で白河院はみずからの王権を強化するため宗教面でも諸施策を講じ、承徳三年正月に皇子覚行に法親王宣下を行い仁和寺御室の法親王制を創設する。それはその頃の白河王権の不安定性を要因として、王権の護持と正当化を主な目的として創出された宗教装置であったとされる(46)。白河は後三条が設置した円宗寺法華会についで、永保二年（一〇八二）に同寺に最勝会を復活し、承暦元年に壮大な法勝寺を建立供養すると翌年から同寺大乗会を行うなどの所謂北京三会を設け、これを天台学僧の昇進の場とした。また康和二年（一一〇〇）法皇の近臣僧の範俊を興福寺権別当とし、長治元年（一一〇四）から尊勝寺結縁灌頂会の小灌頂阿闍梨を二年ごとに勤める東寺・山門・寺門の僧を僧綱に任じ、嘉承三年（一一〇八）その任免で東寺を優遇し山門・寺門の強訴を受けるなど、法会と僧綱の統制を行った。

このような仏教への関与により、白河院は自身の王権が仏教興隆を担う存在であることを社会的に示して王権の正当化をはかった。大治四年七月七日の死去にさいし『永昌記』同日条に「威満㆓四海㆒、権振㆓一天㆒、生涯之営、無㆑非㆓仏事㆒」と評された白河院は、仏法興隆の主催者として大量の造寺造仏を行い、また保安四年（一一二三）七月一日に石清水八幡宮へ奉じた告文に「王法ハ如来の付属爾依天国王興隆す。是以、仏法ハ王法保護(ママ)れ天こそ流布すれ(47)」と述べ、理念的にも王法・仏法相依論から自身が掌握する王権を「如来の付属」と観念していた。出家ののち、康和三年（一一〇一）鳥羽南殿付属の御堂、証金剛院が完成すると近臣僧侶による修法が行われ、しばしば経義・修法への介入などをも行い、鳥羽の壇所・宝蔵には弘法大師空海所持の法門の道具以下、小野僧正仁海自筆の『小野六帖』などの証本が集められここに「正統権威の求心構造」を生み出すことになるという(48)。

このように密教諸流が制度および行法の面でも院権力に統制されたことにより、白河院のもとで近臣僧により経軌にこだわらない独自で新奇な修法が行われ、それぞれが験力を競うことにもなる。すなわち白河院は自身の正当化と王権の護持、王統の存続を目的として仏教を用い、権力の確立にともない大量の造寺造仏を行って仏法興隆の主体としての存在観を強く朝野に示し、また院に仕える僧たちを競合奉仕させて、その行き着くところに秘法の創造、正統からの逸脱があった。

　そこで次に白河院のために行われ、また院と近臣僧によって創作された修法をあげておこう。『阿娑縛抄』巻百十五、愛染法(49)や『真言伝』(50)によると、長年東宮のまま据え置かれた後三条は治暦四年（一〇六八）に後冷泉天皇の病没により即位するが、それは後三条の意を汲んだ護持僧、小野曼荼羅寺の成尊による呪詛の愛染法が原因とされ、ついで白河も愛染法を信授し、法勝寺の建立にさいして円堂にその愛染明王像を安置したとされる。白河院政期に愛染法の勤仕は仁和寺の法親王に集中しており、院政権と密着した修法として御産の祈りなどの敬愛を中心に息災調伏に用いられた(51)。

　また北斗信仰では、覚法法親王の師で院の近臣僧寛助を導師として天仁二年（一一〇九）に法勝寺北斗曼荼羅堂の供養がなされるが、願文によるとそこには金輪仏頂を中心に北斗七星・九曜・十二宮・二十八宿等、木像五七躰の立体的構成の北斗曼荼羅が安置されており、これはまた多年の本尊であったという(52)。翌天永元年に法皇は鳥羽殿に幸し寛助に大北斗法を行わせるが、それも旧来の北斗法と異なり、本命星を本尊として大壇・護摩壇をあて、残りの北斗六星を各六小壇で供するものであり、『白宝口抄』第百五十九、北斗法第五(53)には、

　　或人云。三井覚祐僧正参二花蔵院宮一尋問曰。東寺被レ修二大北斗一、自レ何出相伝歟。宮答曰。無二本説一、寛助始レ修レ之云々。伝受集四云。件法太上法皇以二成就院大僧正寛助一、年来度々令レ修給。僧正遷化之後、御室又令二勤仕一給也云々。

　　凡此法行儀非二大師相伝一。祖師成就院依二白河院仰一、始廻二今案一所レ被レ修也。自爾以降門徒相承、于レ今奉

レ修者也云々。又三宝院大僧正定海勤行也。鳥羽院御祈勧修寺法務寛信奉レ修二此法一也。

とあり、成就院寛助の弟子の花蔵院宮聖恵法親王が自身語るように大北斗法には本説はなく、寛助が白河院の命を受けて今案を廻らせて修したもので、寛助没後に御室や小野流醍醐寺・勧修寺でも行うようになったという。なお寛助の資の永厳（一〇七五～一一五一）編『要尊法』[54]北斗の裏書、「北斗曼荼羅方角様被二図出一事」には「白川院御時、仁和寺大僧正寛□〔助〕、仰含云。北斗七星不レ遷二他州一、只南州許也。依二其義一、以二七星一金輪之前、皆図レ之。金輪須弥山為レ座。仍前図レ之、南州義也」とある。北斗方曼荼羅は寛空のあと寛助が改変したとされるが、金輪仏頂の前に北斗七星を描いたのは白河院の意向であった。

東密小野流では範俊（一〇三八～一一一二）の活動が注目される。彼は成尊の資で、その跡を醍醐寺の義範と争い白河の裁定で正嫡となるが、その後近臣僧として活動し東寺長者・法務・権僧正となり鳥羽僧正と称された。『覚禅鈔』巻八十二、如法愛染[55]には、

如法愛染王法、承暦四年霜月比、範ー僧正為二当院御祈一、於二六条内裏一被レ修レ之。大壇幷両壇護摩、毎日九時、多日之間一身行レ之。殊寵起二於斯一云々。（中略）

故白河院二十五御年、被レ仰二故範俊僧正一云、今年重厄第一年也。若過二今年一、暫世間有レ慥、可二延命一之法如何。範俊申云、可下令レ行二悉地成就法一給上者。院仰云、悉地成就法者何法哉。僧正奏云、愛染王法也。院仰云、極吉事云々。其後僧正被レ行二如法愛染王法一云々。

とあり、範俊は白河在位中の承暦四年（一〇八〇）に六条内裏で除厄延命のため如法愛染法を修し、これ以後白河院の寵を受けることになったという。これは如意宝珠を用い行うもので範俊の創作とされる。

如法尊勝法も如意宝珠を本尊として国王の身体護持と寿命延長を祈るもので、『覚禅鈔』巻十五、如法尊勝[56]に、「国王衰禍之時、為レ延二寿祚一行レ之。天仁二年権僧正、依 二院宣一奉二為公家一於二鳥羽壇所一被レ奉レ仕二此法一。僧

正老爛、厳覚為二手替一偏以行レ之。委伝二受之一」とあり、その始修は天仁二年（一一〇九）の鳥羽壇所におけるものであるが、醍醐寺元海（一〇九四～一一五七）記『厚造紙』[57]尊勝法にも、「白河院御祈。僧正範俊修レ之。其作法不レ以レ常。（中略）其塔中彼僧正所持之宝珠置レ之。本尊之像不レ懸レ之」とあり、範俊所持の宝珠を本尊とし白河院のために創作された修法であった[58]。

調伏法では、寛信の『小野類秘抄』巻三、転法輪事[59]に、「仙院以二権僧正範一令レ修給之間、後二条関白薨給云々」とあり、白河院の命により範俊は関白師通を調伏するため転法輪法を行い、これにより師通は没したという[60]。また『覚禅鈔』巻九十五、大威徳下[61]には、

先師法務御記云、私云、故小野権僧正範白河院御修法支度、被レ申二鳥羽一。故按察中納言顕被レ語云、仙院令レ寵二紀伊三位堀川院御乳母一、土御門大政大臣室。可レ避二此事一御祈云々。不レ叶二文意一。但令二相去一之条同心歟。有二法験一、僧正給二種々布施一。

とあり、白河院の近臣藤原顕隆の意を受けて範俊は、院が寵愛する堀川院御乳母で土御門太政大臣源雅実室の紀伊三位への愛欲のため、夫婦の仲をさく大威徳法を行い、法験あって種々の布施を被ったという。愛欲の修法は千手愛法もあり、これは夫婦の愛敬のため鴛鴦《おしどり》一雙の尾羽に男女の姓名を書いて壇上に安置し千手法を行うという特異なもので、勧修寺興然（一一二〇～一二〇三）撰『四巻』第三[62]に「白河院御時鳥羽僧正被レ修二此法一得二悉地一。謂東面爲レ院御不和、仍爾被レ行也。以外布施給レ之云云」とあり、その資栄然（一一七二～一二五九）の『師口』巻二[63]にも、「千手愛法　夫婦愛敬。法ハ千手法也。（中略）白河院御時権僧正範　令レ修レ之、有二法験一云々。祇園女御奉二為院一不和之時令レ修レ之」とあり、範俊が院と祇園女御が不和のとき修し法験があったという。

このように範俊は白河院の身体を護持するとともに敵対者を排除し、かつその愛欲をみたす修法を行うなど親密に奉仕したが、それらは特異で宝珠を用いるなど院の意を受けて彼自身が創造したものが多かったようである。

そのなかで陰陽道ともかかわるのが六字経法であり、六字経法は調伏息災のために行う修法で、台密では聖観音を本尊として結願の夜に河に浮かべた船中に本尊を移し、中臣祓を読む六字河臨法が行われた。東密では六観音・聖観音を本尊としたがこれを六字明王としたのは範俊であった。

法勝寺薬師堂で六字経法の本尊、丈六の七躰の六字明王像が安置供養されたさい、『中右記』大治二年（一一二七）三月七日条には、「暫言談之次問云、此六字明王ハ出レ自二真言教一歟、如何。権僧正答云、此明王不下出レ自二顕密一給上、不レ知二慥説一。只近代本院令レ信給也」とあり、藤原宗忠の問いに供養の導師醍醐寺座主の勝覚は、この六字明王像が正統な経軌によらない白河院が近時信奉する由来不明の像であると述べている。これに範俊が関与したことについては、『白宝口抄』巻四十九、六字経法上に、(64)

聖賢闍梨云、大僧都御説、於二六字法一者偏外術也。就中、黒色六臂、依二白河院時一、鳥羽僧正自二三井経蔵一取被レ出云々。其前不二流布一。世人不レ知レ之。件像外術神云々。

とある。黒色六臂の六字明王は白河院のとき鳥羽僧正範俊が三井経蔵の図像より取り出したもので、世人もこれを知らない外術の神像だという。

『別尊雑記』にみられる六字明王像は六臂の立像で尊星王像と同様に右足を後ろに引く片足立ちで、光背に獣類や呪符を配す点でも尊星王像と共通する。さらに醍醐寺教舜（鎌倉中期）著『秘鈔口決』第十四、六字経法の(65)本尊事にも聖賢（一〇八三〜一一四七）の「三密房抄」を引き、「有名者云、此像為二陰陽外法中呪咀叛逆〔返却カ〕本尊一云云」、また印明事にも「陰陽師用二此印一、故名二陰陽返閉印一云々」とあり、陰陽師と共通する陰陽反閇印を用いていたという。津田徹英氏は、白河院政下で儀軌を無視して成立したもので、六字明王像の禹歩様の足捌きも一一世紀末に範俊が尊星王像をもとに案出したものとみている。(66)

(2) 式法・盤法の展開

天台寺門派の園城寺では、前述のように院による尊星王への信仰が篤く、承暦四年（一〇八〇）に隆明は園城寺北院内に白河天皇御願の尊星王堂（羅惹院）を創建するが、『寺門伝記補録』第十三の隆明(67)（〜一一〇四）の伝にはつぎの記がある。

長治元年　法皇（永長元年御出家）腰痛更発。復　勅レ明加持。限以二七日一、修二五大尊秘法一。御悩不日而癒。明数度効験、名誉播二於朝野一。独輔仁親王、不レ信二明之修験一、唯疑下有二異術一而所上レ為。或夜夢、異相童子来忿怒跋扈。謂二親王一曰、隆明ハ大聖明王行者、世世生生、積レ功行満。可レ謂二不動変身一也。汝若不レ信者、明王被レ罰。覚已大恐怖、悔二謝先非一、其後帰レ敬逾二于人一矣。

長治元年（一一〇四）白河法皇の腰痛が発したさいに、隆明は「五大尊秘法」を行い日ならず病は癒え効験を明らかにした。白河院に敵対した三宮輔仁親王はその験力を信ぜず「異術」を行ったと疑うが、夢に異相の童子が現れて大いに怒り、隆明は不動明王の変身でありこれを信じなければ明王は罰するとしたため、輔仁は畏れて先非を悔い、かくして帰依すること人を超えたという。五大尊法とは普通、不動明王以下の五大明王を供す調伏法であるが、この異術とされた五大尊秘法とは、つぎの式盤を用いた式法・盤法の五大尊式法ではなかろうか。

式法・盤法とは、陰陽道の式占の具である式盤の天盤・地盤の諸神を菩薩や明王、十二天・八天に代え、これを組み合わせて所願成就の本尊として祀る修法であり、五大尊式法・五大虚空蔵法・都表如意輪法・聖天式法などがあり、それらは院をめぐる恣意的で呪術的な要請のもと盛行したようであり、その法は権力者を擁護する秘法として鎌倉時代に関東へも伝えられた。

勧修寺興然撰『五十巻鈔』第三十七、五大尊式法(68)には金剛智訳『五大尊式経』にいうとして、毘盧遮那仏が不動明王に勅して四大金剛・七曜・二十八宿・三十六禽を率いて鎮護国家と衆生利益を命じ、不動明王は金剛・七曜などを円盤の方位に住まわしめたという。天盤の中央には不動金剛・北斗七星を置きこれを東方降三世・南方軍吒利・西方六足尊（大威徳）・北方薬叉金剛が囲繞する。地盤には東方帝釈天・東南方火焔天・南方炎魔羅天・西南方羅刹主・西方水天・西北方風天・北方毘沙門天・東北方伊舎那天の八天、次に日月火水木金土の七曜、次に二十八宿、最外縁に三十六禽を置く。そして祈願の目的に応じて、月建を飲み、天鼓、瞋目瞋声し、天盤の明王に地盤の諸天を加え、各真言を誦す。たとえば「若し悪人怨を結ぶを治罰せんと欲すれば、毎日三時に先ず月建を飲み、即ち天鼓三七遍、目を瞋らし声を瞋らす。薬叉金剛以って羅刹天に加え、根本真言二十一遍を誦し、次に羅刹天真言二十一遍を誦す。七曜二十八宿、尊等に急迫す。満三日にして已に悪人死し、眷属残留すること無し」とする。以下、祈願の内容として降伏悪人呪詛・欲令悪人疾病・欲降病などの呪詛から、欲除水難・欲除火難・欲除雨・欲除時気疾病・欲得一切勝利・欲得大富などの現世利益、若欲留万怪・欲治水腸病・欲治風病などの除病まで約四〇種の事項をあげている。

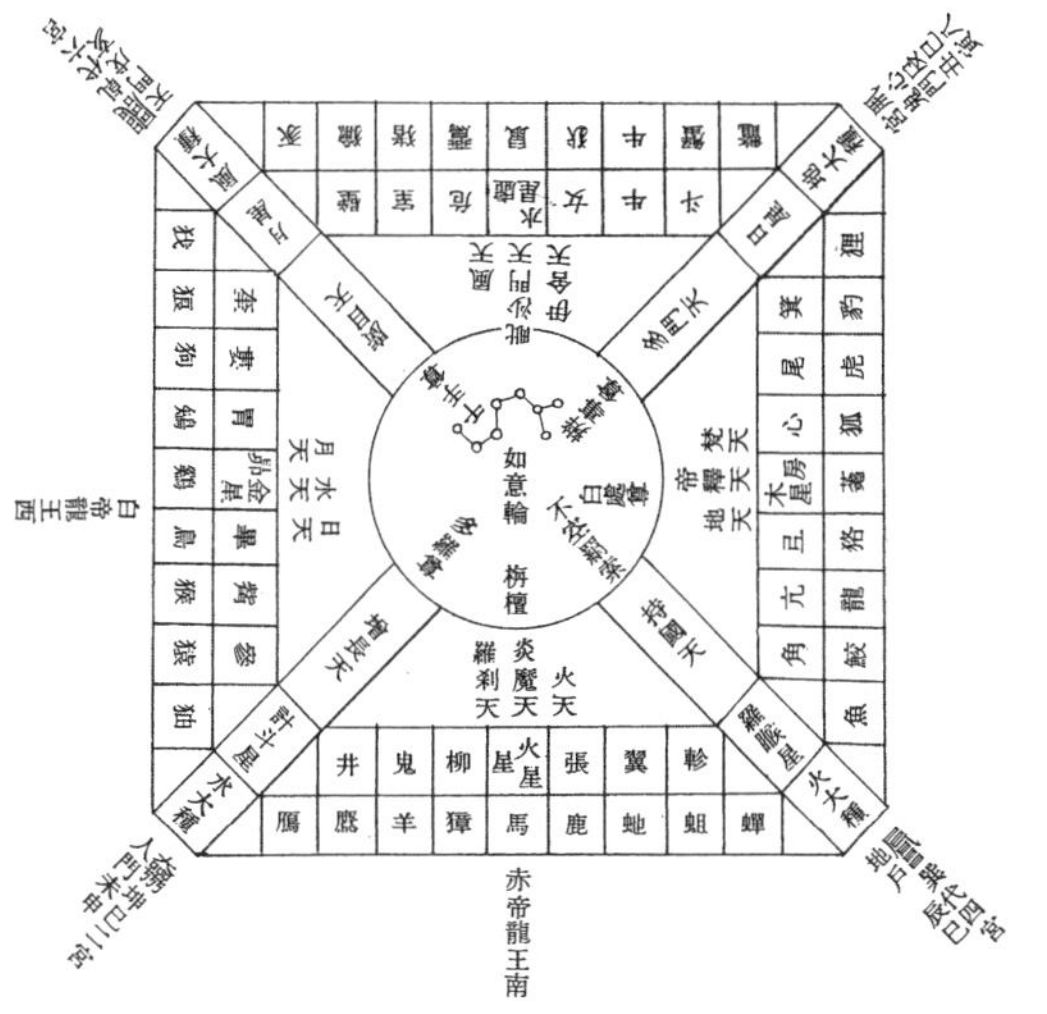

図４　都表如意輪法盤図（『五十巻鈔』）

　都表如意輪法に関しても『五十巻鈔』第二十九[69]には、「随二儀軌本文幷天台次第一粗記レ之」として、不空訳『大神力無比速疾大験如意輪菩薩金輪頂王秘密呪或〔式カ〕経』により、天盤に天上東方白処菩薩・東南方羂索観音・西方多羅菩薩・西北方千手観音・東北方辮事明王・中央に如意聖輪観音、天頂に七星を、地盤に十二天・四角に四天王・七曜・二十八宿・三十六禽などを画くとする（図4）。

また金剛智訳『與願金剛軌』にいうとして、天盤に東方聖者如意輪・南方金剛蔵王・西方辦事明王・北方執金剛神、天中央に七星天を置き、地盤の内院に東方帝釈天・東南方火天・南方炎魔天・西南方羅刹天・西方水天・西北風天・北方毘沙門天・東北方大自在天を置き、中院に二十八宿、外院に三十六禽を画くとし、これも祈願に応じて天盤の菩薩・明王に地盤の諸天を加えるとする。

いずれも不空や金剛智訳とするが、この五大尊式法に関する写本に東寺観智院金剛蔵本『五大尊式経』（第百六十七箱1、内題「五大尊式経一巻　金剛智三蔵秘伝」、尾題「五大尊式秘密法一巻」、付載の「禁封次第法」に九星禹歩図を載せる）があり、奥書に「治暦三年正月十七日於智光御房奉受了」とあり、智光房は不明であるが治暦三年（一〇六七）の写本である。「石山寺校倉聖教目録(70)」には、「五大尊式儀軌　一帖」（内題、五大尊式番加用次第法、奥書、永久五年三月廿日書写）、「五大尊式秘密随心自在法私記　一帖」（平安後期写）の二本があり、前者は白河院政期の永久五年（一一一七）に書写され、内題からも式盤を組み合わせる法を説くものであることは明らかで、後者も院政期の書写とされている。また延暦寺光宗撰（一二三一〜一三四八）『渓嵐拾葉集』第三十二、不動鎮護国家秘法(71)も金剛智秘伝とする五大尊式法であり、「私云、此法者或名二五大尊法一、或鎮護国家法、或名二盤法一也云云」とあり、天盤地盤の側面図を載せている。

このように一一紀後半には式法・盤法を説く経軌が書写され、また行われていたとみられる。しかし陰陽道の式盤を模したものを用いるこの特異な修法には批判も多く、『覚禅鈔』巻六十三、五大虚空蔵上(72)には、「五大虚空蔵菩薩速疾大神験秘密経一巻金剛智所訳」に説明を加えて「此経不レ知二由来一。八家請来外、尤不審也。天盤地盤三十六禽、内法無レ之。雖レ然世間多用レ之。仍記レ之」とあり、覚禅は式法の五大虚空蔵法を説く本経に不審を示しながら世間では多く用いられているとする。醍醐寺深賢（〜一二六一）記『実帰鈔』五大虚空蔵事(73)にも、「五大虚空蔵或経〔式カ〕有レ之。件経天盤地盤等事在レ之。似二外術一也。総盤法□ヲ如レ是事有レ法〔術カ〕共少少有レ之也。如意輪法ナトニモ有レ之。然而此流不レ用也云云」と、盤法は外術＝陰陽道に似るとし、醍醐寺流では行わないとしている。また『白宝口抄』巻百五十八、北斗法第四(74)には、同法の供物について、「菓子事　口云。菓子栗柿栢等也。多少任レ心。但用二干棗一。（中略）或云。棗木有二天衆好徳一。桂木有二地類好徳一。故山門伝二作盤法一。以二棗木一作二天盤一、以二桂木一造二地盤一也云々」とあり、棗木は天衆が好み桂木は地類が好むから、山門ではそれぞれの木をもって天盤地盤を造り盤法を伝えなすとしている。

式法・盤法は一三世紀後期に鎌倉で行われており、聖天式法に関する称名寺聖教、弘安四年（一二八一）頃の「聖歓喜天私記」（二九四函〇〇二）の本奥書によると、仁平元年（一一五一）に「百光房某」から「五智房律師」に、建久九年（一一九八）に三井寺の道□〔禅〕へ、さらに建長二年（一二五〇）に円寛に伝授したとあり、「口伝断簡（聖天式法口伝）」（三九九函〇四二）には天皷・地皷に関して大勝房と乗々房なる先師の口伝や「金剛智次第」なる典拠にもとづく秘伝が列挙されている。(75) また、都表如意輪法に関する金沢文庫文書紙背聖教、「都表如意輪法？聖教断簡」にも、五智房・乗々房の所説を引用し、本奥書に「百光房御本書」による仁平元年の書写、ついで建久九年に「五智房律師御房御本」を「三井沙門道禅記之」とある。(76) 百光房、五智房、大勝房、乗々房（上乗房）はいずれも園城寺の房舎であり、少なくとも一二世紀中頃、鳥羽院政期の仁平年間以前から式法に関する経軌が園城寺百光房に伝存し、それが寺内で伝授されていたことが知られる。このようにみると式法・盤法が天台、それも園城寺を中心として展開していたことがうかがえる。白河法皇のために隆明が修し異術とされた「五大尊秘法」も、その可能性が大きいといえるであろう。

おわりに

以上本章では、密教修法と陰陽道とのかかわりを検討してきた。平安時代中後期、顕密の寺院と陰陽道はそれぞれ国家・貴族社会における宗教としての機能を果たしながら、密教の行法の中に陰陽道の諸要素が濃厚に取り込まれ新たな修法が成立した。その基本的な要因は、星宿信仰や冥官信仰に明らかなように唐代後期の密教が道教の信仰要素を濃厚に取り込み宗教的な基盤を共有したためであり、そこに天皇や貴族の福徳長寿を目的とした星宿法の成立に陰陽師賀茂忠行・保憲父子が関与し得た理由がある。しかしそれのみならず村上天皇の本命供をめぐって、密教の純粋性を保持して「黄帝・玄女の祭説」を除こうとした法蔵の主張が排され保憲の主張が採用されたように、密教寺院側も世俗の陰陽道の慣行に追従した。そこには朝廷・天皇・貴族を護持することをみずからの存立基盤とした寺院側の世俗権力への配慮があり、北斗法・本命供など星宿法はその産物といえるであろう。

寺院の存立をかけてそのような側面を濃厚に有したのが、一一世紀に園城寺の秘法となる尊星王法である。寺門と山門の分裂後に行われた同法は、行法や図像に辟邪の機能をもつ禹歩や獣神・呪符を取り入れ、尊星王のもと五方星王、二十八宿、六甲将軍、十二府君などの道教・陰陽道の諸神による衆生擁護を説く経軌や曼荼羅を成立させる。その外法神的要素の導入は、既存の顕密勢力に対抗して天皇・貴族の帰依を獲得しようとする園城寺の立場を反映するものであった。

白河院政期には世俗権力を代表した院が仏法興隆の主催者となり、教義や修法、図像にも関心を示し、その意を受けた範俊のような近臣僧が教義にない意楽《いぎよう》の新奇な修法を創始した。陰陽道の式盤を模した回転式の曼荼羅を所願成就の本尊とする五大尊式法・五大虚空蔵法などの式法・盤法が、宋伝来の経軌によるものか日本で作られたものか不明であるが、これも院政期に園城寺を中心に浸透したことが推測される。このような秘法の流行も、密教諸流が制度および行法の面で院権力に統制されたことにより、既存の教義面での規範意識が崩壊したことがその要因となったと考えられる。

このような場面で陰陽道要素と密教の習合は展開するが、しかしそれのみならず陰陽道が独自の世界観、来世観を持っていなかったことも密教との結合を可能にした要因であろう。陰陽道で祀る冥官神の泰山府君や七曜・二十八宿などの星神は、密教の胎蔵界曼荼羅ではその構成要素であるし、みずからの行為を神仏にかけて誓約する起請文の神々の世界でも、それらはしばしば梵天・帝釈天・四天王のあと日本の神祇の間に位置づけられる神とされた。陰陽師安倍泰忠の日記『養和二年記』にみられる泰茂・泰忠父子の信仰などからも、彼らが観音・薬師信仰、地蔵・毘沙門講を恒例としていたこと、閻魔天・泰山府君は星の変化、地蔵と同体と考えていたことなども知られる。(77) 外法神、垂迹神とされる陰陽道の神々の信仰は、大きくみると顕密仏教のコスモロジーの枠中に位置づけられていたといえ、そこに両者の融合を促進する基盤があったといえよう。

（1）村山修一「台密と陰陽道」「真言密教と陰陽道」（同『古代・中世仏教の史的展開』所収、法蔵館、一九九〇年、初出は一九七二、一九七八年）、同『日本陰陽道史総説』（塙書房、一九八一年）。三崎良周「中世神祇思想の一側面」「園城寺と尊星王法」「中国・日本の密教における道教的要素」（同『密教と神祇思想』所収、創文社、一九九二年、初出は一九五五・一九八九・一九九一年）。野本覚成「「反閉」と大乗戒壇結界法」（『陰陽道叢書』第四巻、名著出版、一九九三年）、同「地鎮法と陰陽道「反閉」の習合」（『儀礼文化』二八号、二〇〇一年）等参照。

（2）西岡芳文「式盤をまつる修法」（『金沢文庫研究』三一八号、二〇〇七年）、神奈川県立金沢文庫『陰陽道×密教』（同年）、西岡芳文「金沢称名寺における頓成悉地法」（『金沢文庫研究』三二〇号、二〇〇八年）。

（3）山下克明『平安時代の宗教文化と陰陽道』（岩田書院、一九九六年）、同『陰陽道の発見』（日本放送出版協会、二〇一〇年）等参照。

（4）『古代政治社会思想』日本思想大系8（岩波書店、一九七九年）。

（5）速水侑『平安貴族社会と仏教』第一章第二節（吉川弘文館、一九七五年）。

（6）以下星宿法の形成に関しては、山下克明「密教星辰供の成立と道教」「宿曜道の形成と展開」（ともに前掲註3『平安時代の宗教文化と陰陽道』所収、初出は一九八八・一九九〇年）参照。
（7）『大正新脩大蔵経』第二十一巻、五四六頁c。
（8）長部和雄「一行禅師撰と伝える雑密儀軌と唐代後期の密教」（同『一行禅師の研究』所収、神戸商科大学経済研究所、一九六三年）、「唐代後期の密教」（同『唐宋密教史論考』所収、永田文昌堂、一九八二年、初出は一九六二年）等参照。
（9）速水前掲註(5)書。
（10）『大正新脩大蔵経』第十九巻、三三七頁c。
（11）『大正新脩大蔵経』第十九巻、三四二頁c。
（12）『大正新脩大蔵経』図像部第八巻、七二三頁a。
（13）『大正新脩大蔵経』図像部第五巻、四〇八頁a。
（14）『大正新脩大蔵経』第七十六巻、四六三頁a。
（15）『大正新脩大蔵経』図像部第九巻、二一四頁a。
（16）『大正新脩大蔵経』第二十一巻、所収。矢野道雄『密教占星術』（東京美術、一九八六年）参照。
（17）『阿娑縛抄』ではこのほかに『北斗念誦儀軌』『北斗七星延命経』『北辰菩薩経』をあげるが、「不読伝書也」とする。前掲註(15)四五二頁b。
（18）ともに『大正新脩大蔵経』第二十一巻、所収。
（19）『大正新脩大蔵経』第七十八巻、五五頁c。
（20）『大正新脩大蔵経』第七十八巻、一八〇頁b。
（21）『諸尊要抄』巻十（『大正新脩大蔵経』第七十八巻、三一三頁b）。
（22）『大正新脩大蔵経』第七十八巻、四一四頁a。
（23）大屋徳城「薬恒の年代について」（『史林』一〇巻一号、一九二五年）。また津田徹英「禹歩・反閇と尊星王・六字明王の図像」（『日本宗教文化史研究』二巻二号、一九九八年）参照。
（24）『大正新脩大蔵経』第七十五巻、八七九頁c。

(25)『大正新脩大蔵経』第七十八巻、九七頁c。
(26)『大正新脩大蔵経』第七十六巻、四五九頁b。
(27)『真言宗全書』第三十六巻、八五頁。
(28)『大正新脩大蔵経』図像部第七巻、三三四頁c。
(29)前掲註(13)三九七頁a。
(30)前掲註(15)四六四頁b。
(31)泉武夫「尊星王と鎮宅霊符神」(『三井寺の仏教美術』仏教美術研究上野記念財団助成研究会報告書第二〇冊、一九九〇年)。
(32)増尾伸一郎「七寺本『三星大仙人所説陀羅尼経』成立考」(牧田諦亮監修・落合俊典編集『中国日本撰述経典(其四)・漢訳経典』七寺古逸経典研究叢書第四巻、大東出版社、一九九九年)。
(33)東京大学史料編纂所所蔵の謄写本による。同法の修法例に関しては、津田徹英「寺門の尊星王をめぐって」(『MUSEUM』五八一号、二〇〇二年)参照。
(34)禹歩に関しては藤野岩友「禹歩考」(同『中国文学と礼俗』角川書店、一九七六年)、酒井忠夫「反閉について」(『立正史学』六六号、一九八九年)、小坂眞二「陰陽道の反閇について」(『陰陽道叢書』4特論、名著出版、一九九三年)、大野裕司「『日書』における禹歩と五畫地の再検討」(『東方宗教』一〇八号、二〇〇六年)等参照。
(35)『大日本仏教全書』第八十六巻、六四頁b、七九頁b。
(36)この注記から、尊星王曼荼羅が『尊星王軌』だけでなく『北辰別行法』(『覚禅鈔』に尊星王の本書としてみえる「北辰菩薩神呪別行法一巻」と同じか)にも載ること、また内院衆としての北斗七星の記述が『覚禅鈔』巻百一、北斗法に「妙見菩薩呪経云説曼荼羅之処」として引く文と同じであることから、「妙見菩薩神呪経一巻七星護摩法」にも尊星王曼荼羅に関する図様が記載されていたことがうかがえる。なお三崎良周氏も「園城寺と尊星王法」(前掲註1)で『尊星王経』『尊星王軌』が平安中期以後に作られたものとみる。
(37)『大正新脩大蔵経』図像部第三巻、五八八頁。

(38)『大正新脩大蔵経』図像部第三巻、七三七頁。
(39)泉前掲註(31)論文、林温『妙見菩薩と星曼荼羅』(『日本の美術』第三七七号、至文堂、一九九七年)。
(40)津田前掲註(33)論文。
(41)津田前掲註(23)(33)論文。『五十巻鈔』第二十五（『真言宗全書』巻三十、四七〇頁以下）の千手観音別法の療腹病法にも、三井秘法で九星禹歩をともなうとしてその図を載せる。また本尊の宝針観自在菩薩の形像も「右足ヲヒキアケテ腰ヲ屈タリ云々」と尊星王像と同様であり、本奥書に「本云、書本云、九星已下大阿闍梨御筆也。承保四年二月九日奉随上定房阿闍梨奉受了。覚猷」とあり、鳥羽僧正覚猷（一〇五三～一一四〇）が承保四年（一〇七七）に受法したものであることが知られ、ここでも園城寺の秘法と九星禹歩の関係がうかがえる。
(42)堀裕「護持僧と天皇」（大山喬平教授退官記念会『日本国家の史的特質』古代・中世、思文閣出版、一九九七年）参照。
(43)『門葉記』第百五十四巻（『大正新脩大蔵経』図像部第十一巻）には、山門の大法として熾盛光・七仏薬師・普賢延命・安鎮法を、東寺の大法として孔雀経・仁王経・請雨経法を、三井寺の大法として尊星王・法華法をあげている。
(44)『大日本仏教全書』第八十六巻、一六六頁b。
(45)森由紀恵「尊星王をめぐる諸問題」（『人間文化研究科年報』一五号、二〇〇〇年）。
(46)横山和弘「白河・鳥羽院政期の王家と仏教」（『年報中世史研究』二八号、二〇〇三年）、同「白河院政期における法親王の創出」（『歴史評論』六五七号、二〇〇五年）。
(47)『平安遺文』一九九三号「保安四年七月一日白河法皇御告文案」。
(48)上川通夫「院政と真言密教」（同『日本中世仏教形成史論』校倉書房、二〇〇七年）。
(49)前掲註(15)二九九頁b。
(50)『大日本仏教全書』第六十八巻、五九頁c。
(51)栗本徳子「白河院と仁和寺」（『金沢文庫研究』二八六号、一九九一年）、速水前掲註(5)書第一章第四節、参照。
(52)『江都督納言願文集』一、天仁二年二月二十七日、法勝寺北斗曼荼羅堂供養願文（『六地蔵寺善本叢刊』(3)、汲古書

院、一九八四年）。なお木像北斗曼荼羅の造立例をあげておくと、『中右記』天仁元年六月二十三日条に藤原忠実が五十余体の北斗曼荼羅を造り始めさせ、『修法要抄』造立木像北斗曼荼羅事に「成就院僧正記」を引き、天永四年七月四日に院の北斗法勤修にさいして藤原為房が木像曼荼羅を造立したとある（『大日本史料』第三編之十四）。鎌倉でも『吾妻鏡』仁治二年八月二十二日条に、新造北斗堂に「三尺北斗七星像、幷一尺廿八宿、十二宮神像各一躰、三尺一字金輪像等」が安置されている。

(53) 前掲註(28)三一九頁c。

(54) 『大正新脩大蔵経』図像部第七巻、二〇六頁b。

(55) 前掲註(13)二六〇頁b。

(56) 『大正新脩大蔵経』図像部第四巻、一七二頁c。

(57) 『大正新脩大蔵経』第七十八巻、二六九頁c。

(58) 如法愛染法・如法尊勝法については、大覚寺聖教・文書研究会「史料紹介　大覚寺聖教・文書」（『古文書研究』四〇号、一九九五年）、上川通夫「如意宝珠法の成立」（同『日本中世仏教史料論』吉川弘文館、二〇〇八年、初出は二〇〇四年）等参照。

(59) 前掲註(27)一六頁。

(60) 上川通夫「中世聖教史料論の試み」（前掲註(58)書、初出は一九九六年）。

(61) 前掲註(13)三七四頁b。

(62) 『大正新脩大蔵経』第七十八巻、八〇八頁c。

(63) 『大正新脩大蔵経』第七十八巻、八六二頁a～c。

(64) 前掲註(28)二六一頁a。

(65) 『真言宗全書』第二十八巻、一九一・一九三頁。

(66) 津田徹英「六字明王の出現」（『MUSEUM』五五三号、一九九八年）。上川通夫「東密六字経法の成立」（前掲註(58)書、初出は二〇〇五年）参照。

(67) 前掲註(44)二〇三頁c。
(68) 『真言宗全書』第三十巻、六七八頁。
(69) 前掲註(68)五四六頁。
(70) 『石山寺の研究』校倉聖教・古文書篇（法蔵館、一九八一年）。なお、このほかに「五大尊式密記（鑑真撰）一通」（平安時代中期写）もあるが、奥書外題に「五大尊記」とあるので五大尊法に関するものであろう。
(71) 『大正新脩大蔵経』第七十六巻、六一一頁b。
(72) 前掲註(13)五五頁c。
(73) 『大正新脩大蔵経』第七十八巻、七〇九頁c。
(74) 前掲註(28)三一七頁c。
(75) 神奈川県立金沢文庫前掲註(2)『陰陽道×密教』。
(76) 西岡前掲註(2)「金沢称名寺における頓成悉地法」。
(77) 山下克明「陰陽道信仰の諸相」（本書第一部第三章）参照。

第五章　院政期の大将軍信仰と大将軍堂

はじめに

京都市上京区に所在する大将軍八神社は平安時代に存在した大将軍堂からの来歴を持ち、他に類例のない八〇躰にのぼる重要文化財指定の神像彫刻を安置していることで知られている。しかしその成立や由来に関しては不明な部分が多く、平安時代の宗教文化史の課題の一つといってよいと思われる。

本来大将軍神は、具注暦の暦序に記され方位を司る暦神の一つであり、また陰陽師がその禁忌を避ける方違えを指導し、方忌解除《かたいみかいじょ》の大将軍祭を行うなど陰陽道の祀る神としても知られていた。ところがその一方で、陰陽道から離れて都に大将軍堂が建立され、朝廷や民衆に信仰される常住の神となる展開もあり、後白河法皇の『梁塵秘抄』には「神のめでたく現ずるは」として霊異を謡われる存在となる。

ではそのような展開には如何なる要因が存在したのであろうか。以下、平安時代後期の院政期における大将軍信仰と大将軍堂に関して考察を行ってみたい(1)。

一　摂関貴族と大将軍信仰

大将軍は具注暦の暦序に記される八将神（大歳・大陰・大将軍・歳刑・歳破・歳殺・黄幡・豹尾）の一つであり、

具注暦に記載される暦注は暦法とともに中国の形式を踏襲したものである。八将神はそれぞれ性格や年ごとの所在は異なるが、大将軍に関しては院政期の陰陽頭賀茂家栄撰『陰陽雑書』第九諸方禁忌(2)や鎌倉時代初期の『陰陽博士安倍孝重勘進記』大将軍事(3)に、「暦例云、大将軍者太白之精、天之上客、太一紫微宮、方伯之神、不レ居二四猛一、常行二四仲一、以正二四方一、三歳一移、百事不レ可レ犯云々。尚書暦云、移徙・嫁娶・喪送・作屋・起土不レ可二触犯一、大凶」などとあり、太白金星の精、方伯の神とされ、三年ごとに四方を廻り（寅・卯・辰年は北方、巳・午・未年は東方、申・酉・戌年は南方、亥・子・丑年は西方）、起土造作などでその方位を犯せば祟りをなす方角神であった。

さらに『孝重勘進記』の大将軍遊行方事に、「暦例云、大将軍常以二子日一出遊、至二于巳日一乃還。出遊之日、其所可二興レ功造屋一、以二五日内一令レ訖レ之、大吉。然所レ遊之郷不レ可レ犯、凶禍立至也」とあるように、大将軍は三年ごとのローテイションとは別に、干支六〇日ごとに子の日から五日間の出遊（東・南・屋内・西・北の順）と巳の日から七日間の本所（その年に大将軍が所在する方位）帰還を繰り返すという複雑な行動をとり、そのさいも所在の方位の造作は「凶禍立ちどころに至る」とされている。

なお『暦例』『尚書暦』は唐からの伝来書であり、元慶元年（八七七）に陰陽頭兼暦博士家原郷好が現行の『宣明暦経』とともに暦書二七巻を加え用いることを申請したさい「暦注一巻」とともに「暦例一巻」が含まれ(4)、また『日本国見在書目録』暦数家の項に「尚書暦一」「暦例一」「暦注二」とみえている。

大将軍を含む八将神は、正倉院文書の天平勝宝八歳（七五六）具注暦の冒頭に初見しているが(5)、中国から伝えられた暦注の吉凶観念は奈良時代を通して次第に浸透したようで、平安時代初期の大同二年（八〇七）九月に平城天皇は、儒教の合理主義的な立場から暦注に依存することの弊害を述べ、「日者虚伝、千妨輻湊。占人妄告、万忌森羅。又大会小会之言、歳対歳位之説。天恩発二於五辰一、将軍行二於四仲一。斯等並出二堪輿雑志一、非二挙正之典一。宜拠二賢聖格言一、一除二暦注一者」として暦面から暦注を除くことを命じている。この「将軍行二於四仲一」は大将軍のことであるが、しかしこの措置は性急であったため、三年後に公卿等は「臣等商量、暦注之興、歴代行用。男女嘉会、人倫之大也。農夫稼穡、国家之基也。伏望因二順物情一、依レ旧具注」との復活要請を行い、嵯峨天皇はこれを容れて暦注を旧に復している。(6)

その後、律令制国家支配の解体、王朝貴族政治の展開とともに新たに朱書の暦注も付加され、日時方角に関する吉凶意識は深化していくが、とくに大将軍の方位が問題となったのは天徳四年（九六〇）の内裏火災にともなう村上天皇の遷宮のさいであった。九月二十三日の火災により村上天皇は職御曹司に移るが、十月二十二日陰陽師の賀茂保憲、秦具瞻、文道光らを召して冷泉院へ遷御することの可否を勘申させた。この年は庚申、大将軍の所在は南であり、そのさい具瞻、道光らは職御曹司より冷泉院の方は大将軍方に当たるので忌みがあり、一旦他所に移ってから遷御すべきとした。それに対して保憲は「不レ可レ忌、依三大将軍為二年忌一也」「遷二御職御曹司一之後、不レ満二卌五日一、依三御忌猶留二内裏一也」と述べ、大将軍は年ごとの禁忌でまた職御曹司に移ってから四五日を経ておらず忌みは内裏にとどまるから問題のないことを主張し、この説により十一月四日に天皇は冷泉院に遷御した。(7)院政期の『陰陽略書』(8)の諸神禁忌法・大将軍の雑例には「大将軍方、為二一年之忌一。天徳四年十月廿六日、保憲」と、最初にこの保憲の説があげられており、先例として重視されたことが知られる。

その後も『御堂関白記』寛弘五年（一〇〇八）七月九日条には、「中宮欲二出レ従レ内給一、大将軍遊行方、而陰陽師等召問所、々レ申不二分明一。仍及二御出時一留給」と、大将軍遊行の方を問題として中宮藤原彰子の内裏退出が延期されている。また寛弘八年（一〇一一）六月八日条には、

蔵人所召二陰陽師等一、令レ勘二申御譲位日一、十三日午時。次又召二東宮陰陽〔師脱〕一、令レ勘三申可二入内給一。申云、十三日渡二東三条一給、来月十一日御二朱雀院一、十一日可二入内給一者。是御忌方并大将軍・王相等方、依レ有レ忌也。

とあり、陰陽師等の勘申により、新天皇三条は大将軍や王相方の忌みを考慮し東三条第・朱雀院等を経て七月十一日に入内することが決している。そのほかにも貴族の日記などに方忌が散見するが、ことに院政期に大将軍の方位に関する禁忌が盛んであったことは、『中右記』長承三年（一一三四）正月三日条に、節分の夜にあたり翌日立春に大将軍が三年ぶりに所在の方位を替えるので、鳥羽院・待賢門院や大殿藤原忠実・関白忠通をはじめ「万人が方違す」との状況を記していることから知られる。院宮や摂関貴族たちのこのような騒動は、その一方で彼らを取り巻く平安京の人びとに影響を与えたことは容易に想像されるところである。

また、遷居のさいには方忌を避ける祭祀も行われた。鎌倉時代の賀茂氏の祭祀書『文肝抄』[9]大将軍祭の条に、「遷幸・移徙幷其方解除時祭レ之」とあるように、転居や犯土《ぼんど》にさいして方角の禁忌を祓うために大将軍祭を行うことが多い。『兵範記』保元三年（一一五八）八月二日条には、新造なった藤原忠通の高倉殿で陰陽頭賀茂在憲により宅鎮の諸祭祀が行われたことがみえるが、それらはまず寝殿の天上に七十二星鎮、西嶽真人鎮を置き、ついで宅地の四方・中央などに掘った穴に五色玉等の供物を埋める大鎮を行い、方角神・地神の厄難を避けるため大将軍祭や王相祭、土公祭、さらに火災祭、井霊祭が行われている。方角神の祭祀にはほかに大歳八神祭や八卦諸神祭などもあるが、大将軍祭はその代表的な祭祀であった。

さらに院政期の大将軍信仰には、摂関貴族の日常生活にかかわりつぎのような例がある。藤原師通の『後二条師通記』寛治六年（一〇九二）三月十六日条には、

陰陽師道時〔言〕朝臣奉二暦下巻一了。南方大将軍方也。奉レ安二置大般若経一、為レ之如何。画像者不レ可二以憚一、但木像者有レ憚云々。於二御経一者不レ可二以忌一之由所レ申也。

とあり、師通は大将軍の所在方位が南方であるので大般若経を安置したいとし、そのことの可否を陰陽師賀茂道言に質問している。道言はそれに答えて、画像は憚りないが木像は憚る。ゆえに経典は忌む必要はないと述べて

いるが、ここで引き合いに出された画像・木像は大将軍神像のことであろうか。いずれにしてもその所在方位に仏典を置く行為は、方角侵犯に厳しい罰を加えるという大将軍へ功徳を施し、加護を期待した措置と考えられる。

藤原忠実の『殿暦』永久二年（一一一四）六月二十五日条には、

天晴、今暁自二四条宮（藤原寛子）一参河前司家信来云、先斎院（正子内親王）此両三日不例御、而自二申許一重悩給、而間彼自大将軍祟由示給也。是件大将軍堂有二此南一、仍今夜忩可下令二他所一給上也。内府（源雅実）家云々。

とあり、前斎院の正子内親王がこの二三日不例で病は重くなり、その間みずから大将軍の祟りと示すことがあった。その南に大将軍堂があるので、正子内親王は夜急いで内大臣邸に移られたとみえ、その病が大将軍の祟りとされている。

同年七月十七日条には、忠実は心身不快、霍乱の如くでその後快復したが、「自二今夜一、此未申角座給二於大将軍一、令二転読一」とある。記事が簡略で詳細は不明であるが、大将軍に座を給うとは神像を安置して経典を転読させたということであろうか。さきに師通が大将軍方に大般若経を安置したこととも通じるが、忠実の行為は自身の病を大将軍の祟りとみてその供養のために経典の転読を行わせたのであろう。

九条兼実の『玉葉』元暦元年（一一八四）九月二十九日条には、「邪気快渡、然而神心猶無レ減、日数浅之故也。此日以二在宣一令レ行二大将軍祭一」とあり、自身の邪気＝物の気による病にさいして、陰陽師賀茂在宣をもって大将軍祭を行わせており、病が大将軍の祟りとされたようである。

これらの大将軍信仰は、方違えや造作犯土のさいの方角解除ではなく、個人の病の原因を大将軍神の祟りとして、その方に経典をおき、転読し、大将軍神を祭る大将軍堂を避け、直接陰陽師に大将軍神を祭らせるなど、日常的に霊異を有する神としての存在を示しており、ここに院政期の貴族社会における大将軍信仰の新たな展開を認めることができる。なお、陰陽道の大将軍祭は『文肝抄』に、「十二座、魚味、撫物鏡、神像　一鋪長三尺」、

『兵範記』保元二年八月二日条の新造高倉殿での大将軍祭にも「奉二懸形像一鋪一、一幅図絵」とあるように絵像の神像を掲げ、その長さは三尺であったという。神像を用いるのは他の陰陽道祭祀では火災祭や宇賀神祭などで多くはなく、大将軍は方位を掌る主要な神として、神像を有することもその大きな特徴であった。

二　『東山往来』にみる大将軍信仰

暦神から発した貴族社会における大将軍神信仰は、陰陽師が関与する陰陽道の信仰・祭祀という側面が濃厚であったが、院政期にはそれだけでなく平安京の市井の人びとの信仰対象としても存在していた。『東山往来』[10]は清水寺別当定深（～一一一九）の撰で、一二世紀初頭の成立とされ、東山の師僧と西洛の檀越との間に交わされた日常における信仰・習俗などの問答を往復書簡の形式で記した、いわゆる往来物である。陰陽師や巫女などの民間宗教者の活動もとりあげられ、院政期の都の人びとの生活や信仰をもうかがわせる興味深い史料であり、『東山往来拾遺』もこれに続いて撰せられたとされている。そこには大将軍に関する五つの話しがみられるので、つぎにこれをあげてみよう。

【1】『東山往来』第十状「供二養神像一用二仏眼真言一状」の問いはつぎのようなものである。

一日大将軍神像供養之庭、所二御覧一之北山供奉者、極聡敏人也。顕二文学於鼻上一、散二名聞於眼前一。爰件日、貴房廻駕之後、件供奉竊語云。今日導師御房、於二内外事一雖二黠《サカシク》御坐一、至二于大将軍供養之条一、尤有二不可之事一。何者、大将軍是神也。何用二仏眼真言一哉。外法有二開神眼呪一云々。何不レ依レ彼乎。

西洛の檀越が「大将軍神像供養」を行ったとき、導師を務めた師僧が仏眼真言を用いたのに対して、これを参観していた北山供奉は大将軍は神であり、外法神には開神眼呪を用いるべきと主張しているが、これは如何であろうかと問う。これに対する師僧の答えをまとめておくと、仏眼真言を用いた理由は二つあり、一つはこの真言中に二義の肉眼と天眼を含む五眼の義があり、大将軍神はその義の預かるものであること、つぎに神祇は本来仏性を有するも妄執により冥道に随うものであるから、仏眼真言を用いるのは本有の仏眼を開かせるためであるとしている。ここで注目しておくべきことは、俗人が大将軍神の造立を発願し、僧侶がこれを供養していることである。

【2】同第十一状「巫女妄指レ祟増レ悩状」の問いは、つぎのようなものである。

小女此日来不例。仍一日比、乳母女房、向二巫女一問レ祟之処、占云、大将軍祟云々。聞二其占一以来、児之悩気弥増。則失二為方一。而則請二験者一、令二加持一之間、大将軍託宣、我心也云々。爰某等廻二思慮一、神道無二横切一、亦以二正理一。家中无レ所レ犯、而有二其祟一矣。

小女が病になり乳母の女房がこれを巫女に問うと、大将軍の祟りであると占い、それ以後病は重くなった。そこで験者に加持を行わせると大将軍が託宣して我が心であるという。家中で大将軍神の禁忌を犯したことはないのになぜ祟りがあるのであろうかと問う。それに対して師僧は、冥道の神は人に憑いてものを言い、賢者が真偽を決するもので、上代の占女は事実を指して神の祟りを止めたが、近代の巫女は虚妄を指して祟りの狂乱を発生させている。事実を占えば病は減少し、妄言である神の祟りだといえば神は取り付いて病を重くさせるものであるから、偽巫は用いるべきではないとする。大将軍神が託宣して病をその仕業とするのは、先引の『殿暦』にみえた前斎院正子内親王の場合と同様である。

【3】『東山往来拾遺』第三状「大将軍神像不レ可レ入二金眼一状」も、神像の造立に関する話しである。

一日神母説曰、造二大将軍神像一、可レ入二金眼一云々。但某不レ知二虚実一。仍欲レ随二師御説一、如何。

神母＝巫女の説として大将軍神像を造るさいには金眼を入れるべきというがどうであろうかと問うが、それに対して師僧は、諸天・鬼神の像が尊ばれるのは人相を具すからで、金眼を入れるのは獣類だけであり、これは無知な神母の妄説であると答えている。

【4】同第三十四状「大将軍神遊内状」は、大将軍の遊行の方に関する問答であり、「就二大将軍神遊行一、言二遊内一者、指二何内一哉」との屋内への出遊についての問いに、「任レ文可レ注。夫大将軍依下住二五行一者上也。四方各有二五分一」と、五行説と東南西北と中央の五方の関係から答えている。

【5】同第三十九状「灸治時神祟不レ可レ被二焼籠一状」の問いも祟りに関するもので、

右家中雑使、如三日来有二所労一、竊令二灸治一。而間神母女出来、叩レ鼓云、件所労、我大将軍之所レ為也。而被二焼籠一不レ可レ去云々。此事不審、若神之有下被二灸籠一之理上耶。

とあり、家の雑使が病となり灸治を行ったが、神母女＝巫女がやってきて鼓を叩き神降ろしを行うと、大将軍神が託宣し自分の所為とした。しかも灸で焼きこめられて身中から出ることができないといっているが、これは理があることかと問うている。これに関して師僧は、神の祟りといえども病であるから灸治してよいと答えるが、ここでも大将軍神が巫女に憑いて託宣し、雑使の病をみずからの所為としたということが注目される。

このように巫女が病を大将軍神の祟りと占い、その託宣を受ける憑坐《よりまし》となり、造像のときには金眼を入れることを主張しており、その活動を介し大将軍信仰が市井に浸透していく様子がうかがえ、また僧侶も俗人が発願した大将軍神像を供養して仏神となし、かつ遊行の方位の問題に答えるなどの積極的な関与がみられる。『東山往来』には他に陰陽師の活動も記しているが、右の事例には陰陽師の関与はみられず、院政期には大将軍の存在は暦神・方角神の一つから都市民の間に浸透し信奉され、祀られる存在となっていたこと、造像も盛んに行われ、それは陰陽道祭の絵像ではなく、「神像を造る」「金眼を入れる」との表現があることからも木像であったことがうかがわれる。

三　大将軍神像と大将軍堂

『東山往来』の成立より先、すでに一一世紀に大将軍神像が造られ祀られていたことは、祇園感神院に関する延久二年（一〇七〇）十月十四日の火災記事から知られる。『扶桑略記』には、

十月十四日辛未、戌時、感神院大廻廊、舞殿、鐘楼、皆悉焼亡。但天神御躰奉レ取二出之一。別当安誉身焦二余焔一、翌日入滅。世人以為二神罰一。

十一月（中略）十八日乙巳、以二官使一検二録感神院八王子四躰、幷蛇毒気神、大将軍御躰焼失実否一。

とあり、この火災で天神＝牛頭天王像は取り出したが、その後八王子像四躰や蛇毒気神、大将軍神像などの焼失の実否について官使の検注があったという。

『玉蘂』承久二年（一二二〇）四月十五日条の外記勘例「祇薗社焼亡例事」には、延久二年十月二十七日の「官使検注」が引用されている。それによると、このとき本堂・宝殿の焼失にさいし八王子像一躰は取り出したが、鎮火後に大壁に埋もれた牛頭天王と婆梨女は足を損じながら抱え出した。それは六尺余の像であったという。八王子は三尺許りで三躰はところどころ焼損しながらも発見されたが、八王子四躰と蛇毒気神、大将軍神の御躰はみな焼失したという。この大将軍神像も八王子と同様に三尺であったのであろう。

鎌倉末期から室町前期の成立とされる『簠簋内伝』[11]では八王子は暦の八将神で、大将軍神と蛇毒気神（豹尾神の別名）はその中に含まれている。当時は別の尊像とされたようであるが、疫神牛頭天王と子息八王子とともにおそらく眷属として大将軍神が祇園社で祀られていたことは、すでに一一世紀の段階で方位などに関して特別な霊威を持つ神とされていたこと、さらに牛頭天王八王子と八将神の習合過程を示すものであろうこともうかがえる。

平安時代後期における大将軍信仰の特質は、市井における神としての信仰の展開を背景に、常住の神として祀る大将軍堂が数か所都に建立されたことにある。陰陽道の祭祀は、貴族等の依頼により貴族の邸宅の庭や河原などの戸外で、臨時に祭壇を設け、夜間に天地四方の神や道教由来の冥官・星神の来臨を請い行うものであったから、陰陽道に特定の堂社や本尊は存在しなかった[12]。常住の神を奉ずる大将軍堂の成立は、陰陽道関連の信仰から発しながら陰陽師の関与もうかがえず、それとは別に新たな貴族を含む都市民の信仰形態を反映したものといえる。

当時、大将軍神像が造られ奉納されたことについては、鎌倉時代後期の陰陽師安倍晴弘あたりの撰と考えられる『方角禁忌』[13]に、つぎのようにみえる。

一禁忌方造二神社一事。不レ忌レ之云々。近代依二此説一歟。塞方奉レ渡二木作神像一禁否如何。故晴道勘文云。奉レ渡二鏡・大将軍偽〔像カ〕於禁方一事、最有二其憚一云云。造二神社一者重事也。奉レ渡二御聖体一軽事也。有二会釈一歟。

安家説　神社修理者、土〔公カ〕用方角全不レ被二沙汰一事也。新造神社者最可レ有レ憚。同塞方奉レ渡二大将軍神像一、最可レ憚。

賀家説　奉レ渡二神像一事、神社有二破損一之時、相二尋先例一多不レ忌二方角一。或又忌レ之。但新造神殿奉レ祝二遷神像一之条可レ忌レ之。是又自二願主宿所一可レ忌之趣、相二同仏像一云々。有親説也。

禁忌方に神社を新造することに関して、晴弘の祖であり仁平三年（一一五三）に没した陰陽権助権天文博士の安倍晴道[14]の勘文では、その方に鏡や大将軍像を遷すことも憚るとする。これを受けて安倍家説では、土公出遊の塞がり方に大将軍神像を奉遷することは最も憚りありとする。これに対して賀茂家説では、神社が破損したときは先例では多く神像奉遷を忌まないが、新造神殿のさい、また願主宿所より塞がり方の場合は忌むとする。なお「有親」は晴道の孫に当たるからこの部分には錯簡があろう。

それはともかく、禁忌方における神社新造を問題とするこの条文で鏡や大将軍神像の奉遷がとりあげられていることは、それらが御神体・御神像であったことを意味している。鏡を御神体とする神社に対して、大将軍神像が鎮座するのは祇園社や大将軍堂などが想定されるが、大将軍神像に関するこの問題がとりあげられること自体が、院政期以降に「大将軍神像を奉納する人が多かったことを示している」(15)といえよう。

大将軍堂の存在については、従来から指摘されているように『山槐記』治承二年（一一七八）十一月十二日条に、中宮平徳子の御産にさいして御誦経を行う社四一か所のなかに「大将軍堂」がみえ、後白河法皇の『梁塵秘抄』第二には、「神のめでたく現ずるは」として「西宮・祇園天神・大将軍・日吉山王・賀茂上下」と詠われている。また鎌倉中期の有職故実に関する事典『拾芥抄』下、諸寺部第九には、大将軍堂が「上、一条北、西大宮西」、「中、高辻北、万里小路東」、「下、七条北、東洞院西」の三か所に存在したことを記している。

先引の『殿暦』永久二年（一一一四）六月二十五日条には、四条宮藤原寛子のもとから連絡があり、前斎院正子内親王の病は大将軍の祟りであり、この南に大将軍堂が所在するのでこれを避け、前夜急いで内大臣家に移ったとある。『中右記』同月二十四日条には「夜半前斎院依二御悩重一、渡二給内府土御門亭一、日者御二成信房一之間、在二南大将軍一成レ祟云々」とあり、正子内親王は日頃から平等院執行成信の房を在所としていた。上野勝之氏の指摘があるように、成信房の所在は「五条家」（『殿暦』嘉承元年［一一〇六］正月十四日条）、「高辻」（同天仁二年［一一〇九］十一月六日条）、「万里小路成信房」（同十二月二十六日条）、「高倉高辻」（『中右記』長治二年［一一〇五］正月二十日条）などと記されるから、この南にあったという大将軍堂は、『拾芥抄』に「高辻北、万里小路東」に所在したとある中大将軍堂であった可能性が大きい(16)。

三条公教の『教業記』保延七年（一一四一）正月二十八日条(17)には、「即召二近康於北面一、仰二可レ問之由一者、（中略）同申云、去廿五日夜大将軍堂一条向ニ強盗罷入云々、仰二検非違使一令二尋候一」とあり、検非違使別当の公教

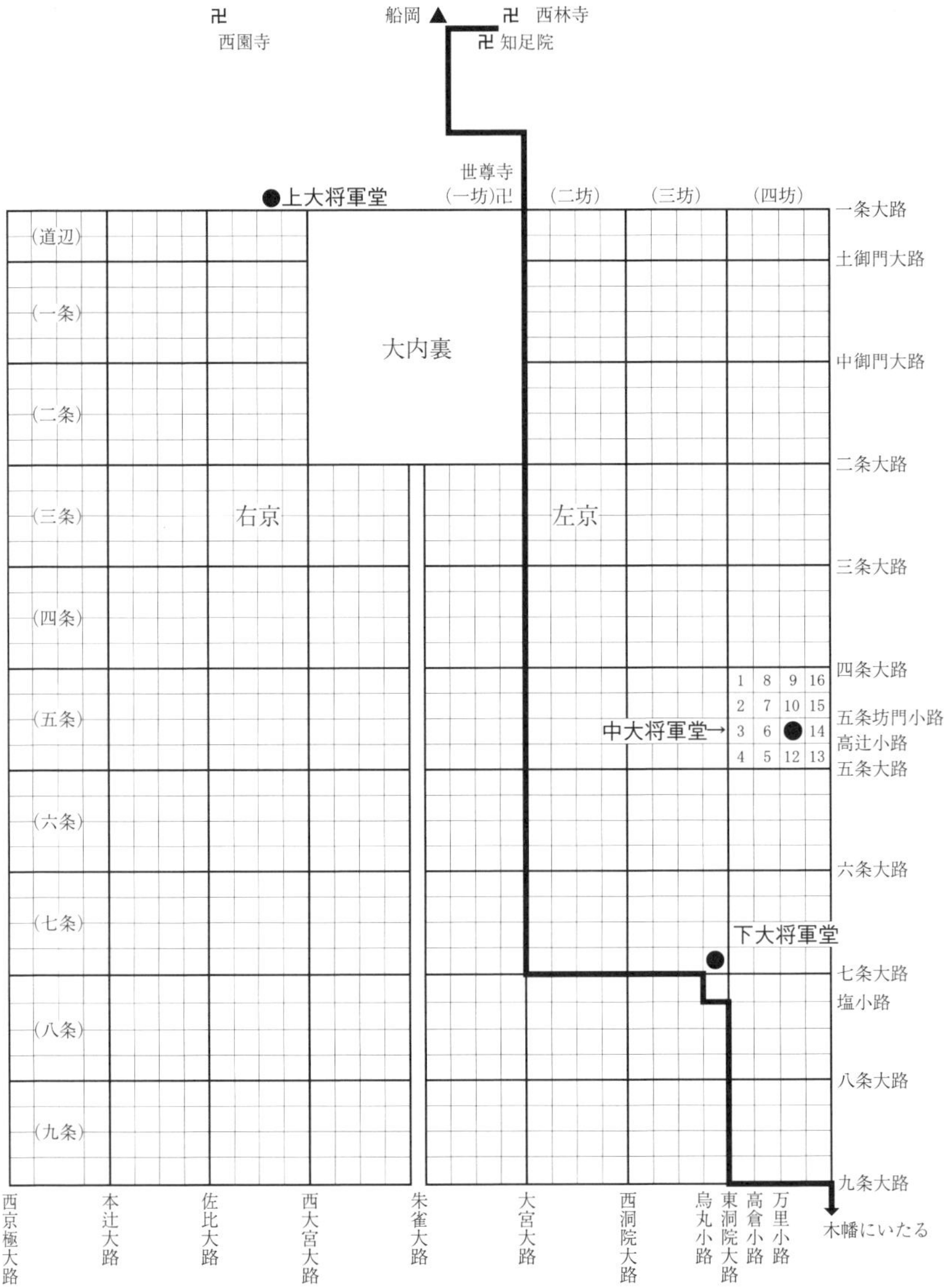

図１　平安京と大将軍堂位置関係図

註１：太線は『兵範記』仁安２年７月27日条の行路を示す。
　２：左京五条四坊内の数字は町数を示す。

は検非違使尉の源近康から一条に所在する大将軍堂の向かいに強盗が入ったとの報告を受け、捜査を命じている。この一条の大将軍堂は上大将軍堂のことで、その初見史料となる。『明月記』安貞元年（一二二七）八月七日条には、前太政大臣藤原公経の室全子の卒去にさいし、「聞レ之後周章馳二参大将軍堂西程一、奉レ逢二北政所御車一下車、〔左カ〕在馬頭在二御供一、入二西園寺門一」と、藤原定家は西園寺に馳せ参ずるが、ここにみえる大将軍堂も北山西園寺との位置関係から上大将軍堂のことである。

また『兵範記』仁安二年（一一六七）七月二十七日条には、この日、前年七月に没した故摂政基実の遺骨が木幡の浄妙寺山中に納められたが、記主で摂関家の家司の平信範は、これを安置していた平安京北の西林寺から京中を経て木幡にいたる経路をつぎのように記している（図1）。

知足院鐘打了、引二率男共一参二西林寺一。（中略）出二北門一更西行、自二船岡方一南行、為レ不レ経二斎院前一也。此間、下官密々自二大宮方一、経二本院前一、逐電前行。御路、世尊寺辺出二御大宮一、更南行、自二七条一東行、自二烏丸一南行、為レ不レ経二七条大将軍堂前一也。自二塩小路一東行、自二東洞院一南行、到二九条口一。（中略）未明着二御木幡一。

大宮大路を南行し七条大路を東行したものの、すぐに烏丸小路を南下し、塩小路を東行し、東洞院大路を南行するという複雑な行路をとったのは七条大将軍堂の前を経ないためと言い、その理由は凶礼により神前を憚ったためと考えられるが、これは下大将軍堂（七条大将軍堂）の初見史料となる。

このように『拾芥抄』の上中下の大将軍堂は、すでに一二世紀には揃って存在していたことが知られる。京都市上京区の大将軍八神社はこの上大将軍堂の後身であり、現在も平安中期から鎌倉時代にかけての多数の神像が安置されていることで知られ、武装形神（五〇躰）・束帯形神（二九躰）・童子形（一躰）の計八〇躰が伝えられている（図2）。かつてこれらを牛頭天王・八王子像とする見方もあったが、近年小像ながら南山城の旦椋《あさくら》神社の大将軍神像一九躰（武装形七・束帯形一一・童子形一、法量は一三〜一九センチ）が発見され、その形態がほぼ一致す

6号像　　12世紀　像高84.6cm

1号像　　11世紀　像高94.5cm

52号像　12世紀　像高100.5cm

23号像　11世紀　像高53.8cm

図2　大将軍八神社神像（『大将軍神像と社史』大将軍八神社、1985年より）

ることから大将軍八神社の武装・束帯神像も大将軍神であると理解されるにいたっている(18)。

また旦椋神社像はほぼ一二世紀の作とされるが、大将軍八神社神像の推定制作時期は、一〇世紀一躰、一一世紀が一三躰、一一〜一二世紀が二躰、一二世紀が四三躰、一二〜一三世紀が三躰、一三世紀が五躰、一四世紀が三躰、一五世紀が二躰とされる（六躰は不明。のちに一躰が確認され、その他神像の破損残片が一七〇個あり、これを含むと全体で一二〇躰に及ぶとされる）(19)。すなわち一〇・一一世紀の早期のものは十数躰あると言い、延久二年（一〇七〇）に祇園社の大将軍像が焼失しているから、少なくとも一一世紀には造像と大将軍堂建立があったとみてよいであろう。さらに旦椋神社像と同じ一二世紀の造像と推定されるものが四〇躰以上と集中していることは、この時期が大将軍信仰の盛期であったことを反映するものであろう。

ひとつの堂社にこれだけ多数の神像が集積された経緯は必ずしも明らかではないが、田中義恭氏は、殿舎を新たに造営したり、大将軍の方位を犯したために大将軍祭を行い、そのさい祭祀した神像を、長く災いを受けることから逃れるために、大将軍社に奉納したものが今日まで伝来したのではないか、現存の一群に大きさや作柄の差が認められるのは、あるいは奉納者の地位や経済力を示唆しているのではないかと推測している(20)。丸山士郎氏は、武装形神像の甲冑等の諸表現の形式は仏教の四天王・十二神将像と比較しても本群像内における模倣性が高く、そのことはこれらの神像が他の複数の場所から集められたという説に否定的要素となること、諸像に施された緑の顔料を蛍光X線により分析した結果、鉄を主構成元素とするもの七像、銅を主構成元素とする（＝緑青）もの六像の別があり、後者のほうが概して優れた表現を持つこと、彩色顔料の良し悪しは発願者の経済力を示すもので、それは神像群の発願者が幅広い階層であったことを示す可能性を有すものとする(21)。

これまで述べたように、文献史料の面から院政期の貴族社会や都市の民衆社会における大将軍信仰の盛行が知られたが、大将軍八神社の大将軍神像群はさらにこれを証する造形として位置づけることができるであろう。

おわりに

陰陽道がかかわり、平安時代に漸次盛んとなる方角神としての大将軍信仰では、方角の忌を避けたり新宅造営などのさいに大将軍祭が行われた。しかし、信仰の高まりとともにそのようなときだけではなく、突然の病などの原因の一つとして日常生活の中で無意識のうちに方忌を侵犯したことによる大将軍の祟りが取り沙汰され、その霊異を畏れる気運が醸成された。院政期の摂関家ではその方角に大般若経を安置し、また読経を行い、病平癒のため祭を行った。そのような観念は貴族の家への奉仕者や職能者、下級官人などを介して都市の生活者へ浸透していったと考えられる。方違えなどの解除手段をとる余裕のない市井の人びとにとり、大将軍神は方角を掌り敬えば恩恵を及ぼしその侵犯には病の罰を与える神として信奉された。『東山往来』により、院政期に都市民が大将軍像の造立を発願して僧がこれを供養し、また巫女が盛んにその祟りを占っていたことが知られるが、現存する大将軍神像の制作推定年代から平安中期にはこれを祀って常にその霊異を仰ぐ大将軍堂が築かれていたと推測される。

陰陽道は特定の宗教施設は持たず、人びとの依頼によって臨時に屋外で祭祓を行うことを職務としていた。常住の神を奉ずる大将軍堂の成立には陰陽師の関与をみることはできず、新たな都市民の信仰形態を反映した存在といえる。大将軍八神社社家生島家の伝では、初代の盛哲法印が元久元年（一二〇四）に別当職を継ぎ、八代盛厳法印のとき延元元年（一三三六）に僧官を廃したと言い(22)、その後も長い歴史を有するが、平安中期に遡るであろう草創期の大将軍堂も、北野社や祇園社のように僧侶や巫女などの市井の宗教者・民衆などにより信奉され成立した施設と考えてよいと思われる。

（1）院政期の大将軍信仰に関しては、陰陽道信仰の中世的な展開の観点から本書第一部第三章でも述べたところであるが、その後大将軍堂に関する新たな指摘などがあり、その他の知見も含めて再考した。なお大将軍の信仰・方忌については、ベルナール・フランク著、斎藤広信訳『方忌みと方違え――平安時代の方角禁忌に関する研究――』第七章（岩波書店、一九八九年）に指摘がある。また、大将軍神は平安京のみならず近江・若狭や畿内・西国の各地で祀られ信仰として広がりをみせるが、仁東權著、竹田旦訳『大将軍信仰の研究』（第一書房、二〇〇一年）では、韓国民俗信仰で村境や道で雑鬼・疫疾・災厄の侵入を防ぐ防塞神として祀られ、石柱や木柱に顔面を刻み描き、その下に天下大将軍、地下女将軍、五方逐鬼将軍などと記す長栍《チャンスン》と日本の大将軍信仰の検討を行っている。

（2）中村璋八『日本陰陽道書の研究』（汲古書院、一九八五年、増補版、一九九八年）所収。なお、応永二十一年（一四一四）に賀茂在方が撰した『暦林問答集』釈大将軍第八にも『新撰陰陽書』にいうとして同文を引用する。

（3）山下克明「『陰陽博士安倍孝重勘進記』の復元」（『年代学（天文・暦・陰陽道）の研究』大東文化大学東洋研究所、一九九六年）参照。

（4）『類聚三代格』巻十九、元慶元年七月二十二日太政官符、応加行暦書廿七巻事。

（5）『大日本古文書』第四巻、二〇九頁。

（6）『日本後紀』弘仁元年（八一〇）九月乙丑条。

（7）『西宮記』（新訂増補故実叢書）巻十一所引『村上天皇御記』。

（8）中村前掲註（2）書、所収。

（9）村山修一編著『陰陽道基礎史料集成』（東京美術、一九九一年）所収。

（10）『続群書類従』第十三輯下消息部、『日本教科書大系』往来編第一巻（講談社、一九六八年）所収。

（11）中村前掲註（2）書、所収。

（12）本書第一部第二章参照。

（13）『続群書類従』第三十一輯上雑部、所収。ベルナール・フランク前掲註（1）書、九二頁では長島説治「大将軍信仰と神像について」（大将軍敬神会、一九七五年）に依拠してこの史料を検討しているが、筆者は長島論文未見。

(14)『本朝世紀』仁平三年三月一日条。

(15)ベルナール・フランク前掲註(1)書、九二頁。

(16)この大将軍堂に関して上野勝之氏は「古代の貴族住宅と信仰――居住空間における信仰と儀礼――」(西山良平・藤田勝也編著『平安京と貴族の住まい』京都大学学術出版会、二〇一二年)で、成信房の所在地は五条大路に面した五条四坊五町、または十二・十三町と推定されること、「高辻北、万里小路東」の大将軍堂は四坊十一町で成信房推定地より北になり、南に所在したという記述と合わずさらに検討が必要とするが、成信の「五条家」「五条坊」とは五条の街区、または五条大路周辺を表現したもので、成信房は東西は万里小路と高倉小路、南北は高辻小路と五条坊門小路に囲まれた五条四坊六町内に所在したとみるのが妥当と思われる。

(17)高橋廉「三条公教と『教業記』――校訂『教業記』翻刻――」(『表現学部紀要』九号、和光大学表現学部、二〇〇九年)。この史料および下大将軍堂にかかわる『兵範記』仁安二年七月二十七日条ついては、上野前掲註(16)論文で指摘されている。

(18)中野玄三「大将軍信仰とその造形――新出の南山城旦椋神社神像群を中心にして――」(同『続日本仏教美術史研究』所収、思文閣出版、二〇〇六年、初出は一九九五年)。

(19)『大将軍神像と社史』資料編、神像概要(大将軍八神社、一九八五年)、参照。なお、像高は最大一六〇・八、最小二六・七センチであるが、一〇〇センチを超えるのはわずか六躯で、九〇〜七〇センチ台は各九躯、六〇センチ台は一〇躯、五〇センチ台は一七躯、四〇センチ台以下は一九躯と小像が多い。

(20)田中義恭「大将軍神像」(『仏教芸術』八六号、口絵解説、一九七二年)参照。村井康彦氏も多数の神像は、平安末期以降の大将軍信仰の高まりのなかで、同社に深く帰依する貴紳によって造像・喜捨されたものとみる(『大将軍社跡発掘調査報告書』第二章大将軍八神社、六勝寺研究会、一九七五年)。

(21)丸山士郎「大将軍八神社神像群と神の表現」(『ＭＵＳＥＵＭ』五八二号、二〇〇六年)。

(22)生島寛義「大将軍八神社略史」(前掲註(19)書所収)参照。

第二部

安倍晴明と天文家安倍氏

第一章　安倍晴明の邸宅とその伝領

はじめに

平安時代の代表的な陰陽師である安倍晴明の邸宅は、彼の呪術的能力とかかわる場として古典文学のなかに登場する。そこには晴明をめぐる彼の子孫たちのさまざまな言説の存在が考えられるのであるが、ところが彼のような下級貴族には珍しく、その所在地をほぼ確定し得るのである。そこで本章では、まずいくつかの確実な史料を合わせることにより、晴明の邸宅「土御門の家」の所在地を明らかにしたい。ついで次章では、彼の家をめぐる言説の形成を、子孫の陰陽師としての活動との関連から検討したいと思う。

一　晴明の邸宅に関する諸説

晴明の邸宅に関する説は二つある。その一つは、『今昔物語集』巻二十四の「安倍晴明、忠行に随ひて道を習ひし語第十六」で、その場所を、

此の晴明が家は土御門よりは北、西の洞院よりは東なり。

と記している。この第十六語は三つの話しからなり、まず一つは、幼少の頃から陰陽師賀茂忠行に従い学んでいた晴明が、忠行の夜行の供をしていたとき、行く手から鬼たちがやって来るのを察知して車中で寝込んでいた忠

行に告げ、その術法で危うく難を逃れることとなり、以後晴明を去り難く思った忠行は瓶の水を移すごとく道を晴明に伝えたというもの。二つめは、忠行没後、右の地に家を構えていたときのこととして、晴明のもとに密かに術比べをしにきた老僧（同巻第十九語によれば播磨国の陰陽師智徳法師）の魂胆を見破り、その使う識神（式神）を隠して、かえって弟子とした話し。三つめは、広沢の寛朝僧正の坊で、若い公達らに識神を使う術の披露をせがまれ、呪を唱えて草の葉を投げ蝦蟆をまっ平らにして殺し、彼らを怖がらせた話しであるが、その末尾に、晴明は家に人がいないときは識神を使って蔀の上げ下げや門の開閉をさせるなど、不思議なことが多いと伝えられており、晴明の孫は今も朝廷に仕え、その「土御門の家」も伝来の所にあり、孫たちは最近まで識神の声を聞いたという、とある。

『大鏡』巻一の、花山天皇の出家にまつわる話しもよく知られている。寛和二年（九八六）六月二十二日の夜、藤原道兼らに出家をそそのかされた花山天皇は、山科の元慶寺へ向かうため内裏から東方へ出御する。その途中で晴明の家の前を通ったとき、家の中から、折しも天変により天皇の退位のことを察した晴明の、識神に内裏へ向かうよう命ずる声が聞こえる。すると目に見えぬ者が戸をあけ、ただいまこの家の前をお通りになったところですと述べたと言い、「そのいゑ土御門・町口なれば、御道なりけり」（『大鏡』平松本）とある。『大鏡』では晴明の家を土御門大路と町口（町尻）小路の交差したところとするが、町口小路は西洞院大路の一つ東の路であり、これらの話しを整合的に捉えようとすれば、晴明の家は土御門大路の北、西洞院大路と町口小路の間の一町内（条坊制の町名で左京北辺三坊二町）にあったとすることが妥当と思われる。そして『今昔物語集』が成立した院政期当時、その家は晴明の子孫に受け継がれていたというのである。

このほか晴明の邸宅跡といわれるものに、現京都市上京区晴明町に所在する晴明神社がある。この神社は一条大路の北、堀川小路の延長沿い、すなわち平安京の北郭外に所在し、近世の『山城名勝志』三、洛陽部三に、

「晴明宅今按堀川西一条有㆓晴明町㆒」とあり、また社伝では、晴明没後二年目の寛弘四年（一〇〇七）の創建と伝える。

しかし前者の説に比してこの説はだいぶ時代が下るようで、史料面の不利は否めない。周知のように晴明神社の南、一条大路と堀川小路の辻には、堀川に架かる一条戻橋がある。『今昔物語集』巻十六「隠形の男六角堂の観音の助けに依りて身を顕はす語第三十二」に、青侍が一条堀川の橋でいわゆる百鬼夜行に出会う話しがある。この橋が一条戻橋で、鎌倉時代中期成立の『撰集抄』第七には、子息浄蔵の加持によって三善清行が蘇生する話しや、屋代本『平家物語』剣の巻に、源頼光の四天王の一人渡辺綱が鬼女に出会う話しがあるなど、ここは鬼が出没したり、人の生死を画するような特殊な場所とみられていたことが知られる。

また『源平盛衰記』巻十には、建礼門院平徳子が安徳天皇を産むさい、その出産の遅れを心配した母の時子が一条戻橋の東詰で車を立てたまま橋占に問う話しがある。橋占は言霊信仰により、橋を往来する人の言葉から吉凶禍福を占うものであるが、それは橋が境界の一種で、幽明、此岸・彼岸を区別し精霊が集う場所とされたためで、とくに都の内外を区切る一条に架かる戻橋は古代・中世を通じてその象徴的な場として意識されていた。(1)

『源平盛衰記』には橋占の話しに続いて、

　一条戻橋と云ふは、昔安部晴明が天文の淵源を極めて、十二神将を仕ひにけるが、其妻、職神の貌に畏れければ、彼十二神を橋の下に呪し置きて、用事の時は召仕ひけり。是にて吉凶の橋占を尋ね問へば、必ず職神、人の口に移りて、善悪を示すと申す。されば十二人の童とは、十二神将の化現なるべし。

とあり、橋占の霊験を晴明が呪し置いたという職神＝式神の存在に結びつけている。さらに『義経記』巻二には、一条堀川に住む陰陽師鬼一法眼が所持した兵法書六韜を義経が策略を巡らして写し取る話しがあり、橋占を行うこの地に民間の陰陽師がいたことがうかがわれる。中世には晴明伝承の流布とともに、民間陰陽師である声聞師《しょうもんじ》の居住地に晴明塚や晴明廟が作られることが多い(2)が、堀川の晴明神社も、そのような境界としての特殊性と民間

陰陽師による晴明伝承を背景として成立したものであったと推測されるのである。(3)

よって晴明の邸宅地は、『今昔物語集』や『大鏡』にあるように土御門大路沿いに所在したとみることが妥当と考えられるが、しかしこれも説話や歴史物語であり決定的なものとはなし難い。そこで、より確実な史料をもって晴明の邸宅地を明確にし、さらにその後の子孫の伝領について検討を加えてみたいと思う。

二　長承元年の晴明領地争論

晴明は寛弘二年（一〇〇五）十二月十六日に八五歳で没したとされるから、(4)その生年は延喜二十一年（九二一）であり、天文得業生、陰陽師、天文博士、主計権助等を経て従四位下左京権大夫にいたるが、四〇歳過ぎまで天文得業生であったように、(5)その官途はすこぶる遅咲きであった。しかし、晴明五二歳の天禄三年（九七二）に天文博士として所見して以降は(6)公私にわたるさまざまな活動が知られ、六六歳の寛和二年（九八六）には正五位下とみえ、(7)七三歳の正暦四年（九九三）には、一条天皇の病のために奉仕した御禊が効験あるによって正五位上に加階されるなど、(8)老齢になって官途を開き、その師とされる賀茂忠行の子息保憲に続いて陰陽師としては高位の四位に昇る。(9)その間陰陽道の位階第一の上首となって一条天皇の「蔵人所に候す陰陽師」(10)となり、長徳元年（九九五）藤原道長が内覧として権力を掌握して以降は、没年まで最も重用された陰陽師であった（本書序章表1参照）。

晴明の陰陽師としての名声は、その験力に関する世評もさることながら、このように類まれな長寿を保ちながら、長く陰陽道の上首として道長をはじめとする政権の上層部に密着奉仕したことに要因があると考えられる。晴明の子息の吉平も陰陽博士、陰陽助、主計頭に、吉昌も天文博士、陰陽頭に任じて、とくに吉平は晴明の没後道長に奉仕してさらに摂関家との関係を強め、その子孫も陰陽道・天文道を家職とし、同様に賀茂保憲以後、陰陽道・暦道に基盤を築いた賀茂氏とともに、一一世紀の後半までには陰陽頭以下の陰陽寮の主要な官職を独占するようになり、ここに賀安両氏と称される二つの陰陽道の家が成立する。[11]

この賀茂・安倍両氏は官職や権門貴族への奉仕、陰陽道の諸説に関して競合関係にあるが、一方で世代の進展とともに両氏ともいくつかの家系が分立することになり、陰陽家としての勢力の保持、家系の存続上昇をめぐって院政期から鎌倉時代にかけてさまざまな紛争を惹起した。安倍氏に関してその初期のものが、長承元年（一一三二）五月十五日に陣定の議題となった晴明の領地をめぐる安倍泰親と同兼時の争論である。

まず、この陣定に参加した藤原宗忠の『中右記』同日条には、「安倍兼時与二右京亮泰親一相二論土御門地一事」とあり、係争の地が土御門の地であったことが確認できる。さらに陣定の内容について、両人の訴陳状、明法勘文、公卿の定文等細部にわたって書き残しているのが源師時の『長秋記』であり、[12]以下にその訴陳状を引用しよう。

一、権天文博士安倍兼時、与二右京亮同泰親一、故晴明領地祭庭論事。

泰親訴申云、於二件地六戸主一、自二晴明時一、為二祭亭一所レ奉二公家御祭一也。至レ今二百余歳、他人不二領知一。就中舎兄政文死去時、以二件地一所レ分二長男童一、其理可レ然。而政文妻、以二件地一沽二却他人一。累代祭庭依レ非レ可レ為二他領一、注二子細一奏聞、随下可レ停二止沽却一之由上、宣旨已下了。而兼時買二取件地一欲二居住一、已是違勅者也。尚任二前宣旨一、被レ停二止沽却一、欲レ守二護件地一者。

兼時申云、件地非二祭亭一、晴明已後男女子伝領、其旨見二次第分契一。兼時一門同時氏長也。随レ得二泰行譲一、何於二領知一可レ有二其妨一哉云々。

なお、両人については安倍氏の略系図（主に『医陰系図』[13]所収の安倍氏系図により作成）を参照されたい。兼時の名はないが、彼はこののち晴道と改名したから、[14]ともに晴明より五代目にあたり、又従兄弟の関係にあったことがわかる。

図1　安倍氏略系図

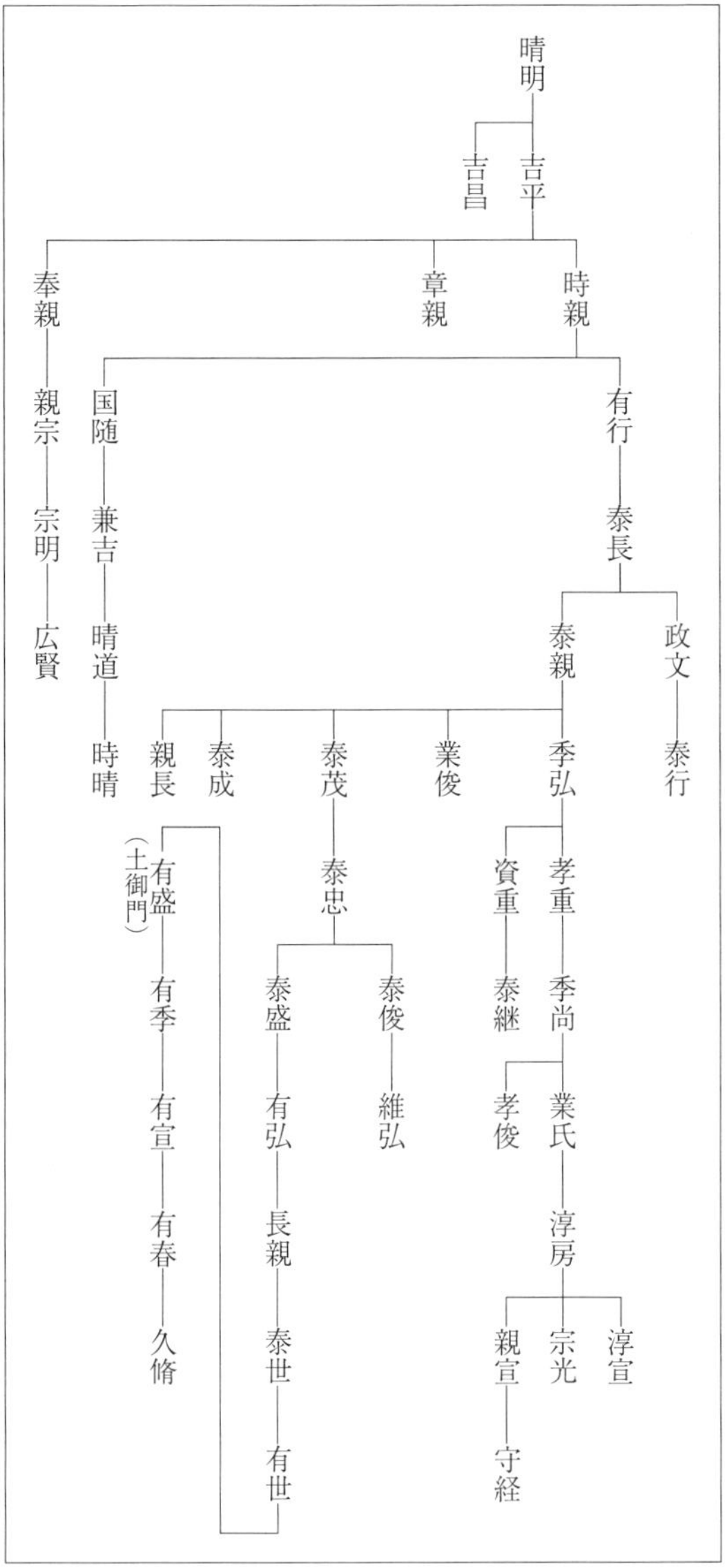

まず泰親の訴状の内容をまとめると、①問題の地六戸主（土御門の地）は晴明の時から公家の陰陽道祭を行う祭庭で、今まで二〇〇年を経ており、他人が領すべき地ではなく、兄の政文が没したとき長男の童（泰行）がこれを伝領した。②ところが、このの ち、政文の妻が他人に沽却したため、泰親は子細を奏上してこれを停止する宣旨を蒙った。③さらに、今度は兼時が買い取って居住しようとしており、これは違勅の罪に当たるから、沽却を停止して自分がこの地を守護したい、というものである。

これに対する兼時の陳状は、④この地は祭庭ではなく、晴明以後男女子が伝領してきたもので、それは券契に

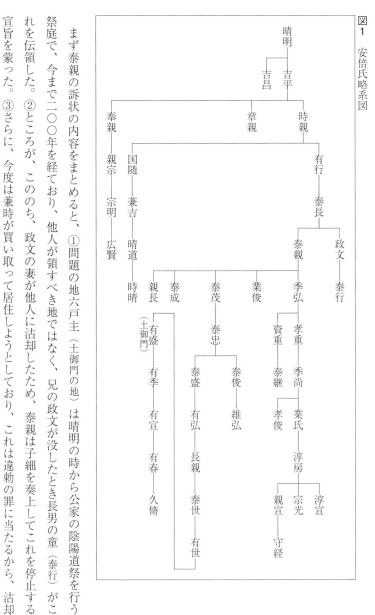

明らかである。⑤自分は一門の氏長であり、泰行から譲りを得ており領地とするのにまったく支障はない、という。

この間の事情を補足しておくと、泰親は当時二三歳[15]の青年、兼時（晴道）は四七歳の壮年であり、泰親の父泰長は保安二年（一一二一）六月に五四歳で没し、兄政文も天治元年（一一二四）二月に三五歳で没したとされる。『医陰系図』には泰親に注して「十二歳而喪㆓父泰長㆒、十五歳而喪㆓兄政文㆒、仍晴通加㆓首服㆒、教㆓授当道事㆒」とあり、泰長・政文の相次ぐ死去によって安倍氏の直系は衰退の危機を迎え、泰親は一族の兼時（晴道）の手によって元服し、かつ陰陽道・天文道の伝授を得たようである。このような直系に対する優位が、一門の氏長と自認する兼時をして晴明領地獲得に向かわしめる要因となったと考えられる。

陣定では訴陳状に続いて明法道の勘文が提出されており、要点のみを記すと、⑴この地は兼時が主張するように祭庭ではなく、また二〇〇年も経ておらず、泰親は無実を主張して沽却停止の宣旨を蒙った。⑵兼時は相伝の公験に従い領知すべきであるが、いったん宣旨が下されておりこれに違犯してる。⑶泰親は自身でこの地を守護したいというが、沽却停止の宣旨を給うも領知することは許されていない、という両人の主張の是非と法解釈上の問題点の確認を行っている。

これに続いて参加の公卿が各人の見解を述べているが、すでに白河院の裁断による沽却停止の宣旨が出されており、泰行が成人する間泰親による件の地の守護も認める者（右宰相中将藤原成通・左宰相中将同宗能等）、あるいは白河院の裁断のさい、泰親に家の文書を給い、地券は泰行に給っているので泰行に領知を認めるという者（参議左大弁藤原実光等）が多く、兼時よりは泰親に分があったように見受けられる。このあと定文が奏上されて裁決の宣旨が発せられたはずであるが、そのことに言及はなく、どのような形で決着したかは不明である。なお、系図では泰行に注して「六位」とあってまた子孫の記載はなく、よって若年で没したとみられ、この家系は泰親の子孫により継承されていく。

さて、ここで注意しておきたいことは、晴明の時より他人は領知しないという泰親の言葉や、現に政文・泰行と相続されていたことから、女子を介在させながらも、土御門の地がそれを遡る晴明―吉平―時親―有行―泰長と晴明の直系に伝領されてきたものであろうこと、そして泰親が晴明以来の公家の祭庭と主張して執着し、その一方で傍系の兼時が氏長として居住しようとこれも執着の態度を示していることから、この六戸主が晴明の邸宅地そのものであった可能性が大きいということである。

平安京の一町四方は東西四行、南北八門の三二戸主からなるが、一戸主は東西一〇丈、南北五丈で、六戸主の面積は二七〇〇平方メートル、約八二〇坪に相当する。上級権門貴族では一町親模の敷地は一般的であり、また『日本紀略』長元三年（一〇三〇）四月二十三日条に、

> 仗議。諸国吏居処不レ可レ過二四分一宅一。近来多造二営一町家一、不レ済二公事一。又六位以下築垣、幷檜皮葺宅可二停止一者。

とあり、近来の傾向として、富を蓄積した受領のなかには一町家を造営する者が多数いたようであるが、四分の一町（八戸主）を超えてはならないと陣定の議題となっている(16)。従四位下にいたったとはいえ、それは晴明八〇歳前後のことであり、諸道の官人に過ぎない晴明の場合も、階層では受領と同様であったとみてよいと思われる。しかも大内裏の陽明門にいたる左京土御門大路沿いは、権門貴族の邸宅が居並ぶ京内の一等地であった。

天元五年（九八二）に慶滋保胤が記した『池亭記』は、当時の平安京の都市的変貌を記したものとして著名であるが、彼は陰陽師賀茂忠行の子、保憲の弟であり、陰陽道には進まず紀伝道に学んで大内記となり、活躍した時代も階層も晴明に近い。その『池亭記』には、

> 予本無二居処一、寄二居上東門之人家一。常思二損益一、不レ要二永住一。縦求不レ可レ得レ之。其価直二三畝千万銭乎。

予六条以北、初卜二荒地一、築二四垣一開二一門一。（中略）地方都盧十有余畝。

とあり、保胤はもともと上東門、すなわち土御門大路沿いの人家に寄寓していたが、損得を思って永住は考えなかった。たとえ買おうとしても二、三畝で千万銭もするから不可能である。そこで六条以北の地、十有余畝を求めて邸宅を造ったという。これが池亭で、角田文衛氏はその敷地を一〇戸主と推定している(17)。これらを勘案すれば、晴明の土御門の地六戸主は、その場所と彼の地位からして相当な財産であったと考えられるのである。

三　晴明邸宅地の推定

では、晴明の邸宅、土御門大路沿いの六戸主は実際どこに所在したのであろうか。これを示唆する注目すべき史料が『拾芥抄』付図の東京図であり、その左京北辺三坊二町（『今昔物語集』にいう土御門北、西洞院東の町）の地に「泰親、清道」の記載がある。角田文衛氏は、これを参議藤原安親とその子息清道のことであるとし、所有権は安親が有したまま、実際にはその異母姉妹であり摂政藤原兼家の正妻にして詮子・道隆・道長らの母、藤原時姫が居住した場所とされた(18)。しかし、この「清道」は「晴道」の誤りで、先述の長承元年の係争の当事者である安倍泰親と晴道（兼時）とみるのが妥当ではないであろうか。なにしろこの町は、『今昔物語集』で晴明の邸宅（土御門の家）の所在地で子孫が居住していると指摘されているところでもある。

さらにこの見方を裏づけるのが、治承四年（一一八〇）二月十日の火災に関する次の記事である。まず『山槐記』同日条には、

天晴。亥剋有二焼亡一。主税助時晴朝臣、掃部頭季弘朝臣、天文博士業俊朝臣、陰陽大允泰茂等宅云々。土御門北町西半町焼亡、火起二泰茂宅一云々。

とみえ、『玉葉』同日条にも、

今夜有二炎上一。陰陽師泰親、時晴、泰茂等宅焼失。

とある。この夜の火災で焼け出されたのは、当時大膳権大夫の泰親とその子の掃部頭兼陰陽博士季弘・織部正兼天文博士業俊・陰陽大允泰茂、そして晴道の子の主税助時晴ら、安倍氏の陰陽師たちであり、泰茂の家から出火して土御門大路北側の町の西半町を焼いたという。

この記事からつぎのことを指摘することができる。

(1)土御門大路北側の同じ町内に、接近して泰親の一族と故晴道の子息が居住していた。『拾芥抄』東京図の「泰親、清（晴）道」の記載はこのことと符合するものである。またことさらこの両人の名が記されていることは、長承元年の係争の結果を反映している可能性がある。ただし、後述のように晴明の旧宅地は泰親が伝領したと考えられるから、晴道もその近辺に居を構えたものと推測され、また係争後五〇年を経た治承四年の段階における両家の趨勢も、居住者の数からすれば泰親に帰していたようである。

(2)土御門大路北側の町の西半町を焼き、陰陽師たちが家を失ったということから、晴明の六戸主は左京北辺三坊二町の西半町内に所在していたことが判明する。さらに、説話史料等も土御門大路

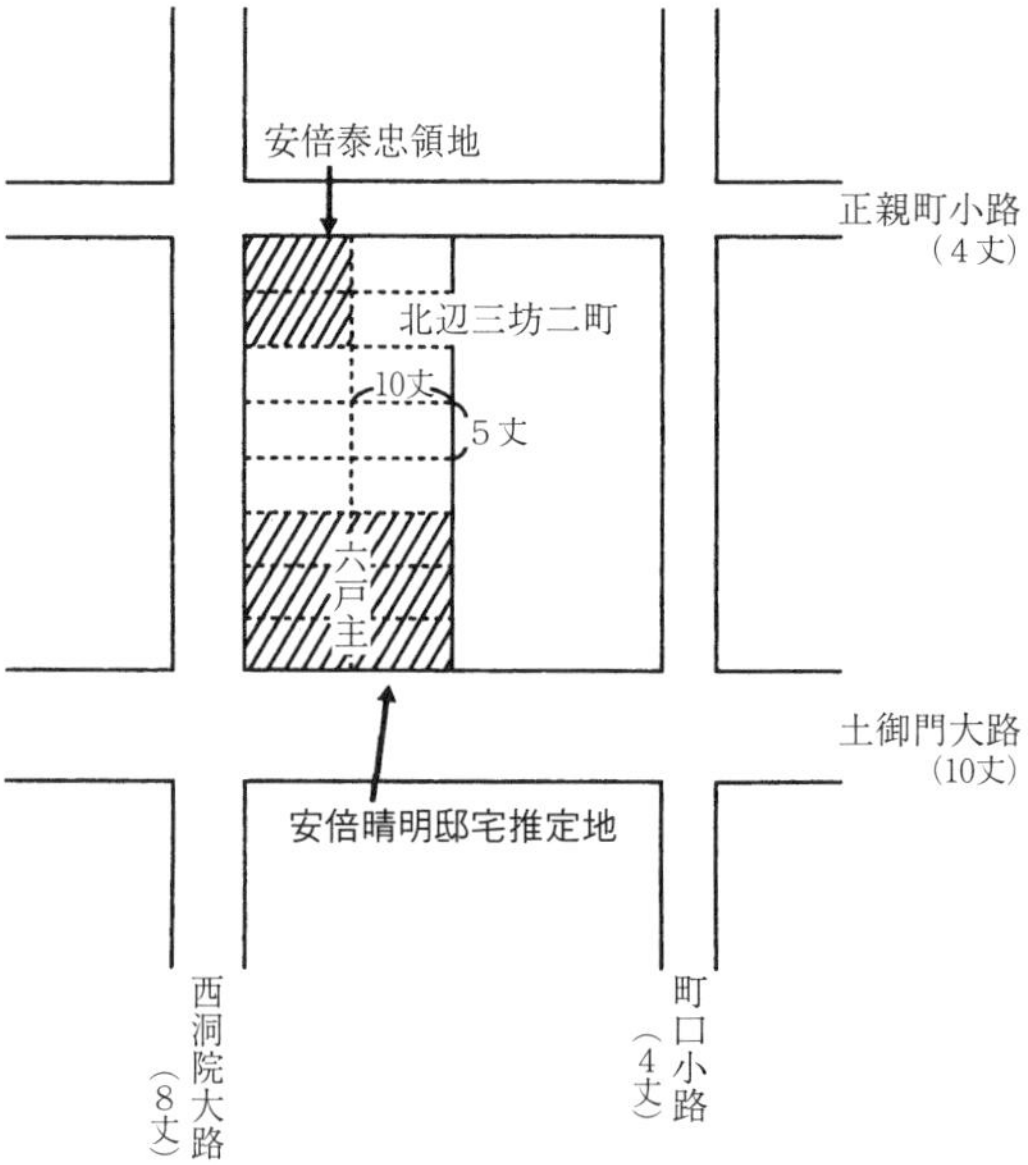

図2　安倍晴明邸宅推定地（左京北辺三坊二町）

沿いを強調しているから、図2の地が晴明の邸宅地との推定が可能である。

(3)泰親はこの三年後の寿永二年（一一八三）に七四歳で没するが、その子息たちもすでに壮年に、時晴は老年に達しており、(19)それぞれ陰陽師として朝廷や貴族間で活躍して相応の官職を有し、火災記事からも各々独立して家を構えていたことが知られる。また彼ら陰陽師以外にめぼしい被災者はいなかったようであり、そのことは晴明の六戸主以外にも西半町内に安倍氏の家地が拡大していたことをうかがわせる。

四　泰親と土御門の地

このように左京北辺三坊二町の西半町には泰親一族を中心に多数の陰陽師が集住し、さながら陰陽師町の様相を呈しており、それは晴明旧宅の六戸主を中核とするものであった。泰親はしばしば藤原頼長のために私宅で祭祀を修しているが、(20)『山槐記』保元元年（一一五六）二月十二日条には「以二泰親一令レ行二泰山府君祭一。依レ有レ所レ思向二霊所之祭庭一、及二深更一帰畢」とあり、記主藤原忠親は霊所の祭庭と称する場に赴いて、泰親に泰山府君祭を行わせている。この霊所の祭庭も泰親の私宅で、かつて「公家の祭庭」と称し、彼が伝領した晴明の旧宅であったと考えられる。

泰親は晴明以来のカリスマ性に富んだ陰陽師であった。覚一本『平家物語』巻三法印問答には、平清盛による後白河院鳥羽殿幽閉の前兆として治承三年（一一七九）十一月七日の大地震をみたて、陰陽頭泰親が泣きながら以ての外に火急のことと占文を奏上したとき、「わかき公卿殿上人は、「けしからぬ泰親が今の泣きようや。何事あるべき」とてわらひあはれけり。され共、此泰親は晴明五代の苗裔をうけて、天文は淵源をきはめ、推条掌をさすが如し。一事もたがはざりければ、さすの神子とぞ申ける。いかづちの落かかりたりしか共、雷火の為に狩衣の袖は焼ながら、其身はつつがもなかりけり。上代にも末代にも、有がたかりし泰親也」とある。この地震の

話しは、『平戸記』寛元三年（一二四五）七月二十九日条に同月二十七日の地震について、

地震事、於二殿下一、在清朝臣語云。治承三年地震龍神動也。今度又龍神動也。彼治承時故泰親朝臣馳二参後白河院一泣奏レ之。近習若年輩咲レ之。泰親朝臣奏聞之詞未レ乾、大事出来。今度已為二彼動一。返々有二怖畏一之由語レ之。可レ恐々々。

とあり、陰陽師賀茂在清が治承三年の故事として語っているから実話であろう。また「さすの神子」といわれた泰親の占験に関しても、祇園社の焼失を占って土御門内裏の火災を言い当てたとされ、鳥羽法皇が「凡泰親占勝二其兄父一者也。又仰レ之、陰陽書云、占十而中レ七為レ神。泰親之占十之七八中。又其中不レ似二他人一。不レ恥二上古一也」（『台記』久安四年［一一四八］七月十九日条）と評したことを受けたものであろう。[21] 落雷のことも『玉葉』承安四年（一一七四）六月二十三日条に、一昨日泰親の家に落雷があり、雷がその肩に落ち懸かっても身を害することはなく、ほどなく雷は登り帰ったと奇異を噂されるなど、当時実際のこととして喧伝されていた。[22]

　武家の台頭と地方の動乱により混迷を極める一二世紀末の貴族社会では、陰陽師の占術・呪術機能が広く求められたが、泰親は晴明の令名を利用しながらそのような社会の要請を巧みに捉えた陰陽師であり、右の逸話はその表出にほかならない。彼は天文密奏や祈禱を通して後白河院に近侍し、[23] 陰陽師としての地位を高め、またその強烈な個性で、しきりに賀茂氏や安倍氏の他流の陰陽師を誹謗しかつ争論して[24]その存在感を示した。

　その一方で一家の結束と子息の家の存続にも意を用い、天変や方忌等に関して子息が父の説に異を唱えることを許さず、[25] 家父長としての権威を保とうとし、また自身が後白河院から公家の毎月の泰山府君祭を奉仕する料として給された公家領荘園の所職を子息に分配して、それぞれの家の存続を企図した。

　晴明の六戸主以外、安倍氏がこの西半町に領地を拡大していたことはつぎの史料からもうかがえる。泰親の三男泰茂は、泰親から公家の毎月十八日の泰山府君祭と祭料所として近江国竜花庄下司職を分配され、その子陰陽

頭泰忠がこれを継承した(26)。泰忠はそれとともに件の西半町の一角も所有していた。安貞二年（一二二八）二月十四日付の泰忠の養子権漏刻博士安倍泰俊譲状(27)には、「正親町西洞院角地二戸主余、幷三間屋一宇」を七歳の女子に譲ること、ただしこの地には安楽堂（寺堂カ）を建てるべき「長官殿」（陰陽頭泰忠）の命があるから、建立されれば他所を女子に返し与えるとしている。正親町西洞院角地の二戸主とは、件の西半町内の西北の角地のことで、泰親のとき領有し、泰茂、泰忠と伝えられたものと推測される。

また泰親の長子季弘も、父からやはり公家の毎月の泰山府君祭の祭料所として紀伊国鳴神社領家職を分配されていた。晴明の旧宅地も伝領したものと推測されるが、この家では寛元二年（一二四四）に家の相続をめぐって殺人事件が起きている。その端緒は同元年五月に季弘の孫の陰陽権助兼権天文博士季尚が没したことにある。その家は季尚の長子の業氏が継承するべきであったが、眼病を患っていたため綸旨を蒙って弟孝俊を立嫡しこれに譲った。ところが一族の泰継が孝俊を扶持するに及んで業氏はこれを嫌い、孝俊廃嫡の訴訟に及ぼうとし、泰継は同二年正月二十日ついに業氏を殺害し、ことが露顕して泰継、孝俊はともに捕縛された。翌同三年八月になって季尚の「遺跡」をいかに沙汰するかの議があり、諮問に与った平経高は季尚の家の文書を誰に返し給うか、泰親の後胤に非ざればしかるべからずと具申している(28)。陰陽師の家の文書類は、直接職務にかかわる知的財産として必要不可欠なものであるが、それとともに所領や家地の相続も家の継承に不可欠な「遺跡」に含まれていたはずである。

この「遺跡」は業氏の子息、のちの天文博士淳房によって継承されるが、彼も出家遁世のため延慶三年（一三一〇）に子息の淳宣と宗光に鳴神社を中分知行させ、かつ晴明自筆とされる「大刀契五帝神祭」以下の文書を宗光に与えた(29)。さらにその後宗光が没したため、正和二年（一三一三）にその弟とみられる親秋にこれを与える譲状を認めるが(30)、そこには「云㆓文書等㆒、云㆓家地㆒、於㆑地者、本自霊石在㆑之。公領也。非㆓私領㆒也。云㆓鳴神社㆒、一向可㆑令㆓領掌㆒者也」とあり、ここに文書・所領とともに家地が明示されている。この家地が安倍氏の直系に伝えられた晴明旧宅地と推測されるが、泰親以後、公家の毎月の泰山府君祭を代々執行してきたことにより、その家地自体が「公領」と認識されたこと、その霊所としての象徴である「霊石」なるものが存在したことが知られる。

陰陽道は本来、仏教や神祇信仰と異なり寺院や神社等の恒常的な宗教施設は持たない。それは陰陽道がもともと陰陽寮という官庁機構に母体をもち、陰陽師の公私の祭祓活動も内裏や貴族の私邸、あるいは河原等に出向いて祭壇等を臨時に舗設し、かつその祈願の神格も目的によってさまざまな神の来臨を請うものであったことによる。しかし賀茂・安倍両氏の世襲氏族化以降、特定の権門貴族と陰陽師の関係が強まり、また定期的な祭祀を請け負うようになると、祈願者の事情により陰陽師の私宅が徐々に用いられるようになる。そこに祭庭という観念が成立するが、さらに霊所という一種の宗教的権威を付加することができれば、陰陽師個人の優越性を獲得することが可能となる。

左京北辺三坊二町の西半町に泰親が子息たちを集住させたのも、晴明の直系として、その旧宅地をより所に一族の結束を図るとともに、「霊所」としての地縁からも晴明の正当な後継者として他の陰陽師への優位を保持しようとする意図を内包するものであったと推考されるのである。

おわりに

最後に、晴明旧宅地を含む土御門の地と子孫をめぐるその後の展開を概観して結びとしたい。

季弘の家系からは室町時代の応永二十二年（一四一五）に守経が三位に昇ったが、その後途絶え、遺跡は泰茂末裔の土御門家に与えられたようである。そのことは淳房の自筆譲状が土御門家や江戸時代後期の同家の家司若杉家に伝わっていること、所領鳴神社も同家領となっていることから知ることができる。[31]

土御門家とは泰茂の孫、泰忠の子泰盛に発する家系で、安倍氏諸流のなかでも陰陽頭や権天文博士を多く出し、比較的有力な家であったとみられるが、その家格が急上昇したのは、柳原敏昭氏(32)が指摘したように有世が足利義満の「祈禱管領」となり、至徳元年（一三八四）に三位に叙されてからで、以後有盛、有季、有宣と三位以上に列し堂上家として定着する。同家が土御門を称するのは有盛の頃からで(33)、これも晴明旧宅の地を含む件の西半町の大部分を占めていたことによるものと推測される。しかし応仁の乱により都は戦乱の場となり、上京一帯は灰塵に帰したから、土御門家も他の貴族と同様に留住は困難を極めた。有宣以後戦国時代の当主は所領（これも内《だい》裏《り》長日《ちょうじつ》の泰山府君祭料所）の若狭国名田庄内上村に居住することが多く、公事の際などに上洛したが宿所を転々としたようで(34)、しかも土御門久脩は文禄三年（一五九四）頃豊臣秀吉の諱忌に触れて追放、闕職となって陰陽道は一時断絶し、関ケ原の戦いの後ようやく久脩は復職を許され活動を再開する。

江戸時代になって土御門家は下京梅小路村に居を構え、もはや土御門の地に戻ることはなかったが、それとともに晴明旧宅の地も忘れ去られたようである。土御門泰福は自家の陰陽道を泰山府君を主神とする天社神道と称し、天和三年（一六八三）に諸国陰陽師の支配を許可する霊元天皇の綸旨、ついでこれを追認する幕府将軍徳川綱吉の朱印状を獲得し、以後諸国の民間宗教者の組織化に乗り出す。家祖安倍晴明はすでに説話や物語、巷間の伝承を通して民間に広く知られた存在であったが、同家ではこれを顕彰して、その忌日には毎年晴明霊社祭を行い、とくに五〇年ごとの回忌は大規模で、七か所の晴明有縁の霊所に代参を派遣した。宝暦四年（一七五四）の七百五十回御神忌の例(35)によるとその七か所とは、

和州安倍山、是者元祖仲丸公御旧地也。即晴明霊社遺骸相納石櫃有レ之。当家第一之所ニ候事。

摂州東成郡安倍野村、晴明霊社旧地、毎月鎮火祭被二修行一候。第二之旧跡也。

若州名田庄、当家之旧地ニ而、霊社鎮護之所ニ候。第三。

泉州信田、当家之旧地ニ而、則霊社鎮守有レ之候。第四。
京葭屋町一条、当家元屋敷、霊社有レ之候。第五。
嵯峨寿寧寺内、晴明廟所有レ之候。第六旧跡。
伏見街道二橋元遣迎院、晴明旧墓有レ之候事。第七旧跡。

などであった。遣唐留学生阿倍仲麻呂を祖先とすることや、晴明の母が信田森の狐であったという話しは中世の晴明伝承のなかで成立したものとみられ、名田庄を除いていずれも民間陰陽師・声聞師の信仰や民衆の晴明信仰のなかで醸成された「霊所」であって、第五の旧跡とする一条堀川の晴明神社も土御門家では「当家元屋敷」とみなしていた。家名の地である土御門の旧地が晴明の旧跡であったことは、もはや忘れ去られた如くである。

江戸時代の土御門家では、平安時代以来、陰陽道専用の占法であった六壬式占の法が伝えられず[36]、近世と古代・中世陰陽道との間の断絶を象徴するが、晴明有縁の「霊所」に関しても同様であった。近世の土御門家が広く民間の多様な占者・呪術宗教者を組織する上で、彼らに支持された晴明伝承にもとづく「霊所」が新たに土御門家の正当性を証するものとなっていたのであった。

（1）高橋昌明「境界の祭祀」（『日本の社会史』二所収、岩波書店、一九八七年）、西山克「橋と橋詰」（『大系日本歴史と芸能』九所収、平凡社、一九九一年）、平林章仁『橋と遊びの文化史』（白水社、一九九四年）等参照。

（2）堀一郎『我が国民間信仰史の研究　㈡宗教史編』（東京創元社、一九五三年）五三一頁。

（3）梅田千尋氏は、江戸時代の土御門家々司の記録に同社の地は「愛宕の僧」の居宅とあり、愛宕山の山伏の里坊あった可能性を指摘している。同「江戸時代の晴明霊社祭」（晴明神社編『安倍晴明公』所収、講談社、二〇〇二年）参照。

（4）近世の「土御門家記録」（『大日本史料』第二編之五、三五五頁）および晴明神社の社伝では晴明を寛弘二年九月二十六日の没とするが、平安中期から鎌倉初期の賀茂・安倍両氏の陰陽師の没年・年齢を多数記し、かつその信憑性の高い宮内庁書陵部所蔵の『陰陽家系図』には十二月十六日の没とする。なお山下克明『平安時代の宗教文化と陰陽道』（岩田書院、一九九六年）一六〇頁では同系図により十月二十六日の没としたが、誤読であり訂正する。

（5）晴明が四〇歳であった天徳四年頃に天文得業生であったことは、『中右記』寛治八年十月二十四日条所引、「長徳三年五月二十四日蔵人信経私記」にみえる晴明自身の言葉から知られる。

（6）『親信卿記』天禄三年十二月六日条。

（7）『本朝世紀』寛和二年二月十六日条。

（8）『小右記』正暦四年二月二日条。

（9）『権記』長保二年八月十九日条に「安四位」とあるのが、晴明四位の初見史料。

（10）蔵人所に候す陰陽師は『中右記』大治四年七月八日条に「一上臈候二蔵人所一人也」とあるように陰陽道の位階上首の陰陽師が任ぜられるもので、『朝野群載』第五、長徳元年八月一日付、蔵人所月奏により晴明と賀茂光栄がそれであったことが知られる。

（11）賀茂・安倍両氏の世襲氏族化については、山下前掲註（4）書第一部第三章を参照。

（12）この史料は院政期の陣定における訴訟裁決機能を示す事例として、棚橋光男『中世成立期の法と国家』（塙書房、一九八三年）第二章「院政期の訴訟制度」でも検討されている。

（13）宮内庁書陵部所蔵壬生家本、詫間直樹・高田義人編著『陰陽道関係史料』（汲古書院、二〇〇一年）で翻刻されている。

（14）『尊卑分脈』所収安倍氏系図には兼時に「改晴道」、青陵部所蔵『陰陽家系図』には晴道に「本名兼時」、『続群書類従』系図部所収安倍氏系図に「元兼時」との傍書がある。

（15）泰親以下の年齢・没年は宮内庁書陵部所蔵の『陰陽家系図』による。ただし、政文については没年の記載に「〔虫損〕治元・二・十五」と虫損欠字があるが、『医陰系図』の泰親の注記から天治元年の没と判明する。

（16）その後も数度の仗議を経て、同年五月二十八日に制宅の官符が出されている。藤本孝一「平安京の制宅法」（同『中世史料学叢論』所収、思文閣出版、二〇〇九年、初出は一九九〇年）参照。

(17) 角田文衛「慶滋保胤の池亭」（同『王朝の映像』所収、東京堂出版、一九八〇年、初出は一九七五年）。
(18) 角田文衛「道綱母と時姫の邸宅」（角田前掲註(17)書所収、初出は一九七六年）。
(19)『山槐記除目部類』養和元年十二月四日条に、時晴は近年眼病を患い出仕せず、所帯の主税助を子息晴光に譲り、また書陵部所蔵『陰陽家系図』に文治四年七六歳で没したとある。
(20)『台記』久安六年十二月二十五日・久寿二年五月十四日条。
(21) この話しは『続古事談』第五にも録されている。
(22)『顕広王記』承安四年六月二十二日条裏書には、泰親が来りて前日の雷についてみずから「□□〔此雷カ〕当泰親背、以重木如打、即昇肩上々天了、所着水干、為煙気薫了、泰親頗心神違依歟、雖然刻石王《地黄》入酒服了、即時復尋常了、更□〔無カ〕事」と語ったとある（高橋昌明・樋口健太郎「国立歴史民俗博物館所蔵『顕広王記』承安四年・安元二年・安元三年・治承二年巻」（『国立歴史民俗博物館研究報告』第一五三集、二〇〇九年）。
(23) 山下前掲註(4)書第一部第五章参照。
(24)『玉葉』仁治二年十一月六日・嘉応元年四月十日条等。
(25)『玉葉』治承四年八月二十九日・文治元年正月十二日条。
(26) 文治四年五月十二日付、大蔵大輔安倍泰茂書状案（『鎌倉遺文』補六五号）。
(27)『鎌倉遺文』三七一七号。
(28)『平戸記』寛元三年九月五日条、この事件については『吾妻鏡』寛元二年正月二十日・同三年八月二日条、『百錬抄』同二年正月十二日条等参照。
(29) 京都府立総合資料館所蔵若杉家文書、延慶三年八月八日付、天文博士安倍淳房譲状。
(30) 正和二年八月二十八日付、安倍淳房譲状（『鎌倉遺文』二四九六三号。なお同書では「小槻淳房譲状」とするが「安倍」が正しい）。
(31) 宮内庁書陵部所蔵土御門家文書、応仁元年十一月二十七日付、刑部卿土御門有宣宛の将軍足利義政御判御教書。
(32) 柳原敏昭「室町幕府と陰陽道」（『陰陽道叢書』二所収、名著出版、一九九三年、初出は、一九八八年）。

(33) 柳原敏昭「義持政権期の陰陽道」(『鹿児島中世史研究会報』五〇、一九九五年)。
(34) 村山修一『日本陰陽道史総説』(塙書房、一九八一年)第十一章。
(35) 遠藤克己『近世日本陰陽道史の研究』(新訂増補版、新人物往来社、一九九五年)二五〇頁、村山前掲註(34)書四三二頁所載。
(36) 小坂眞二「古代・中世の占い」(『陰陽道叢書』四所収、名著出版、一九九三年)参照。

第二章　安倍晴明の「土御門の家」と晴明伝承

はじめに

平安時代後期に成立した『今昔物語集』にはさまざまな陰陽師が登場する。滋岳川人や弓削是雄、賀茂忠行・保憲父子、そして法師陰陽師などの民間の陰陽師などであり、安倍晴明もその一人である。ところが鎌倉時代以降になると陰陽師が活躍する話しは安倍晴明が中心となり、陰陽師といえば晴明をもって代表とし、説話や物語・狂言にも表れ、さらには『簠簋抄』の〈由来の抄〉のような「清明」一代記にまで仕立て上げられていく。装いを新たに現れた現代の晴明ブームもその延長線上にあるといってよいであろう。

平安時代に陰陽道が成立し、実際に多数の陰陽師が活躍するなかでなぜ晴明が説話化され、またのちには晴明一人に陰陽師のイメージは収斂されていくのであろうか。晴明の陰陽師としての名声、彼の子孫が長く陰陽道の主流として活躍したこと、人びとの陰陽師に対する関心のあり方など多様な要因が考えられるが、この章では晴明の子孫の活動と彼が住んだ家とのかかわりから、その説話化の背景を考えることとしたい。

晴明に関する論述でよくみられることは、説話や伝承をそのまま実在の晴明に投影して語っていることである。しごく当然のことながら、その実像を知ろうとすれば晴明が活躍した時代の史料から判断しなければならないし、彼の伝承にしても、その背後にある意図を客観的に読み取ることが必要であろう。

一　陰陽師晴明の評価

晴明は寛弘二年（一〇〇五）に八五歳の高齢で没したとされる。その年の三月八日に中宮藤原彰子の大原野神社行啓にさいして反閇を行ったこと（『小右記』）を最後に史料からみえなくなるから、その年のうちに没したとみてよい。(1) 彼は賀茂忠行の弟子、またはその子保憲の弟子ともされるが、官歴は天徳四年（九六〇）四〇歳の時わずかに天文得業生にすぎなかったようにその前半生はまったく不遇であった。晴明よりも四歳年長の賀茂保憲が三〇歳代で暦博士、ついで四〇歳ころ陰陽頭を歴任し、天徳四年には天文博士兼主計権助に遷り陰陽・暦・天文道の上首となっていたこととは好対照であった。その晴明も五二歳の天禄三年（九七二）に保憲のあとを継ぎ天文博士となっていたことが知られ、やがて五位に昇りようやく官途に恵まれるようになる。

保憲が貞元二年（九七七）に六一歳で没してしばらく後には、当時の陰陽頭より位階上位になったとみられ、保憲の子息の賀茂光栄とともに一条天皇の蔵人所に候す陰陽師となり、天皇のため反閇や御禊・祭祀等を奉仕し、また東三条院藤原詮子や摂関貴族への活動も盛んであった。とくに晴明七五歳から没年までの一〇年間は藤原道長の権力掌握期にあたり、その信頼を得て摂関家と緊密な関係を築いて位階も従四位下にいたり、その関係が子息吉平へと受け継がれたことがのちの安倍氏繁栄の基盤となった。

このように晴明は多くの人が生涯を終える六〇歳前後から官途を開き、当時としては稀な八五歳の長寿を保ち、かつ没するまで二〇年以上にわたって位階第一の陰陽師として朝廷や貴顕に用いられた。陰陽道の第一人者として彼の呪力が大いに期待され、かつ認められていたことは、たとえば正暦四年（九九三）二月に一条天皇の急病にさいして御禊を奉仕し、たちまち効験があったとのことにより正五位上に加階されたこと（『小右記』二月二日条）、寛弘元年（一〇〇四）秋の深刻な旱魃のさい、五龍祭を行って降雨があったため天皇より被物を賜う命があったこと等からも知られる（『御堂関白記』七月十四日条、ただし降雨はこの時のみで、深刻な干ばつはその後も続いた）。

それだけに自信家だったようで、長保三年（一〇〇一）閏十二月二十二日に天皇の母東三条院詮子が崩じたため諒闇により年末の追儺が停止されたさい、晴明は私宅でこれを行ったところ京中に響いて人びともこれを行い、さながら恒例の如くであっと自身で述べている（『政事要略』巻二十九、『小記目録』第二十）。陰陽師としての影響力を自賛したもので、晴明の自己主張の強さを示すものであるが、その点で見逃すことができないのは、天徳四年の内裏火災で焼損した内侍所の二つの霊剣、護身（守護）剣・破敵（将軍）剣鋳造に関する晴明の主張である。この霊剣は百済から献ぜられたとの所伝があり、護身剣は邪鬼から天皇を守護し、破敵剣は朝敵を打ち砕く力があるとされ王権を擁護するものであったが、火災で北斗・南斗の星図や四神等の図様を損じたため、村上天皇の命により翌応和元年七月に高雄山神護寺で天文博士賀茂保憲の指揮のもと剣に霊威を付す三公五帝祭とその鋳造が行われた。当時天文得業生であった晴明は保憲の下で造剣と祭祀に関与したのが実情であったようであるが、後年陰陽道の第一の上首となるに及んでこの功績を自身のものと主張し始め、みずから「大刀契の事」（「大刀契五帝神祭」とも称す）という文書を残すのである。[2]

晴明のカリスマ化はこのような彼の性格を一因とするものであるが、では彼の没後の評価はどのようなものであったろうか。長元三年（一〇三〇）十月二十九日、関白藤原頼通は法成寺内の五重塔供養を行うが、当日は道虚日であったため事前に頼通はその可否を藤原実資に問うたところ、実資は必ずしも仏事を忌む日ではないと答え、そのさいに「余忌〔忘晴カ〕二請明一家所レ申也」（『小右記』九月十七日条）、自分は晴明一家が申していたことを忘れていたと、日記に書きとめている。晴明一家とは吉平らその子息をも含めたもので、彼らの盛んな勘申活動を通してその日時の吉凶説が貴族層に一定の影響力を及ぼしていたことをうかがわせる。また『栄花物語』巻十五には、道長が長徳四年頃重病となったとき、晴明と光栄の占いによって転居したことに道長が快方へ向かった一因があるとして「御みようじどもは、晴明・光栄などはいと神さびたりし者どもにて、験ことなりし人々なり」とある。両人を並称するのは大江匡房の『続本朝往生伝』でも同様で、一条天皇の時代に活躍した各階層の代表者をあげたなかで「陰陽には則ち賀茂光栄・安陪晴明」とあり、こちらはむしろ光栄を先としている。

さらに治暦二年（一〇六六）に没した文章博士藤原明衡の『新猿楽記』では、「賀茂道世」という架空の人物をあげて陰陽師の職務を紹介している。一一世紀中頃には賀茂氏から道平や道清・道言等の道を通字とする陰陽師が輩出していて、「賀茂道世」といえばだれもが陰陽師と連想できる名前であった。これらの例から知られることは、ほぼ一一世紀において晴明は確かに一条天皇・藤原道長時代の陰陽師として著名であったが、賀茂光栄ら賀茂氏の陰陽師も同様であり、のちの説話資料からイメージされるような隔絶した存在としての晴明像は積極的には見いだせないのである。ではそのような観念は如何にして形成されたのであろうか。まず晴明に関する初期の説話である『今昔物語集』と『大鏡』の話しを糸口に検討してみよう。

二　晴明の「土御門の家」

『今昔物語集』巻二十四の「安倍晴明、忠行に随ひて道を習ひし語第十六」は晴明伝承の起点をなす説話といってよいが、それは三つの話しからなる。一つめは、幼少の頃から陰陽師賀茂忠行に従っていた晴明が、忠行の夜行の供で下京あたりを通っていたとき、行く手から鬼たちがやってくるのを察知して車中で寝込んでいた忠行に告げ、驚いた忠行が呪法をもって自身や従者等を隠し危うく難をのがれたというもの。二つめは、忠行の没後、晴明が土御門よりは北、西の洞院よりは東の地に家を構えていたときのこと、ある老僧（播磨国の陰陽師智徳法師のこと）が二人の童子に化した識神（式神）を連れて密かに術比べをしにきたところ、晴明はその魂胆を見破って童子を隠し、かえって老僧を弟子とする話し。三つめは、広沢の寛朝僧正の坊で若い公達や僧に識神を使う術の披露をせがまれ、晴明は呪を唱えて草の葉を投げて蝦蟆を殺し、彼らを怖がらせた話しで、晴明が鬼をみたり識神を自在に使役する異能の人物であったことを伝えるものである。しかし注目されるのは、これらの話しの末尾に、晴明は家に人がいないときには識神を使って蔀の上げ下げや門の開閉をさせるなど不思議なことが多いと伝えられていること、さらに「其の孫、今に公に仕へてやむことなくてあり、其の土御門の家も伝はりの所にあり、其の孫、近くになるまで識神の声などは聞けり」とあることである。晴明が自在に使役した識神は彼の死後もその土御門の家にとどまり、家を伝領した子孫たちは最近まで識神の声を聞いていたこと、この家は特別な場所と考えられていたのである。

また『大鏡』巻一の花山天皇の項にはつぎのような話しがある。寛和二年（九八六）六月、藤原道兼らに出家をそそのかされて花山天皇は山科の元慶寺へ向かうため夜中内裏を出て東方へ出御するが、その途中で晴明の家の前を通ったとき、ちょうど天変から晴明は天皇の退位を察知し、式神に内裏へ向かうように命ずる。すると目に見えない者（式神）が戸を開け、ただいまお通りになったところです、と答えたという。式神にかかわる晴明の霊験譚が、ここでも彼の家を舞台として語られている。晴明の死後も子孫は式神の声を聞いたという『今昔物語集』の話しを考え合わせれば、これらの話しが家を相続した彼の子孫を発信源としたことを示唆しているといえよう。では実際に晴明の家はどこにあり、誰が相続したのであろうか。

晴明の土御門の家の所在に関してはすでに前章で検討したので、ここでは簡単に記しておく。『今昔物語集』の話しによると、晴明の家は「土御門よりは北、西の洞院よりは東」にあったという。また『大鏡』巻一には「そのいゑ土御門・町口なれば」（平松本）とみえる。土御門の家といったのも、土御門大路に面していたからであろう。土御門大路は左京では西に大内裏の陽明門に直結し、東は高陽院や鷹司殿、土御門殿等の摂関家の大邸宅が並び立つ東西を結ぶメインストリートの一つであった。西洞院大路とその一つ東側の町口（町尻）小路は左京を南北に縦貫する路で、これらによれば晴明の家は土御門大路の北、西洞院大路と町口小路に挟まれた一町内、平安京の地番でいうと左京北辺三坊二町にあったことになる。さらにその町の一町四方、三二戸主のどの位置に所在したかについても、いくつかの関連史料から明らかとなる。

長承元年（一一三二）晴明から五代目の子孫の右京亮安倍泰親と権天文博士兼時（のちに晴道と改名）は晴明の故地の領有をめぐり争論におよび、五月十五日の陣定めの議題となる。これに参加していた源師時の『長秋記』には両者の訴陳状を引用するが、泰親は晴明の領地は土御門の地六戸主で、晴明のときから「公家の御祭」、天皇のために陰陽道祭を行う祭庭であり他人は領有できないとし、兼時は「祭亭」ではなく子孫が伝領してきたと主張した。これによって晴明の旧宅地、土御門の家は土御門大路沿いの六戸主であり、その死後嫡流に伝えられたことがわかるが、ではその場所は具体的にどこか。

これを明らかにするのが鎌倉時代の百科辞書『拾芥抄』の付図、東京図であり、その左京北辺三坊二町の区画、すなわち『今昔物語集』『大鏡』で晴明の家の所在地とされた区画内に「泰親、清道」と書き込みがある。この両名は、長承元年の争論の当事者である安倍泰親と同兼時（清道は晴道の誤写であろう）のこととみるべきで、このことからも晴明の家が左京北辺三坊二町の地にあったことが明らかになる。ではさらに晴明の六戸主はこの一町内、三二戸主のどの部分であろうか。ここでもそれを知る材料がある。

争論から半世紀近くを経た『山槐記』および『玉葉』の治承四年（一一八〇）二月十日条によると、土御門の北町の西半町で火災があり、火元は安倍泰茂の家で、これによって安倍泰親のほか時晴・季弘・業俊等の家も焼けたという。ここで火災にあった人物は泰親とその子の季弘・業俊・泰茂、すでに兼時（晴道）は没していたがその子の時晴であった。その場所は土御門大路北側の町の「西半町」であったというから、彼らの家は先の左京北辺三坊二町の西側にあったことが明らかで、そして晴明の家は土御門大路に面していたとされるから、前章の図2（一八六頁）のようにこの町の南西の角の六戸主が晴明の「土御門の家」と推定することができるのである。(3)

　なお安倍氏の嫡流は泰親が継承し（泰行はその後史料にみえず早世したようである）、晴明の家地も後述のように泰親からその長子季弘の家系に伝領されたとみられるが、火災記事等から、泰親の他の二子、および泰親と争った晴道・時晴父子も西半町内に別の家を構えていたことがわかる。安貞二年（一二二八）の権漏刻博士安倍泰俊の譲状(4)には、養父の陰陽頭泰忠が「正親町・西洞院角地二戸主」を領していたことがみえ、その地は西半町の北西の角地と考えられ、また泰忠は泰茂の子であるからおそらく治承四年の火災の火元はここであったろう。

三　「土御門の家」の継承者

　このように平安時代末には、晴明の土御門の家を相続した泰親、その子息たち、および泰親と争った兼時の子息も近辺に住し、この一角はさながら陰陽師町の様相を呈していた。ではなぜ子孫はこの地に執着したのであろうか。それはこの家の霊験譚ともかかわる問題であるが、まず平安後期における安倍氏、とくに嫡流が置かれた状況とその動向を考える必要がある。

　晴明には吉平と吉昌の二子があり、吉昌は天文博士から陰陽頭をも兼任したが子息は続かなかったようである。吉平は陰陽博士、陰陽助から主計頭に任じ、長和五年（一〇一六）には晴明と同じ従四位下に叙され、そのさい「朝恩之至也。陰陽家為レ無二比レ肩之者一歟」（『小右記』正月八日条）と評され、万寿三年（一〇二六）に没した。前章の系図（一八二頁）のように彼には時親、章親、奉親の三子があり、時親は陰陽権助、権陰陽博士、ついで主税頭に任じて永承七年（一〇五二）に五一歳で没し、章親は吉昌の没後に天文博士に任じ、のちには陰陽頭になったが子息は続かなかったようである。奉親は兄章親と並んで権天文博士となり、その子孫は親宗、宗明、広賢といずれも天文博士となって安倍氏の有力な支流を形成した。一方嫡流は時親のあと有行と国随の兄弟があり、有行は陰陽権助兼陰陽博士に主税助を兼任し、国随は天文博士から兄の没後陰陽頭に任じている。院政期から鎌倉時代にかけての安倍氏は、この有行、国随と先の奉親の三流から多数の陰陽師や天文家を輩出し繁栄する。

しかし陰陽道全体の形勢からみると、平安後期では安倍氏は賀茂氏に圧倒されていた。この時期安倍氏から陰陽頭に任じたのは、国随と泰長・泰親父子の三人のみで、その在任期間はわずかに一三年間程にすぎず、その他は賀茂氏によって占められており、しかも国随には主計頭賀茂道言、泰長には主税頭賀茂光平ら位階上位の賀茂氏の陰陽師がいたから、安倍氏はほとんどの間賀茂氏の風下に立たされていたのである。

さらに有行系の嫡流も不安定であった。有行は永保四年（一〇八四）に五六歳で没するが、そのとき子息泰長は元服まもない一七歳で、任官前の天文擬得業生にすぎなかった。泰長は翌年、有行の死去により欠員となっていた権陰陽博士を従兄弟の兼吉（国随の子）と争い[5]、任官は遂げたようであるが、なかなか五位に昇ることができず、寛治四年（一〇九〇）から同六年にかけて内大臣藤原師通にしきりにこれを働きかけ[6]、寛治七年には欠員であった権天文博士の兼任を申請したが、両博士兼任の先例はないということで却下されている[7]。このように彼は若年で嫡流を継承することとなり、そのため摂関家の藤原師通やその子忠実に盛んに接近奉仕してその庇護を仰ごうとしたようであり、そのさいの手段が晴明を顕彰するとともに利用することであった。

関白藤原忠実の日記『殿暦』長治元年（一一〇四）十月三十日条に、忠実は日次がよいので泰長に泰山府君祭を行わせたが、祭所は泰長の家で、自身は祭祀の間自邸にあり衣冠を着して庭に下り拝礼したとある。十二月十六日条には、大叔母の太皇太后藤原寛子が忠実のため泰山府君祭を行ってくれたが、忠実は祭所から使いが祭祀終了を告げにくるまで自邸の庭に候していたという。この祭祀も泰長が私宅で行ったものとみられ、このとき忠実は「故御堂（藤原道長）御時、如㆑此祭時、必有㆓御拝㆒、晴明勤㆓仕星祭㆒時星下也」とし、またこれらのことは文殿の記録にみえる、とのことを記している。忠実はこの一連の行為の先例を祖先である道長と晴明との関係に求めているが、これも泰長の進言に依拠したものであろう。晴明の子孫として、また土御門の家を継承した嫡流として泰長は、摂関貴族に晴明の験力や陰陽道の故実、晴明の故地である私宅の霊験譚を吹聴して貴族層の信頼を獲得しようとしたのである。

泰長は康和三年（一一〇一）に雅楽頭を兼任していたことが知られるが、長治二年（一一〇五）には長子の政文に権陰陽博士を譲っている。[8]政文はこの年わずかに一六歳であり、早くに父を亡くして苦労した自身の経験から、子息が若年のうちに陰陽寮の要官を継がせ自家の安泰を計ったものと思われる。泰長はついで永久二年（一一一四）陰陽頭に任じ、その後従四位上にいたり保安二年（一一二一）に五四歳で没した。

泰長のあと政文がその家を継承し嫡流は一応安泰とみられたが、しかしその三年後の天治元年に政文は三五歳の壮年で没した。彼には嫡子の幼児（のちの泰行）と弟の泰親があったが、泰親は未だ一五歳にすぎず、ここに嫡流は再度存亡の危機を迎えることになった。『医陰系図』[9]所収の「安倍氏系図」、泰親のところには「十二歳而喪㆓父泰長㆒、十五歳而喪㆓兄政文㆒。仍晴通加㆓首服㆒、教㆓授当道㆒事」との傍注がある。その晴通はのちに晴明の故地を争った兼時（晴道）のことで、彼により元服と陰陽・天文道の学習を受けたことが知られる。長承元年の争論のさいに兼時が自分は一門の氏長であると主張したのも、このことと関係があろう。

この争論のあと泰親は嫡流を相続したとみられるが、悪左府と称された藤原頼長の日記『台記』にはしばしば泰親が登場し、頼長のために陰陽道の祭祀を修している。久安六年（一一五〇）十二月二十五日条には、所願成就のため泰親の私宅で三日夜の属星祭を行い、久寿二年（一一五五）五月十四日条にも同所で両夜の泰山府君祭を行うなど、泰長と同様に私宅、すなわち晴明の旧地で貴顕のために祭祀を修している。また藤原忠親の『山槐記』保元元年（一一五六）二月十二日条にも、忠親は泰親に泰山府君祭を行わせるが、そのさい「依㆑有㆑所㆑思向二霊所之祭庭一、及二深更一帰畢」と記している。この「霊所の祭庭」も泰親の私宅と考えられる。ここで想起されるのは先の長承元年の晴明領地争論で、明法道勘文で否定されたことではあるが、同所を晴明以来の天皇の陰陽道祭を行う祭庭と称していたことである。訴訟決着後に泰親は、さらに「霊所」との観念を持ち出して貴族間に宣伝するとともに、その依頼を得て祭祀を執行していたのである(10)。

泰長や泰親が晴明を顕彰し、その旧地を霊所化しようとした意図がどこにあったかはおのずから明らかであろう。安倍氏の祖晴明は当初賀茂氏の門下生であり、平安後期にその子孫は賀茂氏とともに二大陰陽家となるが、位階や官職の面で絶えず賀茂氏の風下に立たされていた。そのような現実を脱却する方法として安倍氏の陰陽師たちは晴明を顕彰する話しを貴族間に吹聴したであろうが、なかでも晴明の「土御門の家」を相続した嫡流の子孫はこれを霊所化して積極的に貴顕の祭祀を行い、かつそれにより不振をかこった自流の陰陽師としての正当性を主張しようとした。家をめぐる晴明の霊験譚はこのような事情のもとに形成されたものと考えられるのである。

四　もう一つの晴明伝承

晴明伝承の発信者はそれによって最も利益を被る者、その子孫たちであり、なかでも存続の危機に立たされた泰長や泰親らが中心的役割を果たしたとみられる。そしてまた、霊所としての土御門の家を介して王権との結合に成功し、安倍氏の安定を図ったのも泰親であった。嫡流を相続した泰親は右京亮から主計助、さらに雅楽頭と権陰陽博士を兼任し、仁平三年（一一五三）には父泰長も許されなかった権天文博士兼任を遂げている。その三年後の保元元年には泰親の長子季弘が権陰陽博士に、同三年には次子の業俊が権天文博士と父の官職を受け継いでいる。これらも要官を早く子息に譲り、その立身と家の安泰を期した泰親の措置であろう。此の間にも泰親は陰陽助から大舎人頭、大膳権大夫に任じ、寿永元年（一一八二）四月に待望の陰陽頭を兼任したが、翌年九月、七四歳で没している。

　平氏が台頭して王権を脅かし、さらに関東では源氏が蜂起して混迷を極めようとするこの時代、賀茂氏や安倍氏の多数の陰陽師が都で活動するなかで、泰親は晴明以上にカリスマ性に富んだ陰陽師であり、そのエピソードにはこと欠かない。『平家物語』巻三法印問答には、治承三年（一一七九）十一月七日の大地震のさい、泰親が後白河院に泣きながら重大な凶事の前兆として占文を奏上したとき、若い公卿や殿上人が何事の有るべきと笑うが、「され共、此泰親は晴明五代の苗裔をうけて、天文は淵源をきはめ、推条掌をさすが如し。一事もたがはざりければ、さすの神子とぞ申ける。いかづちの落かかりたりしか共、雷火の為に狩衣の袖は焼ながら、其身はつつがもなかりけり。上代にも末代にも、有がたかりし泰親也」と記し、ほどなく平清盛による後白河院の鳥羽殿幽閉が起こったと続ける。この後白河院への泣きながらの地震奏や、「さすの神子」と称された占験、落雷直撃のことは当時の貴族の日記にもみえる話(11)で、実際のことと受け止められていた。

　彼は陰陽師として最大の権力者である後白河院に近持しその庇護を受けたが、とくに重要なことは「毎月の公家の泰山府君の御祭」、すなわち天皇の安泰を祈願する毎月恒例の泰山府君祭を行い、その祭料所として院から多数の天皇家領の荘園を給付されたことである。泰親は晩年これを子息たちに分配することを許され、知られるところでは長男の季弘は毎月八日の御祭と紀伊国鳴神社の領家職(12)、三男の泰茂は毎月十八日の御祭と近江国竜花庄下司職(13)を相続し、子息それぞれが御祭と荘園所職を継承している。

　ところで陰陽道の祭祀は、本来依頼主の要請でその邸宅に赴き臨時に祭壇を設けて行うものであったが、陰陽道の信仰が浸透して次第に貴族と特定の陰陽師の関係が緊密化し、また毎月あるいは四季ごとの定期的祭祀が行われるようになると、陰陽師の私宅が用いられることが多くなる。泰長や泰親の活動もそのような趨勢に沿うものであったが、公家の御祭も同様であったとみられる。晴明の呪力を象徴する場である土御門の家を泰親は「公家の祭庭」「霊所の祭庭」と貴族社会に宣伝するが、後白河院とのかかわりを介して現実に「公家の祭庭」とすることに成功した。このことはまた王権を擁護する存在して、晴明と自流の正当性を証するものであった。

そのような泰親の子孫、安倍氏の陰陽師のアイデンティティが晴明とその土御門の家にあったことは、家督の相続にさいして明瞭に表されている。鎌倉時代末の嫡流の子孫、天文博士安倍淳房は出家のため延慶三年（一三一〇）に子息淳宣と宗光に祭料所鳴神社を中分知行させ、晴明自筆という「大刀契五帝神祭」以下の文書は宗光に与えた。文書や典籍は家業を伝えるために不可欠な知的財産であるから、すなわち宗光が家督とされたのだが、しかしその後宗光が没したため、正和二年（一三一三）に再度その弟とみられる親秋にこれを与える譲り状を書した。[14] そこには「云二文書等一、云二家地一、於レ地者、本自霊石在レ之。公領也。非二私領一也。云二鳴神社一、一向可レ令二領掌一者也」とみえる。家を相続するための要件が、晴明自筆本に代表される安倍氏の記録文書類、居所としての家地、公家の泰山府君祭の料所であり家領としての荘園にあったことがわかる。そしてこの家地が嫡流に伝えられた晴明の旧地で、霊所の象徴としての霊石があり、またそこで公家の恒例祭祀を行ったことにより単なる私宅・私領ではなく公領と認識されていたことが知られる。

家地とともに子孫にとって晴明と直結するものが、家の文書の代表としての「大刀契五帝神祭」（「大刀契の事」）であった。これは前述のように天徳四年（九六〇）に焼損した護身剣・破敵剣の二つの霊剣を鋳造した者が晴明であるとする晴明の主張を裏付ける文書として子孫に伝えられたものであり、晴明自身による顕彰譚といってよく、その子孫にとっては晴明の陰陽師としての活動の端緒を飾る「起源説話」である故に、家の文書を代表する意義をもったのである。

晴明の家がその後霊所として泰長や泰親により宣伝され、それが晴明伝承の拠点となったのに対して、霊剣鋳造説は広く流布するにいたらなかったようである。[15] その実態は前述のように、晴明の上司である保憲の指揮のもとで霊剣の鋳造と祭祀が行われたものと考えられ、これが晴明伝承として一般に流布しなかったのも賀茂氏の主張に分があるとみられたためと思われる。しかし安倍氏内ではこの説話化は進んでいた。陰陽道の日の吉凶、占術等に関する説や典拠・先例等を備忘的に記したもので、南北朝期の書写とされる『陰陽道旧記抄』(16)にはつぎの記事がある。

□〔天〕徳四年内裏焼亡、其度切《セツ》刀卌二丼《ヘイ》〔柄〕、為二火災一成二□〔灰〕燼一。後案、如レ元造二鋳卌丼〔柄〕一了後、今於二二柄一者、皆悉依レ不レ覚非レ造。而晴明朝臣語二式神一云、若廻二神通一造二二柄一哉。式神云、頗所レ覚也、可レ造。仍以二造形一進上之処、勅宣、忽以難二必定一。若焼失以前見二御刀一歟、将有二本様一歟。其時申云、晴明只今非二造形一、式神廻二神通一所レ造也。敢不レ可二狐疑一。仍遣二紙形於愛宕護山一、七日七夜被二造鋳一之間、大夫（晴明）殿行事。仍此賞超二越上臈三人一、任二寮属一。元陰陽師也。主計頭保憲朝臣鎮二二柄一云々。

内裏の火災で灰燼となった節刀四二柄のうち四〇柄は元のように造ったが、二柄だけは剣に刻まれた図様を知るものがなく鋳造できずにいた。そこで晴明が式神に命じその神通力をもって図様を書き上げさせ、ついで晴明がこれを天皇に進上し造らせたものという。式神の息づく晴明の旧地の霊所化を介して王権との結合に成功した子孫は、さらに晴明が遺した家宝の文書によりながらも、王権擁護の機能をもつ霊剣の鋳造を自在に式神を操った晴明の呪力によるものとする、もう一つの晴明伝承を創り出していたのであった。

（1）　晴明の没日は、『土御門家記録』等によると寛弘二年九月二十六日とあるが、宮内庁書陵部所蔵の『陰陽家系図』では十二月十六日とする。この系図は平安末期までの賀茂・安倍両氏の陰陽師の没日と年齢の記載があり、記録にみえる陰陽師個人の活動歴と引き合わせてもかなりの信憑性をもつ。以下に記す安倍氏の陰陽師の没年齢もこの系図によっている。

（2）　山下克明「陰陽道と護身剣・破敵剣」（『平安時代の宗教文化と陰陽道』所収、岩田書院、一九九六年、初出は一九九二年）。

（3）　現在地は京都市上京区上長者町通西洞院東入ル土御門町と西洞院通上長者町上ル菊屋町付近。京都ブライトンホテル西南の一画。

（4）　宮内庁書陵部所蔵土御門文書（『鎌倉遺文』三七一七号文書）。

（5）　『除目大成抄』第八および『魚魯愚』別録巻一。

（6）　『後二条師通記』寛治四年十二月二十九日および同六年正月四日条。

（7）　『中右記』寛治七年二月五日条。

（8）　『殿暦』長治二年二月一日条。

（9）　詫間直樹・高田義人編著『陰陽道関係史料』（汲古書院、二〇〇一年）所収。

（10）　『吉記』治承五年（養和元年・一一八一）六月二十九日条には、安倍泰親・季弘父子が安徳天皇のための玄宮北極御祭・天地災変御祭を自邸で行ったことを記して、「自二今夜一、公家御祈被〔行脱〕玄宮北極祭、大膳権大夫泰親朝臣、雑事重衡卿沙汰。天地災変祭等。掃部季弘朝臣、雑事八条殿沙汰。蔵人大舎人助経泰、以二一身一齋二籠両祭一。依二蔵人弁行隆与奪一也。蔵人無二人数一之故歟。但兼行之条、未レ知二先例一。後日右中弁云、於二陰陽師住宅一被レ行二厳重御祭一、非レ例也。蔵人齋籠無レ謂。専可レ被レ止。自二高倉院御宇一出来事歟云々。早可レ尋二先例一也」とあり、陰陽師の住宅で公家の祭祀を行うことは例にあらず、蔵人の同所への斎籠も謂われのないことであると非難されている。

（11）　『平戸記』寛元三年七月二十九日条、『台記』久安四年七月十九日条、『玉葉』承安四年六月二十三日条。

（12）　京都府立総合資料館所蔵若杉家文書、延慶三年八月八日天文博士安倍淳房譲状（山下前掲註（2）書、一五〇頁）、および書陵部所蔵土御門文書、正和二年八月二十八日安倍淳房譲状（『鎌倉遺文』二四九六三号文書）。

（13）　書陵部所蔵土御門文書、文治四年五月十二日大蔵大輔安倍泰茂書状案（『鎌倉遺文』補六五号文書）。

（14）　前掲註（12）と同じ。

（15）　一三世紀後半の澄円撰『白宝抄』妙見雑集には、「証師記云、尊星王法中節刀事、某家有大刀節刀、了後晴明以色〔式〕神

題之於愛宕山云々」（『大正新脩大蔵経』図像部、第十巻、一一六〇頁a）と、園城寺の尊星王法とかかわり、極めて不完全な形ながら晴明と霊剣にかかわる伝承がみえる。三﨑良周「園城寺と尊星王法」（同『密教と神祇信仰』所収、創文社、一九九二年、初出は一九八九年）参照。

（16）　書陵部所蔵土御門本。前掲註（9）書所収。

第三章　天文道と天文家安倍氏

はじめに

日本古代・中世の天文に関わる認識の体系には、およそつぎのようなものがある。

一つには中国の天文家説を継受した天文道であり、その主旨は、星や星座（星官という）は国家的機構・機能を投影した存在であり、それにかかわる異変は為政者の吉凶を示す天のサインであるとするもので、よって公的天変占星術としての性格を有し、天変に際して徳治善政、祈攘の祭祀・仏事等の公的な対応がとられた。二つには、道教の星神信仰を主要な要素として受け継いだ陰陽道の信仰で、北極星・北斗七星は個人の運命・寿命を管掌する司命神とされ、天皇や貴族たちの攘災・福寿を祈って陰陽師による玄宮北極祭・属星祭等が行われた。三つにはギリシア・バビロニア起源のホロスコープ占星術が密教に取り込まれ伝えられた宿曜道があり、これは宿曜師が符天暦を用いて個人の誕生時刻から十二宮・二十八（七）宿上の本命宮・本命宿を定め、誕生時あるいは毎年の九曜（日月・五星に羅睺・計都の二隠星を加える）の位置を算出してその関係から個人の運勢全般を占うものであったが、さらに密教では修法面でも、道教の星神信仰と融合して属星（本命星）と本命宿・本命宮等を祀る北斗法や本命供などの星宿法を行い東密・台密で盛行した。

このうち本章では、中国天文家説を継受し天文観測と天文占を担い朝廷の施策にも影響を与えた天文道に関して、その方法と特質、平安時代後期に天文道世襲氏族となる安倍氏の学習方法や家説口伝、現代天文学の成果をもとに彼らの観測精度・技能の評価を試みるなど、日本古代・中世の天文道にかかわる問題を検討したいと思う[1]。

一　天文道の職掌

(1) 組織と職務

古代において天文観測を行い、天文の変異が示す吉凶を占い占文を作成することは国家の独占するところであり、『職員令』九陰陽寮条にはその要員と職務を記してつぎのようにみえる。

頭一人。掌、天文、暦数、風雲気色、有レ異密封奏聞事。助一人。（中略）天文博士一人。掌、候二天文気色一、有レ異密封、及教二天文生等一。天文生十人。掌、習二候天文気色一。（下略）

令の規定では陰陽寮の天文博士は天文・気象の変化を観測し、異変があれば占文を作成し密封して陰陽頭を通して奏上することになっていた。これを天文密奏という。また『雑令』八秘書玄象条には、天文書の管理や観測の結果の取り扱いに関してつぎのように規定している[2]。

凡秘書、玄象器物、天文図書、不レ得二輙出一。観生、不レ得レ読二占書一。其仰観所レ見、不レ得二漏泄一。若有二徴祥災異一、陰陽寮奏。訖者、季別封二送中務省一、入二国史一。所レ送者、不レ得レ載二占言一。

秘書とは「義解」に「遁甲・太一式」等の式占書、玄象器物は天文観測器の「銅渾儀之類」、天文図書は「星官簿讃」等の天文書とするが、それらの寮外への帯出は禁止された。また観生は「義解」に天文生の別称とするが、彼らは天文観測は行うが天文占書を読みその吉凶を知ること、異変を口外することは禁止された。さらに陰陽寮の天文密奏が終われば、国史編纂の材料として四季ごとにまとめて中務省へ送られるが、そのさいに占言は削除される規定で、集解の「古記」には、「謂、仮令、其日月晴、熒惑在レ心、而災在レ甲不レ言二之属一也」、「義解」に「謂、仮如、熒惑犯レ心、其占云々之類也」とある。

また、延長五年（九二七）成立の『延喜式』第十六陰陽寮には、

凡天文博士、常守観候、毎レ有二変異一、日記進レ寮。寮頭即共勘知、密封奏聞。其日記者、加二署封一送二中務省一、令レ附二内記一。

学生卅人、（陰陽生十人、暦生十人、天文生十人。）其得業生、陰陽三人、暦二人、天文二人。並取二生内人一。（下略）

凡観天文生一人。不レ立二年限一。其衣服食米、准二諸得業生一給レ之。

などとあり、天文密奏は天文博士と陰陽頭がともに勘知するとしており、学生に陰陽生・暦生・天文生各一〇人、学生の中から各得業生を取ること、さらに「義解」では天文生の別称としていた観天文生（観生）一人が設けられていたことが知られる。唐制の天文関係の要員に『唐六典』太史局には、「監候五人、天文観生九十人、霊台郎（天文博士）二人、天文生六十人」があり、人数は大きく異なるが、観生の設置は唐制に倣うものであったと考えられる。

ついで、一〇世紀後半の『新儀式』第四、天文密奏事には、

若有二天文変異一、其道博士幷蒙二宣旨一献二密奏一者、具勘二録其変異一、先触二第一大臣一。加レ封返二与博士一、博士以レ之参二蔵人所一、付二蔵人一奏レ之。（若其與文有レ可二重慎一、或依二真定〔言〕教一而令レ祈二請仏天一、或仰二陰陽道一而令レ祭二禱星辰一。）

非レ蒙二宣旨一而輙視二望天文一事、罪載在二法条一。

『西宮記』巻十五、依天変上密奏事にも、

天文道、被二 宣旨一之者注奏事、密封奉二覧第一上卿一。上卿見畢、如レ本加レ封返給。即至二蔵人所一進奏。（一大臣必兼二陰陽寮別当一。仍加レ封レ之。天文道有二勘事一之時奏事、大臣伝取付二蔵人一奏レ之。）

とある。両書が成立した一〇世紀後半には、天文博士だけではなく、後述する明経家の中原氏（十市部氏）の如

く天文密奏の宣旨を蒙り密奏を行う者があったが、ここでは令制のように陰陽頭に進めず、天文家が奏文を先ず陰陽寮の別当を兼ねる第一の大臣に覧じ、ついで大臣が加封して返し、蔵人を通して奏上に及ぶとしている。この密奏経路の変更がいつから行われたかについては不明であるが、『三代実録』の天文奏記事を参照すると、

①天安二年（八五八）八月二十九日条

陰陽寮奏言、夜有レ星入二紫微宮一、亦如二炎火一、長十余丈。凡天文風雲気色有レ異、陰陽頭及天文博士密封奏聞、修国史局召二陰陽寮一、索二其案文一、記二載史書一、他皆効レ此。

②貞観七年（八六五）正月四日条

去年陰陽寮奏、明年可レ有二兵疫之災一、近日天文博士奏、応レ警二兵事一。於レ是勅二僧綱一曰、防二災未萠一、延二慶将来一、誠是仏法之力、経王之功也。宜七日間令二十五大寺一奉二読大般若経一。其所レ摂諸寺、金剛般若経。

③仁和二年（八八六）六月十八日条

分二遣使者於九箇寺一、転二読大般若経一。（中略）先レ是、天文博士従八位下中臣志斐連広守奏言、近窺二天変一、奉二為天皇一、見二不祥之気一。是故修二此善一焉。

とある。①は陰陽寮の奏言、陰陽頭・天文博士による密封相聞とあるが、これは『三代実録』の体例である儀式や行事の初見記事にその概要を令文をあげて説明したものである。②では前年の陰陽寮奏上にたいして、近日の天文博士奏上をあげ、③は天文博士中臣志斐広守が天変の奏言の主体となっている。これらのことから、貞観七年までには天文博士が陰陽頭を通さず、おそらく当時の権力者太政大臣藤原良房の内覧加封を経て、天皇に奏上するようになったものと推測される。なお、天文道という名称は陰陽道・暦道のなどともに一〇世紀に一般化するが、それも律令制の規定に捉われない各職務の相対的自立性の獲得がその要因にあったものと考えられる。

（2）天文博士・密奏宣旨と安倍氏

古代・中世前期における天文博士の補任に関してはかつて述べたところであるので[3]ここでは簡単にみておくと、八世紀には渡来系氏族の補任が多かったようであるが、九世紀には中臣志斐氏から五名の天文博士が確認できる。しかしその後は続かず、一〇世紀後半では賀茂保憲が天徳四年（九六〇）に、その子光国が天延二年（九七四）に博士に任じたが、保憲の弟子とされる安倍晴明が天禄三年（九七二）頃に、その子吉昌が寛和二年（九八六）に博士に任じてから安倍氏が正・権天文博士の一つを占めるようになる。ついで安倍章親が寛仁三年（一〇一九）天文博士に、弟の奉親が長元八年（一〇三五）に権天文博士に並んで任じて以降、安倍氏による天文博士の独占がはじまり、その後他氏を排除して天文道安倍氏が成立する。

表1　一〇～一二世紀の天文密奏宣旨

宣旨者	初出年月日		典拠
十市部良佐（助教）	延長元年（九二三）7月24日	任	類聚符宣抄・本朝世紀
十市部以忠（主税頭）	天徳4年（九六〇）4月30日	任	日本紀略
安倍吉平（主計頭）	寛仁3年（一〇一九）6月9日	任	類聚符宣抄・小右記
中原師任（大外記）	長元3年（一〇三〇）	任	地下家伝
安倍時親（陰陽権助兼陰陽博士）	同　4年（一〇三一）7月16日	見	小右記
中原師平（助教兼大外記）	康平5年（一〇六二）11月13日	任	地下家伝
安倍有行（陰陽権助兼権陰陽博士）	延久頃（一〇六九～七四）	見	玉葉嘉応元年四月十日
中原師遠（直講兼大外記）	寛治7年（一〇九三）2月12日	任	地下家伝
中原師安（直講兼主税権助）	元永元年（一一一八）11月15日	任	地下家伝
安倍時晴（漏剋博士）	永暦元年（一一六〇）8月23日	見	山槐記
安倍泰親（大舎人頭兼陰陽輔）	永万2年（一一六六）正月22日	見	安倍泰親朝臣記
安倍資元（右京権亮）	治承2年（一一七八）10月5日	見	玉葉
安倍季弘（掃部頭兼陰陽博士）	同日	見	同
安倍時職（漏剋博士）	同　4年（一一八〇）正月14日	任	宣旨類
安倍泰茂（大蔵大輔兼陰陽大允）	元暦2年（一一八五）正月12日	見	玉葉
安倍晴光（主税助）	同日	見	同
安倍泰茂（大蔵大輔兼陰陽大允）	建久元年（一一九〇）10月9日	見	同

また『新儀式』や『西宮記』にみたように、一〇世紀には天文博士のほかに十市部（中原に改姓）氏のように天文密奏の宣旨を蒙り天文占文

安倍氏略系図

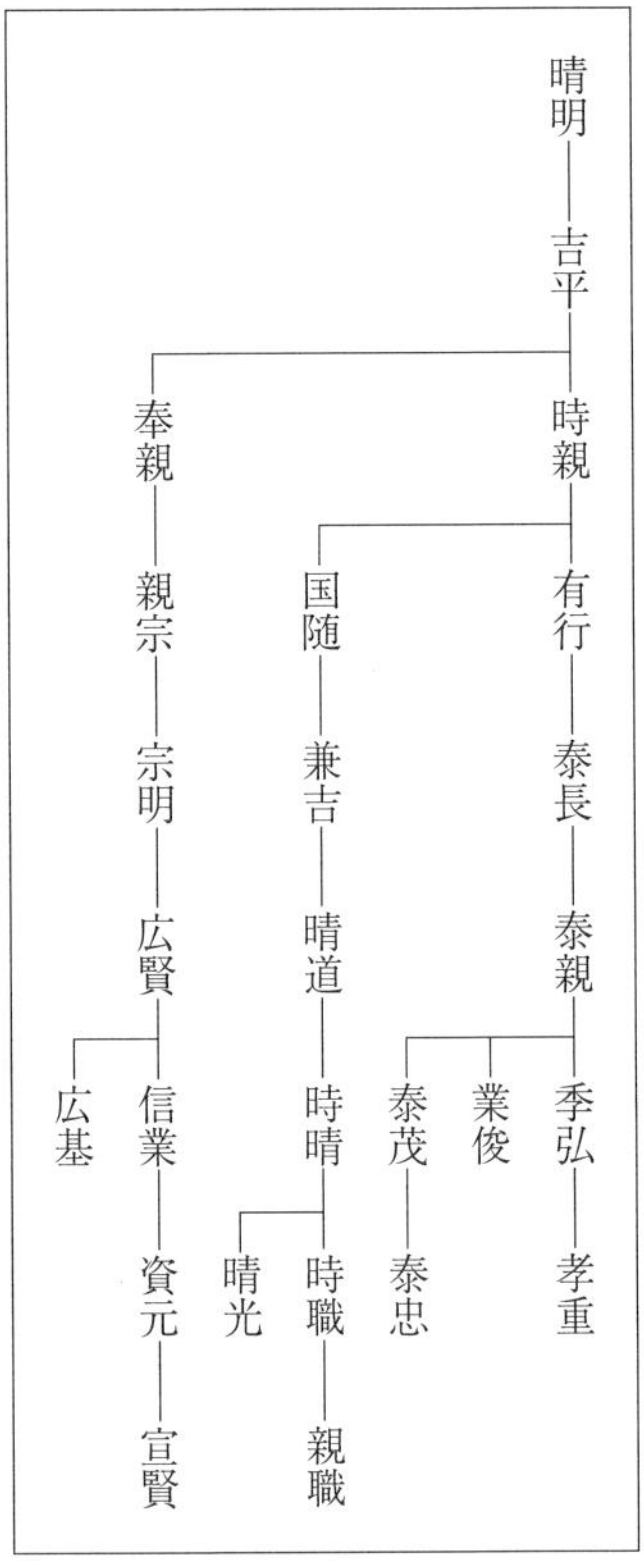

『医陰系図』(4)による

を奏上する者も現れる。表1に一二世紀までの宣旨者を示したが、その中原氏の密奏宣旨も一二世紀前半の師安で絶え、これも博士に任じた者以外の安倍氏の子弟よって独占するところとなる。

院政期に安倍氏は有行・国随・奉親の三流に分かれ、それぞれ陰陽道・天文道で競合することになる。社会経済の変動のもと武家が台頭し王朝支配の危機を迎える一二世紀末になると、天文家たちは機敏に時勢を読み取り天変報告の活動を活発化させ、要員の増加と相俟って天文記録も格段に増加する。『玉葉』治承二年（一一七八）十月五日条では、熒惑《けいわく》（火星）の太微宮出入に関して、有行流の泰親と子息の季弘・業俊、国随流の時晴、奉親流の広基・資元の「密奏之輩六人」が蔵人所に召されて意見を具申した。このうち天文博士は業俊、権天文博士は広基であったから、他の四人は密奏宣旨者であったことがわかる。その後『玉葉』元暦二年（一一八五）正月十二日条でも、正月元日に現れた赤気について、

去正朔東方有㆓赤気㆒、而司天之輩各有㆓執論㆒、泰親子息等、季弘、業俊、泰茂、申㆓彗星之由㆒。広元、資元等、申㆓蚩尤気之由㆒、時晴、晴光等、申㆓客気之由㆒云々。

とあり、泰親は没していたが、代わりに子息の泰茂が、国随流では時晴の子息晴光が加わって七名が家ごとに意見を異にしていた。この相論には名はみえないが晴光兄弟の時職も宣旨を蒙っていたから、各流から二、三名密

奏を行う有資格者がいたことがわかる。

　鎌倉幕府が成立すると、『吾妻鏡』承元四年（一二一〇）十月十六日条に初見する安倍泰貞に続いて親職、宣賢などの安倍氏の陰陽師が鎌倉に下向し、それ以降関東司天の活動が活発になる。承久元年（一二一九）十二月、在京の安倍資元の彗星占文に対して八人の関東司天の輩は同心して見えざる由を勘申し、安倍氏以外でも貞応二年（一二二三）十一月に清科重宗が太白星の変を上申するなど、幕府に対して朝廷の規範にとらわれない天文観測・勘申活動を行っており、新たな公的権力の成立により天文密奏の制度は変容していくことになる。[5]

　さらに室町時代には足利義満に親近して従二位に昇った安倍（土御門）有世は公武に天文勘文を奉り、その後一五世紀前半に賀茂在方が天変地妖勘文を出して[6]暦道の賀茂氏（勘解由小路家）も天文に関与しはじめ、ここに安倍氏の独占体制は崩れることになる。応仁・文明の乱以後には、勘文の送付先は将軍家やその近習、幕府政所主宰者の伊勢氏、管領細川氏や有力大名などと大幅に増加しており、それらは賀茂氏が将軍権力の帰趨に敏感に対応した行為であったことが末柄豊氏によって指摘されている。[7]

(3) 観測施設・観測体制

　古代の天文家たちはどのような施設で天文観測を行ったのであろうか。唐では観測施設を霊台、ついで観星台と言い、現在も北京に清朝の観星台が残っている。日本では、『日本書紀』天武四年（六七五）正月丙午朔条の、「大学寮諸学生・陰陽寮・外薬寮、及舎衛女・堕羅女・百済王善光・新羅仕丁等、捧㆓薬及珍異等物㆒進」という陰陽寮の初見記事について、同月庚戌条に、「始興㆓占星台㆒」と天文観測施設の初見記事がある。韓国慶州の瞻星台は新羅の善徳女王十六年（六四七）に建立された天文台とされるが、[8]国際情勢が緊迫した七世紀中頃から天文現象に対する国家的関心が高まっていたことと関係しよう。

令制では観測施設について規定はないが、平安時代の陰陽寮には高楼があり、それが飛鳥の「占星台」を引き継ぐ施設であった可能性が考えられる。『枕草子』第百五十四段には、

故殿(道隆)の御服の頃、六月の晦の日、大祓といふ事にて、宮の出でさせたまふべきを、職の御曹司を「方悪し」とて、官のつかさの朝所にわたらせたまへり。（中略）時づかさなどは、ただかたはらにて、鼓の音も、例のには似ずぞきこゆるをゆかしがりて、若き人々二十人ばかり、そなたにいきて、階より高き屋にのぼりたるを、これより見上ぐれば、（下略）

とあり、中宮藤原定子が方違えで太政官朝所にわたっていたとき、近くの「時づかさ」＝陰陽寮から聞こえる時報の鼓の音に誘われて若き女房たちが「高き屋」に登ったとある。この件は『小右記』逸文の長徳元年（九九五）七月五日条にも、「中宮女房昨日登二陰陽寮楼一。又向二侍従所一巡見。四位少将明理、直衣々(烏)帽子陪従。左衛門陣官等、見レ之奇レ之」とみえ、いささか物議を醸したようである。この高楼はのちに大内裏の火災で焼失し、『中右記』大治二年（一一二七）二月十四日条に、

天晴、未時許当レ西有二焼亡所一、申時火滅了。後陰陽頭家栄示送云、焼亡之興、火起二醬司小屋一、焼二陰陽寮・勘解由使庁・宮内省、幷園韓神社・神祇官・八神殿・郁芳門等一了。陰陽寮楼鐘皆焼損。但渾天図・漏刻等具者令二取出一也。往代之器物此時滅亡、尤為二大歎一者。抑陰陽寮鐘楼ハ、古人伝来云、昔桓武天皇遷都被二作渡一也。其後未レ逢二火災一、至二今年一三百三十七年、今日焼了。為二天下一為二大歎一歟。

とある。文脈からするとこの楼には時報に関する鐘や漏刻だけでなく、星座図あるいは天球儀と考えられる「渾天図」や「往代之器物」なども備えていたようであるので、天文台の機能も有していたものと考えられる。ただしそれが当時も使用されていたかは疑問である。平安京は三方を山に囲まれていたから地平線近くは見えず、また京内に高い建築物はほとんどなかったから一段高い観測台に昇る必要はないであろう。『大鏡』巻一には、安

倍晴明は土御門の自邸にいて天変から花山天皇の退位を察知したという話しがある。また、天文密奏を行っていた中原氏は大学寮明経道の教官や太政官の外記などを本官とする陰陽寮外の存在であり、彼らが陰陽寮で毎夜天文観測を行うことはできないであろうし、寮内においても院政期には天文道はすでに安倍氏の家の業務として定着していた。そのような状況下で、高楼はその焼失後も再建されることはなかったと考えられる。なお、江戸時代には貞享・宝暦改暦のさいに京都梅小路の土御門邸内に露台（天文台）が築かれ、渾天儀などの儀器が置かれている。[9]

前述のように院政期以降、安倍氏は有行・国随・奉親の三流に分かれ競合したが、『玉葉』元暦二年（一一八五）正月十二日条で正月元日に現れた赤気について各家ごとに異変の認定が異なっていた。さらに養和二年（一一八二）三月四日戌刻の太白（金星）と熒惑（火星）の接近に関して、泰茂の子息泰忠の日記『養和二年記』三月四日条には「昏戌剋、金・火一尺五寸」とあり、同じ異変について『吉記』同年三月二十八日条には「漏刻博士時職入来、密二語近日天変事一。（中略）今月四日甲戌、戌時、太白犯二熒惑星一、相去一尺三寸」とある。泰忠は一尺五寸、時職は一尺三寸とし、安倍氏の天文家の間で観測した二星間の距離（角距離）が異なっていた。

これらのことは、天文観測とその認定、さらには占文の作成が安倍氏内で協業ではなく、各家ないしは個人の職務として行われたことを明らかにし、かつ角距離の差異は共同の儀器という客観的装置を使用したのではなく、目測を加えた各人の作業だったことを示唆している。なお、大多数の天文記録から斉藤国治氏が指摘しているように観測時刻は黄昏戌刻と未明寅刻で、[10]天文家が定時観測を行っていたことをうかがわせている。

（4）天文書と占文作成

日本に天文書が伝えられたのは、『日本書紀』推古天皇十年（六〇二）十月条に、百済僧観勒が来朝して朝廷に暦本、天文・地理書、遁甲方術書を献じたとあるのを初見とする。遣隋留学生の僧旻も天文占を行っているので専門書を伝えたと思われるが、その後も律令官制下の陰陽寮に天文博士と天文生を設け中国の天文知識の体系的導入を目指した日本では、遣唐使などを介して多数の天文書が伝えられていた。八世紀前半に伝来した天文書として、正倉院文書の天平二十年（七四八）六月十日の「写章疏目録[11]」に、

天文要集十巻　天文要集歳星占一巻　彗孛占一巻
天官目録中外官薄〔簿〕分一巻　内宮上占一巻　石氏星官薄〔簿〕讃一巻
傳〔簿〕讃星経一巻　薄〔簿〕讃一巻

などの書名がみえる。

また、『続日本紀』天平宝字元年（七五七）十一月癸未条には、諸国博士・医師選任のため大学寮・典薬寮の学生が習得すべき書が定められたさいに陰陽寮の学生にも指定があり、天文生には、「天官書、漢・晋天文志、三色（家）簿讃、韓楊要集」と、五つの書が定められた。このうち『史記』天官書、『漢書』『晋書』の天文志の三書は中国正史の一篇で、中国天文学の概略を記したものであり、個々の星・星座の位置やその占星術的な性格、また漢・晋天文志には年代順に実際の天変とそれに応ずる地上の変事や占言等が記されている。

『三家簿讃』は「義解」に「星官簿讃」、また『日本国見在書目録』天文家の項にみえる「薄〔簿〕讃二陳卓撰」「薄〔簿〕讃三上巻魏石申、巻耳文卿、下巻普石咸、」（分註は「上巻魏石申、中巻甘文卿、下巻殷巫咸」の誤記）のことで、二巻本や三巻本などの数種の異本が伝えられていたようである。「写章疏目録」の「傳〔簿〕讃経一巻、薄〔簿〕讃一巻」も同様なものと考えられる。

中国の星座体系は三・四世紀の呉あるいは晋の太史令陳卓によって整理されるが、そのさい陳卓は、戦国時代の天文家石申（石氏）・甘徳（甘氏・甘文卿）および殷の伝説上の天文家巫咸の名のもとに二八三の星座を再編して定め、これがのちの標準となり、さらに宋の太史令銭楽之は三家の星座をそれぞれ赤・黒・白（後代に黄）に色

分けして記した。星座書である『簿讃』に三家・三色の名が冠せされたのもそのためであった。なおこの書は中国に残らず、後述のように京都府立総合資料館の若杉家文書中に『石氏簿讃』として鎌倉時代の写本が伝えられている。[12] ついで『韓楊要集』は、『隋書』経籍志に「天文要集四十巻、晋太史令韓楊撰」とあり、「写章疏目録」にもみえる『天文要集』のことであり、『日本国見在書目録』には四十三巻とある。

このほか『三代実録』貞観十八年（八七六）七月二十七日条に五色雲を祥瑞の景雲とする典拠として『天文要録』が、同年八月六日条に赤雲に関する典拠として『天地瑞祥志』が引用されている。そして九世紀末に成立した『日本国見在書目録』の天文家の項には、上記のものをはじめ八一の典籍名が著録されるにいたっている。

天文書の機能を大まかに分類すると、

①星の位置や星官図、星の性格や機能を示す……簿讃・天文図・正史天文志
②星の合・犯・守・凌・食などの変異、気象の変異現象を分類し説明する……正史天文志
③個々の変異が実際にどのような凶兆をもたらすか、その占文を類別して記す
……『天文要集』『天地瑞祥志』などの天文占書

などがある。正史の天文志は①②を主体とし、『漢書』以降は天変記事を編年で記している。天文家は主に①と②で天空上の星・星官の性格と異変の種類を学び、その基礎知識の上で、③を参照して異変がもたらす具体的な凶事を知った。天文密奏のさいに奏文に引用するものは、おもに③の占書であり、そのうちとくに重要なのは『天文要録』と『天地瑞祥志』『乙巳占』であった。

『天文要録』は五〇巻、序に李鳳撰、麟徳元年（六六四）五月十七日付けの奏文を載せ、目録以下、日・月占、歳星以下の五星占、角宿以下の二十八宿占、三家の星座の内官・外官占等よりなる。内容は星辰別に古来の天文・緯書の文言を類聚したものであり、現在は五〇巻のうち、土御門家本を書写した前田育徳会尊経閣文庫本の

二七巻分が伝えられている。(13)『天地瑞祥志』は二十巻、その第一に麟徳三年（六六六）四月付けの太史薩守真の啓があり、内容は天文・気象・動植物の自然界の祥瑞災異現象や夢・祭等の人事に関して、天文・緯書等の諸典籍から関係記事を類聚したもので、現在はこれも土御門家本を書写した前田尊経閣文庫本九巻分が伝わる。(14)『乙巳占』は一〇巻、初唐の貞観年間に李淳風が撰した日・月・五星・星宿・流星・彗孛・気象等に関する現象別の天文占書である。(15)

この三書は、天文気象の変異に際して占文を引用して勘文を作成することを職務とした天文家にとり、変異に対応する項目を検索すれば容易に多数の典籍の占言を得ることができる実に重宝な書だった。一条兼良（一四〇二〜八一）の『尺素往来』(16)に、

今年者天変地妖、以外之事候。（中略）就レ之天文者安家、暦道者賀家、両流之陰陽師各引二天文要録幷天地瑞祥志等一、捧二勘文一候。妖若不レ勝レ徳者、当御代政道依二如法一、四海既帰二一統一畢。天地示レ怪者、仏神之加護也。

とあり、天変に関する安倍氏、賀茂氏の勘文提出のさい引用される書として『天文要録』『天地瑞祥志』が記されており、最も一般的な天文占書と認識されていたことが知られる。ここで平安時代の天文奏文の例をあげる。室町時代の天変地震の勘文集『家秘要録』第六冊には賀茂保憲による応和三年（九六三）と康保四年（九六七）の現存最古の占文案が二通載せられている。

①今月《村上御宇》廿日甲辰、昏酉時、太白犯二哭星一、相去一尺所、謹〔検〕ヽ二天文要録一云、哭星主二哭恩愛悲一也。斉甘徳曰、哭星主二喪車一。天地〔瑞祥志〕ヽ云、太白犯二哭星一、有二哭泣事一。又云、五星犯二哭星一、天子有二哭泣事一也。宋書天文志云、晋孝武大元四年十一月丁巳、太白犯二哭星一、占曰、天子有二哭泣事一、五年九月癸未、皇后王氏悪。

康保四年十一月　　保憲

②謹奏

今月一日卯、暁寅時、太白犯二楗閉星一、相去六寸所、

謹検二天文要録一云、楗閉星主二関籥一、荊州占曰、五星犯二楗閉星一致二火災一、天子悪。一曰、王者不レ宜、出レ宮下レ殿、云々。

応和三年十二月二日　保憲

賀茂保憲は当時天文博士であり、①では太白（金星）が哭星《こくせい》に一尺まで接近し、②では楗閉星《けんへいせい》に六寸のところまで接近したという変異の状況とともに、『天文要録』や『天地瑞祥志』『宋書』天文志等の占言を引用して、これがどのような変事の前兆であるかを述べている。なお①には冒頭に「謹奏」がなく、また両文書とも文末に「謹以申聞、謹奏」の書き止め、保憲の位署がないことなど公式文書としては不備が目立ち、密奏案文の不完全な転写とみることができる。このように奏文の形式は、さまざまな天文占書の占言を引用し併記した勘文であり、よって『小右記』長和三年（一〇一四）二月九日条に彗星の出現に関して、「頭弁付二資平一写二送天文勘文一、自二去正月廿七日戌剋一、彗星見二天船北、巻舌南一、長二尺、」とあり、天文勘文ともみえる。なお菅原正子氏は古代・中世の天文家作成の占文を概観して、文書に「謹奏」とあれば天皇に献上される天文奏（すなわち密奏占文またはその案文）、なければ勘文で天皇以外に提出可能であること、また天文密奏の文書は南北朝期頃に天文奏が消滅し、室町期には天文勘文のみになっていくとする。(17)

二　天文異変の基準「犯」と観測方法——中国の場合——

天文家が問題とする天文・気象における変異の種類については、『漢書』天文志につぎのようにみえる。

凡天文在二図籍一昭昭可レ知者、経星常宿中外官凡百一十八名、積数七百八十三星、皆有二州国官宮物類之象一。其伏見蚤晩、邪正存亡、虚実闊陿、及五星所行、合散犯守、陵歴闘食、彗孛飛流、日月薄食、暈適背穴、抱珥虹蜺、迅雷風祅、怪雲変気、此皆陰陽之精、其本在レ地、而上発二于天一者也。政失二於此一、則変見二於彼一、猶二景之象レ形、郷之応レ聲。是以明君覩レ之而寤、飭レ身正レ事、思二其咎謝一、則禍除而福至、自然之符也[18]。

すなわち恒星の伏見や遅速などの不自然な動き、五惑星の運行にかかわる合・散・犯・守・陵（凌）・食の現象、彗星や流星の出現、日月の薄食、暈《うん》・珥《じ》・虹蜺《こうげい》や、迅雷・風・怪雲などの気象現象が中国天文家説において変異とされる現象であった。その中でもしばしば問題となる星の変異が五惑星の運行にかかる「合散犯守、陵歴闘食」の現象であり、『漢書』の顔師古注には魏の人である孟康の言としてつぎのように説明している。

合、同舎也。散、五星有レ変則其精散為二祅星一也。犯、七寸以内光芒相及也。陵、相冒過也。食、星月相陵、不レ見者則所レ蝕也。

合は五星が黄道上の二十八宿内にあること、散は五星の気が散じて妖星となること、犯は五星の光芒が他の星と七寸以内に近づくこと、陵は五星の光芒が他星を相冒すこと、食は五星と月が相かぶさり、隠れると蝕とするという。

また『漢書』天文志には、五星による合・犯等の異変が生じた場合に地上で起こる凶事を記して、

凡五星、歳与レ填合則為二内乱一、与レ辰合則為二変謀一而更レ事、与二熒惑一合則為レ飢、為レ旱、与二太白一合則為二白衣之会一、為レ水。（中略）凡歳・熒惑・填・太白四星与レ辰闘、皆為レ戦、兵不レ在レ外、皆為二内乱一。（中略）同舎為レ合、相陵為レ闘。二星相近者其殃大、二星相遠者殃無レ傷也。従二七寸以内一必レ之[19]。

とそれぞれ内乱、変謀、飢饉などの災いがあり、二星が近づけばより災いは大きく、遠くに離れればそれはないが、その基準は二星間の距離が七寸以内であるか否かであるとする。孟康が七寸以内を「犯」としたのもこれに

よると考えられる。そのほかの天文書を参照すると、唐初の李淳風撰『乙巳占』巻三、占例第十六には、

合者、二星相逮、同処二一宿之中一、和順而合則吉、乖逆而合則凶。（中略）犯者、月及五星、同在二列宿之位一、光曜自レ下迫レ上、侵犯之象、七寸以下為レ犯。月与太白一尺為レ犯。

とあり、七寸以内の侵犯を「犯」とし、月と太白（金星）の接近の場合は一尺を「犯」とするという。これは他星と比べて光芒が大きいためであろう。また、盛唐開元年間に瞿曇悉達が撰した『開元占経』(20)には古来の天文家の諸説が多数引用されており、そこで災いがあるとする二星間の距離の記載をみると、

巻十二、月占二の「月与五星相犯蝕四」に、

郗萌占曰、金火与月相近、其間六寸天下有レ兵、間尺天下憂レ兵、五尺無レ害。
海中占曰、熒惑入二月中一、及近レ月七寸之内、主人悪レ之。一日〔曰〕、讒臣在レ傍主用レ邪。
荊州占曰、太白与月光拼、軍大戦、相去一寸有レ抜レ城、二寸有レ憂レ城、三寸有レ憂レ軍。
郗萌占曰、太白与月、相去三寸、天子罷レ相。
巫咸占曰、太白与月相近五寸、天下有レ憂レ兵、間五尺天下無レ害。

巻十八、五星占一の「五星行度盈縮失行二」に、

石氏曰、五星行二二十八舎一、星七寸内者及レ宿者、其国君死。（中略）五星逆行去レ宿、雖レ非七寸内而守レ之者、其国君被レ誅刑死。順而留レ之疾病死。

巻十九、五星占二の「五星相犯一」に、

荊州占曰、歳星与火土金水五合同舎、相去三尺以外、七寸以内、相守十日以上四十日、天下両主争レ国、大帝易レ跡、近期三年遠七年。

同巻、「歳星与辰星相犯四」に、

荊州占曰、（中略）歳星与辰星合、相去七寸而交芒相接、七日以上至㆓二十日㆒、天下民流、水泉湧出、期三年。
一曰、有㆓女喪㆒。

巻二十、五星占三の「歳星与熒惑相犯二」に、

荊州占曰、（中略）歳星与熒惑同舎、相去三尺以内、相守七日以上至㆓四十日㆒、其国有㆓反臣㆒、五穀傷、百姓不安、期一年。

巻二十四、歳星占二、歳星犯東方七宿の「歳星犯亢二」に、

郗萌曰、歳星入㆑亢或東或西、去㆑亢一尺若三尺、地大動、期戊己食時。

同巻、「歳星犯房四」に、

荊州占曰、歳星守㆓鈎鈐㆒去㆑之三寸、王者失政、宮門不㆑開、近臣起㆑乱。

同巻、「歳星犯心五」に、

石氏曰、歳星近㆑心七寸以内、有㆑暴、貴者不㆑出㆓百八十日㆒。

巻六十四、分野略例の「順逆略例五」に、

石氏曰、五星入㆑度経㆓過宿星㆒、光耀犯㆑之、為㆑犯。
郗萌曰、五星所㆑犯、木火土水同度、去㆑之七寸、為㆑犯。太白一尺以内、為㆑犯。

などとある。角距離が広いところでは、後漢末の『荊州占』で三尺をもって凶事の前兆とするが、その他では三寸、五寸、なかでも七寸をもって凶事を占うことが多く、末尾に引用した後漢末の郗萌の説に、木火土水の四星は七寸、太白は一尺以内を犯とするとあるのは『乙巳占』と同様である。

正史では『南斉書』天文志に犯に関する距離の記載がみえる。その天文志上に、

（永元五年〔五〇三〕）六月乙丑、月犯㆓南斗第六星㆒、在㆓南斗七寸㆒。丙寅、月犯㆓西建星㆒北一尺。

（永元）六年三月乙未、月入二氏中一、歳星南一尺一寸、為二合宿一。

とあり、月星接近は一尺を犯、一尺一寸を合宿と表記する。また天文志下には、

（永明五年（四八七））六月甲戌、太白犯二東井北轅第三星一、在二西一尺一。

八月甲寅、太白従行入二軒轅一、在二女主星東北一尺二寸一、不レ為レ犯。

（永明）三年二月乙卯、熒惑在二房北頭第一星西北一尺一、徘徊守レ房。

六年（四八八）閏四月丁丑、熒惑従行在二氏西南星北七寸一、為レ犯。

とあり、太白（金星）に関する変異は一尺を犯、一尺二寸を「犯となさず」とし、熒惑（火星）は七寸を犯、一尺を守と表記している。実際に南斉の天文家は月または太白と恒星の接近は一尺以内を犯とし、熒惑等は七寸をもって犯としており、すでに六朝期にはその基準が定着していたことがわかる。

では、天文家は二星間の距離をどのように観測したのであろうか。中国では戦国時代に、太陽の年周運動がほぼ三六五と四分の一日かけて一周することから、周天を「三百六十五度四分度之一」とする暦法の四分暦が編まれた。そこで中国度の「一度」は、西洋度の「〇・九八五六度」に相当することになる。

星間距離の尺と度に関する先行研究は小沢賢二氏のまとめによると、劉次沅説は一度＝〇・九八五六度であるが一尺＝〇・九三±〇・〇四度とし、薄樹人説では一尺＝一・五度角とする。(21) また渡辺敏夫氏は、日本の古記録の惑星接近記録の調査から、尺寸と度角の間には厳密な比例関係は認められないまでも、ほぼ一尺＝一・五度角が成り立つとする。(22) 斉藤国治氏は、二天体間の間隔を「尺、寸」単位で記す例は中国古代からの伝統であり、一丈＝一〇尺＝一〇〇寸という距離の単位で示すが、もともと天体同士の距離は角度であるから、ここで使われる尺寸は右の距離とは異なる次元の単位であるとし、古代の測量はすべて目測であり、個々のデータにも大きなバラツキがある。中国・日本とも天文家は一尺＝一〜一・五度角が長い間守られてきたとしている。(23) 近年では王玉民

氏は一尺＝一度角としている。[24]

また尺と度の関係について小沢賢二氏によれば、「度」は昼間では太陽の南中位置を示し、夜間では二十八宿軌道上の太陽系天体の南中位置を対象とし宿の距星からどれだけ東方に乖離しているかを表わすもので、これに該当しない場合に「尺」を用いる。戦国時代以降になると度・尺を用いて天体間の距離を数値で表現していることから、この頃には見かけ上で両天体を差し挟むディバイダー（分割コンパス）かコンパスのような観測儀器が存在したと考えられる。「尺」による測定は、度の要件を備えない場合に天文単位として用いるもので、太陽系天体が東方に循行しない場合、具体的には外惑星のため西へ循行するケース、あるいは東へ循行する内惑星であっても時に逆行して西方へ移動するケースがある。また最も多い例は彗星の尾の長さを示すもので、天体相互間や尾の長さをコンパスの両脚で挟み幅を測った上で、この数値を角度から数式で尺に置き換えていたとしている。[25]

安倍氏など日本の天文家が星の異変に際してどのような機器を用い二星間の距離を測ったかは不明であるが、おそらくコンパス類をかざし目測で距離を測ったのではなかろうか。先述の安倍泰忠と時職の観測距離の差、斉藤氏が指摘する一尺＝一～一・五度角とするデータのバラツキもそれに起因するものと考えられる。

三　天文家安倍氏の記録と家書

（1）安倍氏関係の天文記録

天文家が観測し、天文密奏により報告した変異の記録は国史や貴族の日記などに伝えられているが、平安中期以来の天文家である安倍氏などのもとにも多数の天文記録・勘文や天文関係の書が残されている。まずまとまって伝えられた天文勘文や記録をみておくと、『諸道勘文』残欠の第四十五上に、[26]彗星の出現変異に関する中原師遠の勘申を中心に一〇通の奏案・勘文・勘例がまとめられている。また、『安倍泰親朝臣記』（一名『天文変異記』[27]）

は陰陽師で天文家の安倍泰親による永万元年（一一六五）の末から翌仁安元年にかけての天文記録であり、内容は月星接近、彗星出現、惑星現象等、四五件の天文変異や地震の発生にさいして泰親・業俊父子が『天文要録』『天地瑞祥志』『乙巳占』等の天文占書を典拠に吉凶をまとめた密奏案を主とする。なお、地震も発生当日の月が所在する宿との関係で占われたので、天文家の天文密奏の範疇に含まれた。

『養和二年記』[28]は、養和二年（寿永元年・一一八二）正月から三月までの陰陽師の日記で、記主は安倍泰親の孫で泰茂の子にあたる安倍泰忠と判断される。泰親を中心とした陰陽家としての活発な活動と、その一家の観測にかかる天文現象を簡潔に記している。

『家秘要録』六冊、『天変地妖記』一冊[29]は、ともに室町・戦国時代の天変や地震発生のさいに作成された占文をまとめた天文勘文集であり、

『家秘要録』第一冊は永享五年（一四三三）〜応仁二年（一四六八）の勘文等九二通、

同第二冊は文安五年（一四四八）〜応仁二年（一四六八）の九二通、

同第三冊は天文十一年（一五四二）〜永禄五年（一五六二）の二三通、

同第四冊は永禄四年〜天正十九年（一五九一）の一四通、

同第五冊は天正十三年（一五八五）〜慶長十三年（一六〇八）の一三通、

同第六冊は平安中期の康保四年（九六七）、長徳元年（九九五）の奏案ほか、応永二十一年（一四一四）〜天正十二年（一五八四）の勘文一八通、

『天変地妖記』は長享二年（一四八八）〜永正九年（一五一二）の奏案・勘文四六通、

をそれぞれ収録する。各勘文の勘申者や内容から、『家秘要録』第一・二冊および『天変地妖記』は賀茂氏（勘解由小路家）の勘文、その旧蔵書で、暦家であった賀茂氏が室町時代に天文道の分野にも進出していたことを明

瞭に示している。また、『家秘要録』第三・四・五・六冊は勘申者から安倍氏（土御門家）の勘文であったことがわかる。前者は室町時代末の勘解由小路家断絶後に土御門家の所蔵となり、そのもとで再編されたものである。

（2）安倍氏の家書と家説

安倍氏のもとには先述の『天文要録』『天地瑞祥志』だけでなくさまざまな天文書が伝えられたと考えられるが、京都府立総合資料館所蔵若杉家文書[30]の『石氏簿讃』や『雑卦法』はその例であり、また大将軍八神社所蔵皆川家文書[31]には、安倍氏がそれらの天文書の一部を引用しながら要綱をまとめ子弟の教育に用いた『天文書口伝』『天文要抄』などの家書がある。

『石氏簿讃』は中国の星座体系を記した唐代の天文書で、つぎに述べる『雑卦法』とともに安倍氏のもとで鎌倉時代の嘉禎元年（一二三五）に書写された。現在は安倍有世が書した包み紙の書名により「石氏簿讃」とされているが、内容は石氏・甘氏・巫咸の三家の星官簿讃からなり、天平宝字元年（七五七）に陰陽寮天文生のテキストに指定された『三家簿讃』が本書とみられる。

前記のように中国では三世紀末に陳卓が石申・甘徳・巫咸の名のもとに知られていた二八三の星座を再編整理して図録に示し、ついで五世紀中頃に宋の太史令銭楽之がそれぞれの星を赤・黒・白（のちに黄）の三色に分け、これが永く星座の標準になった。この書ではその後の増補を受け、二八五の星官を石氏・甘氏・巫咸の三家の星官簿讃ごとに配列し、星官図・名称・星数・天空上の位置、さらに小字で星官の政治的役割を示す讃を付している。しかも星官図は、石氏は赤、甘氏は黒、巫咸は褪色甚だしいが黄色に色分けされており、中国の古天文書の姿を現在に伝える重要な資料である[32]。

『雑卦法』は中国古代の天文・五行占に関する書で、本来『石氏簿讃』と一続きの書として書写されたものであるが、巻末に「雑卦法巻一」とあることによりこの資料名で架蔵されている。内容は「黄帝星簿讃」なる特異な星官名を列記したもの、ついで天文・気象・物象（五行占）・彗星占からなり、単一の典籍の写しではなく、奈良時代に日本に伝えられ、その後安倍氏の篋底に残されていたいくつかの占書の断簡をまとめたものと考えられる。占文は『天鏡』『地鏡』などの五行占書や天文占書、緯書の佚文と一致するものが多く、とくに後半部には占文に対応するさまざまな日暈《にちうん》・日珥《にちじ》図や彗星図が記されており、漢代の馬王堆帛書と同様に中国古代の天文占書の形式を伝え注目される。(33)

『天文書口伝』は天文道に関する安倍氏相伝の子弟教育書であり、外題に「天文書　口伝」、内題に「玄象初学須知抄」とあり、内容は天、渾天・蓋天・宣夜の三説、天度分事、日行分事、日蝕、月蝕などの天日月のことから、五星事、流星事、彗星事、雷、紫微宮などの星や気象まで天文に関する用語をとりあげて『天地瑞祥志』『天文要録』『晋書』天文志などから関連条文を引用し、また若干の口伝を付して説明している。天文道世襲氏族である安倍氏の学習法を示すものとして重要である。巻末近くに「城門郎安倍　判」（安倍泰俊カ）「泰世卿」「有世卿」などの相伝を示す本奥書があり、追記の後、末尾に正三位安倍有宣の奥書があるので、原本の成立は鎌倉前期以前に遡るとみられ、有宣の位階から文明十一年（一四七九）から長享二年（一四八八）の書写であることが知られる。

『天文要抄』は日月五惑星ごとの運行や性格、五星相犯の吉凶に関して『天文要録』『天地瑞祥志』『乙巳占』などの要文を摘録して説明したもので、現存本は江戸時代後期の写本であるが、はじめに「国随撰」とあり、院政期の安倍国随がまとめた安倍氏の学習書とみてよいと思われる。(34)

ところでこの『天文書口伝』の中には、観測に関連して安倍氏の所説を記したものがある。ひとつは「天度分事」で、

三百六十五度四分度之一

一度長数二千九百卌二里七十二歩二尺六寸四分也。簿讃

一度見量ハ一尺二寸許也。口伝

とあり、『簿讃』から周天度を引用するとともに、安倍氏の口伝では一度は一尺二寸であるとする。斉藤国治氏は、中国・日本とも天文家は一尺＝一～一・五度角が長い間守られてきたとしたが、安倍氏では一尺は約〇・八三度角としていたことになる。

もう一つはつぎの「犯分《はんぶん》事」の文章である。

五星与五星、月与五星、以二三尺以内一為二犯分一。五星与他星、月与他星以二七寸以内一為二犯分一。日月五星行不レ道為レ邪、従レ道為レ正、恒星不レ見為レ亡、如二三台ノ相遠一為レ闊、相近為レ陋、行止有レ常為レ舎、同舎為レ合、七寸以已内光芒相反〔及カ〕為レ犯、相冒正過為レ凌、相撃為レ闘、相凌不レ見為二掩蝕一、日月無レ光為レ薄。京房伝曰、日月赤黄為レ薄、不レ交而蝕為レ薄、未レ応レ去而去為レ出、未レ応レ来而来為レ入、在レ上過為レ乗、徘徊不レ去二其度一為レ守、去而復還為レ勾、再勾為レ已、色非二其常一為レ変、光耀揺為レ動、壮大色強為レ怒、其光五寸以上為レ芒、一尺以内為レ角。瑞、(天地瑞祥志)

これは『天地瑞祥志』を典拠に、惑星変異の合・凌・蝕の説明と、とくに七寸以内の接近を犯とする規定を述べたものである。この条文は現存の『天地瑞祥志』第一、二明載字にみえるが、しかし冒頭部分の「五星与五星、月与五星、以二三尺以内一為二犯分一。五星与他星、月与他星以二七寸以内一為二犯分一」という「犯分」に関する文章だけは『天地瑞祥志』にない。

また五星間、月と五星の三尺以内の接近を「犯分」とする規定も、前引の『開元占経』巻十九に、「荊州占曰、歳星与火土金水五合同舎、相去二三尺以外、七寸以内、相守十日以上四十日、天下両主争レ国、大帝易レ跡、近期

三年遠七年」とあるように、危険性を示す二星間距離とはされるが、「犯分」との規定は管見の限り他の中国文献にみることはできないようである。[35] 七寸を「犯」とすることから三尺以内を「犯分」とする、このいわば拡大解釈ないしは二重規定は、安倍氏の家説とみることができると思われる。そこで実際の観測記録で確認することにしたい。

四　観測技能・精度の問題

(1)　日本の天文家の「犯」に関する認識

月と星あるいは二星間の接近で変異認定の基準となる「犯」は、六朝・唐では月もしくは太白がかかわるものは一尺、他の惑星がかかわるものは七寸とされたが、日本ではどうであろうか。古代中世における天文記事で「犯」と表記され、かつ二星間の寸尺の距離を示す事例を検討するとつぎの傾向がうかがえる[36]（六国史に関しては表2、それ以降の星間距離（角距離）を示す月星犯食現象は表3、惑星現象は表4を参照、いずれも章末）。

①九世紀以前。六国史では『日本書紀』から月星・惑星の侵犯現象に関する記事がみられるが、「犯」の表記は、『続日本紀』養老六年（七二二）七月丁酉条に「太白犯㆓歳星㆒」とあるのを初見として二〇例ある。しかしその角距離を示すものはない。九世紀末では『日本紀略』の寛平年間に多数の記録がみられ、月星現象に関して寛平四年（八九二）五月十三日条に「月犯㆓心中央星㆒二尺」と二尺で犯とする。熒惑現象に関しては寛平二年（八九〇）八月二十七日条に「熒惑犯㆓輿鬼西北星㆒四寸」、同三年五月二日条に「熒惑入㆓太微㆒、犯㆓右執法㆒五尺」、同年十月二十四日条に「太白犯㆓土星㆒四尺」、同五年正月二十九日条に「熒惑犯㆓太微㆒二尺五寸」とあるなど、四寸を犯とする一方で、五尺・四尺・二尺五寸で犯とするなど犯の基準に曖昧さがみられる。

②一〇・一一世紀は史料は少ないが、惑星現象では応和三年（九六三）十二月朔日の変異について「暁寅時、太白犯二鍵閉星一、相去六寸所」（『家秘要録』第六冊）、康保四年（九六七）十一月二十日の変異について「昏酉時、太白犯二哭星一、相去一尺所」（同）とあるなど、太白は一尺以内を犯とする例が多い。

③一二世紀中頃から二星間の角距離を示す天文記録が多くなり、全体的に犯に関しては月・太白では一尺以下、惑星現象では七寸以下の記事が多数であるが、『安倍泰親朝臣記』では、月星に関して三尺・二尺・一尺六寸で「同度」とする一方で、「暁寅時月犯二熒惑一、相去一尺五寸所」（永万元年十二月二十五日）、「昏戌時月犯二熒惑星一、相去二尺所」（仁安元年〈一一六六〉八月十一日）、「昏戌時月犯二熒惑星一、相去二尺五寸所」（同年十二月七日）と、一尺五寸・二尺・二尺五寸で犯と表記し、惑星現象では二尺で「歳星与鎮星相犯」（十月二十二日）とする例がみられる(37)。また養和二年（一一八二）の安倍泰忠の『養和二年記』でも月星二尺一寸で犯、惑星同士では三尺で「犯」の表記がある。その後は一五世紀頃まで月星では一尺以下、惑星では七寸以下の犯記事が多いとはいえ三尺・二尺の角距離をもって犯とすることもしばしば見受けらる。これを比率でみると、月星では八二件中三〇件（三七％）が一尺以上、太白は九六件中三五件（三六％）が一尺以上、他の惑星現象は九六件中三四件（三五％）が七寸以上となる。

このように史料の残存にバラツキがあるものの、平安中期を除いて日本の犯に関する規定は中国における厳密な基準の適用と違いをみせている(38)。前述のように鎌倉前期以前成立の『天文書口伝』には、『天地瑞祥志』から「七寸以已内光芒相反為レ犯」と引用する一方で、「五星与五星、月与五星、以二三尺以内一為二犯分一」として安倍氏は犯・犯分のいわば二重基準を持っていたが、実際の観測による表記もこの安倍氏の家説と対応しているものとみることができる。

（2）天文家安倍氏の観測精度——星の角距離——

規則的な周期をもって循環する日月惑星の運行は天文計算により過去に遡って復元することが可能であり、これにより天文現象に関する記録の妥当性を検証する天文年代学が成立する。長年にわたり東京天文台（現国立天文台）に勤務した斉藤国治氏は、日本・中国の記録に残る月星・惑星の諸現象を復元して食や接近の数値を示し「古天文学」としてその成果を公表している。(39) そこで、ここではこの成果を援用することにより、試論的に日本の天文家たちの観測精度をうかがうことにしたい。月星接近の記録は尺・寸で示され、斉藤氏による検証では一尺は、ほぼ一〜一・五度、一寸は〇・一〜〇・一五度としている。そこで章末の表2・3・4では古代・中世天文家の観測記録と斉藤氏の検証を対比し、とくに表3・4では「一尺＝一〜一・五度角が長い間守られてきた」との氏の見解を受け、天文家の観測技量をうかがう一つの目安として、一尺＝一度、一寸＝〇・一度を基準として観測記録と氏の検証の差が±五〇％の場合比較的精確な記録として〇、±一〇〇％すなわち二倍の差を越えるものを×で評価欄に示し、その中間は無印とした（なお、実際には天文家の目測のさい角距離の大小により誤差にも当然大小があるが、ここではそれを無視する）。

表2の六国史の天文記事では、二星間の角距離を示す例は持統天皇六年（六九二）の熒惑と歳星の接近を記して「一歩内」とあるのが初見で、斉藤氏は一歩は六度で、計算値は六・五度とする。ついで『三代実録』元慶元年（八七七）八月二十九日条の太白と歳星の「同舎八寸」の記事は、斉藤氏の計算値は〇・七度であるから、これらの観測データはほぼ精確であることが知られる。なお「犯」とされた記録も、二〇件のうち六件の日付け不審記事等を除き、実際は食であったものも含め一四件中一二件が犯の基準内の計算値を得ており、その観測と表記が概ね妥当であったこと、また六国史段階では犯の基準は中国に準じて厳格であったことが推知される。

その後の天文記録と計算値をみていくと、表3〈月星の食犯現象〉ではつぎの傾向が認められる。なお、史料件数は九九件、日付等の不審記録一五件を除き検討対象は八四件であり、計算値とほぼ合致し○を付した各期の件数と百分率はつぎの通りである。九～一二世紀では三五件中二〇件（五七％）、一三世紀では一六件中八件（五〇％）、一四世紀では一五件中四件（二七％）、一五世紀は五件中五件（一〇〇％）、一六世紀は一三件中六件（四六％）。

①九世紀末から一二世紀の記録は、精確とはいえないまでもほぼ±五〇％の範囲で収まっているものが多い。仁安元年（一一六六）正月二十三日の「月天江第二星を犯す」の七寸が計算値は〇・一二度、十月二十六日の「月太白と同度」の三尺が計算値は五・五度とある二例が大きく違う程度である。

②一二世紀末頃からとくに一三世紀の第2四半世紀以降、観測記録より計算値の角距離が±一〇〇％、二倍以上の差をもつ例が目立ちはじめる。

③一三世紀中頃から一五世紀中頃までの記録の多くが同様な誤差を生じている（一五世紀後半に観測精度の成績はよくなるが、件数が少ない）。しかしその後にやや改善がみられる。

表4の〈惑星現象〉は記録数がはるかに多くなるが、これもつぎの傾向が認められる。なお史料件数は三〇〇件、うち不審二五件を除いて二七五件が検討対象であり、これも○を付した各期の件数と百分率はつぎの通りである。一一世紀以前では一四件中一二件（八六％）、一二世紀は五二件中三四件（六五％）、一三世紀は三一件中一八件（五八％）、一四世紀は五二件中四件（八％）、一五世紀一一〇件中四四件（四〇％、このうち前半は三〇％、後半は四七％）、一六世紀は一六件中一一件（六九％）。

①九世紀末以降一二世紀までは、ほぼ±五〇％の範囲に収まるものが多いが、一二世紀後半から誤差が目立ちはじめる。

②一二世紀末以降とくに一三世紀の第2四半世紀から、観測記録と計算値の角距離が二倍以上の誤差を生ずる

例が目立ちはじめる。

③一三世紀後半から一五世紀のほとんどの記録が二倍以上の誤差を生じ、一五世紀末以降になると改善がみられる。

このように月星接近・惑星現象とも一二世紀末、一三世紀から観測上の角距離が計算値の二倍以上の誤差を示すという同様な傾向がみられ、とくに惑星現象では一三世紀後半から一層顕著になる。これをどのように解釈すべきであろうか。直接的な理由として観測者の資質、客観的な理由として観測儀器の問題が考えられるが、この時期は安倍氏が天文道を独占し、家説により変異と認定する寸尺も「犯」「犯分」なる二重の基準をもち、天文博士のみならず安倍氏各流が天文密奏宣旨を獲得して家が分立した時代でもあった。筆者は密奏宣旨者の増加原因を、王朝国家の特質とする官職の家業化にもとづくところの、朝廷の安倍氏への天文道依存による現象とみるが(40)、赤澤春彦氏は天文密奏の増員は、天文技能保有者の確保と技能レベルの向上を意図した朝廷の方針であったとする(41)。しかし実際には観測精度の向上はみられず徐々に劣化していたことになり、安倍氏家説による「犯」基準の曖昧さとともに観測技能も後退傾向を示したものと考えられる。

(3)　天文家の観測と七曜暦

天文道の天文観測と占文の作成は、天が示す朝廷・為政者の吉凶を察知するための行為であり国家的・公的占星術としての性格を有したが、最も頻繁に天変を引きおこす存在は表4のように惑星の動きであり、よって七曜の位置を予め知ることは毎夜天変をうかがう天文家の課題でもあった。これについて天文道が範とした中国では、『南斉書』天文志につぎのような例がある。

①（永明）九年（四九一）四月癸未、太白従レ歴〔暦〕、夕見二西方一、従レ疾参宿一度。比来多レ陰、至二己丑開除一（癸

未より六日後)、巳見二在日北一、当二西北維上一、薄昏不レ見二宿星一、則為二先レ歴〔暦〕而見一。

②同九年八月十四日、熒惑応レ伏在二昴三度一、前先レ暦在二畢度一。二十一日始逆行北転、垂及二玄冬一。熒惑因死之時、而形色漸大二於常一。

③同十一年九月丙辰、辰星依レ暦応三夕見二西方亢宿一度一、至二九月八日一不レ見。

毎日の七曜の位置を記す暦（歴）は暦家が作成する七曜暦であり、①では太白（金星）の、②では熒惑（火星）の位置が七曜暦より先行したことが問題となり、③では辰星（水星）が七曜暦に所在する宿にみえないことが問題となっており、南斉の司天台では、惑星の位置について七曜暦の宿度を参照し観測していたことが知られる。

日本でも陰陽寮の暦博士は毎年正月元日に天皇に七曜暦を献上する規定であり、公的な占星術を行う以上、天文道は暦道の七曜暦を参照するなど情報を得ていたと推測される。(42) 長元四年（一〇三一）七月十五日の月食に関して、『小右記』同月十六日条には、

去夜月蝕変奏案時親・師任等朝臣進レ之、是仰遣也。師任令レ申云、七曜暦食分在二只〔女カ〕宿一、越二女・虚二宿一危宿而蝕、希有事也云々。女宿者下官命宿、日来所レ怖、而超二彼宿一於二他宿一蝕、脱二重危〔厄カ〕一歟。

とあり、藤原実資のもとに密奏宣旨を蒙る安倍時親と中原師任が奏案を進めたが、師任は実資に「七曜暦では食分が女宿であるのに、現実に危宿で食したのは稀有のことだ」と述べたとあり、実際に天文密奏の宣旨を蒙っていた中原氏は七曜暦を参照していたようである。細井浩志氏はこの記事から「天文道は七曜暦を暦道からもらって、星が計算とは違った動きをしていないかどうかを調べた(43)」としている。

また『本朝世紀』久安五年（一一四九）七月二十八日条に、

太白歳星相犯、相去八寸許也。在二張六度一。

同六年十一月十四日条にも、

今夜亥刻有二地震一、月在二胃十一度一、又同刻月犯二五車一。

とある。天文道の尺寸表記に対して月や惑星の黄道二十八宿上の位置を度で示すのは暦道の七曜暦であるから、これらも天文家が七曜暦を参照した例とみてよいと思われる。

しかし日本の中世では、天文家が天文観測を行うさい常に七曜暦を参照しえたかというとそうでもなかった。『家秘要録』巻一には、文安元年（一四四四）閏六月一日の暦道賀茂在貞の勘文「晨寅時、歳星与二塡星一相合、五寸所」に続いて、二日後の安倍有季・有重連署の天文道勘文「今月三日、寅時、歳星与熒惑相合、相去三寸所」を引用し、つぎの注記を付している。

今度変異、賀安大相違、勝事也。然七曜暦幷分限光色土曜之臨、勿論也。安家熒惑之分注進尤不審、希代珍事也。可レ尋也。

このときの変異に関して天文道の安倍有季・有重の勘文では歳星（木星）と熒惑（火星）の合とし、賀茂氏は歳星と塡星（鎮星・土星）の合とし両氏説を異にしたが、賀茂在貞は七曜暦並びに分限光色から熒惑は塡星の間違えであり、希代の珍事として天文道を批難している。また、同巻二にも、享徳三年（一四五四）六月二十六日の勘文、「今月廿四日、寅時、歳星与熒惑在二胃度一相合、二尺所、又与レ月合相去、二尺所」に付して、

廿八九日弥相迫、二三寸所、

天文道有季朝臣火曜ヲ土曜之由注進、希代珍事也。七曜暦火曜度分明也。先年有仲《重》卿見二失此趣一注進。

とあり、ここでも安倍有季は火星を土星として変異を注進するという失策を犯し、七曜暦と異なると批難され、また、先年有仲（本名有重）も同様な失策をおかしたとしている。

これよりさき、『康富記』文安元年（一四四四）四月二十七日条にも、

今夜、太白与塡星相犯、三尺所云々。而天文安倍有重卿、太白・塡星・辰星相向、為二三星合一之由申レ之。

暦道在貞朝臣者、太白・塡星二星合之由申〻之、云々。

とあり、安倍有重は金星・土星・水星の三星合、賀茂在貞は金星と土星の合とした。斉藤氏によると、当夜、土星の北西三・七度に金星、金星の西南西四・四度に木星があり。木・土は五・八度離れていた。安倍有重のいう辰星水星は昴宿西部にあり不合、誤認であるという。これも安倍氏が暦家の七曜暦を参照していない例であろう。(44)一五世紀中頃に天文道が暦道の七曜暦を参照していなかったことは明らかである。

これらは本来暦家であった賀茂氏が天文占にも参加した室町中期の例で、競合しはじめた賀茂氏が七曜暦をライバルの安倍氏に渡さなかった可能性が考えられる。一五世紀中頃の文安から享徳年間で判明するだけでも四件の取り違えは異常であるが、これ以前にも明確に天文家が惑星をとり間違えた例は斉藤氏の検証によると数件ある。(45)とすれば古代以来七曜暦はほぼ毎年作られていたものの、天文家は必要に応じて参照したものと考えられる。

おわりに

本章では、天文道の職務に関する制度・学習・観測およびその技能などの基礎的な事項を検討してきた。為政者の政治の得失により天が示す吉凶を読み取る目的で中国で成立した天文占星術は日本に継受され、令制で陰陽寮に天文博士がおかれ、平安時代には天文道と称されその後期以降安倍氏の家業となった。その天文知識や制度、技術なども中国のそれを継承し、安倍氏などの天文家によって恒常的な観測が行われ、為政者の関心とあいまって多数の天文記録が残された。

また安倍氏のもとには『三家簿讃』や彗星・気象図をともなう「雑卦法」など現在中国に残らない重要な天文書、それらの要項をまとめた『天文要抄』、家説を付した『天文書口伝』のような家本が伝えられた。それらによって安倍氏の学習方法も明らかになり、日本の天文道の特徴は、天文変異の基準である「犯」の認定に弛緩があることと、また斉藤国治氏による天文計算を参照することにより一二世紀後半から一三世紀以降、観測精度が劣化していったことなどが知られる。当時は安倍氏の密奏宣旨者が増員しはじめた時代であり、それとは反対に観測精度が劣っていったことになるがその要因は何であろうか。

中国では南斉の天文記録の例から天文観測に七曜暦が参照されており、数理科学と観測に裏打ちされた合理性を期す国家的占星術の性格が保たれていた。これを受け継いだ日本では、暦道・天文道とも造暦宣旨・天文密奏宣旨を賀茂氏と安倍氏内の多数の家が継承し、天文道では安倍氏の家業・家説のもとで新たな技術や人材が取り入れられず、ことに中世に入ると変異の基準・観測精度はともに弛み、一五世紀中頃には明らかに安倍氏が暦道の七曜暦を用いることができなかったように、公的占星術としての性格はなおざりにされ、朝廷・武家権力の分立とともに、天文変異勘文は各所に提出された。技能の精確性よりもそれぞれの家業の存在を優先させた中世国家の支配体制にその主要な要因があるとみることができるであろう。

（1）天文道の先行研究として、細井浩志「天文道と暦道」（林淳・小池淳一編著『陰陽道の講義』嵯峨野書院、二〇〇二年）、永井晋「中世前期の天文と国家」（増尾伸一郎・工藤健一・北條勝貴編『環境と心性の文化史』上所収、勉誠出版、二〇〇三年）、菅原正子「天文密奏にみる朝廷政治と徳政」（『鎌倉遺文研究』二八号、鎌倉遺文研究会、二〇一一年）、山下克明「天文道の天文占とその典拠」（『古代文化史論攷』一六号、奈良・平安文化史研究会、一九九七年）等があり、また赤澤春彦『鎌倉期陰陽道官人の研究』（吉川弘文館、二〇一〇年）では、中世前期における天文家安倍氏の動向を検討している。

（2）当該条文をめぐる唐制を継受した国家的な占星制度に関しては、田畑豪一「日本古代における国家占星体制の受容」（『日本歴史』七五一号、二〇一〇年）参照。

（3）山下克明『平安時代の宗教文化と陰陽道』第一部第二章（岩田書院、一九九六年）。

（4）詫間直樹・高田義人編著『陰陽道関係史料』（汲古書院、二〇〇一年）所収。

（5）菅原正子氏は註（1）論文で、密奏宣旨を蒙らない中原氏や清原氏が朝廷に天文勘文を奉じることがあるとしているが、これは外記としての先例勘申（外記勘例）の一環であり、天文異変にさいして奏文を奉じる密奏行為とは異なる。
（6）賀茂在方の天文道職務への関与は、地震占文では『満済准后日記』応永三十一年（一四二四）九月二十五・二十六日両条以降、天文占文でも同三十三年六月二十九日条以降勘申を行っていることが所見する。
（7）末柄豊「応仁・文明の乱以後の室町幕府と陰陽道」（『東京大学史料編纂所紀要』六号、一九九六年）。
（8）全相運『韓国科学技術史』第一章（高麗書林、一九七八年）。
（9）渡辺敏夫『近世日本天文学史』下巻第2章（恒星社厚生閣、一九八七年）参照。
（10）斉藤国治『古天文学の道』（原書房、一九九〇年）。
（11）『大日本古文書』第三冊、八四頁。
（12）山下克明「『三家簿讃』の考察」（『若杉家文書『三家簿讃』の研究』所収、大東文化大学東洋研究所、二〇〇三年、初出は一九九六年）。
（13）中村璋八「天文要録について」（『日本陰陽道書の研究』増補版、汲古書院、一九九八年、初出は一九六八年）、山下克明「『天文要録』の考察」（大東文化大学東洋研究所『天文要録の考察』一所収、二〇一〇年）参照。
（14）水口幹記『日本古代漢籍受容の史的研究』第二部（汲古書院、二〇〇五年）参照。
（15）『叢書集成初編』所収。
（16）『群書類従』文筆部第九輯。
（17）菅原前掲註（1）論文。
（18）小竹武夫訳『漢書』上巻（筑摩書房、一九七七年）から訳文を引用する。「およそ天文の文献に見え明白に知ることができるものは、恒星の中・外官およそ百十八名で、都合七百八十三星、そのすべてに州国・官宮・万物の象《かたち》がある。その伏見・遅速、邪正・存亡、虚実・広狭、および五星運行の道、合散・犯守、陵歴・闘食、彗孛・飛流、日月の薄食、暈適・背穴、抱珥・虹蜺、迅雷・風祆、怪雲・変気、これらはみな陰陽の精で、その根本は地にあり、天に上って発現するものである。政事がここに失敗すれば、変異がかしこにあらわれること、なお陰影《かげ》が形に象《に》、響きが声に応ずるようなものである。されば明君がこれを見て感寤《さと》り、身をつつしみ事を正し、その咎《つみ》を謝《わ》びようと思うなら、禍いが除かれて福が来るのは、自然の符《あかし》である。」

(19) 同訳文を引用する。「およそ五星においては、歳星が塡星と合えば内乱がおこり、辰星と合えば謀《はか》りが変り事が更《あらた》まり、熒惑と合えば飢饉となり旱魃となり、太白と合えば大喪となり、洪水となる。（中略）およそ歳星、熒惑、塡星、太白の四星は辰星と接近すれば、みな戦となり、兵は外におらず、すべて内乱となる。（中略）舎《やどり》を同じくして合えば、相い凌《しの》いで闘う。二星が相い近づけばその殃《わざわい》は大きく、二星が相い遠ざかれば殃に傷《そこな》われることはない。七寸より以内に近づけばかならず禍がある。」なお、『晋書』天文志、『隋書』天文志にもほぼ同文がある。

(20)『文淵閣四庫全書』第八〇七冊、所収。

(21) 小沢賢二『中国天文学史研究』第1章（汲古書院、二〇〇九年）参照。

(22) 渡辺前掲註(9)書、第10章。

(23) 斉藤前掲註(10)書、八五頁。なお同書で斉藤氏は『安倍泰親朝臣記』の仁安元年のほぼ一年間二六例を検討し、泰親グループの角距離の目安を一尺＝一・三度プラスマイナス〇・三度とする。

(24) 王玉民『以尺量天』（山東教育出版社、二〇〇八年）。

(25) 小沢前掲註(21)書。

(26)『群書類従』雑部第二六輯、所収。

(27)『新訂増補史籍集覧』第二九巻、所収。

(28)『歴代残欠日記』巻三十所収、山下前掲註(3)書に校訂翻刻がある。

(29) 土御門家旧蔵、現在は所在不明。東京大学史料編纂所に影写本がある。

(30) 若杉家文書に関しては、村山修一編著『陰陽道基礎史料集成』（東京美術、一九八七年）参照。

(31) 皆川家文書に関しては、鈴木一馨「京都市大将軍八神社所蔵『皆川家旧蔵資料』について」（『年代学（天文・暦・陰陽道）の研究』所収、大東文化大学東洋研究所、一九九六年）参照。

(32) 山下前掲註(12)論文参照。

(33)『陰陽道基礎史料集成』に影印があり、小林春樹・山下克明編『「若杉家文書」中国天文・五行占資料の研究』(大東文化大学東洋研究所、二〇〇七年)に原色写真版、訓読と研究を載せる。

(34)『天文要抄』の撰者国随は、『医陰系図』等によると安倍氏国随流の祖で、一一世紀後半の陰陽頭兼天文博士であった。また、本書の内容は『天文要録』『天地瑞祥志』等の主要天文関係書を引用して日月五星に関する説明を行うものであるが、両書とも江戸時代前期に土御門家本を書写した尊経閣本にはみえない佚文が多数あり、この点からも成立は中世以前に遡り、よって国随の撰と考えて問題はないと思われる。

(35)そのほかに安倍氏が三尺を犯分とした要因として、家書『天文要抄』に「要録云」すなわち『天文要録』からつぎの文章(現存写本に欠く佚文)を引用しているように、五星が一定の期間に三尺内外接近すれば占の対象とするという規定の影響が考えられる。「木火同舎、相去二尺以外、留七日以上至二廿日一占。一尺同。木土金同舎、相去三尺以外占。木水同舎、相去三尺以外、留守七日以上至二廿日一又占。木金一尺又占。火与月、相去一尺占。五尺無レ害。火与木同合舎、相去三尺以内、相守十日以上至二一旬一占。金与月、相近間一尺占。五尺無レ害。出二月左右一又占。(下略)」

(36)天文記録の検出は、神田茂編『日本天文史料』上下(一九三五年、原書房、一九八八年復刻)、斉藤国治『国史国文に現れる星の記録の検証』(雄山閣出版、一九八六年)によるが、史料的に問題のあるものは私に対象からはずした場合がある。

(37)『玉葉』安元二年十月二十四日条には安倍泰親が兼実のもとに来て、去る八月に太白が太微右執法星を犯したのは右大臣兼実の慎みであり、今暁にも熒惑が右執法星を八寸の所まで犯す天変があったので攘災の火星祭を行うべきであると進言し、続いて「熒惑入二太微一之変、彗星之外、第一為レ重、就中於二数日令レ留哉云々。又云、諸星者以二七寸以内一為レ侵、至二于軒轅・太微一者、以二一尺一為レ限云々」と述べたという。「おかす」の読みから「侵」は「犯」であることは明らかで、泰親も明確に七寸が基準であると認識していたことが知られるが、同時に軒轅・太微星にかかわる変異は一尺をもって限度となすとするのは安倍氏の家説であろう。

(38)斉藤国治氏は前掲註(36)書二三頁で、わが国の記録をみると、平安時代末期以降になると五~六度のゆるい接近でも犯と書いたものが多いから、犯の定義はゆるやかになっていると指摘している。

(39) 斉藤前掲註(10)(36)書。

(40) 山下前掲註(3)書。

(41) 赤澤春彦『鎌倉期陰陽道官人の研究』（吉川弘文館、二〇一〇年）。

(42) 七曜暦については、田畑豪一「律令国家と七曜暦」（『古代史の研究』一五号、二〇〇九年）参照。

(43) 細井浩志「古代・中世における暦道の技術水準について」（『史淵』一三二輯、一九九五年）、同前掲註(1)論文。

(44) なお斉藤氏は前掲註(36)書で、『家秘要録』第一冊所収の寛正二年（一四六一）十一月二十七日付けの勘文「今月五日戊時太白与熒惑相合、相去二尺所」の太白は鎮星の誤り、寛正三年八月二十九日付けの安倍有季勘文「今月二十七日寅熒惑犯右民角星」の熒惑は太白の誤りであることを指摘している。前者に位書はなく誰の勘文か不明だが、後者の直前に載せられ、また年次ごとの勘文掲載がここで混乱していることから前者も安倍氏の勘文であったと推測されるが、これについて賀茂氏の批判はみえない。また『天変地妖記』所収、文亀三年（一五〇三）九月二十七日付け賀茂在通勘文「今月廿四日寅時歳星・熒惑・太白三星相合也」の太白も鎮星の誤りであること斉藤氏は指摘している。このことはこの年も賀茂氏が七曜暦を作成していたとすると、必ずしもそれが精確でなかった場合があることを示している。

(45) 平安時代以降の天文家が星宿名を取り違えた例は多いが、惑星に関してはつぎの例がある（〈　〉内は斉藤前掲註36書の見解）。

(1)『日本後紀』延暦二十四年（八〇五）八月癸亥条「太白与鎮星見二東方一」〈鎮星は歳星の誤記。当日暁東天に見え、木星が金星の北〇・三度にあり犯。〉

(2)『権記』長徳四年（九九八）十月三日条「天文博士安倍吉昌令二蔵人右衛門尉奏一、去九月廿六日、月与塡星同宿」〈月は黄経一六三・一度、土星は三七・六度にありまったく不合。他の惑星もなし。〉

(3)『玉葉』安元元年（一一七五）閏九月十四日条「主税助時晴来、令レ見二天変奏案一、同九日丁巳、酉時、太白犯二心中央天子星一、相去五寸所」〈同夕、金星は天江第二星の北〇・四度にあり犯。心宿中央天子星（心大星）とは一三度も隔たっており不合。また、金星が火星の南〇・四度にあり、金星と火星の犯を言ったものか。〉

(4)『吾妻鏡』建長三年（一二五一）十月二十日条「今夜、太白驚二輿鬼一、占文云、大将軍廃云々」〈これは全く不合。太

白は熒惑（火星）の誤記か、東一・五度にある〉。

このうち(4)は鎌倉幕府に参仕する天文家の例であるから、本来天皇にのみ献上される七曜暦が鎌倉になかったと考えれば理由はつくが、(1)から(3)は朝廷の例で、天文家があらかじめ七曜暦を参照できれば惑星を誤らなかった可能性は大きいから、当時何らかの理由でそれができなかったのであろう。

表２　六国史の天文異変（月星・惑星）記録

出典	年	月・日	記事（斉藤氏のコメント）	角距離°
日本書紀	舒明12年(640)	２月甲戌	星月に入る(おうし座αの星食)	食
同	皇極元年(642)	７月壬戌	客星月に入る(へびつかい座χなら星食)	—
同	天武10年(681)	９月癸丑	熒惑月に入る	0.04
同	持統６年(692)	７月辛酉	熒惑と歳星、一歩内に光りながら没しながら、相近づき相避けること四遍	6.5
続日本紀	養老４年(720)	正月庚午	熒惑逆行す	
同	養老６年(722)	７月丁酉	太白歳星を犯	0.7
同	養老７年(723)	９月辛未	熒惑太微左執法中に入る	1
同	同年	11月戊子	夜、月房星を犯	0.3
同	神亀元年(724)	４月丁未	月熒惑を犯(日付誤記、二日後なら火星食)	—
同	同年	７月丁丑	六月朔より是日に至り熒惑逆行	
同	神亀２年(725)	閏正月戊子	夜、月塡星を犯（誤記か）	—
同	同年	10月己卯	昼、太白と歳星芒角相合う	0.6
同	神亀３年(726)	12月乙卯	太白塡星を犯(日付不審)	—
同	神亀４年(727)	正月乙未	月心大星を犯	0.6
同	同年	３月丁酉	熒惑東井西亭門に入る(西亭門不明、執臣星と0.6)	
同	天平元年(729)	６月乙酉	熒惑太微に入る(六日前、3.0)	
同	同年	７月癸丑	月東井に入る(入宿)	2
同	天平２年(730)	８月己丑	太白太微中に入る(入宿)	3
同	天平５年(733)	正月戊申	熒惑軒轅に入る	0.3
同	同年	６月甲辰	太白東井に入る	2
同	天平７年(735)	８月乙酉	太白と辰星相い犯	0.3
同	天平８年(736)	10月癸酉	夜、太白月に入る、星光有り	0.5
同	天平15年(743)	２月乙未	夜、月熒惑を掩う	0.57
同	同年	２月丁酉	夜、月太白を掩う(白昼なら0.2の犯)	—
日本後紀	延暦24年(805)	８月癸亥	太白と鎮星東方に見ゆ(鎮星は歳星の誤記。犯、0.3)	—

出典	年	月・日	記事（斉藤氏のコメント）	角距離°
文徳実録	天安２年(858)	５月戊子	遅明星有り、月魄中に入る（金星食）	食
同	同年	８月壬子	是夜、歳星牽牛を守る	
三代実録	貞観６年(864)	11月13日	夜、熒惑氐に入り守る	3.5
日本紀略	貞観10年(868)	４月13日	月氐に至り宿す	0.15
三代実録	同年	５月10日	歳星房右服を犯、七日を経歴す	0.2
同	貞観11年(869)	７月６日	夜、月心前星を犯	0.85
同	同年	７月８日	夜、月南斗魁中に犯入	2.5
同	貞観13年(871)	４月15日	月行して心前星を奄、その中大星を呑蝕す	0.6、0.51
同	同年	12月３日	有蝕之、太白西より東に貫き共に危宿に在り（金星食）	食
同	貞観14年(872)	９月６日	夜、月箕に入る	2
同	貞観16年(874)	12月11日	是夜、月昴星を犯（誤記ヵ）	—
同	同年	12月16日	夜、月輿鬼を犯（誤記ヵ）	—
同	元慶元年(877)	８月25日	歳星行き太微左執法を犯（三か後に犯、0.3）	1.7
同	同年	８月29日	晨、太白と歳星同舎、相去ること八寸	0.7
同	元慶２年(878)	６月19日	夜、熒惑天江を守り、二か日を経る（不審）	—
同	同年	11月19日	晨、太白箕度に見え逆行して未だ復さず	
同	同年	11月26日	寅時、月氐中に入る	4.4
同	同年	11月27日	卯時、月房星幷鈎鈴星を犯（鈎鈴は鍵閉星ヵ）	食、0.22
同	同年	12月11日	是夜、月畢を犯	食
同	元慶３年(879)	10月12日	熒惑逆行し、太微左掖門より入り左執法を犯守す	0.07
同	同年	11月24日	是夜、月氐中に入る	3.6
同	同年	11月28日	夜、熒惑氐に入る	距星の東1.8にあり
同	同年	12月22日	月氐に入る	3.6
同	元慶４年(880)	４月12日	熒惑逆行、房上相を犯	0.2
同	元慶６年(882)	６月24日	夜、月畢大星を犯	0.14
同	同年	９月７日	夜、月行きて牽牛第一・二星を奄犯	5.8、3.3
同	同年	11月４日	是夜、月行きて歳星を奄陵し月中に入り、西従り東に貫く	0.24

同	元慶７年(883)	11月16日	是夜、熒惑失度、順行し房を守り、三日を経て退去す	1.3
同	同年	11月18日	日出の時、月軒轅星に入る	0.9
同	仁和元年(885)	正月12日	寅時、塡星月を貫く	食
同	同年	８月27日	寅時、太白順行し太微左執法を犯陵す	0.1
同	同年	同日	月行きて太微右掖門に入り、左掖門を出ず	4

註：角距離は斉藤国治氏の計算値

表３　角距離を記す天文記事と計算値〈月星の食犯現象〉

史料名	年	月日	天文現象	角距離の記載	計算値(°)	評価
日本紀略	寛平４年(892)	5・13	月心中央星を犯	2尺	1	○
同		11・26	月火食星〈さそり座πScoヵ〉に近し	3尺	3	○
同		12・23	月房星火食に近し	2尺	翌日なら2.3	−
同	安和元年(968)	7・27	月太白と同所	5寸	0.79	
権記	正暦３年(992)	正・4	月太白と並び婁宿〈奎宿〉にあり	1尺8寸	1.3	○
本朝世紀	久安２年(1146)	8・18	戌刻、月鎮星を犯	5寸	0.22	
同		11・11	戌刻、月歳星を犯	1尺	0.53	○
同	3年(1147)	3・4	戌時、月歳星を犯	1尺	0.36	
同	6年(1150)	9・27	寅刻、月太白を犯、太微端門内にあり	9寸	1.26	○
台記	仁平３年(1153)	9・6	戌時、月斗第五星を犯	7寸	0.85	○
安倍泰親朝臣記	永万元年(1165)	12・25	寅時、月熒惑を犯	1尺5寸	1.3	○
同	仁安元年(1166)	正・23	寅時、月天江第二星を犯	7寸	0.12	
同		3・17	丑時、月房第二星を犯	4寸	0.6	○
同		4・2	酉刻、月辰星と同度	2尺	1.5	○
同		4・3	戌時、月太白星を犯	4寸	0.55	○
同		5・4	戌時、月太白と同度	1尺6寸	2.2	○
同		6・7	戌時、月太微東蕃南第一星を犯	6寸	1	
同		8・9	戌時、月南斗第四星を犯	4寸	0.52	○
同		8・11	戌時、月熒惑を犯	2尺	2.2	○

史料名	年	月日	天文現象	角距離の記載	計算値(°)	評価
同		8・23	寅時、月五諸侯博士星を犯	3寸	0.55	
同		10・23	寅時、月太微西蕃次将星を犯	7寸	1.3	
同		10・25	寅時、月太微東蕃上相星を犯	7寸	0.8	○
同		10・26	寅時、月太白と同度、角宿にあり	3尺	5.5	
同		11・22	子時、月進賢星を犯	2寸	0.5	×
同		11・27	寅時、月心前星を犯	1尺	1.9	
同		12・7	戌時、月熒惑を犯	2尺5寸	2.7	○
玉葉	承安3年(1173)	8・22	寅時、月東井第三星を犯	1尺	0.85	○
同		10・4	酉時、月建星を犯	5寸	0.77	
同	安元元年(1175)	閏9・3	酉時、月太白と同度	2尺	2	○
同	2年(1176)	正・6	戌時、月鎮星を犯	1尺2寸	1.1	○
同		正・7	亥時、月畢第六星を犯	6寸	0.46	○
同	治承2年(1178)	11・15	昏時、月鎮星と同度	2尺7寸	4.2	
同		11・21	寅時、月太微右執法星を犯	7寸	1.8	×
吉記	養和元年(1181)	3・7	亥時、月塡星を犯	1尺	1.2	○
玉葉		8・18	戌時、月畢大星を犯	5寸	1.7(子時なら0.8)	×
同		8・20	寅時、月天関を犯	7寸	2.2	×
養和二年記	寿永元年(1182)	正・13	戌時、月鎮星を犯	2尺1寸	3.6(午前3時に1.2、その間のことか)	−
吾妻鏡	建保2年(1214)	5・15	寅時、月太白を犯	3尺	全く不合	−
同		10・27	寅時、月太白を犯	1尺5寸	0.8	○
同	貞応2年(1223)	9・3	戌刻、月太白を犯	3尺	3.35	○
同		12・20	子刻、月熒惑と同変	2尺3寸	1.8	○
同	元仁元年(1224)	7・6	戌刻、月火を犯	1尺5寸	1.7	○
明月記	嘉禄元年(1225)	9・3	月太白を犯	3寸	0.2	○
同	2年(1226)	8・11	戌時、月歳星鎮星共に相犯し同度	月歳星1尺4寸	1.8	○
				月鎮星2尺4寸	4.2	
				歳星鎮星1尺6寸	3.35	×

吾妻鏡		11・3	戌時、月太白を犯	2尺	3.1	
明月記		12・4	戌時、月熒惑を犯	1尺2寸	1.5	○
吾妻鏡	寛喜元年(1229)	7・23	丑刻、月歳星を犯	1尺	2.5	×
同	貞永元年(1232)	正・5	未刻、月太白を犯し経天す	4寸	0.35	○
同	嘉禎2年(1236)	9・7	戌刻、月建星を犯	1尺	2.4	×
同	暦仁元年(1238)	9・9	戌刻、月歳星を犯	1尺	3	×
百錬抄	寛元2年(1244)	8・26	今暁、月軒轅女主星を犯	2寸	0.43	×
吾妻鏡	3年(1245)	9・23	子刻、月軒轅大星を犯	1尺	1.9	
同	弘長3年(1263)	11・25	寅刻、月房第三星を犯	4寸	食再現後の記録ヵ	–
愚管記	延文元年(1356)	6・3	戌刻、月軒轅女主星を犯	5寸	0.4	○
同			月太白を犯	6寸	1.9	×
同	3年(1358)	7・8	月心中央星を犯	7寸	昼過ぎ0.06	–
同		7・27	今暁、月太白を犯	1尺7, 8寸	5.1　不審	×
			月塡星を犯	2尺6寸	6.3	×
同		8・6	戌刻、月心中央星、天子星を犯	1, 2寸	食再現後の記録ヵ	–
同		9・15	今夜、月熒惑を犯	2尺	5.7	×
同		11・7	戌刻、月歳星を犯	1尺8, 9寸	7.0　不審	×
同	4年(1359)	7・9	戌刻、月心宿天子星(太子星ヵ)を犯	5, 6寸	0.4	○
同	5年(1360)	正・16	戌刻、月塡星を犯	1尺5, 6寸	夕方6.4　不審	×
同		正・24	寅刻、月心宿天子星(太子星ヵ)を犯	7寸	0.97	○
同		4・10	月塡星を犯	2尺7, 8寸	8.4	×
同		8・21	今暁、月歳星を凌犯す	9寸	前夜1.1	–
			月熒惑を犯	1尺	5.1	×
			月鉞星を犯	5寸	0.6	○
同	康安元年(1361)	正・2	今夕、月太白を犯	8寸	5.8　不審	×
同		正・8	今夜、月歳星を犯	3, 4寸	0.7	
同		正・9	今夜、月熒惑を凌犯す	1尺	4.9	×
薩戒記	応永33年(1426)	9・3	今夕、星(太白)月中に入る	1分	食	–
家秘要録二	宝徳3年(1451)	2・3	戌時、月太白を犯	8寸	0.92	○

史料名	年	月日	天文現象	角距離の記載	計算値(°)	評価
親長卿記	文明５年(1473)	5・13	亥時、歳星月と合う	1尺	0.8	○
大乗院寺社雑事記	18年(1486)	4・3	西方に大星（太白)出で月を去る	6寸	0.36	○
忠富王記	明応７年(1498)	9・7	戌時、月歳星を犯	1尺5寸	1.4	○
家秘要録六	8年(1499)	2・24	寅時、月熒惑を犯	2尺3寸	2.28	○
後法興院記	文亀２年(1502)	9・28	卯刻、明星あり(月太白を犯)	3寸	0.5	
天変地妖記	永正２年(1505)	9・26	寅時、月太白と会う	1尺	8.4　不審	×
同、家秘要録六	9年(1512)	7・17	戌時、月歳星を犯	2尺6寸	1.8	○
家秘要録六	10年(1513)	6・3	酉、月太白を相犯	2尺8寸	2.1	○
守光公記	11年(1514)	7・24	寅時、月畢大星を犯	1寸	食	－
後法成寺関白記	13年(1516)	2・6	戌時、月畢第三星を犯	5寸	1.4	×
守光公記	16年(1519)	4・12	戌時、歳星月と会う	2尺	1.4	○
盲聾記	17年(1520)	6・11	戌時、歳星月を犯	1尺	2.9	×
家秘要録六	天文６年(1537)	7・21	寅時、月歳星を犯	7寸	0.6	○
家秘要録三	11年(1542)	9・28	寅時、月塡星を犯	1尺6寸	25　不審	×
			月太白星を犯	2尺	7.4	×
同	22年(1553)	4・20	寅時、月哭第二星を犯	6寸	食、再現後の記録ヵ	－
同	23年(1554)	7・13	戌時、月南斗第五星を犯	9寸	日付不審	－
同	永禄２年(1559)	7・4	戌時、月角宿第一星を犯	5寸	0.09	
同		7・15	寅時、月歳星を犯	1尺8寸	1.7	○
同	4年(1561)	4・5	戌時、太白月を犯	2寸	接食	－
同	5年(1562)	7・25	戌刻、月歳星を犯	2尺3寸	寅時なら2.5	－
同		9・21	寅時、月歳星を犯	1尺7寸	2	○
家秘要録五	天正13年(1585)	6・10	戌時、月心第二星を犯	9寸	星名房上将の誤記ヵ	－
同		7・7	戌時、月歳星と会う	1尺3寸	不合誤記ヵ	－

註：計算値は斉藤国治氏による。○＝±50%、無印＝51～100%、×＝±101%以上、－は誤記の可能性があるもの。

表４　角距離を記す天文記事と計算値〈惑星現象〉

史料名	年	月日	天文現象	角距離の記載	計算値(°)	評価
日本書紀	持統６年(692)	7・辛酉	是夜、熒惑と歳星相近く相避く	一歩(6°)内	6.5	○
三代実録	元慶元年(877)	8・29	晨、太白と歳星同舎	8寸	0.7	○
日本紀略	寛平２年(890)	8・30	寅刻、熒惑輿鬼中央積尸を退く	3寸	0.5	
同		11・2	歳星氐宿を犯守す	1尺	1	○
同	３年(891)	5・2	亥時、熒惑太微に入り右執法星を犯	5尺	4	○
同		5・18	熒惑左執法星を犯	5尺	3.5	○
			塡星と熒惑相及ぶ	5尺	3.5	○
同		10・24	太白土星を犯	4尺	不合、20も離れる	−
同	４年(892)	7・25	熒惑輿鬼を犯	1尺5寸	29日に1.5	−
同		8・9	熒惑軒轅大星を犯	1尺	1.2	○
同	５年(893)	正・29	熒惑太微を犯	2尺5寸	2.5	○
同	６年(894)	4・13	太白東井四頭北第一星を犯	3寸	4	×
家秘要録六	応和３年(963)	12・1	寅時、太白鍵閉星を犯	6寸	0.8	○
同	康保４年(967)	11・20	酉時、太白哭星を犯	1尺	1.1	○
賀茂保憲勘文	安和２年(969)	9・14	酉時、太白南斗第四星を犯	7寸	0.7	○
家秘要録六	長徳元年(995)	12・28	寅時、太白斗建星第二星を犯	5寸	0.6	○
諸道勘文	康平３年(1060)	12・2	戌時、太白哭星を犯	相去容指	不合、20も離れる	−
本朝世紀	久安２年(1146)	4・23	寅刻、歳星と鎮星相侵す	1尺5寸	1.2	○
同	３年(1147)	7・11	戌刻、熒惑房第二星を犯	其間容一指	18日の誤記か。0.1	−
同	５年(1149)	6・13	暁更、太白と鎮星相犯	1寸	0.2	
同		7・28	太白歳星を相犯、張六度に在り	8寸	正午に0.2	×
台記	仁平３年(1153)	9・7	酉時、太白心前星を犯	3，4寸	0.4	○
同		9・9	太白心前星を犯	6寸	0.6	○
安倍泰親朝臣記	仁安元年(1166)	3・17	寅時、歳星と熒惑相犯す	1尺	1.3	○
同		3・26	寅時、熒惑と鎮星同度	1尺2寸	1.7	○

史料名	年	月日	天文現象	角距離の記載	計算値(°)	評価
同		4・2	寅時、鎮星牛宿を犯	7寸	1	○
			戌時、太白東井第一執臣星を犯	6寸	0.9	○
同		9・10	戌時、熒惑哭第一星を犯	7寸	0.8	○
同		9・14	戌時、熒惑哭第二星を犯	3寸	0.7	×
同		10・22	戌時、歳星と鎮星相犯し斗宿〈牛宿〉に在り	2尺	2.8	○
同		10・25	戌時、熒惑、塁壁陣第七星を犯	4寸	不審	−
同		10・30	寅時、太白亢第三執臣星を犯	7寸	1	○
同		11・25	酉時、辰星、歳星・鎮星と相犯一舎に会す	各1尺	辰星・歳星1.5	○
					辰星・鎮星1.3	○
					歳星・鎮星0.9	○
同		11・27	寅時、太白房第一星を乗犯す	1尺	1.5	○
同		11・28	寅時、太白鍵閉星を犯	5寸	0.8	
玉葉	承安元年(1171)	4・5	戌時、熒惑輿鬼に入り西北星を犯	3寸	0.3	○
同	3年(1173)	8・22	寅時、歳星太微西蕃上将星を犯	3寸	0.7	×
同		10・11	寅時、歳星太微右執法星を犯	8寸	1.2	○
同	安元元年(1175)	閏9・9	酉時、太白心中央天子星を犯	5寸	13　不合、天江第2・火星と0.4	−
同	2年(1176)	10・6	寅時、熒惑太微西蕃上将星に入り迫犯す	2寸	0.2	○
同		10・23	寅時、熒惑右執法を犯	1尺	1.6	
同		11・10	寅時、熒惑左執法を犯	7寸	1.3	
			同日、歳星と辰星同宿す	2尺7寸	2.7	○
同	治承2年(1178)	11・16	酉時、太白哭星を犯	7寸	0.7	○
同		12・3	戌時、鎮星卿伴星を犯	1寸	卿伴星不明	−
同	養和元年(1181)	8・3	寅時、太白と辰星同度、相犯す	2尺	1.7	○
同		8・9	寅時、同殊に迫犯す	9寸	1.1	○
養和二年記	寿永元年(1182)	正・23	戌刻、歳星と熒惑相犯す	3尺	4	○
同		正・24	戌刻、木火	2尺5寸	3.6	○

同		正·25	戌刻、木火	2尺許	3.1	×
同		正·27	戌刻、木火	1尺	2.8	
同		正·28	戌刻、木火	1尺	2	
同		正·29	木火	1尺	1.7	
同		2·1	戌刻、木火	1尺	1.5	○
同		2·2	戌刻、木火	1尺3寸	1.6	○
同		2·3	戌刻、木火	1尺4寸	1.9	○
吉記		2·21	酉時、太白歳星を犯	1尺5寸	2	○
養和二年記		2·27	戌時、太白熒惑に近づく	4尺	5.6	○
同		3·1	戌時、太白熒惑を犯	3尺	4.1	○
同		3·2	火金	2尺9寸	3.6	○
同		3·4	戌時、金火	1尺5寸	2.4	
吉記		3·4	戌時、太白熒惑を犯	1尺3寸	〃	
養和二年記		3·5	戌刻、金火	1寸（1尺ヵ）	2.1	×
同		3·8	戌刻、金火	4寸	0.7	
同		3·28	戌時、金星東井左轅第一に近づく	9寸	1.3	○
玉葉	文治元年（1185）	9·23	塡星太微東蕃上相星を守犯	8寸	0.7	○
同		9·28	歳星同右執星を守犯	8寸	1.1	○
都玉記	建久2年（1191）	11·5	寅時、熒惑太微西蕃上将星に迫犯す	4寸	0.7	
同		11·6	暁、熒惑太微に入り西上将星を凌犯す	5寸	0.6	○
同		11·9	熒惑屏星に近し	2尺	3.2	
大北斗法御修法記	7年（1196）	5·15	熒惑心大星に向かう	1尺	2.4	×
吾妻鏡	建暦元年（1211）	11·1	寅刻、太白房上将星を凌犯す	6寸	0.3	
親王元服部類記	2年（1212）	12·24	寅時、熒惑房第一上将星を犯	2寸5分	0.4	
			鈎鈐星に及ぶ	4寸	0.7	
吾妻鏡	建保3年（1215）	11·20	戌刻、太白哭第一星を迫犯す	7寸	0.5	○
同		11·21	亥刻、太白哭第二星を犯	7寸	0.7	○
同		12·19	戌刻、太白歳星を犯	9寸	0.9	○

史料名	年	月日	天文現象	角距離の記載	計算値(°)	評価
同	承久３年(1221)	5・18	寅刻、太白熒惑を凌犯す	2尺	2.1	○
同	貞応２年(1223)	9・2	戌刻、太白歳星を犯	2尺7寸	2.3	○
明月記	嘉禄２年(1226)	正・25	歳星と鎮星合犯す	1尺	1	○
			また太白歳星を犯	2尺3寸	2.8	○
同		11・12	戌時、熒惑哭第一星を犯	8寸	1.2	○
同		11・14	戌時、哭第二星を犯	1尺	1.3	○
吾妻鏡		12・4	戌刻、金木を犯	2寸(尺ヵ)	3	○
明月記		12・7	戌時、太白歳星を犯	8寸	0.8	○
同		12・8	戌時、太白哭第一星を犯	6寸	0.9	○
同		12・9	戌時、(太白哭)第二星を犯	5寸	0.8	
吾妻鏡	安貞元年(1227)	正・3	戌刻、太白熒惑を犯	2尺	4	
同	貞永元年(1232)	4・25	今暁、太白鎮星を犯	1尺6寸	0.6	×
民経記	天福元年(1233)	5・1	金火相犯	2尺3寸	3.4	○
吾妻鏡	嘉禎２年(1236)	12・23	今夜、太白と辰星迫犯す	2尺	25　不合、錯簡ヵ	−
百錬抄	寛元２年(1244)	8・26	今暁、熒惑太微右執法星を犯	5寸	0.5	○
吾妻鏡		12・30	今暁、歳星太微右執法上将星を入犯	1寸	1.8	
平戸記	３年(1245)	9・10	熒惑哭第一星を迫犯す	6寸	0.8	○
吾妻鏡		9・23	寅刻、辰星鎮星を犯	2寸	0.2	○
同	４年(1246)	9・16	寅刻、太白太微執法星を犯	9寸	左執法星0.8	○
同	建長６年(1254)	3・14	戌刻、金木二星合	8寸	2.1	×
歴代編年集成	康元元年(1256)	6・29	今暁、太白天関星を犯	3寸	12(18日0.2の誤記ヵ)	−
同		9・12	今暁、太白太微右上将星を犯	7寸	1.3	
			戌刻、熒惑天江星を犯	6寸	0.7	○
同	正元元年(1259)	正・9	戌刻、太白熒惑を犯	1寸	0.2	
同		9・23	今暁、太白熒惑を犯	1尺8寸	2.9	
			同時、太白太微右執法星を犯	3寸	0.6	
同	文応元年(1260)	4・19	歳星天江第四星を犯	6寸	1.2	

花園院宸記	正和２年(1313)	8・24	寅時、熒惑歳星を犯	2尺8寸	7.6	×
			同時、熒惑井第五星を犯	2寸	0.9	×
			同時、熒惑鉞星を凌犯す	7寸	2.2	×
			同時、歳星井第二星を凌犯す	7寸	2.9	×
同		9・2	寅時、熒惑と歳星相犯す	2尺4寸	5	×
同	3年(1314)	閏3・16	戌時、熒惑輿鬼東北星に犯入	7寸	1.7	×
			同時、西北星を凌犯す	5寸	1.3	×
同		閏3・17	戌時、積尸気を掩犯す	掩犯	0.7	×
			同時、東南星を犯	7寸	2.4	×
同	正中２年(1325)	12・11	卯時、熒惑天江第三星を凌犯す	3寸	1	×
同		12・12	第四星を犯	3寸	0.7	×
皇年代私記	建武元年(1334)	4・18	太白昴を犯	1尺	2.7	×
中院一品記	康永元年(1342)	8・15	寅時、太白軒轅右民角星を犯	7寸	2.2	×
同		8・20	寅時、太白女主星を犯	1尺	3	×
同		9・11	卯時、太白太微西蕃上将星を犯	3寸	1.3	×
同		9・18	卯時、太白太微右執法星を犯	2寸	0.3	○
同		9・24	卯時、太白太微左執法星を犯	6寸	1.5	×
園太暦	貞和３年(1347)	2・2	戌時、太白昴を犯	1尺1寸	5.6　（日付の誤記ヵ）	–
同		9・11	寅時、太白太微左執法星を凌犯す	5寸	7	×
同		9・13	寅時、太白太微東蕃上相星を犯	4寸	1.4	×
同	5年(1349)	6・26	寅時、太白・歳星・辰星三星相犯す	太白・歳星2尺4寸	2.6	○
				太白・辰星1尺5寸	1.9	○
				歳星・辰星2尺7寸	3.3	○
愚管記	延文元年(1356)	6・3	戌刻、太白軒轅女主星を犯	4寸	1.1	×
同		7・10	亥時、太白太微東蕃上相星を犯	7寸	3.3	×
同		7・19	太白左角星を犯	6寸	2.3	×
同	2年(1357)	2・11	戌刻、熒惑昴星を犯	7寸	3.2	×
園太暦		11・22	戌時、太白哭星を犯	4寸	0.8	
同		11・25	寅時、熒惑天江第二星を犯	1尺	3	×

史料名	年	月日	天文現象	角距離の記載	計算値(°)	評価
同		12・3	戌時、太白と歳星二星合	2尺2寸	5.5	×
同		12・8	同迫犯す	2寸	0.6	×
愚管記	3年(1358)	8・20	今暁、太白軒轅女主星を犯	3，4寸	1.6	×
同		9・17	今暁、塡星軒轅女主星を犯	7寸	3.8	×
			同時、太白太微右執法星を凌犯す	5寸	2.1	×
同		9・24	今暁、太白太微東蕃上相星を犯	7寸	2.7	×
同	4年(1359)	2・30	戌刻、熒惑鉞星を犯	6寸	4	×
同		3・2	戌刻、熒惑東井第五星を犯	7寸	星不明	−
同		8・30	今暁、塡星軒轅左民角星を犯	3寸	1.2	×
同		9・15	今夜、太白心宿中央星を犯	7寸	2.8	×
同		9・24	今夜、太白天江星を犯	1寸	0.3	×
同	5年(1360)	5・17	暁、太白と歳星二星合	8寸	2	×
同		7・9	今暁、熒惑と歳星二星合	2尺5，6寸	8	×
同		8・14	今暁、熒惑東井第五星、並びに鉞星を犯	熒惑・東井1，2寸	0.5	×
				熒惑・鉞4寸	1.7	×
			熒惑と歳星二星合	1，2尺	5.3	×
			塡星太微西蕃上将星を犯	1，2寸	7	×
同	康安元年(1361)	正・4	今夜、太白と辰星二星合	8寸	1.8	×
同		5・10	太白と熒惑二星合	2尺6，7寸	6.7	×
			熒惑軒轅女主星を犯	4寸	1.5	×
忠光卿記		6・2	戌時、太白熒惑相犯す	1尺	2.7	×
			太白鎮星相合	2尺	6	×
後愚昧記	応安５年(1372)	正・26	戌時、熒惑歳星相犯す	1尺1寸	3.4	×
愚管記	永和元年(1375)	6・21	戌時、太白歳星相犯す	3尺	5	
吉田家日次記	応永５年(1398)	3・5	戌時、太白昴星を犯	5寸	1.8	×
家秘要録六	応永21年(1414)	5・16	戌時、太白辰星相犯す	1尺	4.3	×
兼宣公記	32年(1425)	11・7	寅時、太白塡星相犯す	1尺8寸	5.5	×

			寅時、歳星熒惑相犯す	2尺3寸	25　不合	−
家秘要録一	永享５年(1433)	9・22	寅時、星女主星を犯	5寸	2	×
同	6年(1434)	10・8	戌時、太白斗第五星を犯	5寸	0.5	○
同		11・12	戌時、太白哭第一星を犯	1尺	2.3	×
同		11・18	戌時、太白と塡星相犯す	3尺	8.5	×
同		11・26	戌時、太白塡星を犯	2寸	0.2	○
同	7年(1435)	9・27	戌時、熒惑と鎮星相犯す	7寸	2.1	×
同		9・28	寅時、太白・歳星・辰星相犯す	太白・歳星1尺	1.1	○
				歳星・辰星3尺	7	×
				太白・辰星2尺	7	×
看聞御記		10・3	戌時、熒惑と塡星相合	1尺	0.1	
家秘要録一	10年(1438)	正・13	戌時、太白と塡星相犯す	2尺5寸	2	○
同		2・24	戌時、太白昴星を犯	1尺	1.8	
同		9・21	寅時、太白太微右執法上将星を犯	6寸	3	×
同	11年(1439)	10・16	戌時、太白と歳星合	2尺	2	○
同		11・4	戌時、太白哭星を犯	5寸	3	×
同	12年(1440)	11・17	寅時、歳星と太白合	5尺	不合	−
同		12・14	戌時、歳星と辰星相合	1尺	不合	−
同	嘉吉元年(1441)	正・2	戌時、辰星と太白相合	1尺	2.7	×
同		正・6	戌時、歳星・太白・辰星の三星合	太白・歳星6寸	0.6	○
				歳星・辰星3尺	2.8	○
同		12・8	戌時、熒惑輿鬼第二右星を犯	□寸？	1.3	−
同	2年(1442)	2・18	戌時、熒惑輿鬼中央積尸星を犯	4，5寸	1.4	×
同		4・20	戌時、熒惑輿鬼西北星を犯	6寸	不審	−
同	3年(1443)	6・4	寅時、太白と熒惑相犯す	1尺	10	×
			同時、歳星と塡星相犯す	1尺	15	×
同		6・13	寅時、歳星と太白相犯す	1尺	2	
同		10・5	寅時、太白と辰星相犯す	2尺	19　不審	×
同	文安元年(1444)	3・15	戌時、太白と辰星相合	2尺5寸	4.1	

史料名	年	月日	天文現象	角距離の記載	計算値(°)	評価
同		3・25	戌時、太白昴星を犯	7寸	3.7	×
同		4・23	戌時、太白と歳星相犯す	2尺	1.6	○
康富記		4・27	今夜、太白と塡星相犯す	3尺	3.7　天文道三星合とす	○
家秘要録一		閏6・1	寅時、歳星と塡星相合	5寸	0.5　安倍有季・有重木火とす	○
同	文安３年(1446)	2・22	戌時、太白昴星を犯	5寸	1.5	×
同		4・7	戌時、熒惑太微東蕃上相星を犯	1尺	1.7	
同		8・7	昏、熒惑房上将星、鉤鈐星を犯	7寸	2.9	×
同		8・16	寅時、太白と歳星相合	3尺	不合	−
同		8・20	晨、太白と鎮星相犯す	1尺5寸	1.9	○
同		9・22	晨、太白と歳星相合	1尺	1.1	○
同		9・25	昏、熒惑南斗第六星に入る	5寸	4.3　第五星とは1.3	×
同		10・2	寅時、太白太微東蕃上相星を犯	5寸	1.1	×
同	４年(1447)	6・28	昏、太白と歳星相合	7寸	0.6	○
同		9・22	戌時、太白斗第三星を犯	3寸	1.3	×
家秘要録二	５年(1448)	6・29	戌時、熒惑心第二星を犯	7寸	心前星1.4？	
同		7・26	寅時、太白と鎮星相犯す	1尺5寸	10	×
同	宝徳元年(1449)	2・28	戌時、太白と熒惑相犯	5寸	0.9	
康富記		10・4	寅時、太白との星合	2尺	2.4	○
家秘要録二	２年(1450)	5・4	寅時、太白と鎮星合	2尺	不合誤記ヵ	−
同		9・10	昏、熒惑哭第一星を犯	5寸	第二星ヵ、0.2	
同	享徳３年(1454)	6・24	寅時、歳星と熒惑胃度に在り	2尺	4　安倍有季火を土とす	
同	康正元年(1455)	3・10	戌時、熒惑東井を犯	1寸	0.5	×
家秘要録一	２年(1456)	9・18	寅時、歳星と熒惑相犯す	3尺	5.7	
			同時、鎮星輿鬼を犯	3寸	不合	−
同		9・29	丑時、歳星と熒惑相合	2尺	3.2	

同	3年(1457)	3・20	戌刻、熒惑輿鬼西北大将軍坐を犯	1寸	0.5	×
同		3・23	熒惑輿鬼の中を犯、積尸に近し	3寸	0.9	×
同		9・5	寅時、歳星軒轅南星に相会う	2寸	0.3	○
同	長禄2年(1458)	閏正・15	戌時、歳星軒轅中に入犯、女主星を留守	7寸	0.8	○
同		9・23	戌時、太白と塡星二星合	3尺	5	
同		10・3	戌時、太白斗第五星を犯	1尺	4.4	×
同		10・4	寅時、熒惑軒轅宮中に入り、女主星を犯	8寸	1.7	×
			同時、歳星太微左執法星を犯	8寸	1.7	×
同	3年(1459)	3・21	戌時、熒惑軒轅女主星に犯近	5寸	1.8	×
			同時、歳星太微門端に入り、右執法第五星を犯	5寸	1.5	×
同		5・29	戌時、熒惑と歳星太微の端門に会う	1尺	1.2	○
同		9・23	寅時、太白と歳星相犯す(天文道勘文)	3尺	3.8	○
同		9・27	寅時、太白と歳星相犯す(陰陽道勘文)	2寸	0.3	○
同	4年(1460)	9・22	寅時、熒惑軒轅宮中に犯入、女主星を守る	7寸	1.3	
同		閏9・6	寅時、熒惑軒轅左民角を犯守	7寸	1.7	×
同		10・1	寅時、熒惑太微に入り右執法上将星を犯	6寸	1	
同		10・5	卯時、歳星・太白・辰星の三星合	歳星・太白1尺8寸	1.7	○
				太白・辰星2尺	2.1	○
				歳星・辰星1尺9寸	1.6	○
同		10・9	寅時、歳星・太白・辰星の三星相犯す	歳星・太白1尺5寸	3.1	×
				太白・辰星2尺	6.2	×
				歳星・辰星1尺8寸	3.1	
同	寛正2年(1461)	3・9	亥時、熒惑太微宮中に入り右執法星を犯	5寸	1.6	×
			亥時、歳星房を犯	2寸	0.1	○
			歳星鉤鈐等の星を犯	2寸	1	×
同		11・5	戌時、太白と熒惑相合	2尺	太白は鎮星の誤り	－
同	3年(1462)	8・26	丑時、太白と熒惑相犯す	1尺	3.7	×
親元日記	6年(1465)	5・29	戌時、熒惑逆行し南斗第四星を犯	8寸	1.5	

史料名	年	月日	天文現象	角距離の記載	計算値(°)	評価
後法興院記	応仁元年(1467)	6・17	寅時、太白と歳星相合	1尺3寸	1.7	○
家秘要録一	2年(1468)	4・17	戌時、太白と歳星相合	3尺	6.5	×
同		4・21	戌時、歳星と太白井度に合	2尺5寸	2.5	○
同		4・22	同犯近	2尺	2.1	○
親長卿記	文明5年(1473)	5・2	戌時、太白輿鬼を犯	1寸	1	×
同		5・10	戌時、歳星房鈎鈐星を犯	5寸	1.3	×
同	6年(1474)	2・8	戌時、熒惑輿鬼第二布帛星を犯	6寸	1.4	×
同		2・11	戌時、熒惑輿鬼第三星を犯	5寸	1.1	×
兼顕卿記別記	10年(1478)	7・25	戌時、熒惑房第二次将星を犯	3寸	0.3	○
同		7・26	戌時、熒惑房宿を犯	5寸	1.1	×
			寅時、歳星畢口に留まり、第六星を守る	5寸	1.8	×
蔭涼軒日録	長享元年(1487)	4・23	戌刻、熒惑輿鬼東南星を犯	5寸	2.2	×
後法興院記	延徳元年(1489)	正・10	戌時、太白と歳星迫り犯	1尺2寸	0.8	○
天変地妖記		正・11	戌時、太白と歳星相犯す	3寸	0.4	○
同		4・24	戌時、塡星軒轅に入犯、女主星を守る	7寸	塡星は熒惑の誤り	−
同	2年(1490)	閏8・10	寅時、熒惑輿鬼星を犯	7寸	3	×
同	3年(1491)	3・23	戌時、熒惑軒轅左民角を守る	7寸	1.6	×
同・後法興院記		6・18	寅時、太白と歳星相犯す	1尺5寸	1.3	○
天変地妖記		6・19	寅時、太白と歳星相犯す	1尺3寸	1.3	○
同		6・28	寅時、熒惑角宿を守る	1尺	2	
後法興院記	明応元年(1492)	7・20	戌時、太白と辰星相犯す	1尺3寸	辰星は角大星の誤り	−
天変地妖記		7・21	戌時、太白と辰星相犯す	1寸	同	−
家秘要録六		9・11	寅時、熒惑軒轅宮に入り、女主星を犯	7寸(安倍有宣)	0.9	○
天変地妖記			同(賀茂氏勘文)	8寸(賀茂在通・在重)	同	○
同	2年(1493)	3・8	寅時、熒惑太微左執法上相星を犯	6寸	1	
後法興院記		3・10	戌時、熒惑太微宮星を犯	3寸	0.2	○
天変地妖記		3・11	戌時、歳星輿鬼を犯	6寸	0.9	○
北野社家日記		7・24	戌時、熒惑房第二星を犯	7寸	0.6	○

後法興院記	3年(1494)	2・12	戌時、太白昴星を犯	5寸	0.7	○
同		9・23	寅時、太白と歳星迫犯す	1尺3寸	1.7	○
天変地妖記		9・25	寅時、歳星と太白相犯す	6寸	0.7	○
同		10・10	寅時、熒惑太微東蕃上将(相)星を犯	6寸	1.2	
同	4年(1495)	2・25	寅時、熒惑房上将星、鉤鈐星を犯	2寸	0.2	○
後法興院記		8・3	酉時、太白と歳星相犯す	3尺	2.5	○
同	5年(1496)	11・17	寅時、熒惑氐宿を犯	5寸	0.6	○
同	6年(1497)	正・10	寅時、歳星と熒惑迫犯す	1尺5寸	1.8	○
家秘要録六	8年(1499)	3・12	寅時、熒惑哭星を犯	5寸	0.7	○
			寅時、歳星と熒惑二星合	2尺3寸	3.2	○
天変地妖記	9年(1500)	7・21	戌時、太白と水曜同宿	1尺	不合	−
後法興院記	文亀2年(1502)	正・9	戌時、熒惑と塡星二星合	2尺3寸	4	
和長卿記	3年(1503)	9・20	寅時、歳星・熒惑・塡星相犯す	歳星・熒惑1尺2寸	1.7	○
				塡星・歳星2尺3寸	3.1	○
				塡星・熒惑2尺	2.3	○
天変地妖記	永正元年(1504)	4・7	戌時、歳星と塡星相合	5寸	0.5	○
後法興院記		6・24	寅時、太白と歳星迫犯す	2尺	1.8	○
天変地妖記		6・26	寅時、太白と歳星相犯す	1尺	1	○
同	2年(1505)	9・26	寅時、塡星と熒惑柳度に会う	1尺6寸	2.8	
同		10・8	寅時、歳星・熒惑・塡星相犯す	5寸	1	
後法成寺関白記	3年(1506)	5・13	酉時、熒惑と歳星二星合	2尺3寸	2.5	○
実隆公記		5・14	戌時、熒惑と歳星合	2尺	2.1	○
後法成寺関白記	4年(1507)	2・9	戌時、塡星軒轅宮中に入る	7寸	1.2	
同	7年(1510)	6・25	寅時、太白東井南轅星を犯	5寸	0.6	○
同		8・15	寅時、太白軒轅宮星を犯	7寸	1.1	
同	10年(1513)	5・19	戌時、太白と辰星合	1尺	不合不審	−
家秘要録三	天文22年(1553)	9・19	寅時、太白と歳星相犯す	2寸5分	0.15	○
家秘要録四	永禄5年(1562)	10・5	戌時、太白南斗第五星を犯	3寸	0.3	○

註：計算値は斉藤国治氏による。○＝±50％、無印＝51～100％、×＝±101％以上、−は誤記の可能性があるもの。

第三部

陰陽道と文献史料

第一章　陰陽道関連史料の伝存状況

はじめに

近年、陰陽道の研究が活性化し、また陰陽道の大きな史料群である若杉家文書が公開されたことなどもあり、陰陽家が用いた中国伝来の典籍や、彼らが残した著作・勘文、記録や文書なども徐々に明らかになりつつある。中村璋八『日本陰陽道書の研究』（汲古書院、一九八五年、改訂増補版、一九九八年）、村山修一『陰陽道基礎史料集成』（東京美術、一九八七年）、詫間直樹・高田義人『陰陽道関係史料』（汲古書院、二〇〇一年）などによる陰陽道史料の翻刻・影印と研究はその代表的なものであり、筆者もいくつかの史料を紹介し、翻刻したことがある。(1) それらの研究によって平安時代中・後期以降、賀茂氏や安倍氏によって担われてきた陰陽道・暦道・天文道の内実が明らかになるが、さらにその他の未刊史料も多数あり、今後それらの個別的検討も課題として残されている。

では、陰陽道関連の史料は現在、どのような内容のものがどこに残されているのであろうか。もちろん主要なものに限られるが、それらを俯瞰的にみてゆくことは陰陽道をトータルに把握する上で必要なことであろう。また、史料の所在先やそこに奥書が存在すれば、それらを検討することにより史料の伝来や学術の継承の過程を知ることができ、さらに日記・勘文・家説などの引用があれば、家説の形成や継承のありようをうかがうことができる。(2)

そこで本章では、主に中世以前の史料を対象とし、また陰陽道を世襲した賀茂氏や安倍氏に関連するものが中心になるが、そのような陰陽道関連史料の概要と伝存状況を検討しておきたいと思う。

一　陰陽寮のテキストと滋岳川人の著作

はじめに陰陽道の母体となった陰陽寮のテキストについて触れておこう。『続日本紀』天平宝字元年（七五七）十一月癸未（九日）条によると、大学寮・典薬寮・陰陽寮の学生が任官するさいそれぞれ修得しておくべきテキストが定められ、陰陽寮関係ではつぎの書が指定された。

陰陽生――周易、新撰陰陽書、黄帝金匱、五行大義
天文生――史記天官書、漢書天文志、晋書天文志、三家（色）簿讃、韓楊要集
暦生（大学寮算生と共通）――漢書律暦志、晋書律暦志、大衍暦議、九章、六章、周髀、定天論

これらはいずれも中国から伝えられた専門の書で、陰陽生に指定された書のうち『周易』は易占の書『易経』、『新撰陰陽書』『黄帝金匱』『五行大義』は日時・方角の吉凶禁忌や式占・五行説に関する書であり、陰陽部門の職務が占術を中心とする技術的なものであったことと対応している。天文・暦の分野では『三家簿讃』『韓楊要集』（別名『天文要集』）などの天文書、『大衍暦議』『九章』などの暦法・算術書とともに、『史記』天官書、『漢書』の天文志と律暦志、『晋書』の天文志と律暦志、等の中国正史の諸志が指定されている。『三家簿讃』については後述するが、これらはいずれも中国の天文学・暦学の概要や方法を知る重要な書であった。

このほかにも貞観元年（八五九）に渤海大使烏孝慎が、その後永く暦法として用いられる『宣明暦経』を伝え（『日本三代実録』貞観三年六月十六日条）、また「正倉院文書」の書写記録や、『日本国見在書目録』の天文家・暦数家・五行家にみえる書目から、八・九世紀には唐呂才の『陰陽書』や、天文道で占書として用いられた『天文要

録』『天地瑞祥志』などを代表とする多数の陰陽寮関連典籍が伝えられていたことが知られる。その主要なものは占術、祭祀、日時方角禁忌、天文占の典拠となり、平安時代前・中期における陰陽道成立にともないその本書・本条として陰陽師の諸活動の基盤となったことはすでに検討したところである。(3)

その一方でこの時期以降、日本の陰陽家、いわゆる陰陽師たちによってさまざまな著作が残されることになる。そのさきがけとなるのは、九世紀後半の陰陽家滋岳川人である。(4)

滋岳川人は『文徳天皇実録』の斉衡元年（八五四）九月丁亥（五日）条に陰陽権允兼陰陽博士とあるのが官歴の初見であり、天安元年（八五七）十二月には陰陽権助となり、翌年の九月に大納言安倍安仁や陰陽助笠名高等とともに文徳天皇の山陵の点定を行い、貞観元年には大和国吉野郡高山で『董仲舒祭法』にもとづく祭礼を実施するなど、川人が陰陽寮の活動を担っていたことが知られる。その後、川人は陰陽博士兼任のまま陰陽頭に就き、貞観十六年（八七四）五月二十七日に没している。

彼は多くの書を著したことでも知られ、『類聚国史』巻百四十七にはその撰著として「世要動静経三巻、指掌宿曜経一巻、滋川新術遁甲書二巻、金匱新注三巻」をあげ、『本朝書籍目録』の陰陽の部にはさらに「六甲六帖、宅肝経一巻」の二書を加えている。これらは現存しないが、『続群書類従』雑部所収の六壬式占書『新撰六旬集』には、冒頭に「斯依二滋岳川人貞観十三年奉勅撰進六甲一撰二進レ之」とあり、『新撰六旬集』は後世の人が『六甲』に手を加えて成立したものと考えられている。『滋川新術遁甲書』『金匱新注』はそれぞれ遁甲式占・六壬式占の書とみられ、『宅肝経』は地相の吉凶を述べたものであろう。『指掌宿曜経』は密教の『宿曜経』にもとづき七曜二十八宿など日の吉凶を説いたものと考えられ、院政期に成立し日次・方角の禁忌を記した『陰陽略書』には、「川人三宝暦序」なるものの引用があり、『指掌宿曜経』とかかわるものではなかろうか。また『世要動静経』についても、院政期の陰陽頭賀茂家栄撰の『陰陽雑書』に、「動静経云。一日不二沐浴一、出二身悪瘡一。二日不レ取レ火。不レ令レ取二他人一」とあり、日次の禁忌を記した書とみられる。同書には他に『滋川世風記』なる書を一〇条ほど引用している。その内容も「正月平旦、向レ東呑二麻子・小豆各二七枚一。竟レ年避二邪鬼一、不レ遇二傷寒一」とあるように、中国の民間信仰に由来する辟邪の習俗を記したものである。

これらを含めると、川人の著書は一〇種近くになり、内容も式占・日時の吉凶禁忌、地相の選定、年中の風俗的行事などの多方面におよんでいたことが知られる。川人が活動した九世紀後半は呪術宗教としての陰陽道の成立期にあたり、彼はその流れを切り拓いた人物であったが、それはその著作ともかかわるものといえよう。

ついで陰陽道の呪術信仰や吉凶観念が貴族社会全般に広がる平安時代中期、一〇世紀末から一一世紀にかけて、賀茂氏は暦道に、安倍氏は天文道に基盤を築いた上で陰陽頭や助、博士を独占する世襲氏族となるが、その過程で賀茂保憲・光栄や安倍晴明・吉平をはじめとする著名な陰陽師を輩出した。彼らは職務にかかわる重要な典籍を写し伝えたり、朝廷・貴族の諮問に答えたり、先例や家説を子孫に伝えるため、また貴族の常として日記を書くなどさまざまな史料を残し伝えることになる。以下その内容や性格ごとに分類して、どのような主要な史料が伝えられたかあげてみたいと思う。

なお、賀茂氏の主流を形成した勘解由小路家は室町時代末に断絶し、家蔵書は一部安倍氏（土御門家）や清原氏（舟橋家）に引き継がれたが、その他は散佚したものが多いようである。安倍氏の主流土御門家の史料は、大正五年（一九一六）に土御門晴行が献納した現宮内庁書陵部所蔵土御門本、[5]明治初年に土御門家が上京した折に、京都に残された史料を家司の若杉家が管理し、その後昭和五十九年（一九八四）に一括して京都府立総合資料館に寄贈した若杉家本、[6]およびそのさい陰陽寮官人で暦算の実務に当たっていた皆川家に委ねられた現京都市左京区大将軍八神社所蔵の皆川家本がある。[7]また東京大学史料編纂所所蔵の土御門文書も中世の所領関係を中心に少しまとまった文書を伝え、[8]これらが主たるものであるが、土御門家の手元に残されたその他の主要史料は焼失、または散佚したものが多いようである。

二　日時・方角関係

暦注とも密接にかかわる日時や方角の禁忌は、朝廷・貴族の公私の儀礼行事からやがて庶民の日常生活にも影響することになるが、陰陽道の中でも関連史料の最も多い分野である。

(1)『暦林《れきりん》』（佚書、一〇巻）

佚書であるが古来著名な書であり、若干の佚文もあるので言及しておこう。陰陽家賀茂保憲（九一七〜九七七）の撰。『本朝書籍目録』の陰陽の部に「暦林十巻、賀家抄」とある。保憲は暦生より出身して、暦博士・陰陽頭・天文博士に任じた平安中期の代表的陰陽家であり、『暦林』は諸禁忌の典拠として貴族社会で重んぜられた。そのことは、藤原行成の『権記』寛弘六年（一〇〇九）五月一日条に、「今朝沐浴。或人云、五月不二沐髪一、又月一日忌レ浴云。仍見二暦林一、五月一日沐髪良、此日沐、令二人明レ目長命富貴一。又云、五月一日々出沐浴、除二過三百一、令二人无レ病。又卯日沐浴、令二五月一日沐浴一、延レ年除レ禍。一云、朔日沐浴、不レ出二三月一有二大喜一。依二有此等文一沐浴也」とあり、行成はある人の言を排して『暦林』の説により当日沐浴を行ったとあることや、藤原忠親の『山槐記』治承二年（一一七八）十一月十二日条に、中宮平徳子の御産のおり、「暦琳産経巻」の説に従って東門を開かせた、とあることなどからもその影響の大きさが知られる。

また、陰陽家や明経家の間で行われた諸禁忌採用に関する論争でも、本書に載るものであるか否かが一つの規準となった。『左経記』長元元年（一〇二八）七月十九日条には、「主計頭守道、陰陽頭文高等被レ問二此旨等一、共申云、当梁年不レ可レ立二寝屋一之由雖レ出二暦林一、陰陽家不レ忌、伝多立二寝屋一云々」と当梁年《とうりようねん》の禁忌に関して、長元五年五月三日条では清原頼隆が「保憲暦林云、五貧日祭神不利、不レ取レ穀云々」と、翌四日条では「当朝以二保憲一為二陰陽基模一」と述べて、五貧日《ごひんにち》に関する忌避事項でも暦林の佚文を引いている。『兵範記』仁安三年（一一六八）六月二十二日条の金神七殺方《こんじんしちさつがた》を用いるか否かを決する陣定では、唐の『新撰陰陽書』に金神忌がみえないことともに、「本朝保憲暦林、嫌而不レ採レ之」とあることに金神を採用しない理由を求めている。『吾妻鏡』寛元二年（一二四四）九月十九日条では、明春の前将軍九条頼経の上洛についていったん二月一日を進発日としたところ、その日は四不出日であり憚るべきではないかとの議論があり、そこで召し問われた陰陽師の安倍維範・晴賢は、「四不出日勿論也。但賀家不レ憚レ之歟。保憲暦林択二入丙寅・丙午一、不レ可レ有二禁忌一。二月九日吉日也。以二件日一、可レ為二御入洛之期一歟。一日御進発、有二十六日御入洛一者、厭対日也。出行可レ憚レ之、旁可レ被レ用二九日一云々」と、安倍氏では忌むが、暦林をそのまま賀茂氏の説として同氏では憚らないと答えている。(9)

(2)『陰陽略書《おんようりやくしょ》』一冊

本書の構成は、五星・五行・七曜などについて簡単に説明した「星宿」、方角神の禁忌を述べた「諸神禁忌法」、暦注禁忌を説明した「暦注諸神吉凶」、さまざまな行為に応ずる日取りの吉凶を述べた「択日吉凶」の四部からなる。宮内庁書陵部所蔵土御門本。撰者は不明であるが、巻末に、

「本云、元暦元年季秋二十日、申二出右府一、御本書写訖。于レ時黄菊含露、紅葉散風耳。　泰忠
元応元年六月比、仮二他筆一書写訖。
校合了　長親
委被見畢　泰世
能々見渡了　有世
一見畢　泰清」

とあり、さらに日取りの付記のあと、

「慶長十八年林鐘四日、写二書之一畢。
安倍泰重（花押）」

との奥書がある。すなわち、この書は、安倍泰忠が右大臣九条兼実に願い出て元暦元年（一一八四）九月二十日に書写し終わり、その後元応元年（一三一九）に安倍長親が書写させて校合し、泰世・有世らの子孫がこれを伝え、最後に泰重が慶長十八年（一六一三）六月に転写したものであることがわかる。

この書には賀茂保憲をはじめとして光栄・守道・道言、安倍晴明をはじめとして吉平・時親など、平安中・後期の賀茂・安倍両氏の説が多数記され、頭書にも賀茂道言・道栄の言葉を引いている。年紀のある所説のうち、最も早いものは天暦四年（九五〇）六月二十九日の保憲説、遅いものは永保三年（一〇八三）の道言の勘文である。よって原本の成立は一一世紀末から一二世紀初めのことと考えられる。また安倍氏よりも賀茂氏の説の引用が多く、賀茂氏の手により編纂されたものではないかとの印象を深くするが、なかでも天一・太白神遊行方について、頭書に「安家七分法、賀茂六分法云云」とあり、本文の注でも六分法で説明していることは賀茂氏の家説を反映しているとみることができる。中村璋八『日本陰陽道書の研究』に翻刻がある。

(3)『陰陽雑書《おんようざっしょ》』一冊

日次に関して広汎に吉凶をとりあげた書。『本朝書籍目録』の陰陽の部に「新書（イ雑）、一巻、家栄朝臣撰」とあり、また、『台記』久安六年（一一五〇）七月九日条に「故家栄朝臣雑書」とみえ、『玉葉』文治三年（一一八七）十一月一日条に、「余問二宣憲等一云、家栄者末代之名士也。而所レ撰之雑書、奏二聞白河院一、天下之所レ用也」とあり、本来『雑書』と名づけられていたこと、賀茂家栄の撰で白河院に奏上され、広く用いられることになったなどのことが知られる。家栄は保延二年（一一三六）に七一歳で没しているので、それ以前の成立となる。前田育徳会尊経閣文庫所蔵。奥書には、「永徳三年癸亥、季夏初六戊寅日、朱点校合已下畢。賀茂朝臣定栄」とあり、永徳三年（一三八三）に賀茂定栄が朱点を加え校合したこと、さらにいくつかの項目を付記したあと、望みにより「従四位

下　賀茂朝〔臣脱〕」が家本をもって応仁二年（一四六八）四月に書写伝授せしめたとする。目録には「第一吉事吉日」から「第五十九黒道方角」まで記されているが、本文には「第六十日人神」「第六十一日神」があり、さらに四〇余りの項目が追加されている。

西尾市立図書館岩瀬文庫の『陰陽抄』は、尊経閣本の前半「吉事一」から「不弔喪廿八」までを記す抄本であるが、奥書には「保延五年七月八日書写了」とあり、保延五年（一一三九）に書写したこと、ついで「在盛朝臣」の所蔵本と校合したこと、鎌倉末期の嘉元四年（一三〇六）に僧尋恵によってさらに書写されたことなどを記している。なお、この在盛は鎌倉中期の賀茂氏の陰陽師である。『日本陰陽道書の研究』に尊経閣本による翻刻がある。

(4)　『陰陽博士安倍孝重勘進記《おんようはかせあべのたかしげかんじんき》』（もと三巻）

朝廷・天皇にかかわる造作・遷居・神仏事・諸行事などの日次の吉凶と多数の先例を記した長大な陰陽道の勘文。①「勘申　犯土造作移徙等事付造神社仏寺」、②「勘申　神事仏事日并例等事」、③「勘申　吉事等日事」の三部よりなる。①の末尾に、

「　右依二　院宣一勘申如レ件

承元四年八月　日　従四位上主計頭兼陰陽博士安倍朝臣孝重」

②の末尾にも「承元四年九月五日」付けで同様な書き止めがあり、承元四年（一二一〇）に陰陽博士安倍孝重が後鳥羽上皇の院宣を承けて勘申したものであることが知られる。成立時の稿本一種類が孝重の子孫のもとに伝えられ、室町前期に子孫が絶えたさい、伏見宮家と安倍氏土御門家とに分割して相続された。すでにそのとき紙継ぎの糊がはがれ、多く混乱した順序で伝えられていたようであるが、近年に土御門家伝来本（現若杉家本）と伏見宮家本（宮内庁書陵部）の存在が明らかになり、両本を合わせることによりこの勘文の大部分を復元するこ

とが可能となった。その特徴は、院政期を中心に千を超える日次の先例をあげていることで、その中には従来知られていなかった作事、神仏事などの歴史的事象が少なからずみうけられる。『陰陽道基礎史料集成』に若杉家本の影印があり、また山下克明「『陰陽博士安倍孝重勘進記』の復元」では若杉家本・史料編纂所本（伏見宮家本の写本）による復元的翻刻、『陰陽道関係史料』に伏見宮家本の影印と翻刻がある。

(5)『陰陽道《おんようどう》旧《きゅう》記《き》抄《しょう》』一冊

陰陽道の式占や諸禁忌等について中国の典籍、安倍氏の口伝等を抄録したもの。宮内庁書陵部所蔵土御門本。全一六紙のうち一三紙は黄紙で、裏面には九条兼実の甥である権僧正道誉のために行われた承元三年（一二〇九）の泰山府君祭都状案が書されている。よって本書は、同祭を行った安倍氏の陰陽師が案文の紙背を再利用して承元三年以降に成立したことが知られる。『陰陽道関係史料』に解説と翻刻がある。

(6)『陰陽《おんよう》吉凶《きっきょう》抄《しょう》』一冊

行雑事吉日・三宝吉日・神吉日・犯土造作など三〇項目にわたり陰陽道の日の吉凶を記した書。東京大学史料編纂所所蔵。平安末期から鎌倉中期にかけての日次の先例を多く引用し、また『暦林』『故主計頭殿本』（『陰陽雑書』）「在清抄」などの賀茂氏の著作や勘申例の引用が多数みられ、賀茂氏間の家説の相違を示して、「勘解由小路」「大炊御門」との家号を用いていることも注目される。「在清抄」の賀茂在清は鎌倉中期の陰陽頭であり、その子孫は室町前期から三位に昇る家となり勘解由小路家を称した。このことから同家は鎌倉中期以前から左京勘解由小路に居を構えていたと推測され、また大炊御門家を称する別の一流も存在していたことを知られる。年紀をもつ引用例の下限は建長五年（一二五三）であることから、鎌倉中期に賀茂氏によってまとめられたと考えられるが、史料編纂所本は転写本としての徴証があり原本でない可能性が高い。なお、その書名は表紙を欠いていたため史料編纂所が架蔵したさいに付したものという。『陰陽道関係史料』に解説と翻刻がある。

(7)『方角禁忌《ほうがくきんき》』一冊

大将軍方・王相方・土用・太白・土公所在などの禁忌と方違えの法を解説した書。『続群書類従』雑部所収。『暦例』『尚書暦』『新撰陰陽書』などの陰陽道のテキスト類の引用がみられるほか、賀茂氏・安倍氏の家説がしきりに引かれている。賀茂保憲・守道、安倍吉平、惟宗文高らの平安中期の陰陽師、院政期から鎌倉初期の安倍泰親と季弘・業俊の父子、賀茂宣憲・在宣らの説がみられるが、とくに安倍晴道からはじまる時晴、親職、有親、有尚らのいわゆる「晴道党[10]」の陰陽師の所説・勘文の引用が目立つ。それらの陰陽師のうち、もっとも世代が下る者は親職の孫の晴弘であり、本文や傍注にもしきりに「晴弘云」「晴弘案レ之」とみえ、またある説を引いて「此説違二百忌暦一畢。可レ勘レ之。晴弘抄レ之」とあるなど、安倍晴弘と密接なかかわりを持つ書であることを示唆している。安倍晴弘は『吾妻鏡』弘長三年（一二六三）四月二十一日条に陰陽少允とみえ、この書の成立は鎌倉時代後期のことと考えられる。

(8)『建天全書《けんてんぜんしょ》』一冊

内容は日法雑記と禁方便覧に分かち、前者には五星・五行・二十八宿・吉日など、後者では大将軍・王相などの方忌を簡潔に述べている。『続群書類従』雑部所収。序によれば元応二年（一三二〇）五月六日、安倍長親撰とあり、これを子孫の土御門泰邦が註解を施して享保十七年（一七三二）三月上旬になったものという。

(9)『暦林問答集《れきりんもんどうしゅう》』二冊

暦注の解説書。序文に「応永甲午孟春日」、「正儀大夫司暦博士賀茂在方書」（写本によっては奥書にある）とあり、暦博士勘解由小路（賀茂）在方の撰で応永二十一年（一四一四）の成立であることが知られる。室町時代中期の天理大学附属天理図書館吉田文庫本のほか江戸時代の写本、慶長四年（一五九九）以下江戸時代の版本が多数あり、『群書類従』雑部に所収。書名は祖先保憲の『暦林』によったと考えられるが、内容面での直接のかかわりはみられない。上下二冊で、八卦の六十四卦をかたどった六十四段からなり、上巻では、天地・五行・日・月・星から二十四節気や七十二候・十干十二支・月建などの天文や暦に関する基本的な事項を扱う。下巻では、土用・九坎・凶会などの主要な暦注や、忌夜行・土公・大将軍遊行、密教と関係する二十八宿・七曜のなどの暦面に朱書される暦注をとりあげ、段ごとに、中国から伝えられ陰陽道や暦道で用いられた『暦例』『新撰陰陽書』『尚書暦』などの多数の典籍を引用し、説明を施している。それらの書は散佚したものが多く、佚文を伝える点でも重要。『日本陰陽道書の研究』に翻刻がある。

⑽『日法雑書《にっぽうざつしょ》』（『吉日考《きちにちこう》秘伝《ひでん》』）一冊

勘解由小路（賀茂）在盛の撰。長禄二年（一四五八）の成立。別名『吉日考秘伝』とも言い、『続群書類従』雑部にもその書名で収録するが、奥書に「奉㆓柳営源君之尊命㆒、摭㆓取枢要㆒、廃㆓枝葉㆒而此巻成。号云㆓日法雑書㆒」とあり、将軍足利義政の命により在盛が撰したもので、『日法雑書』が本来の書名であったことがわかる。内容は、神事吉日・三宝吉日・立門吉日・乗船吉日や大将軍方忌などの陰陽道の禁忌とともに、養生延寿論・禳鎮法《じょうちんほう》などの養生・呪術法を含む七五条からなり、中世における陰陽道諸禁忌の概要を知ることができる。在盛は『暦林問答集』の撰者在方の孫で、暦博士・陰陽頭・刑部卿を経て従二位にいたり、文明十一年（一四七九）に没している。寛正二年（一四六一）の書写を記す在盛の父在貞の識語、および従兄弟在基が秘蔵したことを記す尊経閣文庫本、卜部兼右が天文二年（一五三三）に書写した天理大学附属天理図書館吉田文庫本などがある。『日本陰陽道書の研究』に翻刻がある。

三　五行説・占術関係

⑾『五行大義《ごぎょうたいぎ》』五冊

隋の蕭吉が撰した五行説の集大成書。陰陽寮陰陽生のテキスト。藤原頼長の『台記』康治元年（一一四二）八月十六日条に、「五行大義見了、所労療治間、不レ能二早速終一レ功」とあり、九条兼実の『玉葉』養和元年（一一八一）五月二十九日条に、陰陽師の安倍晴光が「持二来五行大義一」とあるように、貴族にも広く関心をもたれていた。中国では早くに失われたが、日本には数本伝わり、元弘三年（一三三三）に僧智円相伝の奥書をもつ穂久邇文庫所蔵の元弘相伝本、五巻のみ伝わるが宝治二年（一二四八）に訓点を授けたとの識語をもつ高野山三宝院本などの古写本がある。また、安倍氏にも伝わり、それを卜部兼右が写した天文鈔本（天理図書館蔵）、ほかに元弘相伝本による元禄十二年（一六九九）版本、同系の寛政十一年（一七九九）の佚存叢書本などがある。(11)

　このうち天文鈔本五冊は、奥書により卜部兼右が天文九年（一五四〇）十二月から翌年六月にかけて写し終えたことが知られるが、注目すべきことは第一・四・五冊でその藍本に言及していることである。第一冊の巻末には、正嘉二年（一二五八）八月中旬の書写と、文永七年（一二七〇）(12)八月十八日にある「証本」をもって重ねて校したことを記し、「時貞」との署名がある。これは陰陽師安倍時貞のことと推測できる。さらにそれ以前の本奥書を書き止めており、そこには内大臣藤原頼長が家本をもって見合わせ終わったこと、天養元年（一一四四）三月十一日に三善朝臣が書写したこと、安家すなわち安倍氏の正説をもって点を加えたこと、久寿二年（一一五五）七月五日秘本をもって校了した正本というべきものであり、「更不レ可二外見一、又安家秘本」であること、建保二年（一二一四）正月に松殿左大臣御所において摂津守藤原尹範本と校合したことなどが記されている。

　第四冊の末尾には、本云として、「泰弘年十七」が保元元年（一一五六）四月に家本をもって書写したこと、永暦二年（一一六一）正月十三日に見終わったこと、建久二年（一一九一）正月二十日、両度見終わったことが記され、「城門安陪泰忠」の署がある。なお安倍泰弘はのちに泰茂と改名し、泰忠はその子息で城門は大監物の唐名城門郎の略である。第五冊の末尾には、元久三年（一二〇六）二月二十八日に陰陽権助安倍広基朝臣本をもって書写したこと、神祇権少副卜部兼直が比校したこと、などが記されている。

よって第一冊は藤原頼長が校訂した本を三善朝臣が書写し、加点・比校を経て安倍氏の秘本とされ、さらに正嘉二年に安倍時貞が書写したものであること、第四・五冊も安倍泰弘書写、広基所持本にもとづくものとなり、これらによって中村璋八氏は天文鈔本五冊が同一の安倍氏の藍本によったものと考えている。(13) しかし、この三人は安倍氏でもそれぞれ別流であり、鎌倉時代における諸流の対抗関係や家を中心とする典籍の相伝のあり方を考えると、天文鈔本が同一の安倍氏の藍本によったものとは考えがたいように思われる。校訂翻刻に中村璋八『五行大義校註』（汲古書院、一九八四年）、通釈に中村璋八・古藤友子『五行大義』上巻、中村璋八・清水浩子『同』下巻（明治書院、一九九八年）がある。

⑿『占《せん》事《じ》略決《りやっけつ》』一冊

安倍晴明が中国伝来の『黄帝金匱経』『神枢霊轄経』などをもとにまとめた六壬式占書。京都大学附属図書館清家文庫本、前田育徳会尊経閣文庫本、宮内庁書陵部土御門本、京都府立総合資料館若杉家本などの写本があるが、土御門本・若杉家本は江戸時代初頭に尊経閣本を転写したもの。式盤諸神の組み合わせ方や推断の求め方、病気や出産、失せものなどの占い方を三六章にわたり解説している。源師時の『長秋記』大治四年（一一二九）五月十八日条には、この書の借覧を受けて「世間流布本也」と記し、『花園院宸記』元亨四年（一三二四）十一月四日条には、花園上皇が卜筮を学ぼうとして安倍泰世に『占事略決』を持参させた記事がある。晴明の名とともに『占事略決』が貴族社会で広く知られた存在であったことを示している。

清家文庫本の奥書には、「天元六年歳次己卯五月二十六日　天文博士安倍晴明撰」とあるが、天元六年は四月十五日に永観と改元され、干支も癸未であり、よって本書の成立は天元二年己卯が正しいとみられている。奥書には続いて、保元元年（一一五六）十二月二十四日に雅楽頭安倍泰親が家説をもって息男親長に授けたこと、安貞三年（一二二九）十月十日に親長の孫にあたる内蔵介安倍泰隆が家の秘本をもってみずから書写したことを記している。尊経閣本の奥書には貞応六年五月五日の書写とある。これも貞応は三年で改元するので貞応元年（一二二二）の誤りと考えられるが、続いて延宝八年（一六八〇）六月二十八日付けの土御門泰福の筆で、「右之一巻、安倍泰統真翰無レ疑。雖レ為二歴代之家蔵一、今依二所望之子細一、呈レ之。為二後来一、贅二禿筆一於其終矣」とあり、泰統自筆本を泰福が前田綱紀に贈ったものとみられる。安倍泰統は弘安三年（一二八〇）に大監物であったことが知られるが（『中臣祐賢記』八月二十一日条）、彼は泰親の三男、泰茂の子孫であり、前述の泰世も同様であった。家祖晴明の撰になる『占事略決』は、安倍氏諸流にとり家業継承の象徴的意義を担って伝えられていったと考えられる。『日本陰陽道書の研究』、『神道大系』に翻刻、『陰陽道基礎史料集成』に若杉家本の影印があり、小坂眞二『安倍晴明撰『占事略決』と陰陽道』に翻刻および詳細な研究がある。

⒀『六甲占抄《ろっこうせんしょう》』一冊

六壬式占の諸法を一九章にわたり解説したもので、天理大学附属天理図書館吉田文庫蔵。内題に「六甲占抄出」とあり、『六甲占』なる書を抄出したものと考えられるが、詳細は不明。室町時代の勘解由小路家（賀茂氏）の家説を伝えるものとみられる。小坂眞二「吉田文庫本『六甲占抄』について」（『中村璋八博士古稀記念東洋学論集』汲古書院、一九九六年）参照、また同『安倍晴明撰『占事略決』と陰陽道』に翻刻がある。なお、表紙の左下に「青松」との署名があり、後述の京都大学附属図書館清家文庫本『宣明暦』、国立天文台本『注定付之事』の表紙も同様に書かれている。これは青松軒常貞と号した明経道の清原国賢（一五四四～一六一四）のことであり、永禄八年（一五六五）の勘解由小路在富の死去、ついで同家の断絶により土御門家以外に清原家にも勘解由小路家の蔵書が渡ったことを示している。

　このほかに、延久二年（一〇七〇）の石清水八幡宮宝殿修造のさい、賀茂道平と安倍有行とが祟りを避けて御体を移すべきか否かを争論したが、それに関する六壬占文・勘文・陣定文などを記した「安倍有行記」が、「石清水御修理御占勘文」として大日本古文書『石清水文書』一、『石清水八幡宮史料叢書』五に収められている。また、保延六年（一一四〇）にも石清水八幡宮外殿の御体が焼損してそれを造り改めるか否かが占われ、賀茂在憲・安倍広賢は新造を吉としたが、安倍泰親は占文に異論を唱えた。その両者の勘文・弁申文が『諸道勘文』の「八幡御躰可レ被二造改一否御占相論事」に引かれ、『群書類従』雑部に収められている。

四　祭祀関係

(14)『反閇作法《へんばいさほう》并《ならびに》作法《さほう》』『反閇部類記《へんばいぶるいき》』各一巻

反閇は出向や遷宮などのさい邪鬼を避けるために行う呪法であり、本史料はその実修に関する安倍氏の故実先例集。京都府立総合資料館所蔵若杉家文書。両本は料紙、書風、内容とも類似し、本来一続きの反閇史料とみてよい。「行幸反閇作法」「以二一身一兼二行出御入御反閇一事」などの要綱を記して反閇を行った記録を掲げて、また口伝や反閇をともなう公家の儀式、陰陽道祭祀なども記している。引用する記録や文書は長徳四年（九九八）から嘉暦三年（一三二八）におよび、鎌倉時代末から南北朝の成立と推測される。「陰陽師軽服間不レ可レ勤二反閇一事」のもとに引用されているつぎの長徳四年六月二十七日の条文は、安倍晴明もしくは子息吉平の記録の佚文と考えられる。なお、ここにみえる藤原方隆は、『尊卑分脈』に藤氏南家、真作の子孫で、従四位下、備後権守、摂津守、甲斐守で長徳四年七月の卒とある。

　長徳四年六月廿七日甲寅、卯時、摂津守藤方隆進発、余依二軽服一不レ作二勘文一。而猶可レ成者、成二勘文一了。至二于反閇一軽服間、更不レ可レ勤レ之由堅辞レ之。而猶就レ吉可レ勤レ之由固示レ之。仍勤二反閇一、任中卒去云々。

その他、時親・国随・泰長・泰忠など平安後期から鎌倉前期の安倍氏累代の日記が、それと推測されるものを含めて多数引用されており、反閇の記録としてのみならず歴史史料としても貴重である[14]。

『反閇作法幷作法』の末に付された「大刀契事《だいとけいのこと》」は、天徳四年（九六〇）の内裏の火災で焼損した霊剣（護身剣と将軍剣）を、安倍晴明自身が翌応和元年六月に鋳造させたことを主張した文書であり、その内容は、「蔵人信経私記長徳三年五月二十四日条」（『中右記』嘉保元年［一〇九四］十一月二日条所引）にみえる晴明の破敵剣・守護剣に関する証言と多くの点で一致している。また、晴明の嫡流である安倍淳房が書した延慶三年（一三一〇）の譲状（若杉家文書）には、晴明自筆の「大刀契五帝神祭」なる文書が存在したとみえるが、「大刀契事」と同内容のものと考えられ、とすれば「大刀契事」は晴明自筆文書の写しとなる[15]。

なお、『続群書類従』雑部所収の『行幸反閇作法図』は陰陽師の反閇行路を示した内裏図と反閇記録からなる断簡史料だが、内裏図は『反閇作法幷作法』にあるものと同一で、また表題の下に「土御門家古秘録抄出」ともあり『反閇作法幷作法』の写本の一部とみられる。土御門家旧蔵の『家秘要抄』（東京大学史料編纂所影写本）は、江戸時代後期に土御門泰邦が反閇に関する公家日記の条文と『反閇部類記』を合わせ書写したもの。山下克明「若杉家文書『反閇作法幷作法』『反閇部類記』」（『東洋研究』一六四号、二〇〇七年）に翻刻がある。

⒂『小反閇《しょうへんばい》作法《さほう》 幷《ならびに》 護身法《ごしんほう》』一巻

反閇には大・中・小の作法があるとされるが、ふつう小反閇が行われたようである。この史料は平安時代後期における安倍氏の小反閇と護身法の次第、そのさいの諸種の呪や禹歩の歩行図などをその実際を伝えており貴重である。京都府立総合資料館所蔵若杉家文書。奥書にはつぎのようにある。

「本云
仁平四年歳次甲戌三月廿日癸酉反閇幷諸分法
授ニ習三郎大夫泰弘朝臣一了、予卅五、大夫十五歳也、

雅楽頭　在判　御自筆本也

奥書ハ猶雖レ有、虫損之間、不レ能ニ書写一、

建長二年六月廿三日以ニ大蔵大輔殿

自筆御本一、慥書写畢、家之秘

本、道之宝物也、更々不レ可レ有ニ外見一

者也、　　匠作尹安倍維弘

同年七月朔日委點了、裏書同写了、

于レ時涼風漸動窓竹而已、

受ニ家説一了　　安倍維弘（花押）

受ニ家説一畢　〔生年カ〕□□十六歳也

安倍泰統（花押）

「（別紙）延慶二年歳次己酉三月廿一日甲辰以ニ家秘説一授ニ

泰緒改泰綱一訖、生年二七歳也、

正四位下行権天文博士（花押）

建武四年歳次丁丑四月卅日庚子授ニ秘説

於泰宣一訖、

従四位上行陰陽頭安倍朝臣（花押）

寛正二年三月十五日従二品有郷御説　以二家秘説一授二泰清一訖、巨細口伝有之、可レ秘々、

正四位下行陰陽権助兼大膳大夫安倍朝臣（花押）」

これによってこの史料は、仁平四年（一一五四）三月二十日雅楽頭安倍泰親が四五歳のときその自筆本を一五歳の三郎大夫泰弘（のちに泰茂と改名）に授け、さらに泰茂（大蔵大輔）が書写した本を建長二年（一二五〇）六月二十三日に安倍維弘が転写し、七月一日に点を加えるとともに裏書も写し、ついで子息で一六歳の泰統に授けたものであること、その後も延慶二年（一三〇九）三月二十一日には権天文博士[16]長親が一四歳の泰緒（のち泰綱に改名）へ、建武四年（一三三七）四月三十日には陰陽頭が泰宣へ、寛正二年（一四六一）には有郷が泰清へと、安倍氏西洞院家流に伝えられたものであることが知られる。また、紙背にも反閇に関する作法や故事などを記すが、その中には、

「久寿二年二月八日巳時許、於二不審事一者所レ奉二習取一也。然者此本高名本□敢不レ可レ及二他見一之由、度々所レ被レ仰也。于レ時予年十六歳也。」

「護身法敢無二秘説一、如二本文一。得二此本文一難也。本文秘蔵、無二口伝一也。是ハ□□
仁平四年歳次甲戌十月大一日支庚、干辰、始習二太一一、今日以二予衰日一也。
人モ以レ不レ知二衰日一也。
印又有二秘蔵一也。于レ時生年十五歳也。」

など、泰親より秘蔵の本文を授伝したのちの泰茂の学習の様子を示すものもある。鎌倉末・南北朝時代写。『陰

陽道基礎史料集成』に若杉家本の影印と解説がある。

⒃『文肝抄《ぶんかんしょう》』一冊

陰陽道祭祀に関する賀茂氏の書。京都府立総合資料館所蔵若杉家本。表紙を欠き、目録には「文肝抄四」とあって以下陰陽道の祭祀五〇余りをあげ、その末尾に「一於二禁裏幷春宮御所一勤二祭礼一事、見二文肝抄第一世俗雑事部一」とある。よって『文肝抄』は少なくとも四冊本で、陰陽道の祭祀に関する諸儀礼をまとめたものであったことが推測される。この第四冊は、五帝幷四海神祭・北極玄宮祭・三万六千神祭以下、陰陽道の諸祭祀や祓の用具、次第、口伝先例などを記し、祭場の略図を示しているものもある。

その中には「在友云」、「建永二年丁卯二月廿二日近衛長官記云」（在宣記カ）、「長官在清朝臣殿」、「見在継記」、「在材私云」、「在直被レ仰レ之」、「永久五年光平記云」、「曾祖父《在清》御抄云」、「以二故殿在憲本書一写レ之」、「内匠御記」（宗憲記カ）、「雑用集」などの賀茂氏歴代の所説・抄物・記録を引く。「曾祖父《在清》御抄」は『陰陽吉凶抄』の「在清抄」と同じものであろうか。とくに注目されるのは「内匠御記」で、これは内匠頭を長く兼任した賀茂宗憲の日記と考えられ、本書の末尾に祓に関する天永二年（一一一一）から大治三年（一一二八）までの日記の佚文六条が引用されている。[17] また在宣の仰せとして「雑用集第一」を引用し、竈神祭に関する在宣の問答一一か条を引用するなど、在宣の影響も大きい。

本書に記される年紀で最も新しいのは、建治四年（弘安元年・一二七八）二月十七日に四角四界祭を行ったことを記したものであり、よって本書は鎌倉時代後期に賀茂氏の手のよって成立したものと考えられる。ここに名が出る人の多くは、賀茂氏の中でものちの勘解由小路家流とは別の、在宣から在親、在明に続く家のものであるが、在清を曾祖父と言い、その玄孫にあたる在材が私説を記していることなどから、在材が先祖の日記、書付、家説などをまとめたものと考えられる。ただ文中に空白や虫損の注記があるから原本ではなく、室町時代頃の写本とみられる。『陰陽道基礎史料集成』に影印と解説を載せる。宮内庁書陵部土御門本に宝永二年（一七〇五）の写本がある。

⒄『陰陽道祭用物帳《おんようどうさいようもっちょう》』一巻

陰陽道祭で用いられた祭物などの記録。宮内庁書陵部所蔵土御門本。前後を欠くが久安五年（一一四九）から建保二年（一二一四）までの年紀があり、成立は鎌倉前期とみられる。ただしこの史料は応永五年（一三九八）の仮名暦と翌年の具注暦の裏面に書写されており、室町中期の書写であることがわかる。

記載されている陰陽道祭は、九曜祭のうちの熒惑星（火星）祭・歳星（木星）祭・鎮星（土星）祭、造作のさいに行う大歳八神祭や厩鎮・灰鎮・石鎮といった鎮祭、泰山府君祭、赤痢病祭、山神祭、河伯水神祭、宇賀神祭などであり、安倍泰親と子息の季弘・泰茂・泰忠（泰茂の養子）らが行ったことを記しており、泰忠あたりがまとめたものと考えられる。撫物・魚味などの用物をはじめ、祭祀の目的・次第や祭場を図示するものもあり、『文肝抄』とならぶ重要な祭祀史料。小坂眞二「陰陽道祭用物帳」（『民俗と歴史』第六号、一九八〇年）に翻刻と解説がある。

⒅『祭文部類《さいもんぶるい》』一冊

陰陽道の祭文集。京都府立総合資料館所蔵若杉家本。泰山府君祭・呪咀返却祭・天曹地府祭・荒神祭・属星祭・霊気道断祭・土公祭・地鎮祭・百怪祭・河臨祭・招魂祭・太陰祭・防解火災祭・歳星祭の一四種の祭文を集める。太陰祭は寛喜三年（一二三一）の年紀をもち、その他は一六世紀のものが多い。いくつかの祭文の末に、天正十一年（一五八三）の年紀、土御門有春（一五〇一～一五六九）の正本や家の正文をもって書写したと記しており、一六世紀末に土御門家でまとめられたものと考えられる。『陰陽道基礎史料集成』に影印と解説を載せる。

⒆『諸祭文故実抄《しょさいもんこじつしょう》』一冊

内典・外典（陰陽道）・宿曜道の修法・祭祀一六種類ごとに祭文五〇通余りを分類し、かつ祭文の構成を記して儒家としての祭文作成の職務に備えたもの。神宮文庫に写本、東京大学史料編纂所に謄写本がある。奥書によると東坊城（菅原）和長が明応八年（一四九九）に草し、永正十五年（一五一八）六月十八日に成稿したものという。陰陽道関係ではつぎの祭文を載せている。

天曹地府祭—足利義持応永十六年祭文、足利義政嘉吉三年祭文

泰山府君祭—後小松天皇応永九・十一年祭文、崇光上皇永和四年祭文、足利義勝嘉吉二年祭文

三万六千神祭—後嵯峨上皇宝治元年祭文、足利義満応永十四年祭文

天地災変祭—土御門天皇承元四年祭文、後鳥羽上皇建保三年祭文、藻壁門院藤原竴子天福元年祭文、中宮藤原竴子寛喜二年祭文、関白九条道家寛喜二年祭文、摂政九条教実天福元年祭文、足利義持応永二十六年祭文

玄宮北極祭—一条天皇長保四年祭文、後冷泉天皇康平八年祭文、鳥羽上皇天仁三年祭文、後白河天皇保元三年祭文

五　暦道関係

⒇『大唐陰陽書《だいとういんようしょ》』二冊

具注暦を作成するさいに暦注記載の典拠となったとみられる書。天理大学附属天理図書館吉田文庫、京都大学人文科学研究所などに室町時代の写本、国立天文台、静嘉堂文庫などに江戸時代の写本がある。本来の書名は『陰陽書』で、唐の太宗の命により呂才らが撰した陰陽家説の集成書で、貞観十五年（六四一）に成り、全五〇巻とも五三巻ともいう。正倉院文書に書名がみえ天平十八年（七四六）以前に日本に伝えられ、陰陽道の典拠の一

つとして利用された。多くは散佚したが、このうち三十二・三十三の両巻は合わせて一年間の暦注配当の一覧表であり、暦家が暦を作るさいに暦注記入の手本となる極めて便利な書であったので、単独で『大唐陰陽書』として伝えられた。現在、室町・江戸期の写本が六点知られ、それらの奥書には平安時代の暦博士大春日真野麻呂・賀茂保憲や宿曜師たちが所持していたことを記し、暦家の間で重用されていたことがわかる。吉田文庫本は、安倍有春が所持した本を天文十一年（一五四二）に清原宣賢が書写したもの。中村璋八「「大唐陰陽書」考」（同『日本陰陽道書の研究』増補版）、大谷光男「日本古代の具注暦と大唐陰陽書」（同『東アジアの古代を探る――暦と印章をめぐって――』大東文化大学東洋研究所、一九九九年）および本書第三部第三章、参照。

(21)『宣明暦《せんみようれき》』六冊（吉田文庫本、他）

日本の暦家が用いた宣明暦のテキスト。天理大学附属天理図書館吉田文庫、京都大学附属図書館清家文庫、名古屋市蓬左文庫に室町時代末、国立天文台、東北大学附属図書館林文庫に江戸時代初期の写本があるほか、寛永二十一年（一六四四）の版本、これを解説した安藤有益の『長慶宣明暦算法』（承応三年［一六五四］版）がある。

宣明暦は唐で長慶二年（八二二）から七一年間行われた暦法で、日本には貞観元年（八五九）に伝えられ、貞観四年から江戸時代の貞享元年（一六八四）まで八二三年間の長期にわたり行われた。本来のテキストである徐昂作の『宣明暦経』三四巻は残らないが、長期間同一の暦法により毎年の造暦を繰り返していた日本の暦家たちは、その要点をまとめた本経の簡約本を残すことになった。それが本書であり、その編目は、毎年の造暦法を記した「宣明暦」、日月食推算法を記した「宣明暦交蝕私記」、天文定数等の数表を記した「宣明暦立成」第九・十一・十四・十五からなる。暦道世襲氏族の賀茂氏のもとで、鎌倉時代から南北朝時代にかけて成立したものと推測される。日本中世の暦法を知る上で重要な資料。本書第三部第四章を参照。

(22)『符《ふ》天暦《てんれき》日躔《にってん》差《さ》立成《りっせい》』一冊

本書は宿曜師仁宗が符天暦により推算した太陽運動（日行）表であり、符天暦の実体を知るための数少ない史料。大将軍八神社所蔵皆川家文書。序に当たる部分の末に「于レ時興福寺　仁宗依二長徳元年八月十九日造暦宣旨一推歩」とあり、長徳元年（九九五）八月十九日に仁宗が造暦の宣旨を蒙ったさい推算したものであることが知られる。

宿曜師は符天暦をもって個人の誕生時刻における九曜の位置を推算し、これをもとに星占を行う密教僧であり、その暦算技能により仁宗・仁統・証昭と続いて造暦の宣旨を蒙り、それぞれ賀茂光栄・守道・道平と共同で造暦を行った。末尾に「本云寛喜二年三月十日以二約童一令二書写一畢」とあり、本書が寛喜二年（一二三〇）に書写されたもののさらなる転写本であることが知られる。太陽表には「清周注レ之」「清平注レ之」などの注記があるが、これは鎌倉末から南北朝期に権暦博士・陰陽頭を歴任した賀茂清平・清周父子のことであり、寛喜二年書写本は賀茂氏の所蔵であったことがうかがえる。なお、最後に本文とは別筆で宝暦六年（一七五六）八月に補修を行った旨の土御門泰邦の記がある。鈴木一馨「『符天暦日躔差立成』とその周辺」（『駒沢史学』五一号、一九九八年）に研究と翻刻がある。

(23)『注定付《しるしさだめふす》之《の》事《こと》』（『暦家秘道秘記《れきかひどうひき》』）　一冊

宣明暦の日月食推算法と先例について記した賀茂氏（勘解由小路家）の家伝書。国立天文台所蔵。表紙に「注定付之事」との外題があり、「秘中極秘」「青松」と書し、内題には「注定付事　是暦家秘道也、更不レ可二相伝一、可レ秘可レ貴、」と暦家賀茂氏の秘書であることを記している。後補の帙に「暦家秘道秘記」とあり、天文台ではこれを架蔵名とする。巻末の奥書に、「応永廿七年三月五日書レ之」、さらに次行に「応永十三年丙午十月望十五日此次目此紙十数枚目端在レ之」とある。丙午は応永三十三年（一四二六）であるから応永二十七年の書写についで何らかの手が加えられたのであろう。続いて最後に、

「　右私記、前宮内卿在基朝臣以二自筆本書一写畢。為二子孫一尤重宝不レ可レ過レ之者也。可レ秘。
永正八年辛未五月八日従五位上行左馬権頭賀茂朝臣在富　」

と記し、賀茂在基が書写した本を、永正八年（一五一一）に賀茂在富がさらに書写したものであることがわかる。前述のように表紙の「青松」は清原国賢のことであり、本書が勘解由小路家の断絶後に彼の所蔵になっていたことが知られる。光平、「祖父長官殿御草」（賀茂在継）、在秀、清平、清周など鎌倉時代を中心に賀茂氏の暦家の説、注記が多数引用され、日月食計算に関する賀茂氏の家説がまとめられている。食計算を行うさい、はじめに前年十一月朔の入交汎日《にゅうこうはんじつ》（黄経）を求めることが必要となるが、本書では例として貞和六年（一三五〇）の求め方をあげている。そのことは原本の成立が貞和六年をさほど下らない一四世紀の後半であったことをうかがわせている。『宣明暦　注定付之事の研究』（大東文化大学東洋研究所、一九九七年）に影印・訓読と注解がある。

六　天文道関係

(24)『天文要録《てんもんようろく》』　二六冊

唐代初期の天文占書で李鳳撰、五〇巻。序に麟徳元年（六六四）五月十七日付の奏文を載せるのでその年の成立とみられる。内容は、目録序第一、日災図第二、月災図第三、以下日・月占、歳星占以下の五星占、角宿占以下の二十八宿占、内官・外官占よりなるが、そのうちの二六巻分が土御門家に伝わり、貞享三年（一六八六）に加賀藩主前田綱紀の命で土御門家本を書写したものが前田育徳会尊経閣文庫に現存する。また土御門家本の近世後期の写本（旧内閣文庫本）を国立天文台に、尊経閣本の近代の写本を京都大学人文科学研究所に蔵す。本書は、日月星辰別に広く古来の天文占書や緯書の占言を類聚したもので、多くの典籍の逸文を伝えており貴重である。研究には中村璋八「天文要録について」（『日本陰陽道書の研究』所収）、また翻刻と研究に『『天文要録』の考察』〔一〕（大東文化大学東洋研究所、二〇一一年、継続刊行中）、国立天文台本に関しては、細井浩志「国立天文台本『天文要録』について」（『東洋研究』一九〇号、二〇一三年）がある。

(25)『天地瑞祥志《てんちずいしょうし》』九冊

天地の諸現象から人象、動植物におよぶ唐代初期の類書。新羅での成立説もある。薩守真撰、二〇巻。第一に麟徳三年（六六六）四月付けの啓がありその年の成立と考えられる。安倍氏が伝えていた『天地瑞祥志』九巻分が貞享三年（一六八六）に加賀藩主前田綱紀の命で書写され、前田育徳会尊経閣文庫に現存している。また京都大学人文科学研究所にその転写本を蔵す。内容は、天文・気象・祥瑞災異現象や夢・祭等の人事に関して、経典・史書・天文・緯書等のさまざまな典籍から関係する記事を引用したもので、『天文要録』とともに天文道の天文占の典拠として盛んに利用された。中村璋八「天地瑞祥志について」（『日本陰陽道書の研究』所収）、太田晶二郎「『天地瑞祥志』略説」（『太田晶二郎著作集』第一冊所収、吉川弘文館、一九八九年）、水口幹記『日本古代漢籍受容の史的研究』第Ⅱ部「『天地瑞祥志』の基礎的考察」（汲古書院、二〇〇五年）等参照。

(26)『石氏簿讃《せきしぼさん》』（『三家簿讃《さんかぼさん》』）一巻

中国古代の星座体系を記した唐代以前成立の天文書。京都府立総合資料館所蔵若杉家文書。奥書があり、これを整理して述べると、次項の『雑卦法』とともに安倍氏のもとで鎌倉時代の嘉禎元年（一二三五）に書写され、泰緒の相伝を経て余本があるをもって正和三年（一三一四）に泰世に譲られ、さらに有世に伝えられたもの。また、別に泰俊が建保三年（一二一五）に書写したものもあったという。資料館における現資料名は、有世が書した包み紙の書名により「石氏簿讃」とされているが、天平宝字元年（七五七）に陰陽寮天文生のテキストに指定された『三家簿讃』（『三色簿讃』ともいう）が本書とみられる。

中国では三世紀末、晋の太史令陳卓が古代の天文家石申（石氏）・甘徳（甘氏）・巫咸の名のもとに伝えられていた二八三の星官（星座）を再編整理して図録に示し、ついで五世紀中頃に宋の太史令銭楽之がそれぞれの星を赤・黒・白（のちに黄）の三色に分け、これが永く天文学の標準になった。この書ではその後の増補を受け、二八五の星官を石氏・甘氏・巫咸の三家の星官簿讃ごとに配列し、星図・名称・星数・天空上の位置、さらに小字で星官の政治的役割を示す讃を付す。しかも星官図は、石氏は赤、甘氏は黒、巫咸は黄色に色分けされており、中国の古天文書の姿を現在に伝えている。渡辺敏夫氏は二十八宿広度の値から、少なくとも開元年間（七一三〜七四一）以前のものとする。渡辺敏夫『近世日本天文学史』下巻、第12章日本星図史（恒星社厚生閣、一九八七年）。『陰陽道基礎史料集成』に若杉家本の影印があり、『若杉家文書『三家簿讃』の研究』（大東文化大学東洋研究所、二〇〇三年）には原色写真版、翻刻・訓読と研究を載せる。

(27)『雑《ざつ》卦《か》法《ほう》』一巻
中国古代の天文・五行占書を編纂したもの。京都府立総合資料館所蔵若杉家文書。本来『石氏簿讃』と一続きの書として嘉禎元年（一二三五）に書写されたものであるが、巻末に「雑卦法巻一」とあることによりこの書名で架蔵されている。内容は「黄帝星簿讃」なる特異な星官名の一覧、ついで天文・気象・物象・彗星占からなる。単一の典籍の写しではなく、奈良時代に日本に伝えられ、その後安倍氏のもとに残されていた数種の占書の零本を、おそらく平安時代後期に集め綴ったものと思われる。唐の『開元占経』に引く『天鏡』『地鏡』『魏氏図』などの五行・天文占書、『孝経雌雄図』『孝経内記』などの緯書の佚文と一致する占文が多い。とくに後半部には占文と対応するさまざまな形の日暈・日珥図や彗星図が描かれており、漢代の馬王堆帛書と同様に中国古代の天文占書の形式を伝え注目される。『陰陽道基礎史料集成』に影印があり、『「若杉家文書」中国天文・五行占資料の研究』（大東文化大学東洋研究所、二〇〇七年）には原色写真版、翻刻・訓読と研究を載せる。

(28)『格《こう》子《し》月《げつ》進《しん》図《ず》』一巻

円形の北天図と方形の中天図からなる中国の星図。土御門家旧蔵。中天図には赤道を中心に経・緯線が細かく格子状に引かれ、白道もしくは黄道を太く曲線で描き、その中に星座が詳細に記されている。『花園院宸記』元亨四年（一三二四）十一月四日条に、安倍泰世がこれを花園院に奏覧したことがみえる。土御門家には泰世が書写したものが伝わっていたが、一九四五年五月に戦災で焼失し現在は写真のみが残る。また一二世紀前半の宿曜師深算の『宿曜占文抄』（高山寺蔵）にも北天図が引載されており、僧侶である宿曜師の間でも関心がもたれていたことがわかる。日本に伝えられた時期は不明であるが、大崎正次氏は星の赤緯から計算して西暦五〇〇年±五〇年の観測データを背景に持つ星図とし、渡辺敏夫氏は二十八宿広度から西暦七二〇年以降の星図で、月と諸星の凌犯関係を確認するために使用する目的で、安倍氏で作られたものとする。大崎正次「『格子月進図』の調査報告」（『中国の星座の歴史』雄山閣、一九八七年）、渡辺敏夫『近世日本天文学史』下巻、第12章日本星図史（前掲）、宮島一彦「日本の古星図と東アジアの天文学」（『人文学報』八二号、一九九三年）等参照。なお写真は『別冊太陽』七三号（平凡社、一九九一年）にも掲載されている。

(29)『安倍《あべ》泰親《のやすちか》朝臣《あそん》記《き》』（『天文変異記《てんもんへんいき》』）一冊

永万元年（一一六五）の末から翌仁安元年にかけての天文記録。一名『天文変異記』。内容は、月星接近、彗星出現、惑星現象等の天文変異や地震の発生にさいして、天文家安倍泰親・業俊父子が『天文要録』『天地瑞祥志』『乙巳占』等の中国の天文占書を典拠に、その吉凶をまとめた勘文形式の密奏案を主とする。現象別に分けると四五の勘文に、若干の書信や異変と対応して起こったとされる宮廷の凶事などを記している。『史籍集覧』（改定版は第二四冊、新訂増補版は第二九冊）所収。

(30)『天文書口伝《てんもんしょくでん》』一冊

天文道に関する安倍氏相伝の子弟教育書。外題に「天文書　口伝」、内題に「玄象初学須知抄」とあり、玄象とは天文のこと。大将軍八神社所蔵皆川家文書。渾天・蓋天・宣夜の三説、天度分事、日行分事、日蝕、月蝕などの天日月のことから、五星・流星・彗星、雷などの星や気象まで、天文に関するタームをとりあげて『天地瑞祥志』『天文要録』『晋書天文志』などから関連条文を引用し、また若干の口伝を付して説明する。巻末近くに「城門郎安倍　判」（安倍泰俊カ）「泰世卿」「有世卿」などの相伝を示す本奥書があり、追記の後、末尾に正三位安倍有宣の奥書がある。原本の成立は、鎌倉前期以前に遡るとみられ、有宣の位階から文明十一年（一四七九）から長享二年（一四八八）の書写であることが知られる。天文道世襲氏族である安倍氏の学習法を示すものとして重要である。

(31)『天文要抄《てんもんようしょう》』　一冊

天文道に関する安倍氏の学習書。大将軍八神社所蔵皆川家文書。現存本は江戸時代後期の写本であるが、はじめに「国随撰」とある。内容は日月五惑星ごとの運行や性格、五星相犯の吉凶に関して『天文要録』『天地瑞祥志』『乙巳占』などの要文を摘録して説明したもので、五星などに関する『天文要録』『天地瑞祥志』の重要な逸文が引かれており、新写ながら、院政期の陰陽頭安倍国随がまとめた安倍氏の天文道学習書とみてよいと思われる。鈴木一馨「京都市大将軍八神社所蔵『皆川家旧蔵資料』について」参照。

(32)『家秘要録《かひようろく》』　六冊、『天変地妖記《てんぺんちようき》』　一冊

ともに室町・戦国時代の月星接近、惑星現象等の天変や地震の発生に関して、『天文要録』『天地瑞祥志』『乙巳占』等を典拠に吉凶を記した天文勘文集であり、土御門家旧蔵。東京大学史料編纂所に影写本がある。『家秘要録』第一冊は永享五年から応仁二年までの勘文等九二通、第二冊は文安五年から文正元年までの三六通、第三冊は天文十一年から永禄五年までの二三通、第四冊は永禄四年から天正十九年までの一四通、第五冊は天正十三年から慶長十三年までの一三通、第六冊は平安中期の康保四年、長徳元年の勘文ほか、応永二十一年から天正十

二年までの一八通、『天変地妖記』は長享二年から永正九年までの勘文四六通を収録する。また、それぞれの勘文の勘申者やその内容から、『家秘要録』第一・二冊および『天変地妖記』は本来賀茂氏（勘解由小路家）の勘文集でその旧蔵書であったこと、『家秘要録』第三・四・五・六冊は安倍氏（土御門家）の勘文集であったことがわかり、江戸時代に土御門家のもとで『家秘要録』としてまとめ直されたものと考えられる。各勘文の勘申者と引用典籍の概要は、水口幹記『日本古代漢籍受容の史的研究』第Ⅱ部第四章「中世における『天地瑞祥志』の利用状況」参照。

七　日記・文書・系図

(33)『養《よう》和《わ》二《に》年《ねん》記《き》』一冊

養和二年（寿永元年・一一八二）正月から三月までの陰陽師の日記。『歴代残欠日記』巻三十所収。内容から記主は安倍泰親の孫で泰茂の子にあたる（実は泰親の八男という）安倍泰忠と判断される。残る期間はわずかだが、泰親を中心とした陰陽・天文家としての安倍氏の活発な活動と彼らの日常の信仰、源平争乱期に入り未曾有の飢饉にみまわれた都の様子を記している点でも重要。山下克明『平安時代の宗教文化と陰陽道』に翻刻がある。

(34)『承久三年《じょうきゅうさんねん》具《ぐ》注暦《ちゅうれき》』一巻

承久三年（一二二一）の具注暦に記されたある陰陽師の日記。天理大学附属天理図書館所蔵。具注暦は暦序から十月まで残り、間明きはなく行間の上下の隙間に日記が記入されている。その内容は、七条院藤原殖子をはじめとする貴顕や衛門尉などの下級武官のために泰山府君祭・招魂祭・代厄祭などの陰陽道祭祀を行っている記事が多く、個人名は特定できないが賀茂氏か安倍氏の陰陽師の日記であると推測される。紙背も『陰陽雑書』などに類する日次の吉凶を多数記した文献であり、陰陽家の間に伝えられたものであることがわかる（なお、現状は裏打ちの紙が厚く全文の判読は困難である）。

この年は五月から七月にかけていわゆる承久の乱が勃発した年で、都は戦乱の場となるが、日記にもその様子を伝え記主が直接見聞した記事があり、またおそらく他見を憚って墨で塗りつぶした箇所もあり、当時の朝廷方貴族官人の緊迫感を伝えている。承久の乱に関する史料の多くは後世の編纂物や軍記物であり当時の史料は少ない。本記には数は少ないがその欠を補いうるものがあり、史料としても重要。本書第三部第二章を参照。

(35)『永仁《えいにん》五年《ごねん》朔旦《さくたん》冬至《とうじ》記《き》』一冊

永仁五年（一二九二）十一月朔日の朔旦冬至旬儀に関する当日の記録で、記主は権暦博士としてこの儀に参加した賀茂定清。一九年に一度行われる旬儀は暦道の盛儀でもあり、内裏に御暦を進献する儀式次第を詳記している。『続群書類従』公事部所収。また『歴代残欠日記』巻五十にも『権暦博士賀茂定清朝臣記』として収める。

(36)『在盛《あきもり》朝臣《あそん》記《き》』二冊

賀茂（勘解由小路）在盛（一四一二〜一四七九）の日記。『歴代残欠日記』に永享三年（一四三一）の記、『続群書類従』雑部には「大膳大夫有盛記」として、『史籍集覧』には「在盛卿記」として長禄二年（一四五八）、文明十一年（一四七九）の記を収めるが、まとまった記載は長禄二年のみ。在盛は暦博士・諸陵頭・陰陽頭などに任じ、従二位刑部卿にいたった。前述のように長禄二年に『日法雑書』を撰している。

(37)土御門家関係記録

平安時代中期の陰陽家安倍晴明（九二一〜一〇〇五）の後裔で、累代陰陽・天文道を家職とした土御門家の記録。京都府立総合資料館所蔵若杉家文書に室町時代の土御門有宣の『有宣卿記』のわずかな断簡があるほか、宮内庁書陵部所蔵土御門本に江戸時代初期の当主土御門泰重（一五八六〜一六六一）の『泰重卿記』以下、『泰福卿記』『泰誠卿記』『泰連卿記』『泰豊卿記』『泰邦卿記』『泰栄卿記』『泰胤卿記』『晴親卿記』『晴雄卿記』などの歴代の日記があり、その年代は断続的ながら、元和元年（一六一五）から嘉永四年（一八五一）におよぶ。同家は永禄八年（一五六五）の暦道勘解由小路家（賀茂氏）の断絶により暦道も兼ね、また公武の祈禱も掌った。泰福（一六五五～一七一七）のとき土御門神道を創始し、綸旨により諸国陰陽師の支配を許された。日記の内容もそのような家職を反映して、祈禱・祭祀、日時・方忌の勘申や天文変異に関するものが多い。土御門文書とともに近世陰陽道の実体を知る基本史料。『泰重卿記』は『史料纂集』（三冊）で翻刻されている。

(38)土御門家文書

累代陰陽・天文道を家職とした土御門家の文書。文書の大半は、大正四年（一九一五）に土御門家から宮内省に献納されたが（宮内庁書陵部所蔵土御門本）、ほかに家司の若杉家や皆川家等に伝えられたもの（京都府立総合資料館所蔵若杉家文書・京都市大将軍八神社所蔵皆川家文書）、さらに東京大学史料編纂所土御門本および影写本、福井県名田庄村藤田家文書（小浜市立図書館マイクロフィルム）により補うことができる。最古のものは平安後期の藤原忠通書状（年欠）、ついで治承四年（一一八〇）の平教盛卿消息などがあるが、内容面では、天皇および徳川将軍家のための天曹地府祭・泰山府君祭都状、土御門家による諸国陰陽師の支配を認めた綸旨や徳川将軍家朱印状、そのほか祭祀・祈禱・日時勘文など、室町から江戸時代の陰陽道に関係するものが多い。また所領関係では、子息安倍泰忠に近江国竜花庄の知行相続を申請した、文治四年（一一八八）の大蔵大輔安倍泰茂書状案以下、鎌倉・室町時代の文書が残り、それにより同氏の所領の大体を知ることができ、なかでも若狭国名田庄上村（公家長日泰山府君祭料所）・洛中洛外諸口雑務料について、それらの安堵や諸公事免除の綸旨・室町幕府奉行人奉書などが多い。若杉家文書には足利義満三万六千神祭祭文や後水尾天皇土公祭祭文など貴重なものもあり、『陰陽道基礎史料集成』に影印がある。

(39)『医陰系図《いいんけいず》』一巻

表　賀茂氏と安倍氏の家本

	陰陽道関係	暦道関係	天文道関係	記　録
賀茂氏	(1)『暦林』 (3)『陰陽雑書』 (6)『陰陽吉凶抄』 (9)『暦林問答集』 (10)『日法雑書』 (13)『六甲占抄』☆ (16)『文肝抄』★	(20)『大唐陰陽書』 (21)『宣明暦』☆ (22)『符天暦日躔差立成』 (23)『定注付之事』☆	(32)『家秘要録』第一・二冊・『天変地妖記』★	(35)『永仁五年朔旦冬至記』 (36)『在盛朝臣記』
安倍氏	(2)『陰陽略書』 (4)『陰陽博士安倍孝重勘進記』 (5)『陰陽道旧記抄』 (7)『方角禁忌』 (8)『建天全書』 (11)『五行大義』 (12)『占事略決』 (14)『反閇作法幷作法・反閇部類記』 (15)『小反閇作法幷護身法』 (17)『陰陽道祭用物帳』 (18)『祭文部類』	(20)『大唐陰陽書』(京大人文研本・吉田文庫本)	(24)『天文要録』 (25)『天地瑞祥志』 (26)『石氏簿讃』 (27)『雑卦法』 (28)『格子月進図』 (29)『安倍泰親朝臣記』 (30)『天文書口伝』 (31)『天文要抄』 (32)『家秘要録』第三・四・五・六冊	(33)『養和二年記』 ＊不明―(34)『承久三年具注暦』

註：★は勘解由小路家の断絶後に土御門家に伝えられたもの、☆は明経家の清原氏(舟橋家)に伝えられたとみられるものを示す。

医陰とは医道と陰陽道のことで、医道の和気氏、丹波氏、惟宗氏、陰陽道の賀茂氏、安陪（倍）氏の系図を収める。宮内庁書陵部所蔵壬生家本などがある。成立は室町時代中頃、一五世紀後半から末の間。賀茂氏、安倍氏の系図の中では各分流支族にわたる最も詳しい系図で、それぞれの位階や官職の注記の信憑性も高い。注目されるのは、朱の合点を付す賀茂氏に多数みえる「造暦宣（旨）」、安倍氏にみえる「密奏」「密ー」（天文密奏宣旨の略）の注記である。これは暦博士、あるいは天文博士と同等の職責を天皇から与えられたことを示すもので、陰陽家であり、かつ賀茂氏が造暦家、安倍氏が天文家と称した所以である。また系図の始祖、賀茂吉備麻呂、安倍倉橋麻呂にはそれぞれ吉備真備と阿部仲麻呂の注記と伝を付すが、院政期以来の吉備入唐説話の流布を背景とし、また家系の顕彰を意図した誤伝である。『陰陽道関係史料』に翻刻がある。

八　賀茂・安倍両氏が伝え、失った史料

以上が、『暦林』を除いて現在伝わる中世以前の主要な陰陽道・暦道・天文道関係史料であるが、これを賀茂氏と安倍氏の家本・蔵書（中国伝来典籍で、かつて両氏が書写し所蔵していたことが明らかなものも含む）ごとに分類し、表示しておこう。陰陽道関係史料のほかに、賀茂氏は暦道、安倍氏は天文道史料を多く伝えていたことは平安中期以来のそれぞれの家業を反映している。

賀茂氏勘解由小路家は室町時代末に廃絶し、その家蔵書は土御門家や舟橋家などに引き継がれた。それでも賀茂氏関連の『大唐陰陽書』や『暦林問答集』『宣明暦』などの写本が多数みられるのは、それらが早い段階で流布したためであろう。安倍氏土御門家は明治初年まで家業を保ち、重要な蔵書を伝えているが、それにしても戦国時代の混乱で多くの家蔵書を失っており、現在残されているのはそのごく一部に過ぎず全容を知ることはできない。そこで現代に伝わる史料に引用されている記事から、平安・鎌倉時代に遡る両氏の家説や、両氏の編にかかわる家本の一部を復元してみることにしよう。

院政期の成立とみられる『陰陽略書』には、賀茂保憲・光栄・守道・道言、そして安倍晴明・吉平・時親など、方角の禁忌に関する賀茂・安倍両氏の陰陽師の説が記されている。例をあげればつぎのようなものである。

(a) 大将軍方、為㆓一年之忌㆒。天徳四年十月廿六日、保憲

(b) 同方（大将軍）、犯土之間、可㆑出㆓避之㆒。晴明

(c) 同方（大将軍）并王相方、他人犯土、可㆑忌㆓卌歩内㆒。天延二年九月七日、保憲

(d) 王相留㆑忌之条、近則一気十五日、遠亦卌五日・九十日也。随㆑宜雖㆑為㆓旅所㆒、就㆓近日数㆒不㆑可㆑経㆓十五

日一歟。永保三年、依二法勝寺造作一違レ方、可レ御二西方旅所一日数勘文、道言

(e)壊レ瓦、不レ可レ忌二土用一、葺レ瓦、忌二土用一。長久三年九月廿九日、時親

保憲をはじめとする彼ら陰陽師は、陰陽道の上臈ないしは一臈と呼ばれ陰陽道を指導した位階上位の陰陽師たちであったが、このうち(a)は、天徳四年九月二十三日の内裏火災で職御曹司に移っていた村上天皇が冷泉院に遷御するさいの方忌論争に関するものである。このとき陰陽師の秦具瞻や文道光は大将軍方に当たるとして他所への方違えを主張したが、保憲は「不レ可レ忌、依三大将軍為二年忌一也」（『村上天皇御記』同年十月二十二日条）と勘申し、保憲の説が採用されることになった。

(c)は、同日付けの「賀茂保憲犯土禁忌勘文」が『朝野群載』巻十五陰陽道にみえ、朝廷の諮問に応えたものであることがわかる。また、(d)でも道言の「永保三年、法勝寺の造作に依り方を違い、西方の旅所に御すべき日数の勘文」と注記することから知られるように、これらの諸説は、方角禁忌の細則に関して彼らが勘申した勘文の要綱であり、平安中期から院政期にかけて賀茂氏・安倍氏にかかわらず陰陽師が準拠すべき職務上の規範として陰陽道で蓄積され定着していったものなのである。

ついで鎌倉時代に入ると、賀茂・安倍両氏の伸展により家説が重視されるようになる。一三世紀後半以降成立の賀茂氏の『陰陽吉凶抄』に、「勘解由小路」「大炊御門」と賀茂氏間の家説の相違や賀茂在清の「在清抄」が引かれている。また、安倍氏の『方角禁忌』には、とくに安倍晴道の子孫、時晴、親職、有親、有尚らのいわゆる「晴道党」の陰陽師の所説・勘文の引用が目立ち、一族の家説が集積され、両氏の所説の主要なより所になっていく傾向をうかがうことができる。

そのような家説重視の傾向は、造暦知識の継承が家の相続の基盤をなした暦道でも顕著で、日月食計算に関する賀茂氏の家説をまとめ、原本の成立は一四世紀後半とみられる『注定付之事』には、「祖父長官殿御草」（賀茂

在継）、在秀、清平、清周など鎌倉時代を中心に賀茂氏の暦家の説が多数引用されている。一族全体にわたり暦博士や造暦宣旨を蒙る者を輩出したこともあり、造暦家として家説の共有が図られたものと考えられる。

また、陰陽師個人の日記で残るものはわずかであるが、反閇儀礼に関する安倍氏の故実先例集で鎌倉時代末から南北朝の成立の『反閇作法幷作法』『反閇部類記』には、晴明もしくは吉平の日記の佚文があり、ほかにも時親・国随・泰長・泰忠記など平安後期から鎌倉前期にかけて安倍氏累代の日記が多数引用されている。鎌倉時代後期に賀茂氏の手によって成立した祭祀書『文肝抄』にも、「光栄勘文」、「光平記」、「内匠御記」（宗憲記ヵ）、「故殿在憲本書」、「近衛長官記」（在宣記ヵ）、「在宣作問答」、「在継記」、「曾祖父《在清》御抄」、「在直被レ仰レ之」、「雑用集」などの賀茂氏歴代の勘文・抄物・記録を引用しており、これらによって現在には伝わらないものの、賀茂氏・安倍氏の多くの陰陽師が日記をつけ、職務に関連した抄物を残していたことが知られる。

さらに、奥書から実際の家学継承の様子をうかがうことができる。『小反閇作法幷護身法』には、雅楽頭安倍泰親が仁平四年（一一五四）に「反閇幷諸分法」を一五歳の三郎大夫泰弘（泰茂）に授け、ついで泰茂自筆本を安倍維弘が書写し一六歳の子息泰統が家説を受け、延慶二年（一三〇九）には長親が一四歳の泰緒に授けたとあり、安倍氏では一五歳前後の元服とともに家説の教授が始まったことを明らかにしている。『五行大義』天文鈔本第四冊の本奥書にも、「泰弘年十七」が保元元年（一一五六）四月に家本をもって書写したとあり、泰親からその書写を許されたのであろう。『占事略決』清家文庫本の奥書には、同年十二月二十四日に雅楽頭安倍泰親が家説をもって息男親長に授けたとあり、当時泰親がその子息たちに盛んに家説の教授を行っていたことが知られる。『占事略決』尊経閣文庫本は泰統自筆本とされるが、彼は泰茂の子孫であるから、これも泰親から泰茂に伝えられた系統の写本とみてよい。

このようにみると安倍泰親が多くの家本の伝授にかかわっていたことがわかる。それは幸いに彼の子孫が繁栄し家本を永く伝えたために知られることで、史料には残らないが家業を子孫に伝えようとした他の陰陽師たちの場合も同様であったと考えられる。

しかしまた、泰親にはひと一倍、家学の伝授に励まなければならない事情もあった。彼は安倍氏の嫡流に生まれるが、『医陰系図』には泰親に注して「十二歳而喪㆓父泰長㆒、十五歳而喪㆓兄政文㆒、仍晴通加㆓首服㆒、教㆓授当道事㆒」とあり、頼るべき父や兄を早く失い、一族でも他流の晴道の手によって元服し、家学である天文・陰陽道を教授されたという。その後も泰親は晴道と祖先晴明以来の土御門の地の領有を争うなど、家の相続をめぐる困難な問題が続き、それだけに家系を守るため子息への配慮は並々ならぬものがあったようである。彼には多数の子息がいたが、後白河法皇とのかかわりを通してその官職の引き上げにつとめ、また天皇家安泰の毎月の泰山府君祭とそのために給付された天皇家領の荘園を子息に分配して、陰陽家としてそれぞれの家の繁栄を策していた。[18] 家祖晴明の『占事略決』をはじめとする幾多の典籍・文書も、家業継承のための必須の条件として伝えられたのである。

おわりに

賀茂・安倍両氏は陰陽家であるとともに、賀茂氏は暦家、安倍氏は天文家を兼ね、平安末から鎌倉時代にかけて繁栄して多くの支流に分かれ、室町時代に入っても家業を伝え競合した家は多かった。安倍氏では、院政期に分かれた国随の子孫は「晴道党」、奉親の子孫は「二条天文博士広賢朝臣之流」[19]と呼ばれている。晴明の土御門の家を伝領した院政期末の泰親は、子息たちをその近くに居住させて所領を分かち家本を写し与え、長子季弘の子孫に家地や晴明自筆文書などが伝えられた。その直系は室町前期に途絶えるが、泰親の三男泰茂の子孫がこれを継ぎ、足利義満の寵を得た有世の代から三位に昇る家となり、その息有盛（泰継）のときには「土御門家」を

称していたことが知られている。(20)

泰茂の子孫は泰俊流と泰盛流の二家に分かれ、『医陰系図』で泰俊流維俊の子とする泰綱（泰具・泰緒と改める）は、別の系図では泰盛流長親の子とすることが多く、おそらく泰綱は豊富に家本を伝える泰俊流の廃絶を避けその嗣子となったものと考えられる。長親が(15)『小反閇并護身法』を泰緒に授け、泰緒は余本があるので(26)『石氏

系図1　賀茂氏略系図

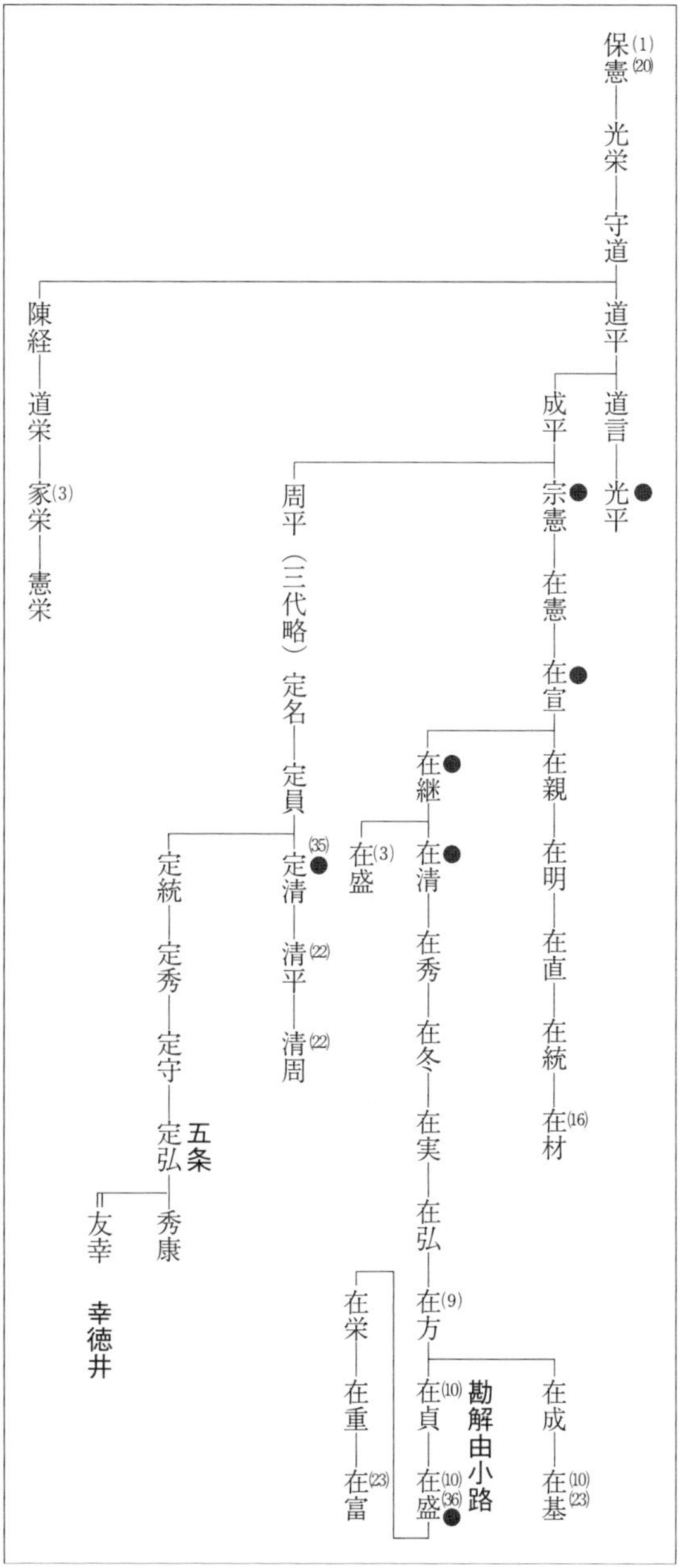

註：数字は前記の史料番号であり、その筆録編纂、書写にかかわった者、●は日記の佚文を残す者を示している。

系図2　安倍氏略系図

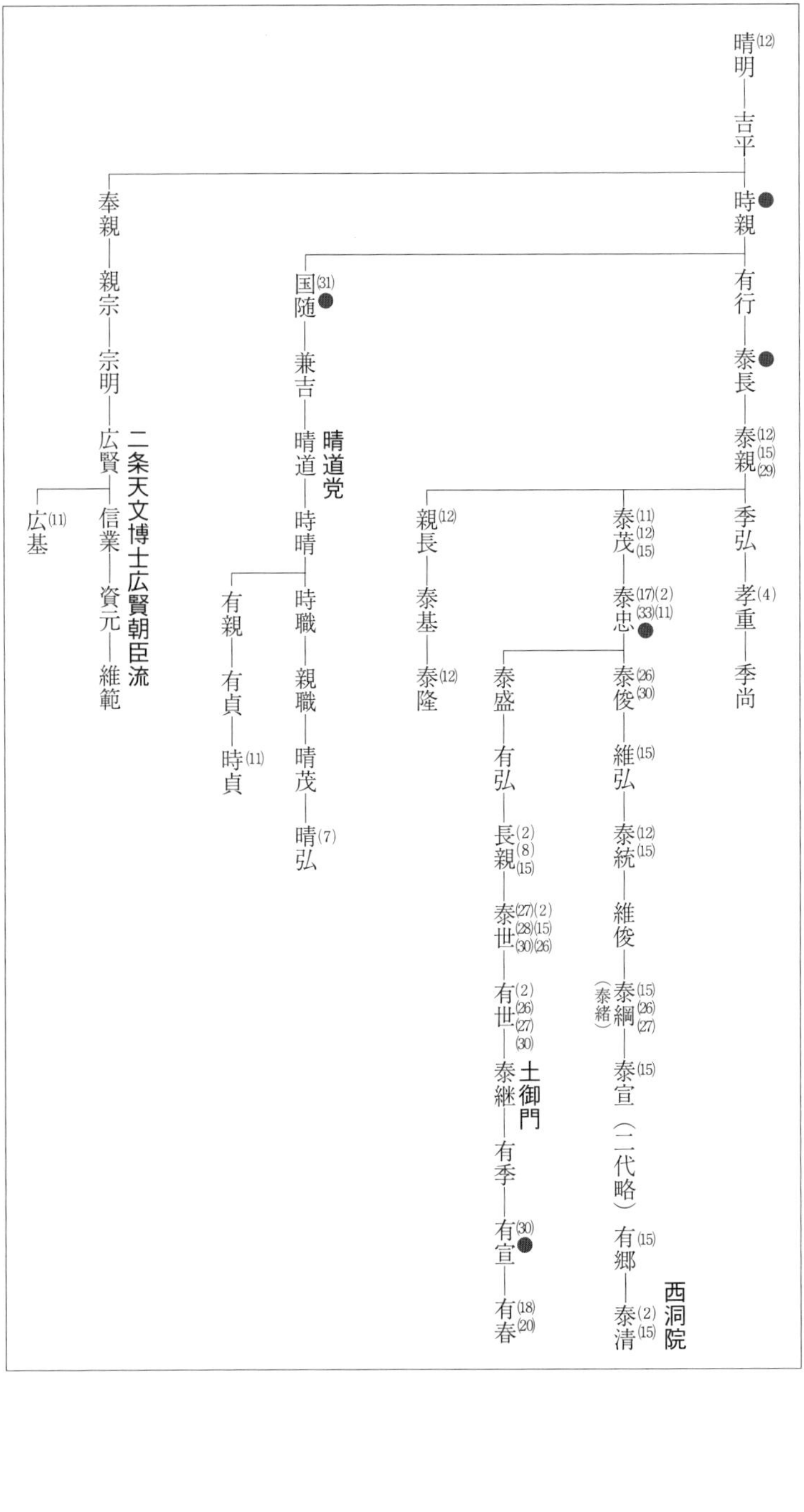

晴明(12)
吉平
時親
有行
泰長
泰親(12)(15)(29)
季弘
孝重(4)
季尚
泰茂(11)(12)(15)
泰忠(17)(2)(33)(11)
泰俊(26)(30)
維弘(15)
泰統(12)(15)
維俊
泰綱(15)(26)(27)
(泰緒)
泰宣(15)
(二代略)
有郷(15)
泰清(2)(15)
西洞院
泰盛
有弘
長親(2)(8)(15)
泰世(27)(2)(28)(15)(30)(26)
有世(2)(26)(27)(30)
泰継
土御門
有季
有宣(30)
有春(18)(20)
親長(12)
泰基
泰隆(12)
国随(31)
兼吉
晴道
晴道党
時晴
時職
親職
晴茂
晴弘(7)
有親
有貞
時貞(11)
奉親
親宗
宗明
広賢
二条天文博士広賢朝臣流
信業
資元
維範
広基(11)

簿讃』を長親の子泰世に与えるなど、両家の関係は親密であり、泰俊流も室町中期には三位に昇るものを出し「西洞院家」と称した(21)。

賀茂氏では鎌倉後期には「勘解由小路」「大炊御門」を称する流れが家説の相違をみたこと、前者は室町前期の在弘以降三位に昇る勘解由小路家につながる家であろうことは前述した。また、周平にはじまる家も鎌倉後期には何人もの陰陽頭を出した有力な家系で、室町前期の定弘は「五条」と号し、安倍季弘の末孫の友幸が定弘の養子となって南都幸徳井に居住し(22)、のちに「幸徳井」を称することになる。

中世の貴族社会において家を相続するためには、政治的基盤としての朝廷の官職、経済的基盤としての家領、そして知識・技能と一体化した家職の相続が前提となった。本章では現在どのような陰陽道関係史料が伝わるか、その成立や伝来過程を検討してきたが、まさにそれらは、土御門家をはじめとする諸家が伝えたその家職にかかわる一部であり、さらにそこに引かれた記事・佚文から賀茂氏や安倍氏のもとに勘文・抄物・撰著・日記などの豊富な知的財産が集積されていたこと、それによって現実に陰陽道や暦道・天文道が機能していた様子をうかがい知ることができる。

(1)　山下克明『平安時代の宗教文化と陰陽道』第一部第五章「『養和二年記』について」(岩田書院、一九九六年、初出は一九八七年)、「『陰陽博士安倍孝重勘進記』の復元」(『年代学(天文・暦・陰陽道)の研究』大東文化大学東洋研究所、一九九六年)、「宣明暦について」(本書第三部第四章)、「『承久三年具注暦』について」(本書第三部第二章)、「『三家簿讃』の考察」(『若杉家文書『三家簿讃』の研究』大東文化大学東洋研究所、二〇〇三年)、小林春樹・山下克明編『若杉家文書』中国天文・五行占資料の研究』(大東文化大学東洋研究、二〇〇七年)等。

(2)　小坂眞二『安倍晴明撰『占事略決』と陰陽道』(汲古書院、二〇〇五年)第三部第二章では、六壬式占書をめぐる賀茂・安倍両氏の相続・書写の関係を考察している。

（3）山下前掲註（1）『平安時代の宗教文化と陰陽道』第一部第二章「陰陽道の典拠」、初出は一九九一年。

（4）『本朝書籍目録』陰陽の部に「枢機経（三巻）同陰陽寮従八位下歴志斐連猪養撰。」とあり、志斐猪養が『枢機経』を撰したという。この猪養は天平宝字五年（七六一）頃の正倉院文書「神祇大副中臣毛人等百七人歴名」（『大日本古文書』十五巻、一三〇頁）にみえる「陰陽允中臣志斐猪甘」と同一人とみられるが、『枢機経』は『日本国見在書目録』五行家の項に「六壬式枢機経二」とあって伝来書であり、志斐猪養は何らかのかかわりを持ったようであるが詳細は不明。

（5）詫間直樹・高田義人「書陵部所蔵土御門家旧蔵史料目録」（『陰陽道関係史料』汲古書院、二〇〇一年）参照。総数は四六七点、近世の史料が大半を占める。

（6）京都府立総合資料館『若杉家文書目録』参照。総数二二八五点におよぶが、若杉家の近世・近代史料も多く含む。

（7）鈴木一馨「京都市大将軍八神社所蔵『皆川家旧蔵資料』について」（前掲註（1）『年代学（天文・暦・陰陽道）の研究』）参照。総数四九三点、近世末の暦算資料が多く、皆川家の近世・近代史料も含む。

（8）土御門文書は、東京大学史料編纂所の史料所在目録データベースで公開されている。

（9）『権記』寛弘六年五月一日条の「見暦林、五月一日沐髪良、此日沐、令人明目長命富貴。又云、五月一日日出沐浴、除過三百、令人无病。五月一日沐浴、延年除病。一云、朔日沐浴、不出三月有大喜」、『左経記』長元五年五月四日条の「保憲暦林云、五貧日祭神不利、不取穀云々」のほかに、管見におよんだ『暦林』の佚文と参考史料をあげておく。

○又破日可穿井。暦林文。（『陰陽吉凶抄』七、造治井法）

○暦林云、北首死亡多殃災、已上群忌隆集也。東首別離、南首病也。（『陰陽吉凶抄』十、安床帳吉凶）

○五月庚辰日、不可与他人財物、令人家貧也。又得財家大吉。出群忌。又此日与一人一銭、後得百倍也。在暦林。（『陰陽吉凶抄』廿、出納財物吉凶）

○暦林云、入所日（入月一日）百、即写一本、読誦三遍、訖帖於所居北壁正中。（『陰陽吉凶抄』卅、産事法）

○暦林云、反支者周来害人、名曰反支。若産乳婢〔婦〕人犯者十死、不可不慎。婦人産乳若値反支月者、当在牛皮上若灰上、令汚水血物着地之者、則殺人。又□濯皆以器盛之、過此忌日乃止、凡有七天反支・地反支・年反支・行年反支・五行反支、□□□（同）

○暦林云、甲辰・壬辰、忌服薬・灸刺・合薬、病死不差。此天地四時陰陽分離日、諱避之。（尊経閣文庫所蔵『吉日抄』紙背）

〔参考〕

○年立寅、反支辰戌五月産十死 五月忌、立卯、四月忌、立辰、三月忌、立巳、二月忌、立午、正月忌、立未、十二月忌、立申、十一月忌、立酉、十月忌、立戌、九月忌、立亥、八月忌、立子、七月忌、立丑、六月忌、已上行年反支。暦林、女人年立反支位ト書載之。（『陰陽吉凶抄』卅、産事法）

○暦林云、年立成位ト書載之。（同）

○保憲抄云、衰日可避之由、雖見川人序中、至于祈禱、尤可用之。但触凶事所行、尚可避之云々。又軽凶、厭・々対、不可必避、況於上吉幷乎。凶会・九坎・滅没、必可避之。

又云、雖上吉日、遇羅刹幷滅門・大禍・狼藉者、不用之。雖下吉、遇甘露・金剛峯等、吉。曜宿者、随状可用之云々。又密日、吉、云々。（『陰陽略書』）

（10）『尊卑分脈』巻四、安倍氏。

（11）中村璋八『五行大義の基礎的研究』（明徳出版社、一九七六年）第一章参照。

（12）時貞は安倍氏国随流の陰陽師で、延応二年（一二四〇）正月二十二日除目で陰陽大允に補され（『平戸記』）、建長五年（一二五三）の「近衛家所領目録」庄務本所進退所々、伊賀国田口庄の項に「陰陽師時貞」との注記がみえ（『鎌倉遺文』七六三一号）、摂関家から田口庄の預所職に補されていたようである。

（13）中村前掲註(11)書。

（14）ここでは「時親御記」の佚文をあげておく。

「賭射反閇事　近代無此事、

長元七年三月七日丁卯、参内蔵人所。頭中将仰云、今日賭射前方為、河原可手祓者。仍於二条末奉仕了。先日前方君達参詣賀茂社給、為祈願也。同参詣了。又今日勘文可献之由有仰。如此耳。

択申賭射雑事日時

吉（ママ）　宿吉方日時、
今月九日己巳、　時戌、可宿八省、
入休幕日時、
同十日庚午、　時卯、卯用了、若巳、
出居日時、
同日庚午、　時午、　若申、申用了、
長元七年三月七日陰陽権助安倍時親

件賭射前方大反閇奉仕了、後方陰陽頭孝秀、前方箭員十四、後箭員四云々。勝、懸溝（ママ）也。仍方人従内紅色掛一重、袴等送之。件賭射前方為果願参詣賀茂社、同余供奉上下社、有音楽。皆是殿上人自被勤仕音楽也。」

「以一身兼行出御入御反閇事
長久四年三月廿三日庚寅、遷幸一条院新造。時親御記也、于時陰陽権助陰陽博士日記云、参一条院、西嶽真人并七十二星鎮符等置夜大殿御帳上。又同夜大殿上長押内面令打符了。参官司仰反閇奉仕、亥一點也。即供奉行幸、立前陣。参一条院散五穀、従西陣入而進于南殿前、従西廻参清涼殿前、同散之。童女二人西陣内立、擎水入椂童南、擎布脂燭童北。次黄牛二頭、左右童後牽立、左右馬寮牽之、御輿西陣外暫留、神祇官献御麻物。其後童女・黄牛・御輿等漸々入御也。月華門内余候立、件童女・黄牛等月華門内入了。御輿月華門外留、此間月華門内階東五尺許入。勤御反閇了。留立読移徙呪了。次第追入於中央□、、、、、」

(15) 山下前掲註（1）『平安時代の宗教文化と陰陽道』第一部第四章「陰陽道と護身剣・破敵剣」、初出は一九九二年。

(16) 『勘仲記』弘安十一年（一二八八）二月十九日条および延慶三年の「陰陽寮日時勘文」（『鎌倉遺文』二四一一五号）に、長親が権天文博士であったとみえる。

(17) 『文肝抄』にみえる「内匠御記」の佚文をあげておく。

御祓勤仕時装束事　内匠御記
天永二年十二月九日丁酉、戌時参殿下奉仕御手祓。以肥後権守盛季被同仰云、御祓之時御直衣許令曳着被行如何。令申云、祭神如神在之、論語文、本文以猶如法御装束宜歟。仍御烏帽子着袴直令行御畢。御祓勤仕作法事。

元永二年己亥、三月三日己酉、今日中宮御祓、右近少将藤忠宗、土佐守藤顕保勤仕御祓事。予不持笏勤仕御祓。是相尋主税頭之処、不可持之由被示送、仍不持也。下着履登膝着円座。是又主税頭祝也。未時勤仕之。南面。
一　御祓時笏持様事
同年三月八日甲寅、中宮御祓酉時勤仕之。南面。依陣公事、着束帯所勤仕也。笏不差也。只大奴佐ニ取ソエテ勤仕之、倍膳実能役。六位□□也。
一　七瀬御祓着束帯事
元永二年己亥、六月七日壬午、始若宮御祈。仍被行七瀬御祓、主税頭奉行云々。近衛末。予。今日御祓着束帯可勤仕之由、所被催也。御使同着束帯也。
一　御祓勤仕之時被差笏事
保安五年甲辰、四月二日己酉、参中宮御祓、倍膳顕頼、資光、今日左京亮番也。依宇治、依彼消息所参勤也。着束帯所勤仕御祓也。差笏勤仕之。
一　百日御祓、当五月幷寅日結願例
大治三年戊申、五月十九日壬寅、参院、参二宮御方。令申云、毎日御祓今日満百日、可畢御歟、将可延引歟如何。蔵人以此由申新院。仰云、可畢也。仍今日御祓奉仕已了。

(18) 山下克明「安倍晴明の「土御門の家」と晴明伝承」（本書第二部第二章）参照。
(19) 大将軍八神社所蔵皆川家文書『天文書口伝』。
(20) 『建内記』正長元年（一四二八）七月十三日条、柳原敏昭「義持政権期の陰陽道」（『鹿児島中世史研究会報』五〇号、一九九五年）参照。
(21) 宮内庁書陵部所蔵土御門本の明応七年（一四九八）十月二日付け御教書の宛所に「西洞院二位殿」（土—一〇九）とあり、これは文明十四年（一四八二）から没年の永正八年（一五一一）まで従二位であった安倍泰清のことと考えられるが、永正十二年（一五一五）九月十一日付け室町幕府奉行人連署奉書案（同、土—一〇五）にも「西洞院泰清知行分播磨国坂田村事」とみえる。

(22)『幸徳井系図』（東京大学史料編纂所所蔵『鈴木叢書』七）。

第二章　『承久三年具注暦』の考察

はじめに

承久三年（一二二一）の具注暦は、現在、天理大学附属天理図書館所蔵本（暦序から十月二十六日までを存す。以下天理本と称す）、金比羅宮所蔵本（暦序から十一月七日までを存す。以下金比羅宮本と称す）、石川武美記念図書館（旧お茶の水図書館）成簣堂文庫所蔵本（暦序から年末十二月三十日までを存す。以下成簣堂本と称す）、神田喜一郎氏所蔵『明恵上人夢記』紙背暦（五月二十日から八月五日までを存す）等の四点の存在が知られている。このうち前三者は具注暦の暦注事項が同一（厳密には十月二十六日まで）であるのみならず、同内容の日次記（日記）を有し、しかも字体までも酷似しており、原本およびその模写本と考えられる一群の暦であり、いま一つの『明恵上人夢記』紙背の暦は、当時のものであるものの、前記の暦とは暦注の記載などに多数の相違が認められ、また日記の書き入れもない。本章で『承久三年具注暦』として問題とするのは前者の三本であり、そのいずれが原本であるか、そしてそこに書き込まれた日記の内容を検討する。とくに天理本と成簣堂本では同文の記事がみられる一方で相違するところも多く、意図的な改竄が認められる。周知のようにこの年は、鎌倉幕府が武力で朝廷を制圧して後鳥羽上皇以下を配流に処した承久の乱があり、日記にもこれに関連する記事が多い。ゆえに両本の記事内容の相違は、歴史史料としての価値にかかわる問題を有しているのである(1)。

一　諸本について

まず、諸本の形状、内容について概略を述べておこう。

(1)天理本（架蔵名「具注暦承久三年」）　一巻

表紙は緑地織文、料紙は斐紙、全一七紙、天地二九・三センチ、長さ五一から五三センチ（ただし第一六紙のみ前部を欠き長さ四五・六センチ）。暦序から十月二十六日までを存するが、九月二十・二十一日は欠失し、二十二・二十三日も一部を欠くほか、ところどころに破損や虫損がある。暦日は一日一行で間明きはなく、欄外のところどころに年中行事を記す。また欄外および暦の上中下段の余白に日記が書き込まれている。その内容は、後述する如く、多く陰陽道の祭祀を貴族のために奉仕した記事で占められており、よってその記主が陰陽師であったことが知られる。ただし、記主を特定する材料は欠く。陰陽道では院政期以降、賀茂氏と安倍氏が世襲氏族として朝廷や貴族の間で活躍したから、この記主も両氏の一員であったと推測される。

また紙背には、出行・造作・農事等に関する五三項目に及ぶ陰陽道の日次の吉凶が記されている。一般的にいって、暦の裏書きは暦の使用後に紙背を再利用したものであるから、この日次吉凶書の書写成立も表の暦に遅れるが、ともに陰陽道にかかわる天理本の表裏の一貫性は、これが承久三年当時にある陰陽師が所持していたものであり、その後に記主あるいはその子孫が裏書きを記し、陰陽家のもとに伝えられたものであるとの推測を可能ならしめる。なお、巻末には絹布を継ぎ、明治十一年（一八七八）四月に信天翁中山献なる者が森川氏のために書したとする跋文を付す。

(2)金比羅宮本　一巻

未だ実見の機会を得ず、東京大学史料編纂所所蔵の写真版（金比羅宮文書）よりの知見であるが、表紙はなく、全二六紙、各紙天地二七・五センチ、長さ三九センチ前後。この暦は各紙の前後に空白を存し、よって継ぎ目ごとに暦日一行の半行分程の余白がみられる。このことはこの金比羅宮本が転写本であることを示している。また裏書きはない。内容は暦序から天理本よりも長く十一月七日までを存するが、これには問題がある。この本は天理本の末尾にあたる十月二十六日条まで、暦注・日記記事等、天理本と同様な筆致で書かれ、さらに天理本の破損や虫損部分の輪郭までを丁寧に写しており（ただし、暦注下段の「日遊在内」のみ点線で書写が略されている）、これらによって金比羅宮本が天理本の模写本であることが知られるが、十月二十七日丁丑以下は暦注上段の十二直を欠き、さらに朱書の暦注も書かれていない不完全な暦となっている。しかもその下段の暦注記事は、暦注配当の規則を無視した不正確なものであり、これはつぎに述べる成簣堂本と同様に、干支が同じである天理本の二月二十二日丁丑以降の暦注をそのまま引写したことによる。

(3) 成簣堂本　一巻

表紙は水色の羅綾、料紙は楮紙[5]、全三二紙。各紙は天地二七・六センチ、長さ三九センチ前後で金刀比羅宮本とほぼ共通し、また裏書きもない。この暦は昭和六十年（一九八五）に複製が刊行され、川瀬一馬氏の解説が付されている。それによると、昭和二年（一九二七）書画骨董商の黒田太久馬から徳富蘇峯が購入したものであり、紙背継ぎ目に二か所「三井寺乗林院」の江戸期の黒印記を捺し、同期の桐箱に納められ、その表には同期の筆で「元嘉暦　承久三年　壹巻」との外題があるという[6]。成簣堂本の暦注に関しては、すでに岡田芳朗氏が天理本と比較して精査しているので[7]、その結論をつぎに引用しよう。

①天理本の欠落部分、ないしは文字が不鮮明な箇所は空白のままになっているところがある。
②その部分に暦注を補充した場合は、それが適正なものではなく、誤った記事となっている。
③天理本で欠く十月二十七日以降年末までの閏十月を含む三か月の暦注記事は、同年の二月二十二日以降の同

干支の暦注をそのまま転用したため、七曜・二十七宿や暦注下段の記事は実態から逸脱したものである。

④閏十月三日に付す「朔風拂葉」や、同月八日の「橘始黄」等の七十二候の記載は、宣明暦時代のものではなく、前者が宝暦暦（宝暦四年・一七五四）、後者は貞享暦（貞享元年・一六八四）以降に用いられたものであり、よってその暦本の書写成立年代は宝暦暦始行（宝暦五年・一七五五）以降とみるのが妥当と考えられる。

この成簣堂本も金比羅宮本と同様に天理本の筆跡をまね、その模本といえるものであるが、天理本に欠く十月二十七日以降の暦日・暦注の追加は年末十二月三十日までにおよび、金比羅宮本の創作性をさらに徹底したものとなっている。金比羅宮本・成簣堂本のいずれが先に作られたかは不明であるが、同様な方法、すなわち同干支の二月二十二日以降の暦注記事の転用という方法をもって追加を行っていることから、両本は同一の人物によって江戸後期に製作されたものと推測することができるのではなかろうか。

以上のようにみると、『承久三年具注暦』は天理本が原本であり、金比羅宮本・成簣堂本は創作を加えた模本と考えられるのであるが、このことを明確にするために、つぎに暦の余白に書き込まれている日記について検討したい。

天理本には正月八日条の「脩明門院御幸始」「方々御祈始レ之」以降、断続的に日記が書き込まれている。そしてたとえば、二月二十六日条に「今日東御方四季代厄御祭始レ之、一座勤了」、三月三日条に「今日御所御祈七座泰山府君御祭仕了、又宰相中将殿御所百怪御祭仕了」「今日式部大夫殿祈始レ之」とあるように、さまざまな陰陽道祭祀を記主自身が頻りに行っており、これが陰陽師の日記であることを明らかにしている。

またこの承久三年の五月十五日には、後鳥羽上皇の命による京都守護伊賀光季の襲撃、北条義時追討の宣旨発給を皮切りにして承久の乱が勃発し、六月には幕府軍の京都侵攻、朝廷制圧と進むが、本記にも兵乱や京都の様子を伝える記述がある。天理本の興味深いところは、兵乱に関する記述の多くを墨線で塗り潰して読めなくしていることであり、恐らく乱後に記主の陰陽師が鎌倉幕府方の威勢を憚って関連する記事を墨消したものと推測される。ただし、そのうち墨線の間からわずかに判読しうる文字もあり、直接当時の様子を伝える史料として注目される。

これらの記事は、天理本の模本である金比羅宮本でもほぼ忠実に書写されており、承久の乱関連の墨消記事も、判読ができなかった箇所は空白にして墨線のみを引いている。

ところが成簣堂本ではだいぶ様相を異にする。成簣堂本は、①天理本の記事をそのまま写すものがある一方で、②内容を変えた上で別の日にかけて記事を移したり、さらに③天理本にまったくない記事を挿入しているのである。

①の例は御幸や御所焼失、承久の乱関連の記事が多い。本記で多数を占める陰陽道関連の記事はほとんど除かれているが、それでも三月二十二日条の「今日御所御祈呪咀御祭、□条河原令勤仕了」、十月十三日条の「□〔今〕日二条烏丸四季天曹地□〔府〕御祭令㆓勤仕㆒了」等の記事は写されており、これは明確に成簣堂本が天理本の写しであることを証している。

②③の一・二の例をあげると、天理本の二月三十日条には「今日西洞院殿御屋固令㆓参勤㆒了」とあるが、成簣堂本は二月二十九日条に「今日西洞院方参事、今日鎌倉より内書来」とし、さらに三十日条に「今日大事承事」と、天理本にはまったくない思わせぶりな記事を載せる。また天理本の三月五日条には「□〔今〕日油小路□□御前之□□〔泰山〕府君御祭勤了、又□内判官大土公御祭一座勤了」「今日車宿立㆑之」などの陰陽道祭祀に関する記事があるが、成簣堂本の当日条では「今日親王御所参事、驚事承事」と記している。これらの天理本にない記事は、承久の乱を控えてその伏線を示そうとして創作したものと考えられる。

さらに幕府軍が都に進入する直前の六月八日条では、天理本の記事は抹消されているが、成簣堂本では「□中院殿、今日巳時御所乱入、新院御所防成殿御所泰時向、賀高院御所時房向」とあり、幕府の大将北条泰時・時房の京都進駐を記す。ところが両人率いる幕府軍は、六月七日に美濃国不破郡の野上・垂井宿に陣取って京都進入の策を議し、十三日に近江国栗太郡の野路を発して諸方より攻め入らんとし、ついで宇治で戦端が開かれたことは概ね諸史料の一致するところであり、(8)よって成簀堂本の創作は明らかである。天理本にみえないこのような記事の創作・捏造は成簀堂本の随所にみうけられ、暦日を追加した十月二十七日以降にもおよんでいるとみられる。

『承久三年具注暦』は本来陰陽師の日記であったが、成簀堂本は陰陽道関連の記事を多く削除してその性格を曖昧にし、かつ承久の乱に関連する創作記事を挿入することにより、まったく実態から遊離した偽作書となっているのである。川瀬一馬氏はこれに煩わされ、その記主を「全巻の記事の内容から推せば、この筆者は役所において各般の情勢に通ずる立場の役職にある役人に相違ないが、事変の様子をかなり詳しく報道しながら、これを客観的に記載しているのは、この事変をかなりよく承知している立場で、この企てには直接何等かかわりを持たなかった人物である。(中略)或いは太政官の弁官などかもしれない」としている。

しかし成簀堂本の日記の作為性は、天理本に欠く十月二十七日以下の現実にはあり得ない不正確な暦注の追加とともに明らかであり、よって成簀堂本は江戸時代の後期に、世上著名な承久の乱の記事を有す天理本の『承久三年具注暦』を模すとともに一年具備の暦に仕立て上げ、さらに乱に関する記事を創作して盛り込み、その価値を高めようとした偽作本とすることが妥当であると考えられるのである。

二　天理本の日次記について

このように『承久三年具注暦』は天理本が原本であると認められるのであるが、そこで改めて日記の内容について検討したい。日記は短文のメモ書き程度のものが多く、陰陽師である記主の行動や天皇・院宮の移動、京中の火災、そして承久の乱関連の記事等が記されている。

まず最も量の多い陰陽道関係の記事からみることにしよう。正月の記事は、八日条に「方々御祈始」とあるのみであるが、二月から五月にかけて記事は集中し、承久の乱で京中が混乱する六月には関連記事はみえず、七月以降徐々に活動が再開されている。その特徴は、泰山府君祭・招魂祭・代厄祭・荒神祭・土公祭・百怪祭・鬼気祭・夢祭・河臨祓・呪咀祭・疫神祭・天曹地府祭・月曜祭・屋固等のさまざまな祭祀を執行していること、そして特定の貴族・官人のために月次・四季の恒例祭祀を行っていることである。

記主の陰陽師が祭祀を奉仕している対象は二〇人前後に及んでいるとみられるが、特定の官職が記されていることにより個人名を比定することができる者を除くと、「西洞院殿」「七条殿御所」「堀川」等の邸宅所在地の大路名をもって記すものや、官職を記しても「宰相中将」「式部大夫」「三条富小路藤右衛門尉」等の個人を特定しがたいものが多い。

まず比定が可能なものからみると、三月二十日条に「又右大弁殿月次泰山府君祭同勤仕了」とある。当時の右大弁は藤原資頼で、彼は四月十七日に蔵人頭に兼補され、ついで八月二十九日に蔵人頭を止められている(9)。よって本記四月二十九日条には「今日頭弁殿月次泰山府君御祭勤仕了」、五月二十二日条にも「今日頭弁殿月次御祭勤行了」、兵乱を挟んで八月十八日条に「右大弁殿御祭勤了」、十月十八日条にも「右大弁月次泰山府君御祭勤仕了」とみえており、記主が藤原資頼のために毎月恒例の泰山府君祭を奉仕していたことがわかる。

三月二十七日条には「今日山桃防城宰相中将殿宮御祈呪咀御祓一座、又招魂御祭一座、鬼気御祭一座各令レ勤了」とあり、それから七日後の四月四日条に「今日坊城殿若宮招魂御祭七ヶ日結願了」とあり、この日山桃坊城宰相中将の若宮の招魂祭は七ヶ日の結願を迎えた。また三月二十八日条に「坊城殿若宮招魂御祭一座勤行了」、四月二十八日条には坊城殿の宮のため月次の呪咀祓を修しており、記主はこの宮のために盛んに祭祓を行っている。この山桃（楊梅）坊城宰相中将は「坊城三品」(10)とも称された参議左中将藤原国通のことであり、それは『承久三年四年日次記』の貞応元年七月二十五日条にも、その第宅の焼亡を記して、「今夜参議左中将国通楊梅坊城家焼失、家記数百巻為二灰燼一云々」(11)とあることから確実であろう。ただし宮・若宮は一般には皇子等をいうが、『尊卑分脈』には国通が皇女を迎えたということはみえない。

つぎに、三月二十四日条に「今日五辻殿月次泰山府君御祭勤仕了」、五月二十四日条に「五辻殿月次泰山府君御祭勤仕了」、七月二十四日条に「今日五辻殿月次御祭勤仕了」とあり、毎月二十四日は五辻殿のために月次の泰山府君祭を修す日だったようである。この五辻殿は当時「五辻三位」(12)と称された、非参議従三位藤原知家のことではなかろうか。

二月二十七日条に「今日自二御所一御卜形、幷土公御祭一座令二勤行一了」、三月一日条に「今日御所御祈招魂御祭二座、□〔土〕公御祭一座令□〔参〕勤了」とあるのをはじめとして、単に「御所」とのみ記すものが多くみうけられる。この御所は後鳥羽院母藤原殖子の七条院御所と考えられる。というのは、『百錬抄』同年二月十日条に「今夜子刻、三条烏丸七条院御所焼亡」とあり、七条院御所の焼失を記す。本記の同日条にも「今日子丑時、御所焼失了」とみえるからである。三条烏丸御所の焼失後、七条院は本邸七条殿に移御したようであり、よってその後の七条院御所は七条殿となるが、本記三月八日条にも「今日七条殿御所参、大鬼気御祭勤仕了」とあり、十二日条には「今日御所土公祭一座、七条殿令二参勤一了」とみえる。このほか女院・七条女院等の表記もみえるが、毎月の七座の泰山府君祭、呪咀祭・大鬼気祭・土公祭・招魂祭等を頻繁に行っており、記主が日頃から頻繁に女院に奉仕する陰陽師であったことが知られる。

七条殿とともに多数みられるのが「西洞院殿」であり、二月十五日条には「今日西洞院□〔殿カ〕姫宮月次□〔招〕魂御祭始之、□□姫御前招魂御祭始」とあり、この月次招魂祭は三月十四日にも行い、五月八日条にみえる招魂祭も姫宮のためのものであろうか。また三月二十日、五月二十六日条には月次泰山府君祭を修している。このほか西洞院殿の御屋固（二月三十日条）、呪咀御祭（四月二十九日条）、呪咀御祓（五月三十日条）等もみえる。この西洞院殿は誰の邸宅かは不明であるが、摂政藤原家実の土御門西洞院殿ではなかろうか。家実は承元四年正月二十六日に近衛殿からこの第に移っていた(13)。

以上だいぶ推測を混じえたが、このように本記の記主は七条院や摂関家等の権門、そして右大弁資頼、参議左中将国通等の中級貴族に奉仕する陰陽師であった。そのほか「大臣殿月曜御祭」を行い（十月十五日条）、さらに冷泉左□門志のために月次の泰山府君祭（二月二十五日・三月二十九日・四月十日・五月八日条）、式部大夫（三月三日条）、三条富小路藤右衛門尉（三月六日条）、二条右衛門□（四月十三日条）、権藤右衛門尉（四月二十六日、八月十四日条）等の下級官人・武官のためにも四季の泰山府君祭を行い、三月九日条には「廿一人御祈始ㇾ之」ともあり、その活動の広汎さを知ることができる。なお、ところどころの祭祀奉仕の記事の下に「四百」（三月一日条）、「一貫」（三月八日条）、「二百文」（三月十二日条）などとあるが、これらは祭料を記したものであろう。

平安・鎌倉時代における陰陽師の日記には、養和二年（一一八二）の正月から三月にかけての安倍泰忠の日記と推定される『養和二年記』があるのみであり(14)、それに比して本記はメモ書き風の記事ばかりであるが、鎌倉前期における一人の陰陽師の貴族社会における活動を示す好個の史料であり、またその活動対象の広汎さは陰陽道に関する信仰の階層的広がりを示唆するものとしても注目されるところである。

つぎに承久の乱関連では、その主要な記事は墨で抹消されているが、判読可能な部分もあり、また幸いに墨消から免れた記事もあり、それらによって若干ながら新たな知見を得ることができる。

この年五月十四日、後鳥羽上皇は鳥羽離宮内の城南寺における流鏑馬ぞろいを名目として諸国の武士を招集し、翌十五日には朝廷への帰参を拒んだ京都守護伊賀光季の館を襲撃させてこれを討ち、五畿七道に北条義時追討の宣旨を下した。本記五月十五日条には「今日巳時驚出来、武士等□集」とあり、また墨消の下に「宿所高辻京極也」の文字が読み取れる。これは『百錬抄』同日条に「先被レ誅二光季一。々々住二高辻北京極西角宅一」とあるように、伊賀光季が追討されたことを示す記事であった。

ついで十八日・二十一日条にも墨消があるが、幕府軍が京都に迫り、ついで京内に侵攻する六月に入ると抹消箇所も多くなる。六月三日条には墨消の下に「今日卯時御方関東武士等下向云々」とある。これは関東に派遣された使者が同月一日に帰京して幕府軍急襲の形勢を伝えたことにより、防御のために朝廷方の武士を美濃へ派したことを示すものである。

なお、『大日本史料』では官軍の発遣を、『承久三年四年日次記』の日付干支と『承久記』によって六月二日条に掲げるが、『吾妻鏡』では三日のこととし、『承久兵乱記』でも「六月三日うのこくにみやこをたつて」とあり、本記をも考慮すれば、やはり三日のこととなすべきであろう。

六月五日から六日にかけて幕府軍の攻撃を受けて、官軍の諸将は敗走し、八日に帰京して敗軍のさまを奏上する。これに衝撃を受けた後鳥羽上皇以下、土御門・順徳両上皇、六条宮、冷泉宮は比叡山に遷り、洛中は騒乱状態におちいる。『吾妻鏡』八日条には「官軍敗北之由奏聞。諸人変二顔色一。凡御所中騒動、女房幷上下北面医陰輩等、奔二迷東西一」、『百錬抄』同日条にも「洛中貴賤東西馳走」とあり、その混乱ぶりを伝えている。本記にはその前々日の六日条に「今日兵乱始」とあり、すでに洛中で戦闘があったことを伝えている。官軍を追って近江に進んだ幕府軍は、十三日近江の野路を発して瀬田・宇治で合戦におよび、翌十四日に宇治における激戦に勝利して京都へ侵攻した。本記十四日条には「今日御方被二打落一了、武士等申酉時ニ京入」とみえる。十五日には幕府軍の諸将は京に進み、本記の主要部分は墨消されているが、「今日京乱入」はそれをまぬがれている。

この期におよんで後鳥羽上皇は使を派して義時追討の宣旨を召し返す院宣を伝え、ここに戦乱は幕府軍の大

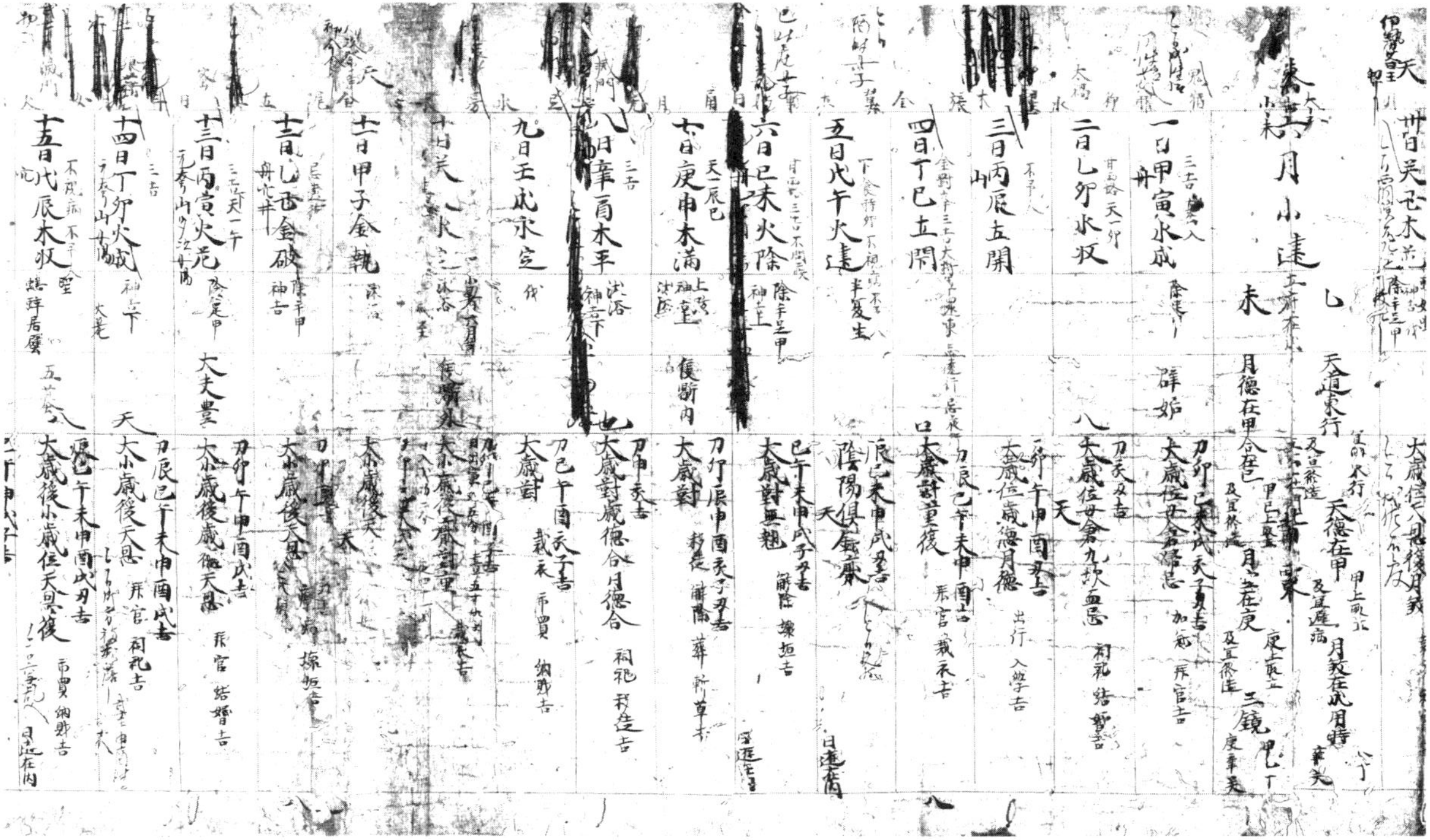

『承久三年具注暦』（６月前半部分）天理大学附属天理図書館蔵

勝に帰したが、その後も朝廷方武士の追捕や宿館の放火、狼藉は激しく続いた。本記十八日条には「今日賀茂下」、二十二日条に「今日自二賀茂一出」とある。これは記主が騒乱の洛中を逃れ、一時賀茂へ避難したことを示すものであろう。（補注）ついで二十四日条には「今日自二北国一上」とみえる。これは北条朝時を大将とする幕府北陸道の討手の入洛を示すものである。朝時の入洛は、『武家年代記』に二十四日、『百錬抄』には二十日のこととし、『大日本史料』は『百錬抄』に従って綱文を掲げるが、本記によって二十四日であることが明らかとなる。

その後、七月にかけて朝廷方公卿・諸将の処断、仲恭天皇の廃位、三上皇の流罪等が行われ大乱は収束する。本記にも、七月六日条に後鳥羽上皇の四辻殿から鳥羽殿への移御、十三日条に隠岐国への配流、二十四日条には六条宮雅成親王の但馬国流罪、二十五日条に冷泉宮頼仁親王の流罪等を記している。他史料を補うものとしては順徳上皇の佐渡配流に関するものがあり、七月十九日条に「今日新院岡前殿御所」、二十一日条に「今日新院御流罪佐土〔渡〕国」とみえる。上皇は配流に先立ち大炊御門殿から岡崎殿へ移るが、『百錬抄』ではこれを二十日のこととしている。また佐渡への遷幸を『吾妻鏡』『六代勝事記』等では二十日、『承久記』では二十二日、『百錬抄』『公卿補任』は二十一日のこととし『大日本史料』はこれを採用している。史料の質の面で、これらの諸本に比して本記は直接当時の見聞を記した一次史料であり、岡崎殿への移御は十九日、佐渡遷幸は二十一日とすべきであろう。

このように、本記は都にあって直接承久の乱に遭遇した一官人の見聞を示す新たな史料として注目してよいが、さらにまた記主の職務である陰陽道と承久の乱とのかかわりについても示唆するところがある。『承久記』によると、諸国の兵を招集した後鳥羽上皇は、陰陽師七人を召して事の成否吉凶を占わせたところ、安倍氏の長者陰陽頭泰忠と雅楽頭泰基らは不快と占い、今回は思い止め、年号を替えてから十月上旬に発起すれば事は成就するであろうと述べたが、卿の二位藤原兼子の進言を受けて上皇は発起したとみえる。同様な陰陽師の占いは鎌倉でも行われていた。『吾妻鏡』承久三年五月十九日条には、諸国に義時追討の宣旨が発せられたことを知らせる飛脚の到着があったことを記し、ついで、

　其後招二陰陽道親職、泰貞、宣賢、晴吉等一。以二午刻一初飛脚到来時也。有二卜筮一。関東可レ属二太平一之由、一同占レ之。

とあり、幕府に奉仕するいずれも安倍氏の陰陽師を集めて吉凶を占わせたところ、幕府方の勝利を占申したという。そして翌日には、僧らの祈禱を始めるとともに陰陽師に三万六千神祭を行わせ、二十六日にも関東始例の仁王百講を鶴岡で行い、鎌倉殿九条三寅のために属星祭を、義時の祈りとして百日の天曹地府祭を行わせている。その後六月十五日にいたり関東祈禱の結願を迎え、属星祭の祭文を書かしめたが、「及二此期一、官兵令二敗績一。可レ仰二仏力神力之末一レ落レ地矣」とあり、乱の収束を経た八月二十一日には祈禱の賞が行われ、僧徒や陰陽道の輩が多く恩沢に浴したとある（以上『吾妻鏡』）。

　朝廷方でもこの間神仏への祈禱がさかんに行われていたから、承久の乱はさながら祈禱合戦の一面を呈していた。六月八日、美濃における官軍の敗北の報が上皇の許にもたらされたさい、前掲『吾妻鏡』に「凡御所中騒動、女房幷上下北面医陰輩等、奔二迷東西一」とみえ、院の御所に陰陽師が伺候していたことが知られる。彼らは幕府方の陰陽師と同様に、院において関東打倒の祭祀を修していたと推測される。本記の記主である陰陽師がこれに加わっていたかどうかは六月八日条は墨消されていて明らかではないが、それより先四月七日条に「官事亥時承レ之、御祭廿八七座勤二行之一」とあること、五月二十一日条の墨消の下に「今日依二院宣一」の文字が読み取れ、これらのことは、王朝国家を活動の基盤とした記主が、陰陽師として朝廷側の祈禱に組み込まれていたことを推測させるものである。

　乱後、鎌倉幕府では御家人とともに僧・陰陽師に祈禱の賞が与えられ、朝廷方の公卿・武士は過酷な断罪を受けた。それはまた、朝廷の祈禱に携わった陰陽師への責任追求があることを十分予測せしめたであろう。乱にか

かわる記事の墨消がいつなされたかは不明だが、自身に危害が及ぶことを避けるために記主みずからが乱後に行ったのではなかろうか。そのような事情をうかがうことによって、本記から朝廷方の人びとの生々しい精神状況を知ることができる。

おわりに

以上、本章で検討した諸点をまとめてむすびとしたい。

一、いわゆる『承久三年具注暦』は天理本・金比羅宮本・成簣堂本の三本の存在が知られているが、天理本が原本であり、後二本は天理本に欠く十月二十七日以降の暦日・暦注を有するも、それは成簣堂本に関して岡田芳朗氏が明らかにしたように、天理本の二月二十二日以下の暦注を転用した不正確な暦であり、その方法は金比羅宮本にも共通するから、これらは江戸時代後期に作成された天理本にもとづく模本ないしは創作本と認められる。

二、天理本には日記があり、金比羅宮本はほぼ忠実にこれを写すが、成簣堂本では意図的な改竄が認められ、よって史料として信を置くことはできない。

三、天理本の日記の内容は、陰陽道のさまざまな祭祀を院宮・貴族をはじめ下級官人・武官のために行ったことを示すものが多数みられ、その記主が陰陽師であったことが明白である。とくに院宮をはじめとする上層貴族に奉仕する者は、院政期以降陰陽寮の主要官職を独占して陰陽道の世襲氏族となった賀茂・安倍両氏以外には考え難く、記主を特定することはできないが、その一員であったと考えられる。また、裏書きも陰陽道の日次の吉凶に関するもので、本記が陰陽家の間に伝えられたものであることを推測させる。

四、日記には承久の乱に関して記主が直接見聞した記事があり、多くは墨で抹消されているが、そのなかには他の史料を補いうるものがある。承久の乱に関する史料は多くは後世の編纂物あるいは軍記物であり、当時の記録は少ない。そのなかで本記は、量こそ少ないが一次史料として注目される。

（1）天理本は明治二十年に（当時の所蔵者は田中勘兵衛）、成簣堂本は明治四十二年に（当時の所蔵者は黒田太久馬）、それぞれ史料編纂掛（現東京大学史料編纂所）が影写を行っていたが、承久三年に係る『大日本史料』第四編之十四から十六、第五編之一は大正四年から十年にかけて編纂刊行されながらも、具注暦の日食予報事項を除き、日記本文は掲載されなかった。これは両本に異同があるため、史料としての確定が留保されたことによるものと推測される。なお、天理本の影写本は無窮会神習文庫にも蔵す。識語によると田中勘兵衛所蔵本を井上頼圀が書写させたものであり、その時期は明治後期と推測される。この本については小林春樹氏のご教示を得た。

（2）『天理図書館稀書目録』和漢之部、第三による。

（3）またこの暦には、通常具注暦には記されることのない犯土造作の凶日である天燭日・地火日・天火日・龍口日、乗船凶日の八風日、遠行凶日の反部日等を、その配当干支ごとに「天」「也」「㠯」「八」「反」等と略して記している。この点からも、日の吉凶を勘申することを職務とした陰陽師が所持使用した暦であることをうかがわせる。

（4）天理本は十月二十七日以降を欠くので、これを翻した紙背の陰陽道関係の日次吉凶書は前欠である。内容は項目ごとに吉凶の干支をあげるもので、書写成立の年代を知るような記事はみえない。なお、現状は裏打ちの紙が厚く、透視してようやく内容を判読することができる。いまその項目のみを記す。

（前欠）出行吉日第三、出途吉日第四、乗船吉日第五、犯土吉日第六、造作吉日第七、居礎吉日第八、立屋吉日第九、立門吉日第十、上棟梁吉日第十一、立倉吉日第十二、蓋屋吉日第十三、治故屋吉日第十四、破屋吉日第十五、塗竃吉日第十六、掘井吉日第十七、移徙吉日第十八、掃舎吉日第十九、作厠吉第廿、裁衣吉日第廿一、沐浴吉凶第廿二、不問疾病不視死人日、嫁娶吉日第廿四、加冠著袴吉日第廿五、作新車吉日第廿六、車馬乗始吉日第廿七、産所行事第廿八、堰溝治作吉廿九、始農業吉日第卅、初取稲種吉日第卅一、□稲種吉日第卅二、作田吉日第卅三、種蒔吉日第卅四、□殖吉日、田苅始第卅六、□□□□第卅七、倉稲出吉日第卅八、出挙吉日第卅九、麻蒔吉日第卌、殖大栗吉日第卌一、蒔小豆吉日第卌二、蒔大麦吉日第卌三、蒔小麦吉日第卌四、□茄子殖吉日第卌五、苅五穀吉日第卌六、粟蒔吉日第卌七、始食新物吉日第卌八、殖樹吉日第卌九、殖園草吉日第五十、造酒吉日第五十一、開瓶日吉日第五十二、造酔吉日第五十三、服薬吉日第五十四、

（5）川瀬一馬『成簣堂文庫承久三年具注暦日覆製　解説』（主婦の友社、一九八五年）。以下、川瀬氏の所説はこの解説による。なお、同氏編『お茶の水図書館所蔵　新修成簣堂文庫善本書目』（一九九二年）にもその概略が記されている。

（6）元嘉暦は南宋の何承天作になる暦法で、日本では百済の影響により七世紀に行われ、その後儀鳳暦・大衍暦・五紀暦を経て、貞観四年（八六二）から江戸時代の貞享元年（一六八四）まで宣明暦が採用された。よってこの箱書きに元嘉暦とあるのは、この間の事情に疎い者がことさら権威づけしようとして記したものと推測される。

（7）岡田芳朗「承久三年具注暦について――特に成簣堂文庫所蔵具注暦について――」（『女子美術大学紀要』二三号、一九九三年）。

（8）『大日本史料』第四編之十六、承久三年六月七日・十三日条参照。

（9）『弁官補任』承久三年条、『公卿補任』貞永元年条。

（10）『大日本史料』第五編之一、貞応元年雑載、六九五頁参照。

（11）『大日本史料』第五編之一、貞応元年七月二十五日条所引。

（12）『玉蘂』承久二年四月十一日、同三年正月二十四日条。

（13）『百錬抄』同日条。その後、承久元年四月二日に火災に遭い（同書）、さらに同三年十月三日には再度焼亡し、家実は菅原在高家に移った（『承久三年四年日次記』『百錬抄』）。『承久記』にはそれを九月九日のこととして「此火ニハ、能人ノ家々多焼ニケリ、右大将ノ一条ノ亭、近衛殿、西洞院殿、スヘテナキ人ノ家々数不知ソ焼ニケル」とある。

（14）山下克明「『養和二年記』について」（『平安時代の宗教文化と陰陽道』所収、岩田書院、一九九六年）参照。

〔補注〕　下村周太郎氏は「鎌倉幕府の確立と陰陽師」（『中世史研究』三三号、二〇〇八年）で、『吾妻鏡』承久三年六月十五日条に、土御門・順徳両上皇、六条宮・冷泉宮両親王は賀茂・貴船に逃れていたとあり、拙論をうけて記主の陰陽師らが疎開先でも上皇の指示で祈禱などを奉仕した可能性のあることを指摘している。

付　『承久三年具注暦』日次記の翻刻

〔例言〕

一、以下は天理大学附属天理図書館所蔵の「具注暦承久三年」（請求番号四四五―イ四七）の日次記（日記）部分の翻刻である（天理大学附属天理図書館本翻刻第一一六二号）。暦注は月建干支を除いて省略した。日付けの上欄の年中行事は日記とかかわるものもあるのでこれを残し、「　」で括り日付けの右肩に移した。

一、日次記は具注暦の上欄外・上中段・下段の余白に書き込まれており、もとの姿をなるべく残すため、日付けの下を欄外・上中段・下段の三つに区分してこれに記事を配した。

一、あらたに読点を施した。欠損箇所は□で、判読できない文字は▨で示した。また墨で抹消されている箇所は▒で示し、その下の判読可能な文字はその中に記した。その他の抹消文字は右傍に（ミ）を付した。

一、校訂註を付し、本文に置き換え得るものは当該文字の傍らに〔　〕で、参考のためのもの、および人名註は（　）で示した。

（表紙題簽）「承久三年具注暦」

（内題）「承久三年具注暦日」（○以下暦注記事等は略す）

（欄外）　（上中段）　（下段）

正月大建庚寅

八日癸巳　脩明門院御幸始、　方々御祈始之、

十八日癸卯　新院（土御門上皇）御幸、

二月大建辛卯

十日乙丑　今日子丑時、御所（七条院御所三条殿）焼失了、

十五日庚午　今日西洞院□（殿カ）姫宮月次□（招）魂御祭可被始之、□□姫御前招魂御祭始之、

十七日壬申　今日未時、祇薗御竈鳴、

十八日癸酉　今日姫法（ママ）御前□呪咀御祭始之、　今日未時、祇薗御竈鳴、　今日卅五日違之、

廿四日己卯　今日宮御所参仕、

廿五日庚辰　今日冷泉左□（衛カ）門志月次泰山府君祭勤了、

廿六日辛巳　今日東御方四季代厄御祭始之、　一座勤了、
自今日子丑時有御不例、□時□□也、
□（御カ）所荒神祓勤了、

廿七日壬午　今日自御所御卜形、并土公御祭一座令勤行了、
今日祇薗一万躰被供養　今日越前守殿▨所御座、御祓始之、
今日壬午□宮毎月泰山府君御祭一座始之、　夫卅七、藤原、女四十六、申歳、藤、

卅日乙酉　今日西洞院殿御屋固令参勤了、

三月小建壬辰

一日丙戌　今日御所御祈招魂御祭一座、□〔土〕公御祭一座令□〔参カ〕勤了、　四百、
「御節供事」
三日戊子　今日御所御祈七座泰山府君御祭仕了、　今日式部大夫殿祈始之、
又宰相中将殿御所百怪御祭仕了、
五日庚寅　□□〔今日カ〕油小路▨御前之□□〔泰山〕府君御祭勤了、　今日車宿立之、
又□内判官大土公御祭一座勤了、
六日辛卯　今日三条富小路藤右衛門尉□〔四〕季泰山府君祭始之、
「薬師寺最勝会事」
七日壬辰
「上巳御祓」
八日癸巳　河原出、
今日七条殿御所参、大鬼気御祭勤仕了、　一貫、
九日甲午
「法勝寺不断御念仏始事」
十日乙未　今日火事、勘解由小路・富小路、出見、未申時、　廿一人御祈始之、
十二日丁酉　今日御所土公祭一座、七条殿令参勤了、　二百文、
「賀茂一切経歟」
十三日戊戌
「東大寺華厳会事」
十四日己亥　宮月次招魂御祭勤仕了、又堀川月次祭勤了、　牛五十、始之、
「祇薗一切経歟」
十五日庚子　今日八幡宮行幸、丑時卜、御壊滅□、　百文、
「国忌事」
十七日壬寅　□□〔今日カ〕御所招魂御〔祭脱〕一座令勤仕了、被渡御撫物、有御文　女房戌時迯、
綿十両、　亥時合、
「石清水臨時祭試楽事」
十九日甲辰

廿日乙巳　　今日賀茂社行幸、
今日西洞院殿姫宮月次泰山府君御祭一座令勤仕了、
又右大弁殿（藤原資頼）月次泰山府君御祭同勤仕了、
「国忌事」
廿一日丙午
廿二日丁未　今日御所御祈□（呪）咀御祭、□条河原令勤仕了、　一貫、
廿三日戊申　　牛五十下、
廿四日己酉　今日五辻殿月次泰山府君御祭令勤仕了、
「尊勝寺灌頂事」
廿七日壬子　　御所御祭今日十ケ夜満了、結願也、
今日山桃防城（藤原国通）相宰（宰相）中将殿宮御祈呪咀御祓一座、又招魂御祭一座、鬼気御祭一座各令勤了、
始之、
廿八日癸丑　又今日ヨリ□（御カ）所土公御祭、又□ケ夜始之、今日参勤了、
防城殿若宮招魂御祭一座令勤行了、又私夢御祭一座令勤行了、
廿九日甲寅　今日河臨御祓□始之、□□御所御祈也、始之、
冷泉月次泰山府君祭勤了、

四月小建癸巳

「改御装束事」
一日乙卯
二日丙辰　今日防城宮御所御祭参勤了、
「山科祭事」「左右衛門壊弓堋事」
三日丁巳
四日戊午　今日防城殿若宮招魂御祭、七ケ日結願了、
又御所招魂御祭一座、臨時令勤行了、

「平野□□〔祭事〕」「松尾祭事」
六日庚申　今日御方違行幸、
「當宗祭事」「梅宮祭事」
七日辛酉　今日女院御祈土公御祭、毎夜十八日之間令勤行了、今日結願也、
官事亥時承之、
八
御祭廿七座勤行之、
「灌仏事」
八日壬戌
十日甲子　今日冷泉月次泰山府君祭勤了、
十三日丁卯　今日二条右衛門□四季泰山府君祭勤行了、
「□□〔十五カ〕大寺安居事」「延暦寺授戒事」
十五日己巳
十六日庚午　今日雨下、申酉時歟、
今日除〔目脱〕被行之、
大炊殿行幸、
「後一条院御国忌事」
十七日辛未　除目後朝、　催三人、外記使▨六人、
「日吉祭事」
十八日壬申　雨下
「後冷泉院御国忌事」「賀茂祭事」「献桂葵事」
十九日癸酉　雨下　宿所□一条大宮左衛門尉家也、
廿日甲戌　今日御譲〔順徳天皇〕位、
廿六日庚辰　今日新院〔順徳上皇〕御幸始、賀高〔陽〕院殿御所へ亥時、同殿御慶事、
今日防城宮月次呪咀御祓仕了、

今日権藤右衛門尉四季泰山府君祭
勤□

廿七日辛巳　今日肥後房▨取、

「駒引事」
廿八日壬午　今日戌時初□雨下、

「国忌事」
廿九日癸未　今日頭弁殿（藤原資頼）月次泰山府君御祭勤仕了、又西洞院殿呪咀御祭勤仕了、又桃《山》殿同、

五月大建甲午

一日甲申　凡午未時忌之、

二日乙酉　今日屋固、

五日戊子
「供菖蒲事」「御節供事」「円宗寺御八講始事」
催鎰取、又酒肴有之、催三人、鎰取四人、
今日□宰少将殿呪咀祭了、

「国忌事」
七日庚寅

八日辛卯　今日宮招魂御祭二座□勤了、
又冷泉月次祭勤了、又堀川月次祭勤了、烏丸屋固了、

九日壬辰　巳時病、

十日癸巳　巳時病、

十三日丙申　今日猪熊幷堀川疫神祭勤了、
女房戌時来、
今日山僧一人来、為先来、

十四日丁酉　今日七座泰山府君祭令勤行了、

十五日戊戌　子丑　可被出宿所高辻京極也家人

今日未時　　　　　　　来、　　　今日巳時驚出来、武士等羣集、
十八日辛丑　今日　関東下向
廿一日甲辰　今日依院宣
廿二日乙巳　今日頭弁殿月次御祭勤行了、
　　　　　今日向、
廿三日丙午　　　　　　　　　　　今日未申時内蔵頭殿見参了、
廿四日丁未　五辻殿月次泰山府君御祭勤仕了、
「村上天皇崩日事」
廿五日戊申
廿六日己酉　今〔日脱カ〕（宮御方）西洞院殿月次泰山府君御祭勤仕了、
廿七日庚戌　今日堀川天曹地府祭勤仕了、
廿九日□□〔壬子〕　今日午時承之、
　　　　　今日七条殿参、申時御□□也、
卅日癸丑　　　　　　　　今日西洞院殿呪咀御祓仕了、　今日戌、佐殿参、
「伊勢斎王禊事」
六月小建乙未
一日甲寅　今日戌　時給、同時始之、
三日丙辰　今日卯時御方関東武士等令下向云々　向
五日戊午　今日酉時女子、　　　　　　今日▧給、
六日己未　巳時産女子、
　　　　今日兵乱始

八日辛酉　今日　兵乱　巳時関東武士　武士合
中院　今日前内蔵頭殿御所帰参
今日巳時御所
十日癸亥　今日辰時
「月次祭事」「神今食事」
十一日甲子
十三日丙寅　今日兵乱
十四日丁卯　今日兵乱御方　落給火事出来　今日御方被打落了、武士等申酉時
ニ京入、
十五日戊辰　今日　武士等打取、　今日京乱入、
十八日辛未　今日賀茂下、
「国忌事」
廿一日甲戌
廿二日乙亥　今日自賀茂出、
廿四日丁丑　今日自北国上、
今日巳時女子、
「大祓事」
廿九日壬午
七月小建丙申
「官政事」
一日癸未
六日戊子　今日一院□〔自カ〕四辻殿御所鳥羽殿□発給、武士沙□〔汰〕也、□
「御節供事」「乞巧奠事」（後鳥羽上皇）
七日己丑

「文殊会事」
八日庚寅　今日丑時御産男、　今日摂政令改給本近衛殿（藤原家実）、
九日辛卯　今日行幸始、□院宮□□也、　今日一院御流罪、辰巳時隠岐国、
十三日乙未
「御盆事」
十四日丙申
「盂蘭盆事」
十五日丁酉
十九日辛丑　今日新院岡前殿御所、
廿一日癸卯　今日新院御流罪佐土〔渡〕国、
廿三日乙巳　今日高倉殿御祈始之、
廿四日丙午　今日七〔六〕条宮（雅成親王）御流罪、但馬国、　今日五辻殿月次御祭勤仕了、
廿五日丁未　今日冷泉宮（頼仁親王）御流罪、
今日七条坊門室町泰山府君祭令勤仕了、
廿七日己酉　今日申時子歳男赤痢病、
廿九日辛未　今日寅時南京下向、
八月大建丁酉
「北野祭」
四日乙卯　不被行、
七日戊午　今日戊歳人祈始之、
九日庚申　今日持明院殿（守貞親王）参仕、
十四日乙丑　今日権藤右衛門尉四季祭勤仕了、
「石清水放生会事」
十五日丙寅

十六日丁卯　今□院号始、
十八日己□〔巳〕　右大弁殿御祭勤了、
廿日辛未　午未時始之、戌時始之、
廿三日甲戌　今日持明院御幸始、大炊殿御所、戌亥時、
廿五日丙子　今日大輔殿御祭勤仕了、　□時□寅子、
「国忌事」
廿六日丁丑　今日七条女院大炊殿御所御幸、
九月小建戊戌
四日乙酉　今日巳時卜、待人卜、壬癸亥丑日、
又丁日、
七日戊子　今日子丑時ニ大炊殿御所ニ火事出来　有御幸
「御節供事」
九日庚寅　今夜子丑時ニ大炊殿御所ニ有火事、然□了、賀陽院殿御所有御幸、
「伊勢奉幣」
十一日壬辰
十二日癸未　今日熊野本宮焼失了、
今日雨下大風、
「東大寺灌頂事」
十五日丙申　今日放生会也、依内蔵助役宣命御使令参勤、八幡宮□
十八日己亥　今日七座祭行之、
廿四日乙巳　□時合、
「国忌事」
廿九日庚戌
十月大建己亥

「改冬御装束事」
一日辛亥
□□□□〔三日癸丑〕　　今日子丑□□南［　　］
□〔五〕日乙卯　　［　　］殿御［　　］泰山府君御祭一座、各令勤仕了、　　卅一男［　　］
　　今日未□庁宣給、
「国忌事」
七日丁巳
八日戊午　　亥時合、
九日己未　　卯時失物卜人仕了、
「興福寺維摩会事」
十日庚申　　□権弁（権右中弁藤原成長）殿令参勤給云々、
十三日癸亥　　□〔今〕日二条烏丸四季天曹地□〔府〕御祭令勤仕了、
十五日乙丑　　大臣殿月曜御祭三［　　］〔座カ〕
十八日戊辰　　今日女院（賀陽院）御所□〔招〕魂祭一座令参勤了、　　今日内大臣殿［　　］
　　□右大弁殿月次泰山府君御祭勤仕了、
廿日庚午　　今日戌時合、
廿三日癸酉　　［　　］時法印御房御所死去了、　今日醍醐御堂供養、武蔵（北条泰時）［　　］〔守〕沙汰、
「□□〔法勝寺〕□大乗会」
廿四日甲戌　　［　　］立諸屋敷、
廿五日乙亥　　□□十五日、　　二十貫、
廿六日丙子　　□□〔天曹〕地府［　　］

第三章　『大唐陰陽書』の考察――日本の伝本を中心として――

はじめに

日本には六世紀頃から百済を介して中国の暦法（太陰太陽暦）が伝えられた。当初は百済派遣の暦博士等の専門家によって毎年の暦が造られたと考えられるが、七世紀はじめの推古天皇十年（六〇二）に百済僧観勒が天文・暦書等をもたらし、朝廷が書生を選んで彼に付して暦学等を学ばせてから、次第にそれらの学術は定着することになる。『政事要略』巻二十五に引く「儒伝」に、推古天皇十二年正月朔から初めて暦日を用いたとあるのは、そのことを示すものであろう。

ついで律令制の導入に沿う中央官庁機構の樹立にともない、中務省管下に陰陽寮を設け暦博士と暦生を置くことにより、毎年の造暦と暦術専門家の育成を図る体制が整うことになった。暦博士が暦計算を行い暦を造るさいに、その方法や天文定数等の基礎知識を提供するのが中国で作られた暦経である。日本ではじめ百済の影響により宋の元嘉暦を用い、ついで唐の儀鳳暦（麟徳暦）・大衍暦・五紀暦が伝えられ、最後に宣明暦が貞観四年（八六二）から採用され、以後江戸時代の貞享暦による改暦にいたるまで八二三年間施行された。実際の暦の遺品は、元嘉暦によるものとして奈良県明日香村石神遺跡出土の持統三年（六八九）木簡暦が現在最古のものであり、儀鳳暦行用期では天平十八年・二十一年、天平勝宝八歳の各数か月分の暦が正倉院に残り、大衍暦行用期のものとしては多賀城跡や茨城県鹿の子C遺跡等からごく短いものが漆紙文書として出土している。(1) ついで宣明暦行用期になると、平安中期以降多数の暦が現存している。

これらの暦は一般に具注暦と呼ばれるもので、日付に付属して多数の吉凶禁忌事項を内容とする暦注があり、造暦の方法とともにこの暦の形式も中国のそれを踏襲したものである。暦注の種類は極めて多く、一見何の脈絡もなく記されているようであるが、その配当は規則性があり、おもに日の干支、それも節月ごとに決まるものが多いから、予め暦注配当の一覧表を用意すれば毎年の造暦にさいして容易に具注暦を制作することができた。『新唐書』芸文志の暦算類に録す「暦日吉凶注一巻」、五行類に録す「堪輿暦注二巻」等はそのような暦注書であったと推測され、『日本国見在書目録』の暦算類にも「暦注二巻」とあり、九世紀以前に暦注書が日本に伝えられていたことを示している。

ところで、今日わが国に数種の写本が伝わる『大唐陰陽書』巻三十二・三十三両巻はまさにそのような暦注配当の一覧表であった。その内容は、巻三十二は具注暦巻頭のいわゆる暦序の部分と同様な暦注項目の説明、ついで正月から六月までの各月に、それぞれ甲子から癸亥まで六十干支ごとに配当される暦注を記し、巻三十三は七月から十二月まで同様に記している。よって暦家が暦計算を行い干支と暦日が決定すれば、この両巻を参照することにより容易に具注暦が出来上がることになり、暦を製作する者にとってはきわめて利用価値の高い便利な書であった。このことは後述のように、いくつかの『大唐陰陽書』の写本の奥書に暦博士や宿曜師等が所持していたことを記していることによってもうかがえるところである。

この両巻を含む『大唐陰陽書』に関して、すでに中村璋八・大谷光男両氏(2)が検討を加えており、これが唐の陰陽家呂才の『陰陽書』のことであろうことを指摘し、そして諸写本の概略の紹介を行ったが、なお写本の伝来の問題を含めて残された課題も多いと思われる。そこで以下若干の検討を行うこととしたい。

一　『大唐陰陽書』の伝来

『大唐陰陽書』は、その書名からして唐代の書であることがうかがえるが、『日本国見在書目録』五行家の項に、

〔大〕太唐陰陽書五十一巻、新撰陰陽書五十呂才撰、

とあり、九世紀以前に日本に伝えられていたことが知られる。またここでは『新撰陰陽書』に「呂才撰」とあるが、唐・宋の書目では、

『旧唐書』経籍志に、

陰陽書五十巻、呂才撰

新撰陰陽書三十巻、王粲撰

『新唐書』芸文志に、

呂才陰陽書五十三巻

王璨新撰陰陽書三十巻

『宋史』芸文志に、

呂才陰陽書一巻

とあり、『新撰陰陽書』は呂才ではなく王粲の撰になる書であったことは明らかである。同書は天平宝字元年（七五七）に『周易』『黄帝金匱経』『五行大義』と並んで陰陽寮の陰陽生の読書に指定されており（『続日本紀』同年十一月癸未条）、陰陽家説の基本文献として日本でも重視されたことが知られ、また平安時代以降陰陽道の典拠として重視され多数の佚文が伝わるが、王粲の経歴については明らかではない。なお村尾元融の『続日本紀考証』巻十二には、『新撰陰陽書』に注して、

唐志王璨新撰陰陽書三十巻、現在書目録大唐陰陽書五十一巻、新撰陰陽書五十巻呂才撰、
元融按、依㆓唐志㆒呂才陰陽書五十三巻与㆓王璨新撰陰陽書㆒自別、現在書目録以㆓二書㆒為㆓呂才所㆒㆑撰、又
差㆓其巻数㆒、恐誤、

とあり、『日本国見在書目録』が『大唐陰陽書』と『新撰陰陽書』の二書をもって呂才の撰となすことは誤りであるとし、『新唐書』芸文志を引用してその証としている。ここで元融は『新撰陰陽書』を問題としているため『大唐陰陽書』と呂才の『陰陽書』の関係については明言していないが、同一のものとして扱っているようである。

『陰陽書』の編纂過程は『旧唐書』巻七十九、『新唐書』巻百七の呂才伝によって知ることができる。それによると、太宗のとき近代以来陰陽書は謬偽浅悪で穿鑿・拘忌のことが多く用い難いので、太常博士呂才と学者十余人に刊定を命じ、呂才らは削訂して五三巻にまとめ、これに旧書四七巻を併せて一〇〇巻として貞観十五年（六四一）に成り、詔して天下に頒行せしめたという。よって呂才らがまとめた『陰陽書』は唐王朝の公定書として権威を有するものであり、日本で大唐の名を冠して用いられるのもこれによるものと考えられる。その巻数は、前述のように書目類によって一定しないが、新唐志の五三巻は呂才伝で呂才らが新たに編纂した巻数と一致するので、あるいは旧書を除いて呂才撰『陰陽書』として伝えられたとも考えられる。しかしその後中国では早くに散逸したようで、『宋史』芸文志にはただ一巻とあり、それも今日伝わらないが、新旧唐書の呂才伝に卜宅篇・禄命篇・葬篇の叙の部分を引用するほか、清の馬国翰編『玉函山房輯佚書』七一巻に、暦法・五行嫁娶之法・雑篇に分類される十条の佚文を集めており、わずかにその内容を知ることができる。

そのような中で日本に二巻分が『大唐陰陽書』巻三十二・三十三として伝わることは注目に値することであり、また他にも若干の佚文を見出すことができるので、つぎに日本における受容と普及について概略を述べよう。

『日本国見在書目録』以前にこの書の伝来を示す初見史料は正倉院文書、天平十八年（七四六）の写疏所解[3]であり、「市原宮陰陽書料」として四〇張の打紙が支給されている。よって同年以前に伝来していたことが知られ、おそらく遣唐使によってもたらされたものであろう。ついで平安時代に入ると、『日本後紀』延暦十八年（七九九）二月己未条の和気清麻呂の薨伝に、その長子の大学別当広世が「大学会二諸儒一、講二論陰陽書・新撰薬経・大素等一」と医薬書とともに講論したとあり、貴族・儒者の間で読まれていたことが知られる。しかしこの書は初唐における陰陽家説の集大成書であるから、それをもっぱら用いたのは陰陽寮の官人たちであった。

『文徳天皇実録』仁寿三年（八五三）十二月甲子条には、

陰陽寮奏言。使下諸国郡及国分寺、拠二陰陽書法一、毎年鎮中害気上。従レ之。

とあり、『陰陽書』の説く法によって毎年害気鎮めを行うべきことが陰陽寮より奏上され、それが採用されるようになったという。『延喜式』巻十六陰陽寮では、正月厭日の遅明に宮門の内外で官人が陰陽師を率いてこれを行い、巻五十雑式でも国郡郷邑で行うことを規定しており、恒例の行事となったことがわかる。また『日本三代実録』貞観九年（八六七）十一月二十九日甲子条に、「勅曰。向者、天文告レ変、地理呈レ妖。謀レ亀謀レ筮、誠匪二国慶一。加之、陰陽書説、来年戊子、当レ有二水旱疾疫之災一」とあり、天変地妖のため卜占を行った結果が凶兆であったこととともに、来年の干支戊子が『陰陽書』に災害のある年とすることを理由に、勅を下して諸国に『金剛般若経』等の奉読を命じており、それも陰陽寮の勘申によるものと考えられる。

九世紀に入ると律令制支配の後退にもとづく支配層の不安感増大を背景に陰陽寮官人は災厄・吉凶禁忌の勘申、呪術・祭祀の採用を盛んに申請して活発な活動をみせ、九世紀末頃には陰陽道という宗教的な形態が成立するが、『陰陽書』もその主要な典拠の一つとして利用され、その後も陰陽家の勘文や著作等にしばしば引用されている。[4]

二　暦注と『大唐陰陽書』

呂才の『陰陽書』、すなわち『大唐陰陽書』は五十余巻のうち巻三十二・三十三のみがまとまって数本伝えられているが、それは暦注記載の原典として利用価値が高かったことによる。いくつかの伝本につぎの奥書がみえる。

此書両巻、以二陰陽頭兼暦博士従五位下賀茂保憲朝臣本一所レ伝也。奥注云、以二春家本上下巻一比校既畢。彼本奥、嘉祥元年歳次戊辰七月朔戊午五日壬戌、従六位上暦博士大春日朝臣真野麻呂書之。（後略）

すなわちこの両巻が一〇世紀中頃の著名な陰陽・天文・暦家賀茂保憲所蔵本の写本であり、しかも保憲本の本奥には、暦博士大春日真野麻呂が嘉祥元年（八四八）に書写した春家本[5]上下巻と対校した旨が記されていたという。これによって両巻が九世紀中葉以降に、暦家の間で「上下巻」「両巻」として単独で用いられていたことが知られるのである。

では『大唐陰陽書』の両巻は、実際にいつから具注暦の典拠として採用されたのであろうか。前述のように、従来まとまった具注暦の遺品としては儀鳳暦行用期の天平十八年・同二十一年・天平勝宝八歳の正倉院暦があり、その後はだいぶ間隔をおいて宣明暦行用期の寛和二年具注暦（九条家本『延喜式』紙背）、ついで長徳四年具注暦上巻（『御堂関白記』原本）以下多数の暦が残されている。正倉院暦と平安中期以降の具注暦との暦注記載の形式は異なり、そして『大唐陰陽書』両巻の形式は後者と同様であるので、これまで宣明暦行用時代の具注暦は『大唐陰陽書』両巻にもとづくものとされてきた[6]。

ところが『大唐陰陽書』の伝本のなかで最も古いものとみられ、中世前期の書写と推測される京都大学人文科学研究所所蔵本（巻三十三のみで巻三十二を欠く）の内題に、「大唐陰陽書卅三　下巻　開元大衍　暦注」とあり、これを大衍暦の暦注としている。また長禄四年（一四六〇）書写の六地蔵寺所蔵の『長暦』は、『大唐陰陽書』との書名はなく暦注の記載もかなり省略がみられるが、『大唐陰陽書』と同様な形式をそなえる暦注書であり、その冒頭に「開元大衍暦注抄、春秋両巻復為二一巻一」とあり、よって中世には『大唐陰陽書』を開元大衍暦注とする所伝が存在していたことを示している。

そこでまず大衍暦の暦注について検討しておきたい。大衍暦を請来したのは入唐留学生の下道（吉備）真備であり、彼は帰国後の天平七年（七三五）に『唐礼』『楽書要録』などの多数の典籍とともに『大衍暦経』一巻・『大衍暦立成』十二巻等を献じている（『続日本紀』同年四月壬子条）。またそこに書名はみえないが、天平宝字元年に陰陽寮の諸生の読書が定められたさいに、暦算生の読書として『大衍暦議』があり、これも『暦経』『立成』とともに真備によって伝えられたものと思われる。『暦経』は一つの暦法の暦計算の法を説明したもの、『暦議』は天文定数等の理論を説明したもの、『立成』は暦計算に必要な数表であり、『新唐書』芸文志にも、

僧一行開元大衍暦一巻

又暦議十巻

暦立成十二巻

と、三書が揃って録されている。大衍暦は天平宝字七年（七六三）に採用され（『続日本紀』同年八月戊子条）、翌年の暦から儀鳳暦に代わり用いられたが、九世紀に入り天安元年（八五七）に暦博士大春日真野麻呂は五紀暦による改暦を奏請して（『文徳天皇実録』同年正月丙辰条）、大衍暦・五紀暦の併用を経て、貞観三年（八六一）に再度真野麻呂が宣明暦による改暦を奏上して（『日本三代実録』同年六月十六日条）、その翌年から宣明暦行用時代に入る。よって大衍暦は五紀暦との併用を含めて日本では九八年間行われたことになる。

ところで、宣明暦は貞観元年（八五九）に渤海国大使馬孝慎が来朝したさいに「是大唐新用経也」（同上）とし

て貢上したものであるが、しかし日本に伝わった宣明暦関係の書は不十分だったようであり[7]、施行後二〇年余りを経た元慶元年（八七七）になり、陰陽頭兼暦博士家原郷好は現行の宣明暦経とともに暦書二七巻を加え用いることを申請し、これが承認されている（『類聚三代格』巻十七、元慶元年七月二十二日太政官符、応加行暦書廿七巻事）。その暦書とは「大衍暦経一巻、暦議十巻、立成十二巻、略例奏草一巻、暦例一巻、暦注二巻」のことであり、これらを併用する理由として彼は、

謹検二案内一、依二去天平宝字元年十一月九日　勅書一。以二大衍暦経一、勘二造暦日一既尚矣。而貞観三年六月十六日格偁。停二大衍旧暦一、用二宣明新経一者。拠二此新経一造二進御暦一、漸経二年序一。今検二件宣明経目録一、唯有下勘二経術一之書上、無下相二副暦議一之書上。望請、依二前後格一、相二副大衍宣明両経一、為二道業経一。但勘二造暦日一、用二宣明経一者。

と述べている。すなわち伝えられた宣明暦経は、暦術を考え造暦を行うには事足りるが、それに付すべき暦議等の書はなく、そのため前後の格によって旧用の『大衍暦経』以下を道業の書として用いたい、というものであった。この前後の格とは大衍暦採用の天平宝字七年[8]、宣明暦採用の貞観三年の格をいうのであろうが、後者の宣明暦関係の書は当時現行のものであるから、この時加えられた暦書二七巻はすべて大衍暦関係のものとみなければならない。すなち暦例・暦注はともに大衍暦のそれであったと考えられる。

『暦例』とは個々の暦注の解説書であるが、実際に大衍暦に暦例が存したことは、院政期の『陰陽略書』[9]に、

川人三宝暦序云、大衍暦例、建・除・執・破・危・閉・凶会・九坎・厭・厭対・滅等凶神、及自身衰日避レ之。自余吉日准吉。

とあり、九世紀後半の陰陽頭滋岳川人の『三宝暦』の序に「大衍暦例」が引用されており確認できる。一方暦注に関しては、宣明暦施行とともに暦注は付されていたはずであるが、これを通説の如く『大唐陰陽書』の両巻と

すると、のちの元慶元年の官符で加えられた暦注と別のものとせざるをえないことになる。また『日本国見在書目録』暦数家の項に、「暦例二」「暦注二」とあり、これが大衍暦の暦例と暦注と考えられるが、『大唐陰陽書』自体は既述のように五行家の項に著録されており、『大唐陰陽書』から二巻のみを分離して録すことは考え難いことであろう。これらによって、やはり『大唐陰陽書』の両巻と「大衍暦注」二巻とは別のものとみなすべきと思われるのである。

以上は文献史料面の検討から『大唐陰陽書』が「大衍暦注」であったとする所伝には疑問があるとしたのであるが、では実際の暦の遺品と『大唐陰陽書』の記載内容の比較はどうであろうか。近年各地の官衙跡の発掘調査により、従来不明であった大衍暦行用期の具注暦の形式が知られはじめている。この検討はすでに大谷光男氏(10)が行っているが、暦注の細部で異同が多いようである。ただ氏も指摘しているように、現存する『大唐陰陽書』の諸本の暦注、とくに神吉・三宝吉日、あるいは大将軍遊行方位などの朱書の暦注等は日本で追加されたものが多く、原本の形態を復元することは難しく、また発掘された暦（漆紙文書）もわずかな断簡ばかりであり、両者を比較検討して異同を確認することは現段階では困難としなければならない。このように『大唐陰陽書』両巻と「大衍暦注」は別ものと考えるのであるが、それらが同一視された一因は伝本の奥書に、暦博士大春日真野麻呂が大衍暦行用期の嘉祥元年（八四八）に両巻を書写したとあることによるのではなかろうか。

三　諸本とその伝来

既述のようにわが国には『大唐陰陽書』巻三十二・三十三の両巻が数本伝えられている。本節ではそれらを紹介し、かつ奥書により伝来過程を検討したいと思う。

(1)天理大学附属天理図書館吉田文庫本　一冊　六四丁（以下吉田本と略称す）

表紙に外題はないが、その第一紙のはじめに「大唐陰陽書卅二上」とあり、ついで大歳以下の八将神の所在等、具注暦の暦序に当たる内容を記したあと正月節から十二月節まで各節月の六十干支ごとに暦注の形式を記す。その中間の七月節の冒頭に「大唐陰陽書卅三下」、十二月節の末尾に「大唐陰陽書巻第卅三」とある。冒頭と末尾に巻三十二の上・巻三十三の下とあるものの、巻三十二の下・巻三十三の上はなく、内容はひと続きのものであり、よって上下は両巻を一連のものとすることによる追記とみてよく、暦序から六月節までが『大唐陰陽書』の巻三十二、七月節から十二月節までがその巻三十三となる。吉田本にはまた、六月節の終わりに「暦注上巻」とあり、ついで八将神方の方忌や十干名・大歳名等の補説があり、さらにつぎのような奥書がある。

長暦上

嘉暦二年丁卯書写之

代々相伝以秘本写之

そのあとすこし間をあけて、

借修理大夫安倍有春本書写了、可深秘、

天文十一年閏三月廿六日　　清侍従三位入道宗尤

とある。これによって吉田本が、天文十一年（一五四二）に安倍（土御門）有春所蔵本をもって清原宣賢（法名宗尤）が書写したものであることが知られる。また嘉暦二年（一三二七）の書写年紀は有春所蔵本の原奥書とみられ、鎌倉時代以前から陰陽家安倍氏のもとに『大唐陰陽書』の両巻が相伝されていたことがわかる。(11)

(2)京都大学人文科学研究所本　一冊　二八丁（以下京大本と略称す）

巻三十二を欠き、七月節から十二月節までの巻三十三のみを存す（なお九・十月節に欠落がある）。前述のように、冒頭に「大唐陰陽書卅三下巻　開元大衍暦注」とあり、ついで「凶会日作法」として禁忌事項を記す。また末尾には甘露日・金剛峯日・羅刹日の配当表を載せ「大唐陰陽書巻第卅三」と記したあと、つぎのような奥書がある。

此書両巻、以二陰陽頭兼暦博士従五位下賀茂保憲朝臣本一写伝也。奥注云、以春家本上下両巻比校既畢。彼本奥注、嘉祥元年歳次戊辰七月朔戊午五日壬戌、従六位上暦博士大春日朝臣真野麻呂者。然則数家之説符合、累代之本不レ謬。若合二他本一有レ錯者、可レ知二他誤一云々。合又件本両本有、猶為レ正二両本一比校書了。但件本一暦儒家仁宗・統〔仁脱〕・増命五所〔師〕家本也。今一本醍醐寺増〔僧カ〕本、専不レ可レ有レ錯者也。（以上をAとする）

この奥書は他の写本にも引用されているので、その検討はのちに行う。また最末に「天文生安倍」とあり、本書も安倍氏の伝本であったことが知られる。京大本の書風は諸本のなかでも最も古く、鎌倉から室町前期に遡るものと推測されている。

(3) 東京大学史料編纂所所蔵島津家本　一冊　三一丁（以下島津本と称す）

これも巻三十三のみを残すもので、外題・内題はなく七月節から始まり十二月節にいたるが、末尾に「大唐陽陰暦書巻第卅三」とある。ついで京大本と同様な奥書Aを記したあと、

此奥書中五師者、是宿曜三師、暦家儒家是二家、仁宗・仁統・増命是二家三人之歟。（以上をBとする）

章中朔旦事、詢二算宿之両道一、已改二謬暦一、任二保元之先蹤一被レ宣二下之一。〔宿脱〕曜道之中独及二勘奏一、明識之至、尤有二叡感一者。院宣如レ此、悉以状。

十二月十日　前平中納言経親判

宣算法印御房　（以上をCとする）

最勝園寺殿

改暦幷転位事、承候了、目出候之。

徳治三年　崇演

延慶元戊申十二月廿八日　　　沙弥在判
弁〔算カ〕法印御房　　　（以上をDとする）

延慶元也、改元十月九日、自㆓徳治三年戊申㆒至㆓応永廿六年己亥㆒、当㆓百二十年㆒也。　（以上をEとする）

大永五年乙酉菊月十日
右件書全部幷立成記暦作之内悉認レ之、然而大統暦者、窓月令㆓翰墨㆒訖。　（以上をFとする）

と続く。のちに述べるようにBはAの奥書の補説、CDEはそれぞれ伏見上皇院宣・北条貞時書状、およびその後の付記で他本にもみえ、島津本そのものの奥書はFである。すなわち島津本は大永五年（一五二五）に造暦関係の諸書とともに書写したものであるという。大統暦は当時明で用いた暦法であるが、これを書写した窓月なる人物については明らかではない。

(4)国立天文台本　一冊　五一丁（以下天文台本と称す）

表紙外題には「宣明暦二十八宿吉日考入」とあり、第一丁の右下に「覚□（不明）」の朱印がある。ついで甘露日・金剛峯日・羅刹日以下暦注関係の記事が数丁続いた後、「大唐陰陽書卅二」とあって暦序・正月節から十二月節まで続き、十二月節の末尾に「大唐陰陽書卅三」とある。ついで前述のABCDEの奥書がまとめて記され、さらに干支の由来、「大唐代々之暦之事、付吾朝将来」や十干十二支、その他多数の暦注関係の記事が付されていて、末尾に「顗阿」の朱印がある。注目されるのは戦国時代の僧で暦算に通じ、関東・京都・越前等で活動した一栢《いっぱく》の書き込みと所説が巻三十二・三十三の前後に二か所みえることで、また奥書の後の暦注関係の記事のなかに仏説や暦家賀茂氏と異なる暦注の説、関東で用いられた暦注を記すなど一栢との関係をうかがわせる。ただしその書写は近世に入るものとみられるので、一栢所蔵本の写しと思われる。

(5)静嘉堂文庫本　一冊　四六丁（以下静嘉堂本と称す）

表紙および内扉に「大唐陰陽書　全」とあり、また内扉に「錦所蔵」と書し、山田本の印があり、山田以文の所蔵であったことが知られる。内容は天文台本に近いが、巻三十二・三十三の前後の暦関係記事は天文台本より少なく、また天文台本にみえる一栢の説を誤って記しているところがあり、その書写時期は天文台本より遅れることは明らかである。

(6)内閣文庫本

表紙に「大唐陰陽書　全」とあり、また浅草文庫・和学講談所[12]の印がある。現存するのは始めの五丁のみで、まったくの断簡本であるが、その内容は静嘉堂本と同様で、近世の写本である。

つぎに『大唐陰陽書』との書名はないが、これに類する暦注書をあげておく。まず茨城県六地蔵寺所蔵『長暦』（一冊　五一丁）がある。はじめに『類聚三代格』所載、貞観三年六月十六日の宣明暦施行、元慶元年七月二十二日の道業の書として暦書二十七巻加行の二つの太政官符を載せ、ついで「開元大衍暦注抄、春秋両巻、後為一巻」とあり、このあと正月節から十二月節まで暦注の形式を記すが、前記の諸本とは異なり暦注の省略が著しい。なお末尾に、

長暦

長禄余年太才庚辰神無月下旬

とあり、長禄四年（一四六〇）十一月の書写であることがわかる。また「開元大衍暦注抄」とあることから、京大本系統の抄写と推測される。つぎに東北大学附属図書館所蔵『暦注』（一冊）は表紙に「暦注」とあり、暦序・暦注関係の記事についで正月節から十二月節までを記し、その後また暦注記事を付す。また六月節の末に「已上　上巻分了」、十二月節の末に「下巻了」とみえるが、書写の年紀を示すものはなく、近世のものと推測される。

以上が『大唐陰陽書』巻三十二・三十三の諸本並びにそれとかかわるとみられるものである。諸本のうち吉田

本・京大本は安倍氏系の伝本の写しであるが、京大本・島津本・天文台本・静嘉堂本等は共通の奥書をもち同系統の写本とみることができる。そこでこれらの奥書を検討してその伝来の一端をうかがうこととしたい。

まず京大本以下に共通するⒶの内容からみると、この書の両巻は陰陽頭兼暦博士賀茂保憲本の写本であり、保憲本の奥注には嘉祥元年（八四八）七月五日に従六位上暦博士大春日真野麻呂が書写した「春家本上下巻」と対校したことが記されていたという。

既述のように大春日真野麻呂は天安元年（八五七）に五紀暦による改暦を、貞観三年（八六一）には宣明暦による改暦を上申した九世紀の代表的暦家である。真野麻呂の国史における初見は、『文徳天皇実録』斉衡三年（八五六）正月丙辰条に、従五位下暦博士で紀伊権介を兼任したとみえるものであるが、この奥書により彼の暦博士就任が嘉祥元年以前であることが知られる。また五紀暦による改暦上申のさい、『文徳天皇実録』には、「真野麻呂暦術独歩。能襲㆓祖業㆒相㆓伝此道㆒。于㆑今五世」とあり、大春日氏は真野麻呂のときすでに五代を数える暦家であり、また真野麻呂以後も九世紀末から一〇世紀末にかけて氏主・弘範・益満・栄業・栄種と多数の暦博士・権暦博士を輩出している(13)。

賀茂保憲は一〇世紀前半の著名な陰陽師賀茂忠行の子であり、天慶四年（九四一）七月に暦生の身で造暦の宣旨を蒙り、暦博士大春日益満とともに暦を造進すべき命を受けている。ついで暦博士・陰陽頭・天文博士等に任じ、暦・天文・陰陽道で名を残した人物であった。保憲が暦道を子息の光栄に、天文道を弟子の安倍晴明に伝え、以後賀茂・安倍両氏が天文・暦道を分掌するようになったということは、『帝王編年記』や『職原鈔』にみえよく知られている。実際に賀茂氏が暦博士や造暦宣旨を独占して暦道の世襲化を完成するのは一一世紀中葉以降であるが、保憲のあと光栄やその子行義・守道が相次いで暦博士に任じ、保憲は暦家賀茂氏の基礎を築いた人物であった(14)。奥書に「数家之説符合、累代之本不㆑謬」とあるのは、このように平安時代を代表する大春日真野麻呂・

賀茂保憲本の流れを汲むという点にあろう。

さらにⒶによると、暦儒家仁宗・仁統・増命五師家本と醍醐寺増本の二本と校合したという。醍醐寺増本は不明であるが、仁宗・仁統・増命は、『二中歴』十三、一能歴宿耀師の項に、

仁宗五師　仁統五師　（中略）　増命仁統姪子

とあり、いずれも宿曜師と称される僧侶であった。宿曜師は符天暦をもって暦算を行い、また個人の誕生時刻における惑星の位置を算出してホロスコープ占星術を行う技能僧であり、この三人は興福寺の僧であった(15)。またその尻付けにみえる五師とは、南都の諸大寺で別当の下に置かれた役僧である。さらに注目されるのは、仁宗と仁統は造暦の宣旨を蒙っていたことである。『小右記』長和四年（一〇一五）七月八日条には、

暦博士守道申下請仁統法師相具可レ作二進暦一之由上、是故仁宗法師例、（仁宗与父光栄、相倶作進之例也、）

とあり、暦博士賀茂守道が宿曜師仁統とともに造暦を行うことを申請したさい、父の賀茂光栄と宿曜師仁宗が共同で造暦を行った例をあげている。仁宗が宣旨を蒙ったのは長徳元年（九九五）のことで、この仁宗・仁統についで仁統の弟子証昭が宣旨を蒙り、暦博士賀茂道平と共同で長暦二年（一〇三八）まで造暦を行った。これ以後宿曜師の造暦宣旨は絶えるが、院政期から南北朝期にかけて宿曜師は多数輩出され、その間暦家との間でしばしば日・月食の予報や暦日の推算に関して論争を行っている。仁統の甥増命は宣旨を蒙るにいたらなかったが、『大唐陰陽書』の写本の一つは仁宗から仁統、増命に伝えられたのであろう。

このように奥書Ⓐは、この両巻が大春日真野麻呂書写の春家本と対校した賀茂保憲本の写しで、また宿曜師仁宗らの伝本と醍醐寺本とも校合したものであることを明らかにしている。不明の醍醐寺本は別として、ともに造暦と深くかかわった諸家に伝わっていたこと、造暦業務と不可分な書であることを認識させる。このⒶの奥書を有した写本自体の成立は院政期から鎌倉時代にかけてのこととみられるが（京大本は奥書に誤写がみられるのでその

さらなる写しであろう）、それがさらに転写されていく過程で、島津本以下にみえるように、奥書にさまざまな注記や文書が付加されていくことになる。

奥書Ⓑは Ⓐにみえる「五師」の補説であり、「此奥書中」との書き出しのあることから後代の追記であることは明らかである。しかも五師の意味を理解できず、宿曜師三人と暦家・儒家を加えた五人のこととするような誤解を犯している。「暦儒家」とは暦家、造暦宣旨を蒙る者の称として用いられることが多く、この場合も造暦宣旨を蒙っていた仁宗・仁統らを指すものと理解してよいと思われる。

つぎに奥書Ⓒは、平経親が奉じて法印宣算に宛てた延慶元年（一三〇八）十二月十日の伏見上皇の院宣である。内容は、この年の暦では十一月朔日が冬至に当たっていたが、これは「章中朔旦」、すなわち中間朔旦冬至となり問題があるため、算道と宿曜道とに諮問した結果、保元元年（一一五六）の先例に倣い暦を改めることが宣下されたこと、宿曜道の中では宣算一人が勘奏に及んだのでその学識を賞す伏見上皇の叡慮があったというものである。なお、これにより宣算が暦算に堪能な宿曜師であったことが知られる（延慶元年の中間朔旦冬至の問題については後述する）。

奥書Ⓓは、右の暦日の改定と、おそらくその勧賞による宣算の昇叙を慶賀した北条貞時（法名崇演、最勝園寺殿と称す）の書状である。なお「最勝園寺殿」「徳治三年」「崇演」はそれぞれ説明のために付した勘記が書写の過程で文中に混じたものである。

宿曜師宣算の名は他の史料に見出すことはできないが、彼がこのとき伏見上皇と得宗北条貞時という東西の最高権力者から書状を宛てられていることは、彼の活動の広範さと、また宿曜道の中で上位の存在であったことをうかがわせる。そしてこのⒸⒹが奥書に付け加えられたということは、その写本が宣算のもとにあったことを示すものと思われる。

最後のⒺは、さらにその後の追記であり、徳治三年（延慶元年）から応永十六年（一四〇九）までの年数を記しており、よってその写本は応永年間に再度転写を経ていたことを示唆している。島津本はそれを大永五年に書写したものだが、天文台本、静嘉堂本にはさらにその後の暦法・暦注関係の多数の追加がなされており、これらは近世の写本とみられるので、現存のもの以外にも『大唐陰陽書』両巻はかなり多くの伝本が流布していたことが想像される。

四　延慶元年の中間朔旦冬至

右にみたように、島津本、天文台本、静嘉堂本には宿曜師宣算に宛てられた伏見上皇の院宣と北条貞時の書状が付加されており、それは延慶元年の章中（中間）朔旦冬至を避け暦日を改めたさい、宣算がこれに関与していたことを示すものであった。

この朔旦冬至とは、古代中国で成立した太陰太陽暦の十九年七閏の法に起源をもつものであり、中国では古くは十九の太陽年と二百三十八の朔望月の長さが等しいものと考え、十九年の間に七回閏月を設けると太陽と月の会合周期が一致するとして暦法を編成した。これを章法と言い、十一月朔日と冬至が重なる日が暦法の起点とされ、十九年ごとに朔旦冬至が繰り返されることになり、これを章首とし暦制および帝王治世上の祝事とした。その風習は日本にも影響し、延暦三年（七八四）十一月朔日が朔旦冬至となったさい、桓武天皇は「十一月朔旦冬至者、是歴代之希遇、帝王之休徴也」と勅してこれを祝し、この後も十九年ごとに朔旦冬至の賀礼を行うことが宮廷行事として定着した。

しかし中国の暦法では、唐の麟徳暦（儀鳳暦）以降は十九年七閏にこだわらない破章法の段階に入っており、ついで行われた大衍暦・宣明暦等は暦算上必ずしも十九年ごとに朔旦冬至とはならない場合があった。すでに延暦三年から四巡目の貞観二年（八六〇）には冬至が一日ずれて十一月二日となったが、朝廷は儒家に諮問した上で暦家に命じて大の月と小の月を入替えて朔旦冬至とする措置をとり、先例故実を重視する朝廷ではその後もしばしば同様な措置をとり十九年ごとの祝宴を行った。

　ところが、やがて延暦三年から始まる一章十九年間隔の途中で暦算上朔旦冬至となる場合が起こり、これを章中朔旦冬至とか中間あるいは臨時朔旦冬至と言い、旧慣に拘泥する朝廷により凶例とされ、そのさいには暦日の改定を行い朔旦冬至とならない工夫がこらされた。このような中間朔旦冬至の初例は、延暦三年系列の第二十巡目の朔旦冬至であった久安元年（一一四五）の十一年後、保元元年（一一五六）の中間朔旦冬至であり、その後この新たな十九年間系列の中間朔旦冬至は文永七年（一二七〇）にもあり、延慶元年（一三〇八）の場合もそれであった(16)。

　この延慶元年に暦を改め朔旦冬至を避けたことについては、『日本暦日原典』に『続史愚抄』と『日吉社幷叡山行幸記』を典拠としてあげている。『続史愚抄』の同年十月九日条には、

　此日、有二改暦宣下一。是朔旦冬至退朔事也。以十月大為レ小。

　また、十一月一日条に、

　今年、雖レ為二朔旦冬至一、有レ議兼有二改暦一、以十月大為レ小。退朔。因無二旬賀表奏一。保元例。

とあり、保元の例により十月大を小の月となし、冬至を十一月二日に移して朔旦冬至を避けたことが知られる。さらに右の記事によれば十月九日に改暦の宣下があったというが、このことはやはり保元元年系列の中間朔旦冬至となった文明十一年（一四七九）の記録を載せる『親長卿記』にみえる。十月二十九日条に引く同月二十一日付けの左大史小槻雅久の勘例に、

　延慶元年戊申、相二当此節一。宣旨云、今年十一月朔丙戌置二冬至一、而算博士三善遠衡朝臣勘下申非二章蔀期一

無二中間会一由上。是任二保元々年十一月退朔例一、以二今月卅日乙酉一為二十一月朔一、以二冬至一可レ置二二日一、以二
十二月卅日甲申一可レ為レ晦、宣レ下二知百官一者。

とある。これによって延慶元年のさいに算博士三善遠衡から、この年が章蔀（章首）ではなくまた中間朔旦冬至を祝う先例はないとの勘文が提出され、これにもとづき暦日の改定が行われていたことが知られる。しかしⒸの伏見上皇院宣に「章中朔旦事、詢二算・宿之両道一」とあり、算道だけでなく宿曜道にも諮問が及んだこと、また「宿曜道之中独及勘奏」とあることから、宿曜道では宣算が勘文を奉ったことが知られるのである。

おわりに

以上述べたことをまとめて結びとしておきたい。わが国に数本の写本が伝わる『大唐陰陽書』巻三十二・三十三の両巻は、唐の太宗の命により呂才らが撰し貞観十五年に頒行された唐代陰陽家説の集成書である『陰陽書』五十余巻の一部であると考えられること、この書は天平十八年（七四六）以前に日本に伝えられ、平安時代以降陰陽道の典拠としてさかんに利用されるが、とくにその中の巻三十二・三十三の両巻は具注暦の暦注配当形式を示した書として利用価値が高く、そのため暦家や宿曜師の間で重用されたことをまず指摘した。

ついで、京大本やその抄本とみられる六地蔵寺本はこの両巻を大衍暦の暦注とするが、大衍暦の暦注は別に存在した可能性があること、また京大本・島津本・天文台本・静嘉堂本に付せられた奥書には平安前期の暦博士大春日真野麻呂や中期の暦家賀茂保憲、宿曜師仁宗・仁統・増命がそれぞれ本書を所持していたことを示し、さらに島津本以下の諸本の奥書には伏見上皇の院宣や北条貞時の書状を付し、これは宿曜師宣算が延慶元年の中間朔旦冬至にさいして暦日の改定に関与したことを示す新史料であること、等を指摘することができた。

以上によって本書の中世後半までの来歴は断片的ながらほぼうかがうことができるのであるが、吉田本や島津

本を除いた他の諸本の近世における書写の過程を知ることはできない。諸本間でも巻三十二・三十三前後に付された暦関係記事や、両巻の暦注にも多数の異同がみられる。それらはまた、書写の過程で実用に沿う追加や削除がなされるなど複雑な展開があったことを示している。

（1）近年の発掘調査による古代の出土暦に関しては、佐藤信「遺跡から出土した古代の暦」（『東京大学公開講座　こよみ』所収、東京大学出版会、一九九九年）参照。

（2）中村璋八「「大唐陰陽書」考」（同『日本陰陽道書の研究』増補版所収、汲古書院、一九九九年、初出は一九九三年）、大谷光男「日本古代の具注暦と大唐陰陽書」（『二松学舎大学東洋研究所集刊』第二三集、一九九二年）、「大唐陰陽書と日本の具注暦」（韓国朴永錫教授華甲紀年『韓国史学論叢』下巻所収、一九九二年）ともに大谷『東アジアの古代史を探る――暦と印章をめぐって――』（大東文化大学東洋研究所、一九九九年）に収録。

（3）『大日本古文書』二巻、五二二頁。

（4）新美寛編『本邦残存典籍による輯佚資料集成』続編（京都大学人文科学研究所、一九六八年）に『陰陽書』の佚文として、『和漢朗詠註略抄』から「月上旬其上毀曰之上弦下旬其下毀曰之下弦」、『天地瑞祥志』巻二十から「祭訖送神以酒灑散受福酒再拝飲之也」、「斬草謝墓祭」の三条を掲げるが、以下に筆者が偶目した佚文を記しておく。

陰陽書云、居郭邑内者、土気去宅三十五歩、各為一区、過之外、土気不害人、掘地起土、深過三尺為害、不満三尺無害、○『朝野群載』第十五所引、天延二年九月七日賀茂保憲勘文、
陰陽書云、世之所用不可不用者、○『小右記』寛仁四年十月二十二日条、および『方角禁忌』大嘗会斎場所屋事、
陰陽書云、遊年方不可起土者、○『小右記』治安三年九月一日条所引天禄四年五月二十五日賀茂保憲勘文、
陰陽書云、占十而中七為神、○『台記』久安四年七月十九日条、
陰陽書曰、地形高為陽、下者為陰、見日多者為陽、少者為陰、水東水南為陽、水西水北為陰、山東山南為陽、山西山北為陰、官府曹司在宮門東為陽、西為陰、○『吉日考秘伝』作厠吉日第二十、

陰陽書曰、呼医当至続命之処、一名生気、求刑百倍病并癒、遷移大吉、薬得其方色最良〇『吉日考秘伝』八卦図第四十七、
陰陽書云、四種者、皆主五行也、大歳之位同之、子歳者、大歳位子也、前丑也、対午也、後亥也、余例皆爾、歳位者王者之位、歳前公侯之位、歳卿大夫之位、歳後庶人之位、但無吉凶、故皆通用、無妨也、〇『暦林問答集』釈歳位歳前歳対歳後第三十一、
陰陽書云、皆云凶会、或二字、或四字、〇『暦林問答集』釈凶会第四十四、
陰陽書云、天一者、己酉日従天来、居東北維、六日化人頭蛇身、乙卯日移居正東、五日化人頭魚身、庚申日移居東南維、六日化人頭鷹身、丙寅日移居正南、五日化人頭鶏身、辛未日移居西南維、六日化人頭羊身、丁丑日移居正西、五日化人頭馬身、壬午日移居西北維、六日化人頭龍身、戊子日移居正北、五日化人頭亀身、従癸巳日上天十六日間、招揺大微星天紫房等宮遊行、而従己酉日降地、運行八方、而角六日方五日、都四十四運終焉、其天一遊行方角、百事犯向之大凶、戦闘向之弩弓折、産乳向之死傷、尤大凶、東北維艮方、正東卯方也、余傚之、〇『暦林問答集』釈天一第五十三、

〔参考〕
小女着裳日、見陰陽書、十二月一日乙卯、十三日丁卯吉日、〇『小右記』万寿元年十月十四日条、
給〔終カ〕日不可掃除之由、見陰陽書者、〇『為房卿記』康和五年八月十一日戊午条、
而医師重康・盛親申云、壬寅日問病代受病、仍俄令留給了、但陰陽家申云、件事全不見陰陽書云々、〇『中右記』永久二年十二月一日条
一行闍梨引陰陽書云、庚申日作悪事、削長命札、作善事、削死札為生札、此日詣神一処聚集、而一切衆生善悪評判也、〇『拾芥抄』上、歳事部第一頭書、

（5）春家本の春家とは大春日氏の略称で、『兵範記』保元元年（一一五六）十月十八日条に、暦道が依拠した暦術書として「春家私記」なるものがみえる。

（6）広瀬秀雄『暦』（日本史小百科5、近藤出版社、一九七八年）七七頁参照。

（7）宣明暦関係の暦書には、『新唐書』芸文志に、「長慶宣明暦三十四巻、長慶宣明暦要略一巻、宣明暦超捷例要略一巻」、また『宋史』芸文志に、「宣明暦経二巻、宣明暦立成八巻、宣明暦要略一巻」とあり、『暦議』はみられないが『立成』は存した。わが国には『宣明暦』との書名をもつ中世末・近世初頭の写本・版本が数点残るが、これは本来の宣明暦とその『立成』から直接造暦に必要な部分を意訳し選択したもので、おそらく鎌倉時代以降に暦家賀茂氏がまとめたもの

と考えられる。本書第三部第四章。

(8) 家原郷好は天平宝字元年十一月九日の勅書により大衍暦による造暦が行われたとするが、この日は『大衍暦議』が暦算生の修得書の一つに指定されたのみで、正式に儀鳳暦にかえ大衍暦が採用されたのは天平宝字七年八月十八日であった(『続日本紀』)。

(9) 中村璋八「陰陽略書本文とその校訂」(同前掲註(2)書に収録)。

(10) 大谷前掲註(2)論文参照。

(11) 安政三年(一八五六)渋江全善・森立之編『経籍訪古志』第四の天文算法類(『解題叢書』所収、広谷国書刊行会、一九二五年)には、つぎのように二本の『大唐陰陽書』を録す。

大唐陰陽書零本二巻天文十一年鈔本　宝素堂蔵

現存卅二卅三両巻、末記借修理大夫安倍有春本書写、天文十一年閏三月廿六日、清侍従三位入道宗尤、又記嘉暦二年丁卯書写、此書両巻、以陰陽頭兼暦博士従五位下賀茂保憲朝臣本所伝也、毎半葉七行、字数不等、界長七寸七分、幅六寸一分、

按、現在書目載新撰陰陽書五十巻呂才撰、旧唐書無新撰二字、新唐書作五十三巻、蓋即此書也、此本僅二巻、就跋文攷之、蓋暦家抄撮、其便日用者、以為伝授之秘奥、殆非全帙旧面也、然世久失伝、雖零残不完、亦足為珍云、

又旧鈔本　温故堂蔵

未見、

前者の宝素堂蔵本は化政期の医師小島宝素の蔵書で、吉田家本とほぼ同様な奥書があり、また半葉七行も同じであるからきわめて近い関係にある写本といえる。ただ吉田家本の奥書で「代々相伝以秘本写之」の部分がなく、かわりに「此書両巻、以陰陽頭兼暦博士従五位下賀茂保憲朝臣本所伝也」と、後述の島津本以下の諸本と同様な記述がある。

(12) 前註『経籍訪古志』記載の温故堂は塙保己一の書斎名であり、よって温故堂蔵本『大唐陰陽書』は保己一の蔵書であったことが知られるが、彼はまた国学研究所の和学講談所を設立し、その蔵書は内閣文庫に引き継がれている。よって温故堂本が和学講談所の印を持つ現内閣文庫本であるとみてよいと思われる。

（13）山下克明『平安時代の宗教文化と陰陽道』第一部第三章（岩田書院、一九九六年）を参照。
（14）同右。
（15）宿曜師については、桃裕行「宿曜道と宿曜勘文」（『暦法の研究』下、桃裕行著作集8所収、思文閣出版、一九九〇年、初出は一九七五年）。山下前掲註（13）書第三部第二章を参照。
（16）朔旦冬至については、桃裕行「閏月と朔旦冬至」（『暦法の研究』上、桃裕行著作集7所収、思文閣出版、一九九〇年、初出は一九七四年）、同「保元元年の中間朔旦冬至と長寛二年の朔旦冬至――暦道・算道の争論と符天暦の問題――」（著作集8所収、初出は一九八三年）参照。

第四章　宣明暦について——『高麗史』暦志と日本の伝本——

はじめに

宣明暦は唐の穆宗の長慶二年（八二二）から昭宗の景福元年（八九二）にいたるまで七一年間行われた暦法であり、正式には施行時の年号を冠して長慶宣明暦と言い、徐昂の作とされる。『新唐書』暦志では、宣明暦を推称して「然大衍暦後、法制簡易、合望密近、無㆘能出㆓其右㆒者㆖」とあり、唐代の暦を代表する大衍暦の後における最も優れた暦法としている。[1] 宣明暦関係の暦書として同書芸文志には、

長慶宣明暦三十四巻
長慶宣明暦要略一巻
宣明暦超捷例要略一巻

とあり、また『宋史』芸文志に、

宣明暦経二巻
宣明暦立成八巻
宣明暦要略一巻

などの書名をあげている。ここで一致している書名と巻数は、宣明暦法の概略を記したものと考えられる要略一

巻のみであるが、『宋史』芸文志にみえる「立成」は、暦を編むさいに必要となる日月五星等の運行に関する数値を一覧表にしたものであるから、唐志の宣明暦三十四巻の内には当然「立成」も含まれていたと考えられる。

この宣明暦は、日本の貞観元年（八五九）に渤海大使烏孝慎が「是大唐新用経也」として貢じ、貞観三年六月に陰陽頭兼暦博士大春日真野麻呂がそれまでの大衍・五紀両暦経に代えて用いることを申請し、翌年の暦から採用されることになり(2)、以後その遵用は江戸時代の貞享元年（一六八四）に渋川春海が撰した貞享暦による改暦が行われるまで八二三年の長期間にわたった(3)。

日本で平安時代から江戸前期までこれだけの長期間一つの暦法が行われ続けたのは、日中間における科学文化交流のあり方、支配者の暦法認識、暦家の技術的水準等さまざまな要因が考えられるが、暦学上の問題としては、中世後期に京暦のほかにも同様に宣明暦を用いた地方暦が多数発行されており、京暦と地方暦、あるいは地方暦間における暦日の相違という問題を惹起した。一方、宣明暦の計算法による同法施行間の暦日の復元と、歴史上で実際に行われていた暦日との異同の調査も『日本暦日原典』(4)によってなされており、研究上の基礎的資料として利用されている。

ところで、この宣明暦の暦日の復元計算を行うさい、その参考となるのは承応三年（一六五四）に安藤有益が序を記し寛文三年（一六六三）に刊行した『長慶宣明暦算法』であるが、それは寛永二十一年版の『宣明暦』三冊をテキストの一つとしていた。この版本『宣明暦』の刊行者は不明であるが、日本にはこのほか知られるところでは同種の写本が数種存在する。

また中国の文献では『新唐書』暦志に宣明暦に関する記載があるが、それは宣明暦で用いる天文定数や、暦算に必要な二十四節気や日月五星の運行に関する一部の数表を載せるのみで、これをもって暦経の原文を知ることは困難である。一方朝鮮半島では、新羅に続いて高麗でも宣明暦を採用していた。『高麗史』暦志によると、高麗では太祖元年（九一八）の開国以来新羅の旧により唐の宣明暦を遵用し、その末期の忠宣王（一三〇九～一四）のときに及んで漸く元の授時暦に改めたと言い、暦志には「往往脱漏附会、殆非二厥初行用之真一」とあり、不完全とはいうものの宣明暦の原文を載せている。(5)

一〇世紀から一四世紀の初頭まで日本と朝鮮ではともに宣明暦を用い、宣明暦にかかわる暦文を伝えているのであるが、それを対比するとさまざまな相違点がある。そこで本章では、『高麗史』暦志の宣明暦と日本の伝本を比較して、とくに日本の伝本の特質について検討を加えてみたいと思う。

一　日本の伝本について

これまでに確認することができた宣明暦の写本・版本にはつぎのようなものがあり、その内容とともに示す。

(1)天理大学附属天理図書館所蔵吉田文庫本　写本　三部六冊

①『大唐長慶宣明暦』一冊。外題を欠くが内題に上記の書名を記し、尾題には「大唐長慶宣明暦書」とあり、内容は宣明暦による造暦法を記す。

②『宣明暦交蝕私記』一冊。外題・内題ともに上記の書名を記し、尾題には「宣明暦交蝕私記一巻」とあり、内容は宣明暦による日月食推算法を記す。

③『長慶宣明暦立成』四冊。

第一冊、外題に「宣明暦立成第二」、内題に「長慶宣明暦立成第二」とあり、次行に「日躔損益率、朓朒数」とあり、以下二十四節気ごとに損益率・朓朒《ちょうじく》数の数表を記す。

第二冊、外題を欠き内題に「長慶宣明暦立成第九」、次行に「昏明小余」とあり、以下二十四節気ごとに初日以降その数表を記す。

第三冊、外題に「宣明暦立成第十一」、内題に「宣明暦立成第十一　日出辰刻日入辰刻」とあり、以下二十四節気ごとに初日以降の日の出・日の入り時刻の数表を記す。

第四冊、外題・内題とも「宣明暦立成第十四　日蝕之気差」とあり、二十四節気ごとに初日以降の損益差・気差、また中ほどに「宣明暦立成第十五　日蝕之刻差」とあり、同様に刻差の数表を記す。

それぞれ奥書や書写年紀を示すものはないが、室町時代末の書写と推測される。

(2)国立国会図書館所蔵『宣明暦交蝕私記』　写本　二冊（現状は合一冊）

第一冊、外題・内題ともに欠くが、「求常気冬至術」にはじまり、天理本①と同様な造暦法を記し、ついで中間から「長慶宣明暦立成第二日躔損益率、朓朒数」、さらに「昏明小余」と数表が続きその末に「宣明暦立成第九」とある。

第二冊、外題を欠き内題に「宣明暦交蝕私記」とあり、天理本の②と同様な内容であり、ついで「長慶宣明暦立成第十一日出辰刻」、「長慶宣明暦立成第十四日蝕気差」、「長慶宣明暦立成第十五日蝕刻差」と数表が続く。

本書の書名は第二冊の内題から取ったものであり、書写年代を示すものはないが室町時代末のものと推測される。なお、同館には別に『長慶宣明暦』（写本二冊）を蔵し各内題に「長慶宣明暦巻第七、長暦上」、「長慶宣明暦巻第八、長暦下」とあるが、その内容は一年分の暦注の配当形式を記したものであり、宣明暦法を説くものではない。

(3)名古屋市蓬左文庫所蔵『長慶宣明暦』　写本　八冊（表紙外題は後補）

第一冊は三丁、第二冊は八丁の断簡であり、前者は「毎年得曜事」、後者は「天地開闢以来何年何月求朔之事」をはじめとし暦に関する解説や口伝を記し、第三冊は表形式で年々の二十四節気の配当、暦注の説明を記す暦注書。

第四冊、前欠の「二十四気定日立成」についで、「入暦進退損益率立成第二巻」、「日躔損益率、朓朒数立成第二」、「長暦宣明暦立成第九昏明小余」と数表が続く。

第五冊、内題に「宣明暦交蝕私記」とあり天理本の②と同内容。

第六冊、内題に「日出没辰剋」、尾題に「宣明暦立成第十一終」とあり、日出日入辰刻の数表。

第七冊、内題を欠くが、内容は立成第十四の日蝕気差にあたる。

第八冊、内題に「長慶宣明暦立成第十五日蝕刻差」とあり数表を記す。

本書の第一冊には尾張徳川家初代の義直、二代の光友の時代に用いた「尾陽内庫」の朱印がある。また同文庫所蔵の『御文庫御書籍目録』には、本書は種村肖推寺より召上げたもので、寛永目録に七冊、享保目録には表紙がなくばらばらの状態であったとあり、天明二年に八冊に修繕したとされることから、本来七冊本であったとしている。種村肖推寺は柴田勝家の遺臣であり、よって本書の書写も室町時代末以前に遡るとみてよい。なお、『御文庫御書籍目録』には別に肖推寺より召上げた『長慶宣明暦』六冊を録し、その構成を「暦法一冊、立成三十巻之内二・九・十一・十四・十五合五巻、交蝕私記一冊、大唐普天暦抄一冊有之」と記している。しかし、この本は現在伝えられていない。

(4)京都大学附属図書館所蔵清家文庫本『長慶宣明暦』写本　四冊

第一冊、外題に「宣明暦蝕立成第十一日出日入、立成第十四巻十五巻」とあり、内題に「長慶宣明暦立成第十一日出辰刻」、いつで中ほどに「長慶宣明暦立成第十四日蝕気差」、「長慶宣明暦立成第十五日蝕刻差」とあり、いずれも天理本と同様な数表を記す。

第二冊、外題・内題とも「宣明暦立成第一」とあるが、しかし「立成」の数表ではなく天理本の①に相当する内容である。

第三冊、外題に「宣明暦立成第二廿四気進退、紀法図、昏明」、内題に「宣明暦立成第二日躔損益率、朓朒数」、中ほどに「昏明小余」とありともに数表を記し、末尾近くに「宣明暦立成第九」とみえる。

第四冊、外題に「長慶宣明暦交蝕記」、内題に「宣明暦交蝕私記」、尾題には「宣明暦交蝕私記巻一」とある。

なお、各冊の表紙に「青松」との署名がある。これは青松軒常貞と号した明経家の清原国賢（一五四四～一六一四）のことで、(6)本書がその所蔵本であったことが知られる。また、第二冊の見返しに「自二天地元年甲子一至二慶長五年庚子一七兆令七万九百十六」との積年の記載があり、おそらく国賢が慶長五年（一六〇〇）にこの書き込みを行ったものと推測される。

(5)東北大学附属図書館所蔵林文庫本『長慶宣明暦立成』　写本　七冊（ともに外題は破損欠失している）

第一冊、内題に「長慶宣明暦立成第二日躔損益率、朓朒数」とあり数表を記す。

第二冊、内題はなく尾題に「長慶宣明暦立成第十一日出辰刻」とあり数表を記す。

第三冊、内題・尾題に「長慶宣明暦立成第十四日蝕気差」とあり数表を記す。

第四冊、内題・尾題に「長慶宣明暦立成第十五日蝕刻差」とあり数表を記す。

第五冊、内題に「宣明暦交蝕私記」、尾題に「宣明暦交蝕私記巻二」とある。

第六冊、内題に「昏明小余」、末尾近くに「宣明暦立成第九」とあり数表を記す。

第七冊、内題はなく尾題に「宣明暦私記首巻」とあり、内容は天理本の①に相当する。

各冊の奥に寛永歳舎己卯（寛永十六年、一六三九）仲秋の謄写の記と玄璞の印があるが、そのうち第四冊の奥には「某造暦満二一章一、故再謄写焉、以備二後学之証本一者也、是寛永歳舎己卯仲秋望日、回生庵可敬叟玄璞」とあり、玄璞が一章＝十九年間造暦を行っていたことを記念して再度謄写したこと等が知られる。この回生庵玄璞は医家であり、『運気論口義』『医方大成口義』などの著がある。

(6)国立天文台所蔵『宣明暦』　写本　四冊（いずれも外題に「宣明暦」と記す）

第一冊、はじめに日本での述作とみられる「宣明暦序」、ついで「宣明暦口義発題」があり、暦法の沿革や暦家賀茂氏による造暦の由来等を述べ、その終わりに「越之雲庵栢聖人」すなわち戦国期の禅僧にして実際に日月食の予報を行い暦計算にも通じた一栢の言を引用し、彼との関連を示すものとして注目される。(7) ついで、造暦法を記した「長慶宣明暦巻第一　大小術」、中ほどから「宣明暦交蝕私記」を収める。

第二冊、「天地元年甲子歳具註暦」なる題名のもとに、暦注の配当法を記す。

第三冊、一葉の「立成入定気」について、「入暦進退損益率立成第二巻」、「宣明暦立成第九　昏明小余」、「立成第二　日躔損益率、朓朒数」等の数表を載せる。

第四冊、内題は欠くも「日出辰刻」「気差」「刻差」等の数表を載せるが、これらは前記諸本の「立成」十一・十四・十五にあたる。

各冊の見返しに「備後福山弘宗寺」とあり、同寺の旧蔵本であったことがわかる。国立天文台には本書と筆跡・法量が同様で本来一具の書であったとみられる『宣明暦鈔』一冊を蔵す。この本は宣明暦法を解説したもので、奥書に寛永十二年（一六三五）に快倫が記したとある。よって本書も寛永十二年頃の書写と推測される。また第二冊は具注暦の暦注の配当法を記したものであり、宣明暦そのものとは区別される。

(7)版本『宣明暦』　国立天文台・国立国会図書館・東北大学附属図書館狩野文庫、等所蔵（天文台本によると三冊）

内容は宣明暦一から七までに区別されている。

第一冊、宣明暦一は天理本の①に相当する「宣明暦」、ついで二は「日躔損益率、朓朒数」。

第二冊、宣明暦三は「昏明小余」でその末尾に「宣明暦立成第九」とある。ついで四は「宣明暦交蝕私記」。第三冊、宣明暦五は「日出辰刻」、六は「気差」、七は「刻差」の数表を収める。

なお、第三冊の奥に「寛永廿一年甲申正月吉日開版」とあり、寛永二十一年（一六四四）の刊行であることが知られる。

以上の七本の写本・版本が現在確認し得た宣明暦の諸本であるが、この他に茨城県水戸市の六地蔵寺に、

(1)日出辰尅分　永正十三年恵範写　一冊

(2)四気差・第十四気辰尅分・第十五差四気差辰分　恵範写　一冊

(3)宣明暦日月蝕私記　永正十三年恵範写　一冊

等を蔵す(8)。これらはその架蔵名から、(1)は「宣明暦立成第十四　日出日入辰刻」、(2)は「宣明暦立成第十四　日蝕気差」、「宣明暦立成第十五　日蝕刻差」、(3)は「宣明暦交蝕私記」に相当するものとみられ、これを永正十三年（一五一六）に書写した恵範は六地蔵寺の住持である。

また現在伝わらないが、上述の尾張藩旧蔵『長慶宣明暦』六冊も『御文庫御書籍目録』からその内容が知られる。このほかにも未見のものがあるが(9)、以上の宣明暦に関する諸本の内容を総合すると、諸本にはさまざまな付加や欠本はあるもののその構成はほぼ共通しており、[A]「宣明暦」あるいは「宣明暦私記」、[B]「宣明暦交蝕私記」、[C]「宣明暦立成」からなり、しかも[C]の「立成」は、第二日躔損益率、朓朒数、第九昏明小余、第十一日出辰刻日入辰刻、第十四日蝕気差、第十五日蝕刻差、の五編が同様に伝えられていたことが判明する。後述するように、[A]は宣明暦による造暦法を記したものであり、[B]はその日月食の推算法、[C]の五編の「立成」はそれらの計算に必要な日月の運行を知るための補完数を一覧にした数表であった。このことは、上記の諸本が一つの共

通の祖本に由来するものであったことを推測させる。

二　伝本の性格

『高麗史』暦志の宣明暦には「立成」は残されていないが、宣明《せんみょう》歩《ほ》気朔術《きさくじゅつ》第一、宣明歩発斂術《はつれんじゅつ》第二、宣明歩日躔術《にってんじゅつ》第三、宣明歩月術《げつじゅつ》第四、宣明歩晷漏術《きろうじゅつ》第五、歩《ほ》交会術《こうかいじゅつ》第六、等の編目のもとに、宣明暦の造暦や日月食推算に関する主要な原文が伝えられている。そこで表1に暦志と日本の伝本（諸本間に大きな違いはないのでここでは版本による）との対応する条文を掲げて、伝本の性格をうかがうことにしたい。なお、両者の条文名は必ずしも一致していないが、その内容に従っている。

まずこの比較から知られる顕著な相違は、暦志の数条分を伝本では一つにまとめたり、反対に暦志の一条分の内容を伝本では三・四条に分けたりするものもあるが、暦志の全条文九二にたいして、伝本は四六条と項目が半数しか伝えられていないということである。とくに宣明歩日躔術第三、宣明歩月術第四の日月の黄道・白道上の運行や位置に関するもの、宣明歩晷漏術第五の日影や時刻に関するもの、等の天文学的かつ暦法理論を構成する基礎的な条項を欠くことが注目される。もちろん『高麗史』暦志の序に述べるようにその条文も完全ではないが、日本の伝本はさらにその一部分を伝えるものということができる。

しかし宣明暦伝来当初の平安時代、伝本以外の条文も存したことはつぎの例からも明らかである。『日本三代実録』貞観二年（八六〇）閏十月二十三日条に、この年の暦で暦博士は冬至を十一月二日としたが、旧例によるとこの年は一章十九年の朔旦冬至に当たるため、勅により文章博士菅原是善らにたいして暦日の移動が可能であるか議せしめた。そのさい是善らはこれが可能である論拠としてつぎの条文を引用している。

但案二暦経注一云、月行遅疾、暦則有二三大二小一、以二日行盈縮一増二損之一云々。当下察二加時早晩一、随二其所一レ近、

表1　『高麗史』暦志の宣明暦と日本の伝本の対応関係（数字はそれぞれの条文の記載の順を示す）

『高麗史』暦志	寛永二十一年版『宣明暦』
宣明歩気朔術第一	「宣明暦　二」
①推天正中気	(1)求常気冬至術
②求次小寒気	(2)求次術
③求天正経朔	(5)求経朔術見行草第一段
④求次朔	
⑤推没日	(3)求没日術
⑥推滅日	(12)求滅日術
宣明歩発斂術第二	
①推七十二候	
②推六十卦	
③推五行用事	(4)求土用術
④推常中気去経朔術	
宣明歩日躔術第三	
①求毎日先後定数	
②推二十四気定日	
③推四象経日与定気相距	(6)求入定気術第二段
④求弦望及後月朔	(7)求次術
⑤求朔弦望経日、入気朓朒定数	(8)求入定気朓朒術第三段
⑥赤道宿度	
⑦推黄道	
⑧黄道宿度	
⑨推日度	
⑩推黄道日度	
⑪求次定気	
⑫求定気初日夜半日所在度	
⑬求次日	
宣明歩月術第四	
①推天正経朔入暦	(9)求入暦術第四段
②求次朔入暦	
③求朔弦望入暦朓朒定数	(10)求進退日朓朒術第五段
④求朔弦望定日及余秒	(11)求合策術第六段
⑤推定朔弦望加時、日所在度	
⑥推月九道度	
⑦推月九道平交入気	
⑧求平交入暦朓朒定数	
⑨求正交入気	
⑩求正交加時、黄道宿度	
⑪求正交加時、月離九道宿度	
⑫推定朔弦望加時、月所在度	
⑬推定朔夜半入暦	
⑭経求次定夜半入暦	
⑮推月晨昏	
⑯求定程	
⑰求毎日入暦定度	
⑱求毎日晨昏月度	
⑲求朔下定程度	
⑳求望度	
㉑求上弦	
宣明歩晷漏術第五	
①求毎日屈申定数	
②推戴日之北、毎度木晷数	

③求陽城晷毎日中常数
④求毎日中晷定数
⑤求毎日夜半漏定数
⑥求昏明小余
⑦求毎日昼夜漏刻、及日出入辰
⑧求毎日更籌辰刻
⑨推毎日黄道去極度数
⑩求毎日距中度定数
⑪求毎日昏明、及毎更中宿度
⑫求九服所在、毎初日中晷常数
⑬求九服所在、昼夜漏刻
⑭求次日者
⑮求距中度、及昏明中宿日出所在
⑯求余気日
⑰求次日

歩交会術第六

①求天正経朔入交
②求次朔入交
③求望
④求定朔望夜半入交
⑤求次定朔夜半入交
⑥求次日
⑦求朔望入交常日
⑧求朔望入交定日
⑨求月行入陰陽暦
⑩求四象六爻毎度加減分、及月去黄道定数

「宣明暦　四」（「宣明暦交蝕私記」）

(1)推入交汎日一段（日蝕編）
(2)求次朔入交汎日二段
(3)求入交常日三段
(4)求入交定日四段
(5)求月行入陰陽暦五段

---

⑪求朔望夜半、月行入陰陽暦変数
⑫求次日
⑬求朔望夜半、月行入四象度数
⑭求朔望夜半、月行入六爻度数
⑮求入蝕限
⑯求日月蝕甚、所在辰刻
⑰求日蝕気差
⑱求気差加減定数
⑲求日蝕刻差
⑳求刻差数
㉑求日蝕入陰陽暦去交定分
㉒求日蝕分
㉓求日蝕所起
㉔求日蝕用刻
㉕求月蝕分
㉖求月蝕所起
㉗求月蝕用刻
㉘求虧初復末
㉙求蝕入更籌
㉚求次月常蝕出没見虧分数
㉛求日月帯蝕出没見虧分数

---

(6)求入蝕限交前後分六段
(8)求初末率八段
(9)求蝕定小余九段
(10)求蝕甚加持十段
(11)求気差加減定数十一段
(12)求刻差加減定数十二段
(13)求蝕差十三段
(14)求去交前後定数十四段
(15)求日蝕分限十五段
(21)推日蝕方起二十一段
(16)求汎用刻率十六段
(28)求月蝕分限七段（以下月蝕編）
(34)推月蝕方起十三段
(29)求汎用刻率八段
(17)求定用刻率十七段（以下日蝕編）
(18)求半定用刻率十八段
(19)求虧初十九段
(20)求復末二十段

而進中退之上、使レ不レ過二三大三小一。其正月朔、若有二交加時正見一者、消二息前後一両月一、以定二大小一、令二虧在レ晦〔二脱〕者。

また、長寛二年（一一六四）も旧例によると一章十九年ごとの朔旦冬至の年に当たったが、暦道の計算では十一月晦日が冬至となった。これにたいして朔旦冬至となすべきことを主張した前年九月十八日の算博士三善行衡の勘文[10]に、

寅〔宣〕明暦曰、定朔干名、与二後朔干一同者月大、不レ同者小也。其月無二中気一為二壬〔閏〕月一。（中略）

京〔余カ〕案二宣明暦一云、正月朔有二交加時正見一者、消二息前後一両月小一、以定二大小一、令三虧在二晦二一者。

と宣明暦文を引用している。これらはいずれも『高麗史』暦志（後掲表2の「宣明歩月術第四」④求朔弦望定日及余秒の波線部分）にみえる条文であり、日本の伝本にはみえないが、当然のことながら当初は宣明暦経の全条文が伝来していたと考えられる。よって伝本はある時期に本来の宣明暦経の内容からその一部を抽出して成立したものであることが明らかとなる。そしてその内容は、毎年暦を編纂する上での基本事項である造暦や日月食に関する計算法にほぼ限定されている。このことは、日本の伝本が宣明暦法を構成する天文学的かつ基礎的部門よりも、造暦の実用に供する目的でその主要な部分を抽出したものであったことを示している。

この実用性への偏重は、また日本の伝本の各項目の下に見行草《けんぎょうそう》の各段数を注記していることからもうかがうことができる。見行草とは毎年作成される暦計算の草稿を言い、日本の写本・版本に共通してその段数、すなわち計算の手順が注記されている。

暦計算の次第を略述すると、ある年の暦を造ろうとする場合、まず上元（暦元とも言い、暦算の起算点で、十一月朔の夜半が冬至となり、日月五星が会同し、かつその日が甲子に当たる年で、宣明暦ではこれを定めた長慶二年から七、〇七〇、一三八年を遡る年）より前年の冬至の日と時刻を求める（天正冬至という）。これに気朔（二十四節気の間隔で宣明暦で

は一五日と一八三五分五秒）を順次加算するとその年の二十四節気の日時が決まる。

これらの前提作業のもとに、見行草の第一段では前年の十一月および当年の各月の平均朔（経朔）を求め、第二段ではその時点での太陽の軌道上の位置を求める。第三段では日行盈縮、すなわち季節ごとの太陽運動の不等による朔時刻の補正値を求める。そのさい「立成」第二の数表を用いる。第四段では月の軌道上での位置を求め、第五段では月行遅疾、すなわち月の不等運動により「立成」第二を用いてその補正値を求め、第六段では第一段で得た経朔から第三・五段で求めた日月の補正値を増減して各月の実際の朔（定朔）を求める。(11)

毎年の暦日はこのようにして決められていくのであるが、日本の伝本が見行草の計算順序を記し、またその前後に暦面に必要な没日・土用・滅日等の計算法を加えていることは、実際の造暦の手順に従って宣明暦経の条文を編纂し直していることを示唆している。五編の「立成」は造暦・日月食計算のさいに用いられる数表であるが、元来中国の暦法は日月のほかに五惑星の運行をも把握すべき天体暦の性格を有しており、『新唐書』暦志の宣明暦の項にも惑星の運動に関する定数や位置にかかわる数表が載せられている。ところが、日本の伝本にはこれらの記述や「立成」をみることはできない。五惑星の運行や数値は、毎年の具注暦作成にさいして直接必要がなかったからである。ここにうかがえる日本の伝本の実用性への偏重は、『高麗史』暦志の宣明暦の原文と対比することによっても明らかである。つぎに日本の伝本のうち版本のＡの部分（「宣明暦一」）と『高麗史』の対応条文を掲げよう（表2）。

日本の伝本についていくつかの特徴を摘記すると、各条文ごとにはじめに積年や定数等を置いて加減乗除を指示するように計算手続きの明確化を計るとともに、文章の簡潔化がみられること、そして文中にも各定数の数値を一々挿入して計算の便宜化を計っていること（傍線を施した部分）、等を指摘することができる。暦志の本文に対してみられる伝本の文章の改変はまた、(6)や(8)(10)で直接「立成」の参照を指示し、(7)に宣明暦を指して「本

表2　日本の伝本と『高麗史』暦志の宣明暦本文との対比

寛永二十一年版『宣明暦』	『高麗史』暦志
(1)求常気冬至術 置積年以旬周五十万零四千除之商不用、置不尽以通余四万四千零五十五乗之、又以旬周除之、商不用、置不尽、此則天正冬至也、以統法八千四百除之、以商為冬至大余、以之甲子次第推下、以算尽外為直、不尽為小余、 (2)求次術 大余加十五、小余一千八百三十五秒五、 (3)求没日術 常気小余六千五百六十四秒三已上者置之、以三百六十乗之、別置秒以四十五乗之、加小余之上、而以章歳三百令六万八千令五十五、直減、或以少減多、置残分、以通余四万四千令五十五除之、以商為日、加常気之大余、自甲子命之用算外也、 (4)求土用術 清明、小暑、寒露、小寒	〔宣明歩気朔術第一〕 ①推天正中気 置従上元至所求積年、満旬周去之、不尽、以通余乗之、盈旬周去之、満統法為大余、不満為小余、其大余気、甲子外、即所求年、天正冬至日及余秒也、 ②求次小寒気 因天正冬至大小余、加中節及余秒、盈秒法去之、従小余一、小余満宣明統法去之、従大余一、大余満統法去之、命如前法、即次気常日及余秒也、 ⑤推没日 三百六十乗有没之気常小余、其小余六千五百六十四秒三已上者、有没之気、秒分四十五乗之、得而従之、用減章歳、余満通余為日、不満余、命以常気初日算外、各得其気内没日及分也、 〔宣明歩発斂術第二〕 ③推五行用事 各因四立大小余、命之、即春木・夏火・秋金・冬水、首用日

各置常気之大小余秒、以辰数十二加大、小千四百六十八秒四、

(5)求経朔術見行草第一段

置積年、以章月二十四万八千零五十七除之、商不用、置不盡、以章閏法九万一千三百七十一乗之、又以章月之数除之、商不用、置不盡、是則天正閏余也、以統法除之、以商為大余、以不盡為小余、以是大小、直減其歳二十四気之冬至之大小余、以所残為経朔大小余秒者也、

四段累加、象準七、三千二百十四秒二、

走加、大二十九、小四千四百五十七秒空、

(6)求入定気術第二段

置其歳天正閏余、以統法除之、以商為大余、以不盡為小余、若立成大雪大小秒已下者、以十一月朔為入大雪、仍減大雪之定数、以所残為大雪大小余秒也、若大雪定数已上者、以大雪定日数減之、以残不動其位、又以小雪定日数置下位、以上減下、而以残為小雪大小秒也、

(7)求次術

也、以辰数及余秒、加四季之節、大小余命甲子算外、即其月土用事日也、

〔宣明歩気朔術第二〕

③求天正経朔

以章月去所求積年、余以章閏乗之、盈章月又去之、不盈者為閏余、以減天正冬至小余、其小余不足、退大余一、加宣明統法、大余不足、加紀法、不盈者、余大余、起甲子算外、則所求年天正合経朔日及余秒也、

④求次朔

因天正経朔、加合策及余秒、去命前、則次朔経日及余秒也、無中気者、為閏朔也、又因経朔、累加象准、則得上弦、又加之得望、又加之得下弦、

〔宣明歩日躔術第三〕

③推四象経日、与定気相距

置天正経朔閏日及余秒、大雪定気已下者、為朔入大雪限、已上者、去之、為朔入小雪限、減其気定日及余秒、則為天正経朔、入其気、定日算及余秒也、

④求弦望及後月朔

置右大小余秒、以象準七加天満本経定数者除之、小三千二百十四満統法者、収一、秒二満八者、収一、大余満本経二十四気定数、則除之、可注次気名、若未満間者、可注同名、雖満大小、小余不足之時者、下大一算、解法用之、秒不足之時者、下小余一算、解八用之、

(8)求入定気朓朒術第三段

置入気之小余、以立成第二巻之損益其日之率数乗之、以統法八千四百除之、不尽半法已上、収一、以商於朓朒数、損者減、益者加、若空算与一算之時者、不及乗除、直挙一算、可為商也、若雖有商、無朓朒数時、以商計可注者也、

(9)求入暦術第四段

置積年、以章歳三百令六万八千令五十五乗之是即通積分也、以其年経朔閏余、直減置所残、以暦周二十三万一千四百五十八秒十九除之、商不用、置不尽、以統法八千四百除之、以商為大余、以不尽為小余、満暦中日大余十三小余六千五百二十九秒九半減之、以所残為入暦大小余秒也、新勘之時者、大余加一算、於秒若半出来者、可注退、无半、則注進也、

四段累加、以象準七加大小三千二百十四秒二十五、満一百、則収一、大小余秒満暦中日定数、則除之、若大余雖満、小余不足之時者、下大余一、解八千四百用之、雖然莫令大余空、愚按、大余雖十四、小余不足時者、不可払、若大余已上者、縦小余雖不足、解一算、用者可也、只要莫令大余空之故也、閏有口伝、

累加象准及余秒也、満其気定日及余秒去、即所求也、

⑤求朔弦望経日、入気朓朒定数

各置所入定気小余、乗其日損益率、如宣明統法、而一所得、以損益其下朓朒、各為定数、

〔宣明歩月術第四〕

①推天正経朔入暦

置積年、以章歳乗之、為通積分、減去閏余、盈暦周、日者去之、不盡満宣明統法、為日、不満為余秒、如暦中日及余秒已下者、為進、已上者、去暦中日及余秒、為退、命日算外、則天正十一月朔、月入進退日及余秒也、

②求次朔入暦

因天正所入、加周差日及余秒、盈暦中日及余秒、去之、則得所求象准、累加之数余、如前弦望所入、若以朔弦望小余、減之、各得其日夜半所入暦進退日及余秒也、

⑽求進退日朓朒術第五段

各置前進退小余、以立成第二巻之其日損益之率乗之、以統法八千四百除之、不尽半法已上、収一、以商於朓朒之数、損者減、益者加可注、若進退七日下、小余初数七千四百六十五已下者、以初益五十三乗之、以初数七千四百六十五除之、不尽半法三千七百三十三已上者、収一、半法已下之時、棄之 以商損減、益加、如前、若初数七千四百六十五以上者、以初数直減之、置残、以末損七乗之、以末数九百三十五除之、不尽半法四百六十已上者、収一、已下者棄之、其後有術、春分以後加之、秋分以後減之、加減在前、若進退十四日之小余初数六千五百二十九已下者、以初損六百四十六乗之、以初数六千五百二十九除之、不尽半法三千二百六十五已上収一、已下者棄之、加減同、若初数六千五百二十九已上者、以初数直減之、置残、以初損六百四十六乗之、以末数一千八百七十一除之、不尽半法九百三十六已上者収一、已下者棄之、朓減、朒加之法者、七日為加商分、十四日減商分、以残数可注者也、

⑾求合策術第六段

各置朔弦望之大小余、以其日之下入定気朓朒、為入暦之朓朒之数、朒之時者加小余、満統法者収一、朓之時者減小余之数、不足者下大余一算、解統法用之也、定朔小余六千三百已上者、可注進一日、甲子者注乙丑、一日進之、故定朔之外不用此法、弦望小余、昏明小余已下者、

③求朔弦望入暦朓朒定数

乗五十三、各列其所入日損益率、并後率而半之、為通率、又二率相減、為率差、前多者、以入余、減宣明統法、余乗率差、盈宣明統法得一、并差而半之、前少者、半入余、乗率差、亦如宣明統法而一、皆加通率、入余乗之、以宣明統法除、為加時暦率、洒半之、以損益、加時所入、余為暦余、其暦余応益者、減法、応損者、因余、皆以乗率差、盈宣明統法得一、加於通率、暦率乗之、宣明統法約之、以朒加朓減、暦率為定率、乃以定率、損益朓朒積為定数、其後無同率者、亦因前率、応益者、以通率為初率、数半率差而減之、応損者、則為通率、其暦率損益、入余進退日者、分為二日、随余初末、如法求之所得、并損益暦率、此術、本出皇極暦、以究算術之微変、若非朔交、望有交、求其速、要者依術也、十四日下小余数、初数已下、初損六百四十六、乗初数除之、得不尽、半已上収、一半已下棄之、損減其日下朒積分六百四十六、朓朒定分也、置所入暦余、以其日損益率乗之、如宣明統法而一所得、以損益其日下朓朒、為定、其七日下、十四日下、余如初数已下者、以初率乗之、如初数而一、損益朓朒、為定、若初数已上者、以初数減之、余乗末率、末数除之、用減初率、余加朓朒、各為定数、

④求朔弦望定日及余秒

以入気入暦下朓朒定数、同名相従、異名相消、乃以朓減朒加、朔弦望経日小余、満若不足、退大余、命甲子算外、各得其定日及余秒、定朔幹名、与後月同名者、其月大、不同名者小、其月内無中気者、為閏、秋分後、定朔小余四分之三已上者、

注退一日、甲子者注癸亥、一日退之、故此法弦望計用之、

⑿求滅日術
経朔之小余朔虚分三千九百四十三已下者、置之以三十乗之、
以朔虚分除之、以商為日、加経朔大余、命甲子事如右、

⒀求閏月術（无中気以月可為閏月也、満章月為閏云々、）
閏累加大空小七千六百十四秒三、閏余十六万二千五百已上求
之云々、

進一日、春分後、定朔昏明小余、如春分初日者、三約之、減
四分之三、定朔小余、如此数已上者、亦進一日、朔或当交有
蝕応見者、其朔不進、弦望定小余、不盈昏明小余者、退一日、
其望小余、雖満此数、若交有蝕、虧初、起在晨初已前者、亦
如之、又月行、九道遅疾、暦則三大二小、月行盈縮、累増損
之、則容有四大三小、理数然也、若俯修常議、当察加時早晩、
随其所近、而進退、使不通三大三小、其正月朔、若有交加時
正見者、消息如後一両月、以定大小、令虧在晦二也、四分之
三、六千三百、四分之一、二千一百、

〔宣明暦歩気朔術第二〕

⑥推滅術
以三十、乗有滅之経朔小余、経朔小余、如朔虚分已下者、有
滅之朔、如朔虚分而一為日、不満為余、命曰起経朔初日算外、
即各得所求、

経」と称してそれを客観視していることからもうかがうことができるところである。

版本の文章について安藤有益が『長慶宣明暦算法』でしばしばその和臭を指摘し[12]、桃裕行氏も「恐らく内容も日本出来であろう。この事は『高麗史』暦志の中の宣明暦の記事との比較からも感ぜられる[13]」と述べているが、

確かに日本の伝本は宣明暦経の原文を簡略化し、実際の利用にさいして、その理解に混乱をきたさないように計算に必要な定数を逐一挿入し造暦の実用に備える感が濃厚であり、これらのことからも伝本は宣明暦経の簡約ないし意訳本とすることができよう。東北大本が「宣明暦私記」と題したのはその意味で正しく、また「宣明暦交蝕私記」も同様な特質をみることができ、日月食に関する計算手順に従って改め意訳され、よって私記と称したのであろう。ただしそのなかで五編の「立成」は、それ自体数表であるので改定の必要はないから、宣明暦の原文の姿を伝えているとみてよいであろう。

三　伝本と暦家賀茂氏

このように日本の伝本は、宣明暦経によりながらも実際の造暦の手順に従って編纂したところの簡約本と考えられるのであるが、ではこのような形にまとめられたのはいつごろのことであろうか。藪内清氏は東北大本の「宣明暦交蝕私記」の末尾につぎの文書が付記されていることによって、永久三年（一一一五）以前の成立としている[14]。

臨時日蝕、円融院　貞元元年丙子六月十三日、同月二十五日、
臨時月蝕、清和院　貞観十七年乙未正月六日、
村上治　天暦九年乙卯二月五日、同十七日、
後朱雀　長暦三年己卯三月四日、
右依レ仰大略注申如レ件、
鳥羽治　永久三年乙未正月十五日
大外記中原

この文書は他の伝本にも付記されており、大外記中原とは明経家にして天文密奏の宣旨を蒙っていた中原師遠のことと考えられる[15]。その内容は、朝廷の諮問に答えて師遠が臨時の日月食に関する先例を調査した一通の外記局勘例であり、それが食算の方法を記した本書に混入し付されたものと考えられるから、よって必ずしも成立年代を示すものとすることはできない。ではいつの成立とみることが妥当であろうか。

それをうかがう手がかりは伝本のなかにある。京大本・東北大本のⒶに当たる第三冊・第七冊の求閏月術に、

仮令自㆓上元甲子㆒至㆓今明徳四年癸酉㆒、得㆓七兆零七万零七百卌十〔零九〕㆒、後々加㆓一算㆒

とあり、今現在として明徳四年（一三九三）の年紀をあげている。このことは伝本の原型の成立が少なくとも一四世紀末にまで遡ることを示している。

また、天理本・京大本・東北大本のⒶの末尾には、

吾朝天神七代地神五代人王也。此地神之上者年来遙遠之故不㆑記㆑之。地神第三之元年自㆓己卯㆒以来至㆓于応永二十七年庚子㆒一百七十九万四千六百八十二年也。造暦天元甲子以来至㆓于地神第三第之元年己卯㆒積年五百二十七万六千令五十五年算上戊寅也。者七百令七万令七百三十七年算上者庚子也。

とあり、さらに京大本・東北大本には続いて、

自㆓演紀上元甲子㆒距㆓応永二十七年庚子㆒積数七千二百六十九万八千九百十七年、算上庚子後々加㆒算、是依㆓欽天暦之法㆒。

右多於㆓宣明之積年条㆒六千五百六十二万八千百八十年也。

とみえる。この付記は、地神元年および上元甲子から応永二十七年（一四二〇）にいたる積年等を記しているのであるが、このことは伝本が明徳四年の後この応永二十七年に書写されたか、あるいは付記が書き加えられたかの、いずれかがなされたことを示している。それもこの年に書写された可能性が大きい。というのはこの応永二

十七年は、鎌倉時代から南北朝期の暦家賀茂氏の日月食推算に関する家説を集成した『注定付之事』（国立天文台所蔵）が書写された年でもあったからである。伝本に直接賀茂氏がこれを編纂したことは記されていないが、「宣明暦日月交蝕私記」には、算道に対して「当家」の説を述べ、しばしば口伝を引用し、また陰陽博士賀茂宗憲の説を引く如く、平安中期以降造暦を家業とした賀茂氏のもとで成立し伝えられたことは間違いないところであろう。応永二十七年当時の賀茂氏（勘解由小路家）の当主は在方であり、暦家の職分と密接にかかわる両書を在方が書写したものと考えられる。このほかに具注暦の暦注配当の具体例を示した『大唐陰陽書』の奥書にも、その前後の応永二十六年・二十九年までの積年を記しており(16)、このころ多くの暦道関係書が書写されたことがうかがえる。

在方はこれよりさき応永二十一年（一四一四）に『暦林問答集』(17)を撰しており、その奥書に彼は賀茂氏と暦道のかかわりについて「於レ是自二吾曩祖一以降、四百余載、子子相続、綿綿不レ絶。尚依レ念レ茲在レ茲、心神尽二於我一、筋力屈二於算一、推歩之術、是予勤也」と、平安時代以降家業として伝えた暦道への強い自負心を述べており、以上の暦道関係書の書写も在方との関連が推測されるのである。

このように宣明暦に関する伝本は暦道賀茂氏のもとで成立したとみられ、その時期を特定することはできないが、広くみて鎌倉から南北朝のことと推測される。賀茂氏は平安中期の保憲以降、次第に暦博士や造暦の宣旨を蒙る者を出し、院政期にはこれを独占して世襲化を達成し、鎌倉時代にはいくつかの家系に分かれながらもそれぞれが暦道を家業として継承した(18)。家業の中核は宣明暦によりながら毎年滞りなく造暦と日月食の推算を行うことであり、この特別な技能を永くかつ確実に子孫に相続させるためにもテキストの簡略・画一化を計ることが要請された。宣明暦の意訳・簡易化はその過程でなされたものと考えられるのである。

また、暦学史上問題となるのはこの伝本と地方暦との関係である。室町時代には京暦のほかに三島暦・南都暦・大宮暦・丹生暦等のいわゆる地方暦が発行されるが（このうち三島暦は鎌倉時代末に遡る）、それらも宣明暦にもとづいており、何らかのテキストが存在したはずである。賀茂氏のもとで成立した宣明暦の簡約本は、室町時代には流布し、その写本が現存の伝本と考えられる。天文台本や東北大本から知られるように、戦国期の一栢や江戸初期の玄璞が伝本を所持して暦算や日月食の推算を行っていたとみられることから類推して、これらの地方暦も宣明暦を簡約化した伝本によっていた可能性が高い。地方暦の実態は史料が少なく未解明の部分が多いが、今後このような面での検討も必要であろう。

おわりに

以上本章では、『高麗史』暦志所載の宣明暦文と比較しながら日本の伝本について検討してきた。これをまとめるとつぎの如くである。

一、日本には室町時代末から江戸初期にかけての宣明暦に関する数種の写本と寛永二十一年刊行の版本が存在し、その内容は、Ａ宣明暦による造暦法、Ｂ日月食の推算法、Ｃそれらの計算に必要な五編の「立成」からなる点で共通していた。このことは、その共通の祖本が存在したことを示す。

二、『高麗史』暦志の宣明暦の条文と比較すると、日本の伝本では宣明暦本来の日月の黄道・白道上の位置や日影・時刻に関する天文学的条項は省かれており、さらに『新唐書』暦志にみえる五惑星の定数・「立成」も除かれている。その反面、造暦や日月食に関する条文を簡略化し、かつ見行草の手順に沿って編成するなど極めて実用的側面が濃厚である。

三、そのことは伝本の編者の問題ともかかわるが、伝本の原型は暦道世襲氏族賀茂氏のもとで鎌倉時代から南北朝にかけての時期に成立したものと推測される。室町時代には次第に流布するようになり、その写本が現存の諸本であるが、また宣明暦を簡略化し実用的に編纂された伝本は、各地で発行されたいわゆる地方暦のテキストとなった可能性を指摘することができる。

日本では、七世紀から九世紀前半にかけて渡来人や遣唐使等によって多くの高度な中国文化が伝えられ、以後の日本文化の形成に多大な影響を与えた。これらを基盤として文学・宗教・芸術等の面においては独自の展開を遂げるが、こと科学的分野についてはさしたる独自性はみられず、中世を通して永く停滞し、宣明暦が平安前期から江戸前期まで使用され続けたことはその好例とされる。

今回の伝本の調査検討でも、本来暦法が有した天体運動に関する理論的側面が捨象される一方で、毎年の造暦のそのものを目的とする簡略化と実用性への偏重の傾向が濃厚にみられることは、右の一般的言説の具体的な例証となろう。合理的な意識のもとで自然現象に関する追求がなされるようになるのは江戸時代からで、中世では暦法自体が技術として伝習され、しかも長く暦道賀茂氏の家業として独占されたことが、この傾向を醸成した要因であった。

しかし一見まったく因襲化してはいても、与えられた社会的条件のなかで長い暦家の活動があり、また中世後期には賀茂氏以外にも地方暦の暦算家が現れている。その点、日月食に関する賀茂氏の所説を記す『注定付之事』は重要な資料であり、またここでは言及できなかったが、宣明暦の各伝本を子細に検討するとさまざまな追記があって、本経によらないとか、新術を用いるとかとの文言もある。とくに一栢の所説に関する追記がしばしばみえることは注目されるところであり、そのような新たな暦算家の存在が貞享改暦の前史となりえた可能性も少なくないのではなかろうか。今後、科学史的側面からの中世の暦道・天文道に関する本格的検討に待つところが多いと思われるのである。

（1）宣明暦はとくに日食推算法に進歩がみられたという。藪内清『隋唐暦法史の研究』（三省堂、一九四四年）参照。

（2）『日本三代実録』貞観三年六月十六日条、『類聚三代格』巻十七所収同日付の太政官符。

（3）この間、天徳元年（九五七）に延暦寺の僧日延が呉越国より符天暦を伝え、翌年から暦道の造暦に利用されたとされるが、宣明暦を止めることはなかった（桃裕行「日延の符天暦齎来」『暦法の研究』下、桃裕行著作集8、思文閣出版、一九九〇年、初出は一九六九年、参照）。また、『百錬抄』安貞二年（一二二八）六月一日条に、「今日未刻日蝕可二出現一之由、権少外記清原教隆以二欽天暦之法一令二勘申一、以二件状一被レ下二問暦道一、当日天暗不レ決二是非一、雖レ然於二暦道申状一不レ及二沙汰一云々」とあり、後周の顕徳三年（九五六）から七年間行われた欽天暦も伝えられていたことが知られる。これと関連するものと思われるが、後述の東北大本宣明暦、第六冊の追記「大唐国暦書代々改事」に、「而日本ノ建仁年中ニ、大外記頼業以レ金誂二遣唐使一ニ渡二暦書一ヲ、号二宋開禧暦一ト、本吾朝用二宣明暦一、而以二此開禧暦一ヲ欲レ破二宣明暦一ヲ、於レ是ニ暦博士等失レ色之処ニ、開禧ニ有二一日ノ相違一、仍被レ捨レ之」とある。この記事は、『好古日録』三十暦日異同にも「古暦書曰」として引かれている。開禧暦は南宋の開禧四年（一二〇八）から四三年間行われた暦法で、建仁年間（一二〇一～四）に清原頼業が伝来せしめたとするのは年代が合わず、俄に信を置きがたいが、清原教隆の行為を考えると、明経家清原氏が暦道の宣明暦に他の暦法をもって対抗しようとしたことがうかがえる。

（4）内田正男編著『日本暦日原典』（雄山閣出版、一九七五年）。

（5）大東文化大学東洋研究所編『『高麗史』暦志宣明暦の研究』（大東文化大学東洋研究所、一九九八年）に、暦志一、宣明暦の書き下し文を載せ、註解を施している。

（6）大東文化大学東洋研究所編『宣明暦注定付之事の研究』（大東文化大学東洋研究所、一九九七年）四八頁。

（7）一栢については、太田晶二郎「韻鏡三話」（『太田晶二郎著作集』第一冊所収、吉川弘文館、一九九一年、初出は一九七三年）、桃裕行「一栢」（『国史大辞典』巻二、吉川弘文館）、前掲註（6）『宣明暦注定付之事の研究』四九頁参照。

（8）阿部隆一「六地蔵寺法宝蔵典籍について」（『斯道文庫論集』第五輯、一九六七年）。

（9）このほか、東北大学附属図書館所蔵数科本『長慶宣明暦立成』写本六冊があるが、所在不明とのことで確認できなかった。

(10) 宮内庁書陵部所蔵『管見記』八十四。桃裕行「保元元年の中間朔旦冬至と長寛二年の朔旦冬至――暦道・算道の争論と符天暦の問題――」(『暦法の研究』下、桃裕行著作集8所収、思文閣出版、一九九〇年、初出は一九八三年)に翻刻がある。

(11) 内田前掲註(4)書暦法編、桃裕行「嘉元三年見行草について」(『暦法の研究』上、桃裕行著作集7所収、思文閣出版、一九九〇年、初出は一九六七年)等参照。

(12)『長慶宣明暦算法』巻三。

(13) 桃前掲註(11)論文。また藪内前掲註(1)書一一五頁でも、「立成」は中国伝来のものであるがこの部分は我が国の暦学者の手になったものとする。

(14) 藪内前掲註(1)書一一六頁。

(15)『地下家伝』によると、師遠は寛治四年(一〇九〇)に大外記に任じ、大治五年(一一三〇)にこれを止められ、同年に没している。

(16) 東京大学史料編纂所所蔵の島津家本および国立天文台本等の『大唐陰陽道』には、その奥に付された徳治三年の北条貞時の書状に続いて、「自㆓徳治三年戊申㆒至㆓応永廿六年己亥㆒、当百十二也」とあり、また国立天文台本にはこれに続く「大唐代々之暦之事」に、「七曜符天暦醍醐御宇、延長六年戊子至㆓応永廿九年壬寅㆒四百九十五」とみえる。

(17) 中村璋八『日本陰陽道書の研究』(汲古書院、一九八四年)所収。

(18) 鎌倉時代の暦家賀茂氏に関しては、赤澤春彦『鎌倉期官人陰陽師の研究』第二部第一章「鎌倉期における暦家賀茂氏の展開」(吉川弘文館、二〇一一年)、遠藤珠紀『中世朝廷の官司制度』第一部第六章「暦道賀茂氏の変遷」(吉川弘文館、二〇一一年、初出は二〇〇六年)等参照。

付論　平安時代初期の政治課題と漢籍——三伝・三史・『劉子』の利用——

はじめに

古代日本ではさまざまな漢籍が伝えられ、中国文化の受容と日本文化の形成に多大な役割を果たしたことは周知のことであるが、従来は『古事記』や『日本書紀』等の文学・史書における出典研究やその影響論、あるいは文化受容史一般の問題として検討されることが主であり、律令などの法制書を除けばその政治的役割に注目した研究はほとんど見受けられないようである。

しかし、律令制国家の変革期である奈良時代末から平安初期にかけて、政策を発布する詔勅・太政官符などの公文書に、『春秋公羊伝』『春秋左氏伝』などの春秋三伝や『史記』『漢書』『後漢書』の三史から政治性を持つ主張や、皇帝・官僚の故事治績が記載されることが目立つようになる。また、治世の要を説く北斉劉昼の『劉子』も重要な局面で引用され、政策主張の根拠として利用されている。では、それは如何なる要因のもとに行われたことであろうか。

本章では古代律令制国家の画期であり、また遣唐使などを介して多数の漢籍が伝えられ漢文学が開花したとされる平安時代初期における政治と漢籍とのかかわり、とくに三伝・三史・『劉子』等の政治的影響についていささか検討してみたい。その方法としては詔勅・官符等公文書に引用される漢籍を示し、その内容と当該期の政治的課題とのかかわりを検討することにあるが、またそれらを積極的に用いた嵯峨天皇周辺グループにおける読書と政策の眼目、政治理念的な背景にも注目し、これらの諸問題を通して、平安時代初期の変革期における漢籍の政治的役割を評価したいと思う。(1)

一　大学寮と紀伝道の形成

はじめに古代における漢籍の影響を考えるさい、官僚の養成機関であり、またその専門課程等で漢籍を専門的に扱う大学博士や詔勅・官符作成の職を担う内記・外記を育成した大学寮の学制の変更とその特質についてみておくこととしたい。日本の律令制下の大学は唐制の国子学・太学以下の六学をモデルに縮小統合したもので、本科の経学（のちの明経）のほか算科が付属した儒学教育を主とする中下級官人の養成機関であった。(2)『養老令』学令五経周易尚書条には、

凡経、周易、尚書、周礼、儀礼、々記、毛詩、春秋左氏伝、各為二一経一。孝経、論語、学者兼習レ之。

とあり、学生は『孝経』『論語』を必修として『周易』（『易経』）以下の七つの経書を組み合わせて学ぶことになっており、また学令六教授正業条ではそれぞれの注釈書も規定している。なお『令集解』学令五経周易尚書条の「古記」によると、大宝令には任意に『文選』『爾雅』を読む注があった。唐制では、右の七経に加えて『春秋公羊伝』『春秋穀梁伝』を組み合わせて学び、必修として『孝経』『論語』と『老子』が規定されていたが、日本では唐制にならって『春秋』の二伝がこのあと採用されることになる。

大学寮のはじめの改革は、神亀五年（七二八）七月に文章学士（文章博士）一人と律学（明法）博士二人、文章生二〇人、明法生一〇人を置き、天平二年（七三〇）三月に明経に四人、文章・明法・算に各二人の得業生を置いたことであり(3)（『類聚三代格』巻四、神亀五年七月二十一日勅、『令集解』職員令十四大学寮条）、これらは課試制度の

秀才・進士、明経・明法・算試に学科を対応させる措置であり、ここで実質的に大学寮に明経・文章・明法・算の四科が揃うことになる。

さらに天平七年（七三五）四月には遣唐留学生の下道（吉備）真備が多彩な漢籍を携えて唐から帰国し、皇太子阿倍内親王に『礼記』とともに『漢書』を講じたが（『続日本紀』宝亀六年十月壬戌条）、三善清行の『意見十二箇条』「一、請レ加二給大学生徒食料一事」には、

伏見二古記一、朝家之立二大学一也、始起二於大宝年中一。至二天平之代一、右大臣吉備朝臣、恢二弘道芸一、親自伝授。即令三学生四百人、習二五経・三史・明法・算術・音韻・籀篆六道一。

とあり、真備みずから大学で五経などとともに三史[4]、『史記』『漢書』『後漢書』を教授したという。これにより史書の学習は着実に大学に根付いたようで、『続日本紀』天平宝字元年（七五七）十一月癸未（九日）条には、国博士の任用に関して、

勅曰、如聞、頃年、諸国博士・医師、多非二其才一、託請得レ選。非二唯損レ政、亦无レ益レ民。自今已後、不レ得二更然一。其須講、経生者、三経。伝生者、三史。医生者、大素・甲乙・脈経・本草。……

とあり、伝生（文章生）は三史を読めば国学博士に任ぜられることになった。延暦十七年（七九八）二月十四日の太政官宣（京都大学附属図書館清家文庫『史記抄』四）では、大学生の明経・史学専攻者ごとに漢音修学コースの区別化が行われ、背景には紀伝修学者の増加傾向がうかがえる。またその翌月には、経書であるとともに史書にも近しい『春秋』の『公羊伝』『穀梁伝』の二伝が大学のテキストに採用されることになる。その経緯はつぎの延暦十七年三月十六日官符（『令集解』学令五経周易尚書条所引）に明らかである。

延暦十七年三月十六日官符云、応下以二春秋公羊・穀梁二伝一、各為二一経一、教中授学生上事。右得二式部省解一偁、案二学令一云、教二授正業一、左伝、服虔・杜預注者。上件二伝、弃而不レ取。是以古来学者、未レ習二其業一。而

以㆓去宝亀七年㆒、遣唐使明経請益直講博士正六位上伊与部連家守読習還来。仍以㆓延暦三年㆒申㆑官、始令㆔家守講㆓授三伝㆒。雖㆑然未㆑有㆑下㆑符、難㆓輙為㆒㆑例。自㆑此厥後、一二学生、有㆑受㆓其業㆒。即以㆓彼伝㆒冀㆑預㆓出身㆒。今省欲㆑試、恐違㆓令条㆒、将㆑従㆓抑止㆒、還惜㆓業絶㆒。竊検㆓唐令㆒、詩・書・易・三礼・三伝、各為㆓一経㆒、広立㆓学官㆒。望請、上件二伝、各准㆓小経㆒、永聴㆓講授㆒、以弘㆓学業㆒。仍請㆓官裁㆒者。大納言従三位神王宣、奉㆑勅依㆑請。

これによると、従来大学では『春秋左氏伝』が教授されていたが、遣唐明経請益伊予部家守は『公羊伝』『穀梁伝』の二伝を学んで宝亀七年（七七六）に帰国し、延暦三年（七八四）に太政官に申請して三伝揃って講義しはじめ、その後受講した学生たちがこれをもって試験を受け出身に預かるように願い出てきた。そこでせっかく根付きかけた学業の廃絶を惜しみ、かつ唐制に倣って正式に教授科目に加えるというものである。三伝は同様に春秋時代魯国の年代記『春秋』の釈義書であるが、後述のようにその受容は単なる教育制度上の問題でなく、桓武天皇が詔勅で盛んに「春秋之義」としてとりあげたように、その治世と深くかかわるものでもあった。

このように八世紀中葉以降、大学寮では史書や『春秋』二伝が新たに教授され官吏養成教育の振興が図られたが、なかでも史学・文学を学ぶ紀伝コースは、嵯峨朝を中心とする文章経国思想盛行のなか貴族の好尚とも合致して興隆し、大同三年（八〇八）二月に直講を割いて紀伝博士一人を置き、承和元年（八三四）三月にはこれを廃するが、従五位下と官位を上昇させていた文章博士一人を増置して定員は二名となり（『類聚三代格』巻四、大同三年二月四日・承和元年三月八日太政官符）、紀伝道は大学寮の中心学科となった。

平城天皇は大同元年（八〇六）に諸王および五位以上の子孫一〇歳以上の大学への全員入学を命じ（『日本後紀』同年六月壬寅条）、また淳和天皇の天長元年（八二四）にも公卿意見により諸氏五位以上の子孫をみな大学寮に下し「経史」を習読させることとするなど（『類聚三代格』巻七、天長元年八月二十日太政官符）、政府は官吏となる者たちの経学・史学教育を徹底しようとする。『続日本後紀』承和九年（八四二）九月丙申条には、相模・武蔵・常陸・上野・下野・陸奥の諸国に勅して三史を写して進むべきことを命じており、笠井純一氏はこれを、地方の国学に三史が完備していたことのみならず、当時都においても三史の需要がこれまでになく高まっていたことによる措置と推測する。(5)『日本後紀』から『三代実録』までの国史には国司として治績を評価された（いわゆる良吏）四一名の卒伝が載り、(6)そのうち二六名に大学入学や幼少時の学習記事がみえることはそれを反映するが、なかでも求められたのは「史漢」「史伝」の知識で、『続日本後紀』では一一名の大学就学者の薨卒伝を載せるうち五名が「史漢」「史伝」に通ずるものとの評価を受けている。(7)つぎに延暦末年以降の大学寮修学者のうち、卒伝で「史漢」「史伝」を学んだとされる者をあげておこう。

弾正大弼従四位下橘朝臣長谷麻呂卒。……少小遊レ学、頗読二史漢一。

（『類聚国史』巻六十六、天長元年二月戊子条）

参議左大弁従三位藤原朝臣常嗣薨。……少遊二大学一、渉二猟史漢一、暗二誦文選一。

（『続日本後紀』承和七年四月戊辰条）

伊予国守従四位上紀朝臣深江卒。……少遊二大学一、略渉二史書一。

（『続日本後紀』承和七年十月丁未条）

参議従三位勲六等兼越中守朝野朝臣鹿取薨。……少遊二大学一、略渉二史漢一、兼知二漢音一。

（『続日本後紀』承和十年六月戊辰条）

参議従四位上和気朝臣真綱卒。……少遊二大学一、頗読二史伝一。

（『続日本後紀』承和十三年九月乙丑条）

陸奥出羽按察使従四位下藤原朝臣富士麻呂卒。……少遊二大学一、略渉二史漢一。

（『続日本後紀』嘉祥三年二月乙丑条）

散位従四位下藤原朝臣岳守卒。……少遊二大学一、渉二猟史伝一、頗習二草隷一。

（『文徳実録』仁寿元年九月乙未条）

参議正四位下左兵衛督兼近江守藤原朝臣助卒。……少遊㆓大学㆒、頗渉㆓史伝㆒。（『文徳実録』仁寿三年五月戊午条）

参議刑部卿正四位下兼越前権守正躬王卒。……入㆑学歯㆑曹、渉㆓読史漢㆒、善属㆑文。
（『三代実録』貞観五年五月癸亥朔条）

従四位上行下野権守利基王卒。……少年入学、頗渉㆓史漢㆒。
（『三代実録』貞観八年正月二十四日辛丑条）

以上のように、八世紀中葉の大学寮教育の改革以降、しだいに史学が重視され、これを学ぶ紀伝道が形成される。制度の変更はとりもなおさず国家が貴族層に求める学識やあるべき官吏像を反映したものだが、では「史漢」「史伝」を学ぶことが如何にして政府の求める官人の要件になりえたのであろう。西別府元日氏は、当該期における歴史教育の高揚は、現実を改革していく学問としての歴史への関心をもとにして、史書を通じて経験を共有化し課題解決の方法と原則を学び、史書から得られた理念を前面に押し立てて政策を実現せんとする姿勢にあるとする。たしかに三史等の史書は多様な現実に取り組み成功・失敗を繰り返す帝王・官僚の事績に溢れており、律令体制維持に努める日本の為政者や官僚にも多様な場面における政治の実例や教訓が示され、またとないテキストになろう。しかしながら多彩な事績に富む史書としての性格上、より明確な理念的前提は別に考えるべきではなかろうか。筆者はその中心に『春秋公羊伝』や『劉子』の影響があると考えている。

そこでつぎに、平安初期の為政者の政治課題と、詔勅・官符に引用された漢籍の具体例を検討したい。

二　平安初期の政治と漢籍の引用

（1）奈良朝の事例

古代の国史や詔勅で、しばしば中国の経書・史書、ことに類書・辞書が利用され文章の修飾が行われたことは周知の事実であるが、八世紀前半以降しきりに出された祥瑞改元の詔で符瑞書・緯書名があげられるほかに、具体的に『史記』『漢書』『後漢書』等の書名を記したり、特定の皇帝の事績を引用したりする例はさほど多くみることはできない(8)。しかし吉備真備の三史教授、藤原仲麻呂の唐風志向政策の影響であろうか、天平宝字年間から詔勅・官符などに経書とともに史書から中国の故事、皇帝や官僚名を引く例がみられるようになる。つまり政策の目的に沿い案件を正当化する明確な目的意識を持つ引用である。以下それらの例をあげてみよう。

①『続日本紀』天平宝字二年（七五八）正月戊寅（五日）条

詔曰、……既是逆人親党、私懐並不㆓自安㆒。雖㆑犯㆓深愆㆒、尚加㆓微貶㆒、使㆔其坦然無㆑懼、息㆓其反側之心㆒。如聞。百僚在㆑位、仍有㆓憂惶㆒。宜㆘悉㆓朕懐㆒、不㆖㆑労㆓疑慮㆒。昔者、張敞負㆑亹、更致㆓朱軒㆒。安国免㆑徒、重紆㆓青組㆒。咸能洗㆑心励㆑節。……

これは前年七月に起きた橘奈良麻呂の変の動揺を鎮め、奈良麻呂に与した者たちに改心を求める詔である。張敞は京兆尹のとき罪を得て一旦庶民となるも、能吏たるによって宣帝は刺史に再任し（『漢書』巻七十六、張敞伝）、韓安国は景帝のとき法に触れて罪を得ながら、帝と竇太后に信任され御史大夫に任じた人であった（『漢書』巻五十二、韓安国伝）。この記事自体は『文選』巻三十七、陸機「射平原内史表」の「雖㆓安国免㆑徒、起紆㆓青組㆒、張敞亡命、坐致㆓朱軒㆒、方臣所㆑荷、未㆑足㆑為㆑泰」とあるのによるのであろうが、個人名をあげての引用は、『漢書』により彼らの事績がある程度知られていたからであろう。

②『続日本紀』天平宝字四年（七六〇）八月甲子（七日）条

勅曰、子以㆑祖《オヤ》為㆑尊、祖以㆑子亦貴。此則不易之彝式、聖主之善行也。其祖先朝太政大臣藤原朝臣者、非㆔唯功高㆓於天下㆒。是復皇家之外戚。是以、先朝贈㆓正一位太政大臣㆒。斯実雖㆑依㆓我令㆒、已極㆓官位㆒、而准㆓周礼一、猶有二不足一。竊思勲績蓋二於宇宙一、朝賞未レ允二人望一。宜下依二斉太公故事一、追以二近江国十二郡一、封為中淡海公上。余官如レ故。……

聖武・孝謙上皇の外戚である藤原不比等に淡海公、県犬養橘三千代に正一位を贈り大夫人となし、また仲麻呂の奏上によりその父の武智麻呂と叔父の房前に太政大臣を贈る勅の前半である。外戚を顕彰するため引用した「子以レ祖為レ尊、祖以レ子亦貴」は『春秋公羊伝』隠公元年正月条の「子以レ母貴、母以レ子貴」により、後述するようにこの伝文は桓武天皇によって頻りに利用されている。また『周礼』に准ずると従来の贈位では不足があるとし、「斉太公故事」により封じて淡海公とする。これは『史記』斉太公世家の、天下を平定した周の武王が師の呂尚（太公望）を斉の営邱に封じた故事、「武王已平レ商而王二天下一、封二師尚父於斉営邱一」による。

このほか仲麻呂政権期では、天平宝字元年正月丁卯条の仲麻呂を大納言から紫微内相に任じた孝謙天皇の詔で『周礼』を引き、同年四月辛巳条の詔で天下家ごとに『孝経』一本を蔵することを命じ、同二年十月甲子条の国司の任期を六年に改める淳仁天皇の勅で、「孔子曰」として『論語』を引用するなど、経書の引用が目立つ。また史書では、『続日本紀』神護景雲二年（七六八）九月辛巳条で祥瑞の白鳥や赤眼の白亀などの出現にさいし、『顧野王符瑞図』などの符瑞書とともに「史記曰」として『史記』亀策列伝から「神亀者天下之宝也」と引用するが、これは祥瑞の説明であり過去の事例を述べたものではない。

（2） 桓武朝の政治課題と漢籍

このように天平宝字年間から経書や史書を意識して引用する事例がみられるようになるが、それが豊富になるのは桓武朝に入ってからで、それも桓武天皇の王統確立をめぐる政治的要請にもとづく用例が目立つ。桓武朝の主要な政治課題は二度の造都と征夷の事業遂行にあり、それらに必要な財源を確保するため国司と郡司支配体制の強化が図られたが、その前に桓武天皇自身の正統性の問題があった。

桓武は光仁天皇の皇后井上内親王・皇太子他戸親王を廃して即位した天皇である。井上は聖武天皇の皇女、他戸はその孫であるから、桓武の即位はそれまでの天武系から父光仁を介して天智系へ完全に王統を移す、事実上の新王朝の成立を意味した。そこで桓武は延暦三年（七八四）十一月朔日に朔旦冬至を祝い、延暦四年と六年の冬至に交野で天神を祀る郊祀を行って光仁を配祀するなど、王権の正統性を中国の礼制によって補強し、長岡京への遷都とともに天命による王朝交替を演出しようとした(9)。しかし桓武の母は百済系下級氏族出身の高野新笠であり、出自の低さは劣等感として残っていた。そこでたびたび外戚を顕彰する詔を出すが、そのさい漢籍とくに『春秋公羊伝』の伝文を用いて「春秋之義」と強調し、それによってみずからを権威づけようとしたのである(10)。

③『続日本紀』延暦四年（七八五）五月丁酉（五日）条

詔曰、春秋之義、祖以レ子貴。此則典経之垂範、古今之不易也。……宜下追二贈朕外曾祖贈従一位紀朝臣正一位太政大臣一、又尊二曾祖妣道氏一、曰中太皇大夫人上。仍改二公姓一為二朝臣一。又臣子之礼、必避二君諱一。比者、先帝御名及朕之諱、公私触レ犯、猶不レ忍レ聞。自レ今以後、宜二並改一レ避。於レ是、改二姓白髪部一為二真髪部一、山部為レ山。

ここで桓武は母方の曾祖父紀諸人に正一位太政大臣を、その夫人道氏に太皇大夫人を贈る。『公羊伝』隠公元年正月条には、隠公が桓公に国を譲ろうとした理由を、隠公の母より桓公の母の地位が貴かったためとし、「子以レ母貴、母以レ子貴」との伝文を記す。桓武は「春秋」に「王者は母の地位が高いから貴く、母は子の地位が高いから貴い」とあることに外戚顕彰の根拠を求めている。この伝文自体は②の天平宝字四年（七六〇）八月甲子詔にも使われていたが、東野治之氏が指摘するように、「春秋之義」と出典を強調し権威化しているところに注目しなければならない。

④『続日本紀』延暦九年（七九〇）十二月壬辰朔条

詔曰、春秋之義、祖以レ子貴。此則礼経之垂典、帝王之恒範。……宜下朕外祖父高野朝臣・外祖母土師宿禰、並追二贈正一位一、其改二土師氏一為中大枝朝臣上。夫、先秩二九族一、事彰二常典一。自レ近及レ遠、義存二曩籍一。亦宜三菅原真仲・土師菅麻呂等、同為二大枝朝臣一矣。

ここでも桓武は、母方の外祖父高野乙継と外祖母土師真妹に正一位を追贈するため③と同様に『公羊伝』の伝文を用いている。また「九族を秩する」と菅原真仲・土師菅麻呂らを大枝朝臣に改姓させているが、「九族」を外戚の意味で用いるのは『春秋左氏伝』桓公六年の記事および杜預注であり、祖父母、姻戚を顕彰するために『左氏伝』が引用されるとの東野氏の指摘がある。

東野氏は、桓武が自身の正統性を主張するため『公羊伝』『左氏伝』を政治的に利用したことと、大学寮における三伝の教授と公認が密接にかかわること指摘し、さらに「日本古代の『春秋』受容」で、宝亀の遣唐使で伊予部家守が派遣されたことは、当時皇太子でありかつて大学頭に任じ中国の学に詳しかった桓武が、新しい皇統を正統化する思想的支柱として『春秋』の有効性に着目し、その学の拡充を目指したことにあるとする。

しかしこの伝文は、『史記』巻四十九外戚世家で、景帝に対して太子の母栗姫を皇后に立てるよう奏上する大行の言葉に、「子以レ母貴、母以レ子貴。今太子母無レ号、宜三立為二皇后一」とあるのをはじめとして、『漢書』『後漢書』に皇帝の生母顕彰のさい「春秋之義」として多数みられるところであり[11]、そのさい『史記』の「索隠注」、『漢書』の「顔師古注」、『後漢書』の「李賢注」には『公羊伝』隠公元年正月条を引用し、あるいはその伝義であることが明示されている。日本におけるこれらの利用も、三史の事例の学習と理解の上に、伝義の理論的有効性が認められたことによるものと考えたほうがよいのではなかろうか(12)。日本のような文化受容国では、まず具体的な事例から学び、つぎにその理論へ進むほうが理解しやすかったと考えられるからである。

⑤『続日本紀』延暦十年（七九一）三月癸未（二十三日）条

太政官奏言、謹案二礼記一曰、天子七廟、三昭三穆与二太祖之廟一而七。又曰、舎レ故而諱レ新。注曰、舎二親尽之祖一、而諱二新死者一。今国忌稍多、親世亦尽。一日万機、行事多滞。請、親尽之忌、一従二省除一。奏可レ之。

廃務をともなう国忌が繁多なため、『礼記』王制・弓篇上から天子七廟制を引用しその数に合わせて整理するように太政官が申請したものであり、「注曰」は、東野氏が指摘するように『左氏伝』桓公六年条杜預注による。これによりそれまでの天智・天武系合わせて一六名から、天武系を削減して聖武のみを残し、桓武の係累を中心に七名に国忌を設けることとした(13)。ここにも漢籍を利用して自身の正当化を推し進める桓武の意図がうかがえる。

⑥『類聚三代格』巻十二、延暦十六年（七九七）四月二十三日太政官符

応レ停三土師宿禰等例預二凶儀一事

右太政官今月十四日論奏偁、……野見宿禰献二策往帝一、弘二仁政於昔年一、停二殉陵次一、垂二遺愛於後世一。伝曰、善レ々及二子孫一、悪レ々止二其身一。……

土師氏の祖野見宿禰が垂仁皇后陵築造のさい、殉死の風習を止め埴輪を立てることとした献策を仁政・遺愛の措置とし、『公羊伝』の伝文を引き、今に土師氏が喪葬にもっぱら預かるのはよくないとして停止を願う太政官奏である。『公羊伝』昭公二十年の「君子之善レ善也長、悪レ悪也短。悪レ悪止二其身一、善レ善及二子孫一」とあるのにより、東野氏は、土師氏が凶事にかかわることを忌避したのは、土師氏とともにそれを外戚とした桓武の意図

に出るものとみる。なお、この伝文も『後漢書』に数件引用されており(14)、その学習と理解の上に伝文を用いた例であろう。

⑦『類聚国史』巻七十四、冬至、延暦二十二年十一月戊寅朔条

朔旦冬至。是日、百官詣レ闕、上表曰、……伏撿二今年暦一、十一月戊寅、朔旦冬至、又有司奏偁、老人星見。臣等謹案、元命苞曰、老人星者瑞星也。見則治平主レ寿。史記曰、漢武帝得二辛巳朔旦冬至一、孫卿曰、黄帝得二宝鼎神策一。是歳己酉朔旦冬至、得二天之紀一、終而復始。今与二黄帝時一等。於レ是天子悦レ之、如レ郊拝二泰一一。……

延暦三年以来、二順目の朔旦冬至にさいして百官が提出した上表であり、緯書『春秋元命苞』とともに、先例として『史記』封禅書から、漢の武帝に対して、札書には黄帝の時に宝鼎出現と朔旦冬至が重なった嘉事が記されているとした公孫卿の上言を引く(15)。

このように漢籍の政治的利用は桓武天皇の延暦年間から顕著になり、とくに「春秋の義」「伝に曰く」として『春秋公羊伝』を引用し桓武の姻戚を顕彰するとともに自身の正統化に用いたところに特徴がみられる。三伝のテキスト化はそれとかかわるが、筆者はその前提として盛んな三史の学習があり、それを通して伝義の有効性に気付き、三伝への認識が深められたという経緯があったと考えている。

よく知られるように三伝は、同様に『春秋』に関する釈義書であるとはいえ、それぞれ特徴的な性格を有していた。三伝のなかでは『公羊伝』の成立が前漢の初めと最も早く、『穀梁伝』が前漢中期、『左氏伝』が前漢末頃に現在のような形にまとめられたとされる。前漢武帝期の儒者で儒教の官学化をなしとげたとされる董仲舒が公

羊学者であったように、漢代の春秋学は『公羊伝』が主流であったが、『公羊伝』は日原利国氏によると、災異自戒説をとり、民衆生活の安定を政治の目的とする、また原則に対する臨機応変の措置としての「権」を是認する、君臣よりも父子関係を重視する、などの特徴を有した。『穀梁伝』はこれと異なり現実的な責任倫理を説き、道徳を法的秩序に従う法家的傾向が強く、これらに対して『左氏伝』は多くの歴史上の事例を紹介して『春秋』を解釈し、思想面では君臣の秩序を強調して君主を絶対視した(16)。

また野間文史氏は『公羊伝』の思想的特徴として、①大夫の専断を禁ずるが、例外として「経」に対する「権」を認める。②夷狄の存在を認めない。③君臣の義を絶対視する。④徹底した動機主義。⑤譲国の讃美。⑥復讐の是認。⑦災異に天の意思を読み取る、などの点を指摘するが(17)、それらは当時の為政者が意識していたか否かは別として、いずれも平安初期の政治と直結する内容を備えていた。桓武朝における春秋学の展開を、そのような観点から捉え直すことも必要であろう。

(3)　平城・嵯峨・淳和朝の政治課題と漢籍

征夷と造都という桓武の二大事業は地方の疲弊と財政の逼迫をもたらし、その後の大同・弘仁・天長年間に中央では官司の統廃合や諸司史生の増減、官人給与の改革などの行財政改革を行い、一方地方では農民層の分解による在地社会の動揺をおさえ、各地の実情に応じた民政と収税確保を課題として国司に儒教的徳治を旨とした良吏を任用し、律令法の制約にとらわれない改革が推進されることになる(18)。

大学寮における史漢教育と紀伝道の形成もそれに連動する問題とみなければならないが、大同頃から詔勅・官符に三史の先例引用が目立ち、内容もそれまでの権力者桓武の身辺問題から、諸種の官制改革や国司の任務、在地支配における富豪層の取り込みなど、社会や統治の問題へ関心が移っている。

⑧『日本後紀』大同三年（八〇八）七月乙未（十五日）条（『類聚三代格』巻四所載）

是日、詔曰、八屯之士、本断二窺覦一。七萃之卒、義在二禦侮一。然則雖三鈎陳所レ当、事資二不虞一、而変通之理、不二必守一レ株。今者巨猾無レ聞、奸宄不レ興。多置二禁兵一、空備二警衛一。静而忖度、孔無為也。正始之減二吏員一、建武之省二国邑一。蓋如レ此故也。其七衛府雑任已下、員伍稠畳。思レ従二減省一。卿等詳議、定レ数奏聞。

七衛府雑人以下の定員削減を諸卿に議するよう命じた平城天皇の詔であり、「建武之省二国邑一」は『後漢書』光武帝紀、建武六年六月の四百余県を整理し吏員を削減した故事による。[19] なお、正始は魏・北魏の年号であるがその「減吏員」については不明。正始・建武の順では年代が倒錯しているので記事に錯誤の可能性がある。

⑨『日本後紀』弘仁二年（八一一）三月甲寅（二十日）条

……（大伴）今人前任備□守之時、与二掾正六位上河原連広法一謀、穿レ山破レ磐、以開二大渠一。百姓難二以慮一、始嗷々不レ止。成功之後、多蒙二其利一。追以称嘆、是謂二伴渠一。縦鄴令復生、不レ能レ加也。

『日本後紀』編者の大伴今人に対する評言である。『史記』巻一百二十六、滑稽列伝に、「西門豹為二鄴令一、引二河水一灌二民田一云々。至レ今皆得二水利一」とあるのにより、滑稽は弁舌鮮やかで才知に富む者の謂い。西門豹は魏の文公のときの鄴の県令で、巫女や在地の三老らが毎年農民から娘を奪い生贄として河伯に捧げるという俗習を巧みに止めさせ、また苦労を厭う民を率いて十二の溝渠を築き、民はのちにその恩恵を蒙ったという。

⑩『類聚国史』巻百七十三、弘仁四年（八一三）五月丙子（二十五日）条

勅、治国之要、在二於富一レ民。民有二其蓄一、凶年是防。故禹水九年、人無二飢色一。湯旱七歳、民不レ失レ業。今諸国之吏、深乖二委寄一、或差役失レ時、妨二廃農要一、或専事二侵漁一。……

国司に対して民政の要を訓戒し、みだりに賑給を請願することを禁じた嵯峨天皇の勅であり、『漢書』食貨志に引く、民が農事に勤しむための方策を文帝に説いた鼂錯の上言によるものとみられる[20]。

⑪『日本後紀』弘仁五年七月庚午（二十五日）条

勅、畿内・近江・丹波等国、頃年旱災頻発、稼苗多損。国司黙然、百姓受レ害。其孝婦含レ冤、東海蒙二枯旱之憂一。能吏行レ県、徐州致二甘雨之喜一。然則禍福所レ興、必由二国吏一。自レ今以後、若有レ旱者、官長潔斎、自祈二嘉澍一、務致二粛敬一、不レ得二狎汚一。如不レ応者、乃言二上之一、立為二恒例一。

畿内近国の旱魃頻発にさいして、所部の災禍は国司の責任であるとし潔斎して甘雨を祈ることを命ずる嵯峨の勅である。『漢書』の于定国伝より枯旱が冤罪で殺された東海の孝婦の祟り[21]、『芸文類聚』巻二天部下、雨にもみえる『謝承後漢書』の徐州刺史百里嵩の故事[22]によるとみられる。

⑫『日本紀略』弘仁十一年（八二〇）正月己卯（六日）条

詔曰、周嘉二公旦一、祚流七胤。漢礼二蕭何一、一門十侯。藤氏先祖、逐二烏雀於朝庭一、舒二鷹鸇之軽翼一、云々。是以褒賞封戸、歴代不レ絶。惣一万五千戸、云々。宜下自レ貫二白丁一、迄二于五世一、課役蠲除、奕葉為上レ例。

周公旦や漢の功臣蕭何の例を引き、藤原氏祖先の勲功により白丁に貫してから五世に及ぶ氏人の課役を免ずる嵯峨の詔であるが、『芸文類聚』巻五十一封爵部に同文があり[23]、同書もしくは同種の類書によるとみられる。

⑬『類聚三代格』巻十七、弘仁十二年（八二一）五月二十七日太政官符

応下褒二賜力田一以勧中農民上事

右得二大和国解一偁、頻歳不レ登、人民乏絶。当国儲罄、無レ由二賑救一。仍収二富人物一、貸二給貧人一。因レ茲百姓安堵、不レ致二離散一。眷二言其事一、力田之功也。若不レ加二褒顕一、何勧二農民一。望請、勘二所レ収物一、随レ等賜レ爵者。右大臣《（藤原冬嗣）》宣。奉レ勅、朝錯《（鼂）》有レ云、飢不レ得レ食、寒不レ得レ衣。慈母不レ得三能保二其子一、明君安能保二其民一。……

大和国の申請により、富豪層を在地支配の安定に取り込むため、貧窮した農民に物を貸与する力田の輩に爵を賜うとする官符。⑩と同様に、『漢書』食貨志上の鼂錯の言からの引用である。[24]

⑭『類聚三代格』巻十七、弘仁十三年（八二二）三月二十六日太政官符

応下輸二私資物一養二飢百姓一者、賜二出身一叙中位階上事

右撿二案内一、天平宝字年中、頻年水旱、百姓餒乏。爰有レ勅出二己私物一養二飢民一者、仍加二位階一。今被二右大臣《（藤原冬嗣）》宣一偁、奉レ勅、如レ聞、大宰管内、比年不レ登。百姓屢飢、或至レ死者在。夫事若二稽古一、国則隆泰。政帰二故実一、家用康寧。是以唐帝致二光宅之績一、漢主起二画一之歌一。眷而言レ之、実可二准的一。……

このころ九州は凶作・飢饉が続き疫病が頻発していたが、飢民に私稲を輸す富民に対して量に応じて位階を授けるという、富豪層を在地の安定に寄与せしめようとした官符。「光宅」は『書経』堯典、[25]「画一之歌」は『漢書』循吏伝冒頭の、漢初における相国蕭何、曹参らの寛厚清静の政をいう。[26]また、同日付けで大宰府の解により病者を養い活かす者にも人数に応じて位階を与える太政官符（同巻、応下養二活疫病百姓一者預二出身一叙中位階上事）も出されており、これらは同年三月二十日に参議兼大宰大弐に就任したばかりの小野岑守の建議によるものであろう。

⑮『類聚三代格』巻十五、弘仁十四年（八二三）二月二十一日太政官謹奏

応レ令三大宰府管内諸国佃二公営田一事

一合九国口分幷乗田七万六千五百八十七町、……

以前太政官去二月廿一日論奏偁。案二参議太宰大弐従四位下小野朝臣峯守表一云。洪水滔レ天、大旱鑠レ地。自然之数大聖無レ免。……既欠レ支二於公用一。守レ常責レ民、輸貢之費無レ任。非レ有二変治一恐難二興復一。易曰、通二其変一使二民不一レ倦。劉子曰、明主務修二其法一、因レ時制レ宜。苟利二於民一不二必法一レ古、害二於事一不レ可レ循レ旧。夏商之衰不レ変レ法而亡。三代之興不二相襲一而王。由レ此観レ之、法宜三変動非二一代一也。今法者溺二古律一、儒者拘二於旧礼一。若握二一世之法一以伝二百代之民一、猶下以二一衣一擬二寒暑一、以二一薬一治中痤瘕上。臣変二易常制一、輙上二新議一。……

大宰府管内限定ながら、律令制支配の基本田制である班田制を変更して、口分田と乗田を割いて直営方式で歳入を確保しようとする大宰大弐小野岑守の建議による太政官論奏。岑守は『周易』の変通の理とともに、『劉子』を長々と引用して「民の利のためには古法に拘泥しない」「法は時代により変動する」と強調する。従来この公営田の重要性を論じて『劉子』に言及した研究を知らないが、引用は『劉子』法術章十四による。(27)

『劉子』は六朝末期、北斉の劉昼の作とされ、一〇巻五五篇。個人の修養・処世、為政者の政治・人材登用論など幅広く問題点を説く書で、やはり北斉顔之推の子孫への訓戒書『顔氏家訓』に説く処世と共通したところがある。吉備真備が『顔氏家訓』にならい著わした『私教類聚』にも引用されているので(28)、奈良時代には伝えられ、識者の間で読まれていたことが知られる。

⑯『類聚三代格』巻五、天長元年（八二四）八月十六日太政官符

応下任二国博士一不上レ限二年紀一事

右得二式部省解一偁、大学寮解偁、……

昔賈誼十八、世称二才子一。漢文召以叙二博士一。不疑十三、人号二神童一。魏武聞レ之拝二議郎一。唯論二人材一、何拘二年歯一。……

学生から国博士に任用するさいの年齢制限の撤廃を求める官符である。賈誼が年少で博士に任ぜられたことは『漢書』巻四十八、賈誼伝にみえるが、不疑のことは未詳。

⑰『類聚三代格』巻七、天長元年八月二十日太政官符

一択二良吏一事

右撿二右大臣奏状一偁。臣聞、登レ賢委レ任為レ化之大方。審レ官授レ才経レ国之要務。今諸国牧宰或欲下崇二修治化一樹中之風声上、則拘二於法律一不レ得二馳騖一。郡国殄瘁職此之由。伏望、妙簡二清公美才一、以任二諸国守介一。其新除守介則特賜二引見一、勧二喩治方一因加二賞物一。既而成績有レ著加二増寵爵一、公卿有レ欠随即擢用。又反レ経制レ宜、勤〔動〕不レ為レ己者、将レ従二寛恕一、無レ拘二文法一者。依レ奏。

右大臣藤原冬嗣の意見にもとづき国司に良吏を採用し、その裁量を認めた著名な官符である。冬嗣が諸国新任の守介を天皇が親しく引見し、治方を勧喩し、すでに成績が著しければ寵爵を加増し、公卿に欠員があれば擢用すべきであると奏上したことは、『漢書』循吏伝の宣帝代の政策に先蹤がある。(29)「反経制宜」以下の四句は、経＝原則に対する時宜による変更と、公の任務のためならば法に抵触することも容認すべきであるという律令的原則の転換を宣言した内容であり、その典拠は後述するように『周易』繋辞伝下、『後漢書』巻二十八上、馮衍伝、『劉子』明権章四十二、『漢書』巻四十五、江充伝、『文選』長楊賦、『漢書』巻八十九、循吏伝の龔遂伝などであ

る。

⑱『類聚三代格』巻五、天長元年九月三日太政官謹奏

停二多禰嶋一隸《ツクル》二大隅国一事

右参議大宰大弐従四位下小野朝臣峯守等解偁、……

明王布レ政、理貴レ適レ時。臣等商量、昔漢元帝納二賈捐之言一罷二珠崖郡一、前史以為二美談一、後世称二其英烈一。

……

大宰大弐小野岑守の言上を受け、多禰嶋を他の郡に合わせ大隈国の所属とすることを請う太政官論奏。反乱を繰り返した海南の珠崖郡廃止を賈捐之が申請し、元帝がこれを容認した故事は『漢書』巻六十四下、賈捐之伝、『後漢書』巻九十、烏桓鮮卑列伝などにみえる。

⑲『類聚国史』巻百四十七、天長七年（八三〇）十月丁未（七日）条

大納言正三位兼行弾正尹臣藤原朝臣三守等言。臣聞、劉安有レ云、法者天下之準縄、而人主之度量。信哉斯言也。然則通レ三建レ極之后、得レ一居レ貞之君、莫レ不下敷二徳礼一以宣レ規、設二法令一、而裁上レ化。……

弘仁格式の施行を求める大納言藤原三守の上表文。劉安編『淮南子』巻九主術訓の「法者天下之度量、人君之準縄也」とあるのによる。「主術訓」は君主が国家を治め臣下を統御するさいの姿勢や方策を述べた章である。

以上の例から知られるように、詔勅・官符などによる政策表明のさい、平城・嵯峨・淳和の朝廷は『史記』『漢書』『後漢書』の三史の本紀や列伝から準拠すべき先人の言葉や事績を、食貨志や循吏伝から民政の提要など

を引用し、施策に歴史にもとづく正当性を込めようとしている。経書の条文を引用することはそれまでもしばしば行われたが、史書から故事を引くことは従来あまりみられないことであって、そのことは「史漢」「史伝」を学ぶ者の増加とかかわり、貴族社会全般の史書理解を前提とした傾向とみなければならない。

さらに注目されるのは、公営田設置問題で小野岑守が『劉子』法術章を引用して法は時代によって変化するとの論理を展開し、藤原冬嗣が国司に「良吏を択ぶこと」で、経＝原則・律令に反して宜しきを制す、私利のためでなければ法律違反も免除されるべきである、つまり律令的原則の転換を主張していること、また藤原三守が弘仁格式の施行上表で、『淮南子』から統治と法を述べた「主術訓」を引用しており、『劉子』『淮南子』等から変法と統治の理論を学び引用していることである。ちなみに小野岑守の政策立案の根拠として『劉子』が長々と引用されていることは、当時支配層において『淮南子』等とともに『劉子』が周知の漢籍であったことを証している。

確かにこの時代には、在地社会では過重な負担や凶作・飢饉により公民層は分解し始めて支配は行き詰まりをみせ、それに応じて支配機構の再編を迫られる政治状況であったが、では「律令に反してまでも宜しきを制す」政治理論とは何であったのであろうか。筆者はそれを『春秋公羊伝』に代表される「権」の思想にあると考えている。

三　嵯峨「藩邸の旧臣」と読書

（1）嵯峨「在藩」グループの読書

これまでみてきたように嵯峨・淳和朝では律令諸制度の改革、政策推進にさいして、よるべき先例として漢籍、それも三史が重用された。それらの政策の立案や責任者として前節の太政官符等に名を表わしたのは藤原冬嗣や三守、小野岑守らであるが、彼らは学識を備えるとともに、嵯峨天皇の即位以前から学問・詩文を通して嵯峨と深く結びついていた者たちであった。

嵯峨天皇は「幼聡、好二読書一、及レ長博二覧経史一、善属レ文。神気岳立、有二人君之量一」（『日本紀略』前篇十四）と評され、幼い頃から読書を好み成人して広く経史に通じたとされる。その読書を指導したのは、『続日本後紀』承和十年（八四三）六月戊辰（十一日）条に、

参議従三位勲六等兼越中守朝野朝臣鹿取薨。……少遊二大学一、頗渉二史漢一、兼知二漢音一。始試二音生一、任二相模博士一。後登科為二文章生一。自レ此累遷二遣唐准録事、大宰大典、式部録、左大史、左近衛将監等職一。弘仁二年恩勅、叙二従五位下一。以二帝昔在藩之日侍講一也。……薨時年七十。

とあるように朝野鹿取であり、鹿取は大学に学んで「頗る史漢に渉り」、文章生から立身して天長十年（八三三）には参議にいたるが、嵯峨天皇の「在藩の日の侍講」であったという。さらに『文徳実録』天安元年（八五七）十月丙子（十三日）条には、

正四位下因幡権守南淵朝臣永河卒。……昔者　嵯峨太上天皇在藩之時、与二朝野鹿取・小野岑守・菅原清人等一、共侍二読書一。大同元年為二少外記一。践祚之日、遷二除民部少丞一、弘仁四年正月叙二従五位下一、為二但馬介一。……卒時年八十一。

とあり、朝野鹿取だけでなく南淵永河、小野岑守、菅原清人らも「在藩の時」すなわち親王時代から読書に侍した者たちであった。南淵永河は少外記より出身し内外の官を経て嵯峨退位時には後院冷泉院別当、さらに大宰大弐に任じた。小野岑守は『凌雲集』の選者の一人であり、権少外記から出身して弘仁十三年参議兼大宰大弐にいたり、天長七年に五三歳で没したが、前述のように『劉子』を論拠に法を変じて公営田設置を建議した人である。菅原清人は大内記・大学頭に任ずるも弘仁三年以後史料にみえず、その後没したものと思われるが、朝野鹿取が

「在藩の日の侍講」の故叙爵した弘仁二年正月二十九日に従七位下から一躍従五位下を授けられているので、これも侍講としての功績によるものであろう。

嵯峨の幼少期以来の読書、経史の学習はこれらの文人官僚の薫陶によるものであった。彼らはその学識をもって詔勅や官符を作成する内記・外記、地方行政を掌る国司等に任じ、岑守・鹿取は公卿にいたるが、また嵯峨とともに『凌雲集』等の勅撰漢詩集に作品を残す詩人でもあった[30]。

さらに才学を備えた岑守らの中下級貴族だけでなく、のちの左大臣藤原冬嗣や右大臣藤原三守も嵯峨に親近していた。藤原三守は『続日本後紀』承和七年（八四〇）七月庚辰条の薨伝に、「三守早入二大学一、受二習五経一。暨二先太上天皇践祚之日一、以二蕃〔藩〕邸之旧臣一、殊賜二栄寵一焉。立性温恭、兼明二決断一」とあり、はやく大学に入って五経を学び、嵯峨の「藩邸の旧臣」の一人であったと言い、弘仁七年に三二歳の若さで参議に、弘仁の末には中納言に任じ、嵯峨譲位後はしばらく官を辞退して嵯峨院に侍した近臣である。

右大臣内麻呂二男の藤原冬嗣は、嵯峨の皇太子時代の春宮大進・亮で、嵯峨の初代の蔵人頭から弘仁二年参議となり同十年大納言で太政官の首班、左大臣にいたり天長三年没したが、冬嗣は「器局温裕、職量弘雅。才兼二文武一、道叶二変諧一」（『日本紀略』天長三年七月己丑条の薨伝）と、文武の才をもち柔軟な考え方の人物だったとされる。勧学院を建て子弟に学問を奨励し、自邸閑院に嵯峨の行幸をえて詩宴を催し勅撰漢詩文集に多数の詩を残す詩人としても知られ、嵯峨とともに政治・文化をリードした人物であった。

嵯峨朝の太政官の官人構成は、弘仁年間を通し左大臣が置かれず、新任参議一四名中に藤原氏はわずかに四名で昇進人事が必ずしも藤原氏優先ではなく、その新任参議八名が蔵人頭経験者であるなどを特徴とし、人事権はほとんど嵯峨天皇に掌握されていたという[31]。そのもとで淳和朝の天長期にかけて律令制支配の原則変更にかかわる改革が行われたが、それを主導したのは前節でみたように藤原冬嗣・三守や小野岑守ら、親王時代以来の「藩邸の旧臣」たちであったと考えられる。彼らは侍講、読書仲間として『史記』『漢書』『後漢書』等の史書から国家の統治や興廃の具体例と教訓、『春秋』三伝などの経書から理念、『淮南子』や『劉子』等の雑家説から帝王たる途、支配のあり方を読み取ろうとし嵯峨とともに議論を重ねたことであろう。当該期の公文書における漢籍の参照は、そのような時代を反映した読書の成果といえよう。

（2） 政治理念としての「権」の思想

彼らの政策を集約的に表わしているのが、前掲史料⑰天長元年八月二十日の藤原冬嗣の意見にもとづく官符「良吏を択ぶこと」であり、さらにその「反レ経制レ宜、動不レ為レ己者、将レ従二寛恕一、無レ拘二文法一者」なる一文である。この官符は貞観格に取り入れられ永続性を保障されたが、律令の原則に拘わらないというこの政治宣言について、『政事要略』巻八十一糺弾雑事につぎのような引用がある。(32)


反レ経制レ宜、動不レ為レ己者、将レ従二寛恕一。无レ拘二文法一者。貞式格。在二交替官人至任部一。

易繋辞周易第八繋辞下。云、巽以行レ権。注云、権、反レ経而合レ道。必合二乎巽一順、而後可二以行一レ権。

又云、服レ牛乗レ馬、引レ重致レ遠、以利二天下一。蓋取二諸随一。注云、随々二時宜一也。服レ牛乗レ馬、随二物所一レ之、各得二其宜一。

正義云、巽以行レ権者、巽順也。既能順レ時合レ宜。故可二以行一レ権也。若不レ能二順時制一レ変、不レ可二以行一レ権。又云、服レ牛乗レ馬、至レ取二諸随一。此九事之第三也。随二時宜一今服二用其牛一。乗二駕其馬一、服レ牛以引レ重、乗レ馬以致レ遠。是以人之所レ用、各得二其宜一。故取二諸随一也。案、此事類有レ九。故云、九事之第三。

後漢書伝第十八桓譚・馮衍。云、衍聞。順而成者、道之所レ大也。逆而功者、権之所レ貴也。注云、於二正道一雖二違逆一、而事有二成功一者、謂二之権一。所レ謂反レ経合レ義也。在二衍伝一。

劉子曰、権者反二於経一、而合二於道一。反二於義一而合二於理一。注云、経常也。

漢書江充曰、因レ変制レ宜。

文選長楊賦云、聖主之養レ民也、仁霑而恩洽、動不レ為レ身。

漢書循吏伝云、無三拘レ臣以二文法一。〔龔遂〕朱邑伝。

すなわち、各句の出典を説明しており、まず、「反経」が『周易』繋辞伝下の「権」に対する晋の韓康伯の注「権、反レ経而合レ道」、また『後漢書』馮衍伝の「権」に関する李賢注の「所謂反レ経合レ義也」、『劉子』の「権者反二於経一」によるという。『劉子』は「権」の意義を説く明権章四十二からの引用である。(33)「制宜」は『漢書』江充伝によるというが、(34)韓康伯注の「随々二時宜一」「得二其宜一」や『周易正義』の「順レ時合レ宜」「随二時宜一」にも通じる内容であり、また史料⑮に引く『劉子』法術章にも「因レ時制レ宜」とある。「動不レ為レ己者」は『文選』長楊賦をあげる。これは『漢書』巻八十七下、揚雄伝の、武帝が狩猟を行い農事をさまたげことを揚雄が諷諭した賦による。「無レ拘二文法一者」は『漢書』循吏伝によるとする。(35)『政事要略』は一一世紀初頭に惟宗允亮が編纂したものだが、これらの経史子集の諸書にわたり要を得た引文からなるこの政治的な成句は、その成立当初、冬嗣による奏上の時から何書に出典を持つ文であるかは周知されていたと思われる。またこのような冬嗣の政策の背後には、「顧問」(36)として前述のような読書グループの存在が想定されるであろう。

ところで「反レ経制レ宜」は、「経＝原則に反して時宜に叶った行動をとる」という意味であるが、韓康伯注や『劉子』に「権は……」とあるように、それらは「権」（＝時宜による応変の措置）に関する概念を説明したものである。『後漢書』馮衍伝の内容は、彼が仕えていた将軍廉丹が、王莽より反乱鎮圧のために山東に出兵して恩に報い死を賭して戦うよう命じられたさい、廉丹に対して馮衍は「順にして成す者は道の大とする所なり。逆にして功ある者は権の貴ぶ所なり」と述べ自重を促したというもので、馮衍は続いて「権」を用いた例として斉の逢丑父と鄭の祭仲に言及する。

　前者は『左氏伝』成公二年にみえ、斉と晋の戦いで機転を利かせて窮地に陥った斉侯になりすまし侯を護った逢丑父の話であり、後者については「鄭の祭仲は突を立て忽を出だし、終に復位を得る、春秋美とす。蓋し死を以って生に易へ、存を以って亡に易う。君子の道也」と『春秋』の賞賛するところとしてあげている。これは李賢注(37)にも引くように『公羊伝』桓公十一年九月条の鄭の大夫祭仲を「権」を知る賢者とするもので、その理由は、鄭の荘公の没後、宋から圧迫を受けた祭仲はその危害から公子忽と国を護るため一旦は突を立て忽を追放するも、やがて忽を迎えて国を護ることに成功したからであり、賢者の己を棄てた臨機応変の措置を「権」とする(38)。すなわち経（原則）に反しながらも道（国家の存立）を実現するための賢者（良吏）の措置が権であり、『周易』韓康伯注・正義、『後漢書』馮衍伝および李賢注、『劉子』明権章などもこれを説明したものであった。

　権は語源的には物の軽重を量るはかり、または量ることを言い、そこから独占的に事の軽重を判断する君主等の権勢・権力の意と、事の利害の軽重を謀って行動する思想的な意を派生した。後者は伝統的な規範にとらわれず実利を求め、「権レ事制レ宜、受レ命而不レ受レ辞、此其所レ長也」（『漢書』芸文志）と評された戦国時代の縦横家の説となり、漢初に諸家の説を集めた『淮南子』の氾論訓は、時代の変化による応変の説としてこれを採用し(39)、『劉子』法術章・明権章でも多分にその影響を受けている。一方『春秋公羊伝』では、儒家として道を守ることを前提にしながら、前述のように進んで「経」＝原則に対する例外としての「権」を是認することを特色とし、『漢書』『後漢書』には春秋学が風靡した漢代の観念を反映して「権宜」「権変」等の用語をしばしばみることができるのである。

　そして日本でも三史の影響が顕著となる天平宝字年間から同様な用語が使われ始め、とくに大同年間以降、官衙の統廃合や官員の増減、その他律令制の原則を変改するさい頻りに「権宜」「権変」「制宜」「制権」等の言葉が用いられている。つぎにその例をあげてみよう。

天平宝字二年（七五八）二月壬戌条「詔曰、随レ時立レ制、有レ国通規、議レ代行レ権、昔王彝訓。……」（『続日本紀』）

同年八月庚子朔条「……随レ時立レ制、権レ代適レ宜、皇王雖レ殊、其揆一也。」（『続日本紀』）

大同二年（八〇七）八月十二日太政官符、応レ併二省春宮職員一事「……分レ官設レ職、雖レ載二令条一、随レ時制レ宜、非レ無二旧事一。」（『類聚三代格』巻四）

大同三年（八〇八）七月二十日太政官謹奏、廃二省官員一并減二定人数一事「……是以随レ時損益、権宜弛張、聖詔所レ及。」（『類聚三代格』巻四）

弘仁二年（八一一）二月二十日嵯峨天皇詔、郡司事「詔。応レ変設レ教、為レ政之要枢。商レ時制レ宜、済レ民之本務。故有二堯舜異一レ道、而天下帰レ仁。」（『類聚三代格』巻七）

弘仁十年（八一九）二月二十日謄勅符「……量レ宜制レ権、随レ時施レ化、皇王令範。」（承和七年二月十一日太政官符、応二且実録班給一王臣并富豪百姓稲穀事、所引、『類聚三代格』巻十四）

弘仁十一年（八二〇）閏正月五日太政官奏、併二掃部内掃部二司一為二掃部寮一事「……先王垂範、政期二簡要一。往哲権宜、事貴二沿革一。」（『類聚三代格』巻四）

同十二年八月二十九日太政官謹奏、増二減官員一事「……因レ時制レ宜者、経国之長策也。」（『類聚三代格』巻四）

貞観九年（八六七）五月八日太政官符、応三毎年立レ限載二觸符雑色人数一事「……夫随レ時制レ宜、非レ無二変通一」（『類聚三代格』巻十七）

元慶三年（八七九）十二月四日太政官符、応下以二京戸女口分田一加中給畿内男上事「……夫事貴二権変一、政存二弛張一。如有二守レ常不一レ改、恐非二通方之謂一。」（『類聚三代格』巻十五）

元慶五年二月八日太政官符「……凡細民之愚、必昧二権変一、偏懐二求レ利之意一、不レ知二得レ利之謀一。」

（『類聚三代格』巻十五）

寛平八年（八九六）七月五日菅原道真奏状、請レ令三議者反二覆撿税使可否一状「……何者天下諸国、其俗各雖二小異一、其政孰非二一同一。況乎世衰国弊、民貧物乏。是故或国司乖二文法一以廻二方略一、違二正道一以施二権議一。雖二動不一レ為レ已、其事皆犯レ法。」

（『菅家文草』巻九）

これらの引用は、困難な状況下で賢者が国を守る臨機応変の措置としての「権」＝「反レ経制レ宜」の理念を背景とするものであり、「権」の用語は平安初期の現実に適合させるべくとられた諸施策に底通する政治改革のスローガンとして用いられたのである。

天長元年に冬嗣が提案した「良吏を択ぶ事」は、律令の原則変更にかかわる問題を含み、このように数句の中に数種の漢籍のエッセンスが取り込まれていた。彼らが如何なる漢籍に依拠したかという問題は時代を反映するが、その根本は経＝原則〈律令〉に反しながらも道〈国家の存立〉を実現するための賢者〈良吏〉の措置、『公羊伝』的な「権」の立場の鮮明化であったと考えられるのである。

おわりに

嵯峨天皇周辺の読書、経史・史漢の学習は、政策の実践にかかわる極めて政治的な行為という側面をもち、律令制支配の後退という困難な現実に対応するため、諸種の漢籍から理念と実践の法を学ぶ、そのための読書と評価することができるであろう。現状改革の理論「権」を説く『公羊伝』、その実践例をあげる『漢書』『後漢書』、為政の提要を指摘する『劉子』等が重視された所以である。

なお、『公羊伝』『穀梁伝』を伝えた伊予部家守の子息、大学博士善道真貞が、たびたび淳和天皇のもとで三伝の講論を行い賞賜され、『続日本後紀』承和十二年（八四五）二月丁酉条の真貞の卒伝には、「散位従四位下善道朝臣真貞卒。……真貞以㆓三伝三礼㆒為㆑業、兼能㆓談論㆒。……諸儒言、当代読㆓公羊伝㆒者、只真貞而已。恐斯業墜焉。廼命㆓真貞㆒於㆓大学㆒講㆑之。後卒㆓于家㆒、時年七十八」と評されている。紀伝道興隆期に明経家の真貞が従四位下にいたったのも、当代における『春秋公羊伝』の師としての位置と関係があろう。

以上煩雑な論述となったが、おわりに本章で述べんとした点をまとめておこう。

一、九世紀初頭ころから、大学で「史漢」「史伝」を学ぶ者が増加し、史学・文学を専攻する紀伝道が成立する。それは三史を通して国家経営や民衆支配の方策・経験を学ぶことにより、人材を育成し良吏たらしめんとした朝廷の方針を背景としたものと考えられる。

二、桓武天皇は自身の正統性を証するため頻りに「春秋之義」を引用するが、それは直接『春秋公羊伝』の伝文から学んだものというより、三史の学習にもとづきその理論の有効性を認識したことによるものと考えられる。

三、平城・嵯峨朝から律令制改革推進のため、詔勅・官符に三史からさまざまな故事・具体例が引用されるようになるが、それとともに統治と法の提要を説く『劉子』『淮南子』などの書が重視された。

四、それらの主要な政治理論として、『春秋公羊伝』に特徴的な道＝国家の存立を前提とする「権」「因㆑時制㆑宜」等の応変思想があり、九世紀前半の律令制支配のあり方を変革し得る理論的より所となった。

五、嵯峨天皇とその「藩邸の旧臣」グループの読書は、当該期の文章経国的な文化活動のみならず、政策と理念にかかわる極めて政治的な行為であり、困難な現実に対処するため史書・経書や諸子の書から具体例と理念を学び、それらは弘仁・天長年間の政策へと結実する実践的な営みであった。

（1）古代に伝えられた漢籍に関する近年の論考に、東野治之「古代人が読んだ漢籍」、池田温ほか「日本に将来された漢籍」（ともに池田温編『日本古代史を学ぶための漢文入門』所収、吉川弘文館、二〇〇六年）、また受容者側の視点を重視する水口幹記『日本古代漢籍受容の史的研究』（汲古書院、二〇〇五年）等がある。

（2）以下、古代の学制の関しては桃裕行『上代学制の研究』（目黒書店、一九四四年、のちに同著作集第一巻に修訂版所収、思文閣出版、一九九五年）を参照。

（3）古藤真平「文章得業生試の成立」（『史林』七四巻二号、一九九一年）参照。

（4）『日本国見在書目録』正史の部に吉備真備が『東漢観記』を伝えたことを記すが、『続日本紀』神護景雲三年十月甲辰条に、大宰府が府庫には五経はあるが三史の正本がなく学ぶことができないとして列代の諸史各一本を給うよう中央に申請したさい、『史記』『漢書』『後漢書』『三国志』『晋書』各一本が支給されたとあり、奈良時代後期には『後漢書』が三史の一つとされていたことが知られる。

（5）笠井純一「『日本後紀』の撰者と編纂の背景」（直木孝次郎先生古稀記念会編『古代史論集』下巻所収、塙書房、一九八九年）。

（6）亀田隆之「良吏政治の考察」（井上光貞博士還暦記念会編『古代史論叢』下巻所収、吉川弘文館、一九七八年）参照。

（7）西別府元日「律令制下における歴史教育の展開について」（『大分大学教育学部研究紀要（教育科学）』六巻三号、一九八二年）。西別府氏は、天長元年に四六歳で卒した橘長谷麻呂が大学に学んだ延暦十年代後半を歴史教育重視の画期とする。以下の氏の所説は同論文による。

（8）例示すると、『続日本紀』霊亀元年（七一五）六月壬戌条の祈雨のため諸社奉幣を請う太政官奏に、「昔周王遇レ旱、有二雲漢之詩一。漢帝祈レ雨、興二改元之詔一」とあるのは、『詩経』大雅と『漢書』巻六、武帝紀、天漢元年の応劭注、顔師古注による。養老元年（七一七）十一月癸丑条の改元詔に、「昔聞、後漢光武時、醴泉出。飲之者痼疾皆癒」とあるのは『後漢書』巻一下、光武帝紀、中元元年条による。養老四年（七二〇）六月戊戌条の征隼人将軍らを慰問する詔に、「漢命二五将一、驕胡臣服。周労二再駕一、荒俗来王」とあるのは『漢書』巻八、宣帝紀、本始二年夏五月条と『春秋左氏伝』襄公二十一年条による。

なお以下典拠とされた漢籍の指摘は、青木和夫他校注『続日本紀』一〜五（新日本古典文学大系、岩波書店、一九八九～九八年）、佐伯有義校注『日本後紀』（増補六国史、一九八二年、名著普及会、初出は一九四〇年）、黒板伸夫・森田悌編『日本後紀』（訳注日本史料、集英社、二〇〇三年）等の先行研究を参照したところが多い。

（9）林陸朗「桓武天皇の政治思想」（山中裕編『平安時代の歴史と文学』歴史編所収、吉川弘文館、一九八一年）参照。

（10）東野治之『遣唐使船』（朝日新聞社、一九九九年）、同「日本古代の『春秋』受容」（『文学』隔月刊一巻四号、二〇〇〇年）。以下東野氏の所説はこれらによる。

（11）『漢書』巻十一、哀帝紀、綏和二年四月に哀帝が即位すると、五月に皇后傅氏を策立し、また「春秋、母以レ子貴、尊二定陶太后一曰二恭皇太后一、丁姫曰二恭徳侯一、封二皇后一。各置二左右詹事一、食邑如二長信宮・中宮一」と詔して、祖母を皇太后、母を皇后とし、その一族を侯とした。『漢書』巻九十七下、外戚伝、孝元傅昭儀にもこのことがみえ、また『漢書』巻九十九上、王莽伝にも哀帝の母丁姫に尊号を奉ずるべきとした高昌侯董宏の上書に、「春秋之義、母以レ子貴、丁姫宜レ上二尊号一」とある。『漢書』巻八十一、孔光伝にも哀帝の祖母傅太后が尊号を望んださい、群臣は多くこれ応じて「母以レ子貴、宜下立二尊号一以厚中孝道上」と述べたという。『後漢書』巻十下、陳夫人に熹平四年（一七五）に小黄門趙祐らが「春秋之義、母以レ子貴。隆漢之盛典、尊二崇母氏一、凡在二外戚一、莫レ不レ可レ寵」と上言して沖帝の母虞大家、質帝の母陳夫人に称号を奉る。『後漢書』巻二十九、郅惲伝に光武帝の郭皇后が廃されたさい、郅惲は皇太子彊にその地位を退くよう進言し、「春秋之義、母以レ子貴。太子宜下因二左右及諸皇子一引レ愆退レ身、奉二養母氏一、以明二聖教一、不レ背中所生上」と述べる。『後漢書』巻三十四、梁統伝に謀略で殺された和帝の母梁貴人に尊号を奉る事について、帝から問われた大尉張酺は「春秋之義、母以レ子貴。漢興以来、母氏莫レ不二隆顕一、臣愚以為宜レ上二尊号一」と述べている。『後漢書』巻七十三、公孫瓚伝に献帝に袁紹の非を上疏した公孫瓚の言葉に「春秋之義、母以レ子貴。紹母親為二傅婢一、地実微賤、拠レ職高重」とある。なお漢代における三伝の影響に関しては、田中麻紗巳「『漢書』の「春秋の義」について」（『東方学』八八輯、一九九四年）、同「漢代の穀梁伝」、同「後漢書所引春秋三伝」（ともに渡邉義浩編『両漢における詩と三伝』所収、汲古書院、二〇〇七年）、渡邉義浩「両漢における『春秋』三伝と国政」（同編『両漢における詩と三伝』所収）等を参照。

（12）水口幹記氏は、「春秋之義」は『春秋公羊伝疏』のなかに六六回も頻繁にみえる用語であり、桓武朝における「春秋之義」の強調は春秋学興隆とみるより『公羊伝』の本格的受容が『疏』とともになされたことを示す事例とする（前掲註(1)水口書第Ⅲ部第三章）。

(13) 林前掲註(9)論文参照。

(14)『後漢書』巻二十八、趙憙伝に、盗賊の余党数千人に寛刑を施す趙憙の光武帝に対する上言に「悪レ悪止二其身一、可三一切徙二京師近郡一」とあり、『後漢書』巻四十八、楊終伝に、旱魃にさいして広陵王らの謀叛事件に連座する者や辺境に服役する者の怨嗟を救うよう章帝に求めた楊終の上疏に「臣聞、善レ善及二子孫一、悪レ悪止二其身一、百王常典、不易之道也」とあり、『後漢書』巻三十九、劉愷伝に、安帝の下問に対して臧（収賄罪）を子孫に及ぼすべきではないとする劉愷の発言に「春秋之義、善レ善及二子孫一、悪レ悪止二其身一、所三以進二人於善一也」とある。

(15)『史記』封禅書第六「斉人公孫卿曰、今年得二宝鼎一、其冬辛巳朔旦冬至、与二黄帝時一等。卿有二札書一曰、黄帝得二宝鼎宛朐一、問二於鬼臾区一。鬼臾区対曰、(黄)帝得二宝鼎神策一、是歳己酉朔旦冬至、得二天之紀一、終而復始。於レ是黄帝迎レ日推策、後率二二十歳一復朔旦冬至、凡二十推、三百八十年、黄帝僊二登于天一。卿因二所忠一欲レ奏レ之」（『漢書』巻二十五上、郊祀志にもほぼ同文がある。）

(16) 日原利国『春秋公羊伝の研究』（創文社、一九七六年）、同『漢代思想の研究』（研文出版、一九八六年）等参照。

(17) 野間文史『春秋学』（研文出版、二〇〇一年）。

(18) 佐藤宗諄『平安初期政治史序説』第一部第一章（東京大学出版会、一九七八年）参照。

(19)『後漢書』巻一下、光武帝紀「建武六年六月辛卯、詔曰、夫張レ官置レ吏、所三以為レ人也。今百姓遭レ難、戸口耗少、而県官吏職所レ置尚繁、其令二司隷、州牧一各実二所部一、省三減吏員一。県国不レ足レ置二長吏一可二幷合一者、上二大司徒、大司空二府一。於レ是条奏幷三省四百余県一、吏職減損、十置二其一一。」

(20)『漢書』巻二十四上、食貨志上「鼂錯復説レ上曰、聖王在レ上而民不二凍飢一者、非二能耕而食レ之、織而衣レ之也。為下開二其資財一之道上也。故堯・禹有二九年之水一、湯有二七年之旱一、而国亡二捐瘠者一、以三畜積多備二先具一也。今海内為レ一、土地人民之衆不レ避二湯・禹一、加以亡二天災数年之水旱一、而畜積未レ及者、何也。」

(21)『漢書』巻七十一、于定国伝「東海有二孝婦一、……太守竟論二殺孝婦一。郡中枯旱三年。後太守至、卜三筮其故一。于公曰、

孝婦不レ当レ死、前太守彊断レ之、咎党在レ是乎。於レ是太守殺レ牛自祭二孝婦冢一。天立大雨、歳孰。」

(22)『芸文類聚』巻二天部下、雨「謝承後漢書曰、百里嵩為二徐州刺史一、境遭レ旱。嵩行レ部、伝レ車所レ経、甘雨輒至。」

(23)『芸文類聚』巻五十一封爵部、功臣封「魏文帝冊二孫権太子登一為二東中郎対侯一文曰、……昔周嘉二公旦一、祚流七胤。漢礼二蕭何一、一門十侯。」

(24)『漢書』巻二十四上、食貨志上「鼂錯復説レ上曰、……夫腹飢不レ得レ食、膚寒不レ得レ衣。雖二慈母一不レ能レ保二其子一、君安能以有二其民一哉。明主知二其然一也。故務二民於農桑一、薄二賦斂一、広二畜積一、以実二倉廩一、備二水旱一、故民可二得而有一也。民者、在三上所二以牧レ之、趨レ利如二水走レ下、四方亡レ択也。夫珠玉金銀、飢不レ可レ食、寒不レ可レ衣。然而貴レ之者、以二上用レ之故一也。」

(25)『書経』堯典「昔在帝堯。聡明文思、光二宅天下一。将遜二于位一、譲二于虞舜一、作二堯典一。」

(26)『漢書』巻八十九、循吏伝「漢興之初、反二秦之敝一、与レ民休息。凡事簡易、禁罔疏闊。而相国蕭・曹、以二寛厚清静一為二天下帥一、民作二画一之歌一。孝恵垂拱、高后女主、不レ出二房闥一。而天下晏然、民務二稼穡一、衣食滋殖。至二於文・景一、遂移レ風易レ俗。是時循吏河南守呉公、蜀守文翁之属、皆謹身帥先。居以二廉平一、不レ至二於厳一、而民従レ化。」

(27)『劉子』法術章十四「法術者、人主之所レ執、為レ治之枢機也。術蔵二於内一、随レ務応レ変。法設二於外一、適レ時御レ人。人用二其道一而不レ知二其数一者、術也。懸レ教設レ令以示レ人者、法也。人主以レ術化レ世、猶三天以レ気変二万物一、而不レ見二其象一。以レ術化レ人、而不レ見二其形一。故天以レ気為レ霊、主以レ術為レ神、術以二神隠一成レ妙、法以二明断一為レ工。……立レ法者譬如二善御一、必察二馬之力一。……明法者、欲二人之循レ理也。轡不二均斉一、馬失レ軌也。法不レ適レ時、人乖レ理也。是以明主務循二其法一、因レ時制レ宜。苟利二於人一、不二必法レ古。苟周二於事一、不レ可レ循レ旧。夏商之衰、不レ変レ法而亡。三代之興、不二相襲一而王。堯・舜異レ道而徳蓋二天下一。湯・武殊レ治而名施二後代一。由レ此観レ之、法宜三変動、非二一代一也。今法者則溺二於古律一、儒者則拘二於旧礼一。而不レ識三情移法宜二変改一也。此可下与守レ法而施レ教、不レ可下与論レ法而立レ教。故智者作レ法、愚者制焉。賢者更レ礼、不肖者拘焉。拘レ礼之人、不レ足二以言レ事。制レ法之士、不レ足二以論レ理。若下握二一世之法一、以伝二百世之人一、由以二一衣一擬二寒暑一、以二一薬一治中痤瘕上。……」（傅亜庶撰『劉子校釈』新編諸子集成・第一輯、中華書局、一九八八年、による）。

なお『劉子』の引用部分は、既成の概念や法に縛られず時勢の変化によって対処することに理を求める『淮南子』巻十三氾論訓に、「苟利二於民一、不二必法レ古。苟周二於事一、不二必循レ旧。夫夏商之衰也、不レ変レ法而亡。三代之起也、不二相襲一而王。故聖人、法与レ時変、礼与レ俗化、衣服器械、各便二其用一、法度制令、各因二其宜一。故変レ古未レ可レ非、而循レ俗未レ足レ多也」とあり、『淮南子』の影響が濃いことが知られる。

『劉子』と劉昼に関しては、亀田勝見「『劉子』小考」（『宮澤正順博士古稀記念　東洋――比較文化論集――』所収、青史出版、二〇〇四年）、同「『劉子』と劉晝」（麥谷邦夫編『三教交渉論叢』所収、京都大学人文科学研究所、二〇〇五年）、吉川忠夫「読書箚記三題」（『中国思想史研究』二三号、二〇〇〇年）等参照。

『北斉書』巻四十四、『北史』巻八十一儒林伝の劉昼伝によると、劉昼は北斉の人で、李宝鼎に三礼、馬敬徳に服氏春秋を習いともに大義に通じ、秀才に応じたが不第。「高才不遇伝」三篇を撰した。孝昭帝の代、しきりに上書したが用いるところとならず、「金箱璧言」を著し政事の不良を指摘したという。『日本国見在書目録』には『劉子』として一〇巻、五巻、三巻本を著録している。つぎにその章目をあげる。

巻一　清神章一・防慾章二・去情章三・韜光章四・崇学章五・専務章六、　巻二　弁楽章七・履信章八・思順章九・慎独章十・貴農章十一、　巻三　愛民章十二・従化章十三・法術章十四・賞罰章十五・審名章十六、　巻四　鄙名章十七・知人章十八・推賢章十九・因顕章二十、　巻五　託附章二十一・心隠章二十二・通塞章二十三・遇不遇章二十四・命相章二十五、　巻六　妄瑕章二十六・適才章二十七・文武章二十八・均任章二十九・慎言章三十、　巻七　貴言章三十一・傷讒章三十二・慎隙章三十三・誡盈章三十四・明謙章三十五・大質章三十六、　巻八　弁施章三十七・和性章三十八・殊好章三十九・兵術章四十・閲武章四十一・明権章四十二、　巻九　貴速章四十三・観量章四十四・随時章四十五・風俗章四十六・利害章四十七・禍福章四十八・貪愛章四十九・類感章五十、　巻十　正賞章五十一・激通章五十二・惜時章五十三・言苑章五十四・九流章五十五。

(28)　『私教類聚』可勤学文事に「故劉子曰。宣尼臨レ没、手不レ釈レ巻。仲舒垂レ没〔卒〕、口不レ輟レ誦」と、『劉子』巻一、崇学章五からの引用がみえる。

(29)　『漢書』巻八十九、循吏伝に宣帝の時代のこととして「及レ拝二刺史守相一、輒親見問、観二其所繇一、退而考二察所行一以質二其言一、有三名実不二相応一、必知三其所二以然一。……故二千石有二治理效一、輒以二璽書一勉厲、増レ秩賜レ金、或爵至二関内侯一、公卿缺則選二諸所レ表以レ次用レ之。是故漢世良吏、於レ是為レ盛、称二中興一焉」とある。

（30）このほか旧臣の一人に興世書主があげられる。『文徳実録』嘉祥三年十一月己卯条の興世書主の卒伝に、書主は儒道に優れた吉田宜の孫で儒門に長じたが、「嵯峨太上天皇在藩之時、殊憐二其進退一、延暦廿五年為二尾張少目一」と親王時代の嵯峨の庇護を被り、その後は諸国の国司を歴任し「治声頗聞」「政化清平」と良吏としての評価を得たとある。

（31）佐藤前掲註(18)書第一部第三章。

（32）この条文は、すでに瀧川政次郎「万葉集に見える「論時合理」の出典「反経制宜」は律令適用の原則なること」（『国学院法学』一二巻四号、一九七五年）で引用紹介されている。

（33）『劉子』明権章四十二「循レ理守レ常曰レ道、臨レ危制レ変曰レ権。権之為レ称、譬猶二権衡一也。衡者、測二邪正之形一。権者、揆二軽重之勢一。……人之於レ事、臨レ危制レ変。量有二軽重一、衡之平、亦猶レ此也。古之権者、審二於軽重一、必当二於理一而後行焉。易称、巽以行レ権。論語称、可二与適レ道、未レ可二与権。権者、反二於経一而合二於道一。反二於義一而後有レ善。……」

（34）『漢書』巻四十五、江充伝に「充因自請、願レ使二匈奴一。詔問二其状一、充対曰、因レ変制レ宜、以レ敵為レ師、事不レ可二予図一。上以レ充為二謁者一」とある。これは江充が匈奴に使者として往くことを願ったさい、その方策を問う武帝に答えた言葉であるが、江充は武帝の時、趙王とその太子を陥れ、さらに武帝の太子を巫蠱の罪で廃そうとした奸臣であり、人物としては引用するのに相応しくないように思われる。

（35）『漢書』巻八十九、循吏伝の龔遂では、ひとたび罪を得た龔遂が、連年の飢饉で治安の乱れた渤海郡を治めるよう宣帝に召されたさい、「臣願丞相御史、且無三拘レ臣以二文法一、得二一切便宜一従レ事」と、乱れた国を治めるのは性急に事が運ばないゆえ、法律をもって自分を拘束することなく、しばらく便宜に従うべきことを願い許されている。龔遂の言は、三善清行の『意見十二箇条』「一、請レ停下止依二諸国少吏幷百姓告言訴訟一差中遣朝使上事」にも、「昔者龔遂為二渤海守一、奏曰、請勅二丞相御史一、且無三拘レ臣以二文法一、令下得二便宜一従上レ事。又本朝格云、国宰反レ経制レ宜、動不レ為レ己者、将レ従二寛恕一、無レ拘二文法一者。伏望此等告言訴訟、除二謀反大逆一之外、一切停二止朝使一、専附二新司一」とみえる。

（36）　学識ある者が有力者の顧問となったことは、少内記・大外記に任じ良吏としても知られた山田古嗣について「公卿大臣以備二顧問一、推二薦文士一、多見二納用一」（『文徳実録』仁寿三年十二月丁丑条）とあり、儒門の領袖といわれた菅原是善も「上卿良吏、儒士詞人、多是門弟子也」（『三代実録』元慶四年八月三十日辛亥条）とあることにより、その一端が知られる。

（37）　『後漢書』巻二十八上、桓譚馮衍列伝上、李賢注、「祭仲、鄭大夫、突及忽皆鄭荘公子也。荘公薨、太子忽当レ立。公子突、宋之出也、故宋人執二鄭祭仲一。公羊伝曰、祭仲何以不レ名、賢也。何賢乎、以レ為レ知レ権。其知レ権奈何。宋人執レ之、謂曰、為レ我出レ忽而立レ突。祭仲不レ従二其言一、則君必死、国必亡。従二其言一、則君可二以レ生易レ死、国可二以レ存易レ亡。古人有レ権者、祭仲是也。権者反二乎経一、後有レ善者也。行レ権有レ道。殺レ人以自生、亡レ人以自存、君子不レ為也。」

（38）　『春秋公羊伝』桓公十一年九月条に、「権者反二於経一、然後有レ善者也。権之所レ設、舎二死亡一無レ所レ設。行レ権有レ道、自貶損以行レ権。夫害レ人以行レ権、殺レ人以自生、亡レ人以自存、君子不レ為也」とある。

（39）　森三樹三郎「原理主義と現実主義——経と権——」（同『中国文化と日本文化』所収、人文書院、一九八八年）、谷中信一「権と応変思想——淮南子氾論訓の思想をめぐって——」（『早稲田大学大学院文学研究科紀要別冊』五号、一九七八年）参照。

あとがき

本書の各章のもととなった論稿の初出は、つぎの通りである。なお未発表論文を除き、それぞれ多くの補訂・加筆を行っている。

序　章　陰陽道の特質と関係典籍

同題、『東洋研究』一七五号、大東文化大学東洋研究所、二〇一〇年一月

本稿は二〇〇九年五月一日から三日間、ニューヨークのコロンビア大学で行われた同大学日本宗教研究センター主催「陰陽道シンポジウム」における報告をもととする。なお、その際の報告“The Characteristics of On'yōdō and Related Texts”は、*Cahiers d'Extrême-Asie* 21(2012):pp.79-105(Translated by Joseph P.Elacqua). École française d'Extrême-Orient, Paris, 2013 に掲載されている。

〈第一部　陰陽道の成立とその展開〉

第一章　陰陽道の成立と儒教的理念の衰退

同題、『古代文化』五九巻二号、公益財団法人古代学協会、二〇〇七年九月

第二章　陰陽道の宗教的特質

同題、『東洋研究』一五九号、二〇〇六年一月

第三章　陰陽道信仰の諸相――中世初期の貴族官人・都市民・陰陽師――

同題、上杉和彦編『経世の信仰・呪術』所収、竹林舎、二〇一二年五月

第四章　密教修法と陰陽道
同題、大橋一章・新川登亀男編『「仏教」文明の受容と君主権の構築――東アジアのなかの日本――』
所収、勉誠出版、二〇一二年三月
第五章　院政期の大将軍信仰と大将軍堂
同題、『東洋研究』一八六号、二〇一二年一二月

〈第二部　安倍氏と天文道〉

第一章　安倍晴明の邸宅とその伝領
同題、『日本歴史』六三二号、二〇〇一年一月
第二章　安倍晴明の「土御門の家」と晴明伝承
同題、林淳・小池淳一編『陰陽道の講義』所収、嵯峨野書院、二〇〇二年一〇月
第三章　天文道と天文家安倍氏
未発表

〈第三部　陰陽道と文献史料〉

第一章　陰陽道関連史料の伝存状況
同題、『東洋研究』一六〇号、二〇〇六年七月
第二章　『承久三年具注暦』の考察
同題、『東洋研究』一二七号、一九九八年一月
第三章　『大唐陰陽書』の考察――日本の伝本を中心として――
同題、小林春樹編『東アジアの天文・暦学に関する多角的研究』所収、大東文化大学東洋研究所、二〇

○一年三月

第四章　宣明暦について――『高麗史』暦志と日本の伝本――

同題、『『高麗史』暦志宣明暦の研究』所収、大東文化大学東洋研究所、一九九八年三月

付　論　平安時代初期の政治課題と漢籍――三伝・三史・『劉子』の利用――

同題、『東洋研究』一七一号、二〇〇九年一月

私が前著『平安時代の宗教文化と陰陽道』(岩田書院)を刊行した一九九六年前後の時期は、小説や漫画、その後映画が作られるなど陰陽道・安倍晴明ブームが到来しはじめた頃であり、理由はどうであれ僥倖というべきか、それまで研究者も少なく日本文化・宗教史の狭間の地味な分野であった陰陽道に社会的にも学問的にも関心が集まるようになった。京都文化博物館などで「安倍晴明と陰陽道展」が開催された二〇〇三年は、そのピークであったように思われる。その後、一時のブームは沈静化したが日本の歴史・文化・宗教や文学・民俗に影響した陰陽道への関心は着実に学問的にも深められ、近年では中世・近世の研究書が相継いで刊行され、大学の卒業論文でもこれをテーマとする学生は少なくないという。

そのようななか、陰陽道の成立期である平安時代の研究書は前著のほかに、陰陽師が行う六壬式占の法を解明する小坂眞二氏の『安倍晴明撰『占事略決』と陰陽道』(汲古書院、二〇〇四年)と、平安中期の貴族社会における呪術宗教家としての陰陽師の位相をとりあげる繁田信一氏の『陰陽師と貴族社会』(吉川弘文館、二〇〇四年)があるものの、いまだ陰陽道の成立問題、陰陽道とは何か、いかなる特質を有するかという基礎的な問題は十分に検討されてこなかった。陰陽道をどのように考えるか、五行説と占術・暦・天文知識を背景とする技術や知の体系とする見方もあるが、やはり私は占術などで凶咎やカミの祟りを指摘するとともに、それらを呪術や祭祀で

退け、現世利益の祭祀を奉仕する陰陽師を中核とした呪術的宗教とみる方が実相に近いと思っている。では陰陽師が祀る神々や祭祀の場・時間にかかわる特質は何か、宗教として仏教や神祇信仰と何が異なるのか、それらを考えることにより陰陽道特有の性格、陰陽道の輪郭が表れてくるのではないかと思い、そのことが私の主要なテーマとなり、本書の第一部を構成した論稿に通ずる問題意識となった。

陰陽道を呪術的宗教とみるにしろ技術・知の体系とみるにしろ、賀茂氏や安倍氏などの陰陽師が残したテキストや日記・抄物などの関係典籍の検討は不可欠である。その点でも近世後期に土御門家の家司であった若杉家の陰陽道関係史料（京都府立総合資料館蔵）が一九八四年から公開されたことは重要であった。そこには鎌倉時代の書写に遡る安倍氏（一部賀茂氏）の反閇や祭祀、天文に関する貴重な史料が残され、次いで皆川家史料（大将軍八神社蔵）にも安倍氏史料の存在が確認されている。本書の第三部は陰陽道の文献解説・研究の論稿で構成するが、若杉・皆川両家史料の検討は今後さらに陰陽・暦・天文道研究に多大な影響をもたらすであろう。

日本で宗教文化の課題と認識されるようになった陰陽道は、海外の日本文化研究者の間でも関心を呼んでおり、二〇〇九年五月にコロンビア大学で行われた同大学日本宗教研究センター主催の「陰陽道シンポジウム」では、日本から七人、欧米から七人の研究者が関連分野の報告を行い盛況だった。私も平安時代に成立した陰陽道の特質と関連史料の概略を提示し、その理解を得ようとした。その翌年には平安時代の陰陽道のアウトラインを描く意図のもと、『陰陽道の発見』（日本放送出版協会、二〇一〇年）を刊行することができた。

陰陽道への関心は中国の研究者からも注がれている。近年中国では戦国・漢代の出土文物の研究が活発であり、その中に多く日時や方位の吉凶を説明する術数文献の「日書」が出土している。漢代から唐代まで五行家の日時・方位の吉凶を説く書、占書は多数著されるも中原に残るものは稀であるが、陰陽・天文・暦道の文献にはそれらの佚文の引用が少なくなく、一部写本も伝わり、術数史料として有益であることが陰陽道が注目される大きな理由である。また若手の研究者では中国術数文化の展開形態として陰陽道関連分野を対象としている人もおり、陰陽道を検討することは日中学術交流、比較文化研究の有効な手立てとなるものと思われる。

これらのことが前著以降の陰陽道に関係した大まかな研究動向であるが、私個人としては各論文の初出を見てもわかるように主な研究発表の場は大東文化大学東洋研究所であり、それは同研究所が構成する共同研究班に参加していることによる。この研究班の由来は一九七九年、東京大学東京天文台（現国立天文台）の広瀬秀雄・内田正男・斉藤国治・神田泰・伊藤節子氏などの天文・暦学専門家と、桃裕行・大崎正次・岡田芳朗・大谷光男氏などの歴史学者が集まり組織した年代学研究会にあり、当時大学院生であった私も、佐藤均・小坂眞二氏らとともに研究補助の要員として末席に列なった。会の目的は、神田茂編『日本天文史料』（一九三五年）以降の天文関係史料の蒐集整理と、過去の天文現象や暦に関する事象・史料の妥当性を数理的に検証しようとするものであり、初代会長広瀬秀雄、第二代会長桃裕行、第三代会長大崎正次、第四代会長大谷光男氏のもと十数年間にわたり活動を継続し、会およびメンバーによる多数の成果を発表し出版してきた。

その後研究目的の安定的遂行のため、一九九五年に東洋研究所の遠藤光正所長（当時）のご高配により共同研究班の一つに参加させていただき、東洋研究所では『年代学（天文・暦・陰陽道）の研究』（一九九六年）、『宣明暦注定付之事の研究』（一九九八年）、『『高麗史』暦志宣明暦の研究』（一九九八年）、『『高麗史』暦志の研究』（二〇〇〇年）、『東アジアの天文・暦学に関する多角的研究』（二〇〇一年）、『若杉家文書『三家簿讃』の研究』（二〇〇四年）、『「若杉家文書」中国天文・五行占資料の研究』（二〇〇七年）、『天文要録の考察』〔一〕（二〇一一年）と研究成果を相継いで刊行し、現在も小林春樹氏を代表者として文献資料の共同研究を継続している。本書第三部の研究はその成果を含むものであり、また第二部第三章の「天文道と天文家安倍氏」は、かつて年代学研究会の中心メンバーであった斉藤国治氏の研究に遅れ馳せながら学ばせていただいたものである。

本書を成すことができたのはこのように年代学研究会の大谷光男先生をはじめとする方々、大東文化大学東洋研究所、そして研究員を勤めさせていただいている公益財団法人無窮会東洋文化研究所の濱久雄・遠藤光正・進藤英幸先生、そのほか多くの諸先達の長年にわたる薫陶とご教示による。ここに謹んで謝意を表します。

おわりに本書を形作るにあたり編集・校正の労を取られた思文閣出版の田中峰人氏に謝意を表します。恩師桃裕行先生の『桃裕行著作集』全八巻（一九八三〜九四年）を上梓されたのも思文閣出版であり、奇しき縁を感ずるとともに、本書を刊行することができたことをありがたく思う。

二〇一四年一〇月

山下克明

◎著者略歴◎

山下克明（やました・かつあき）

1952年，千葉県船橋市に生まれる．

青山学院大学文学部史学科卒，同大学院文学研究科博士課程単位取得退学．

博士（歴史学，青山学院大学）．

現在，大東文化大学東洋研究所兼任研究員，公益財団法人無窮会東洋文化研究所特別研究員

〈著書〉

『陰陽道叢書』全４巻（共編，名著出版，1991〜93年）
『平安時代の宗教文化と陰陽道』（岩田書院，1996年）
『図説　安倍晴明と陰陽道』（監修，河出書房新社，2004年）
『「若杉家文書」中国天文・五行占資料の研究』（共編，大東文化大学東洋研究所，2007年）
『陰陽道の発見』（日本放送出版協会，NHKブックス，2010年）
『天文要録の考察』〔一〕（共編，大東文化大学東洋研究所，2011年）

平安時代陰陽道史研究《へいあんじだいおんようどうしけんきゅう》

2015（平成27）年１月15日発行

定価：本体8,500円（税別）

著　者　山下克明
発行者　田中　大
発行所　株式会社　思文閣出版
〒605-0089 京都市東山区元町355
電話 075-751-1781（代表）

装　幀　小林　元
印　刷
製　本　株式会社 図書印刷 同朋舎

ISBN978-4-7842-1780-9　C3021

索　　引

【人　名】

あ

【事　項】

き

く

け

こ

ち

つ

て

と

な

ま

み

め

も

や

ゆ

よ

ら

り

れ

ろ

わ

【史料・文献名】

あ

い

う

え

お

か

き

く

け

こ

さ

し

す

せ

そ

た